新法科·法学核心课程系列教材

华东政法大学
教材建设和管理委员会

主　　任　郭为禄　叶　青
副 主 任　张明军　韩　强
部门委员　虞潇浩　杨忠孝　洪冬英
　　　　　　屈文生　陆宇峰
专家委员　王　迁　孙万怀　杜素娟
　　　　　　佘素青　任　勇　钱玉林

An Introduction to Jurisprudence
(2nd Edition)

法理学导论
（第二版）

马长山　主编

北京大学出版社
PEKING UNIVERSITY PRESS

图书在版编目（CIP）数据

法理学导论/马长山主编. —2版. —北京：北京大学出版社，2022.8
ISBN 978-7-301-33292-4

Ⅰ. ①法… Ⅱ. ①马… Ⅲ. ①法理学—高等学校—教材 Ⅳ. ①D90

中国版本图书馆 CIP 数据核字（2022）第 153146 号

书　　名	法理学导论（第二版）
	FALIXUE DAOLUN(DI-ER BAN)
著作责任者	马长山　主编
责 任 编 辑	孙维玲
标 准 书 号	ISBN 978-7-301-33292-4
出 版 发 行	北京大学出版社
地　　址	北京市海淀区成府路 205 号　100871
网　　址	http://www.pup.cn　新浪微博：@北京大学出版社
电 子 信 箱	sdyy_2005@126.com
电　　话	邮购部 010-62752015　发行部 010-62750672　编辑部 021-62071998
印 刷 者	北京溢漾印刷有限公司
经 销 者	新华书店
	730 毫米×980 毫米　16 开本　24.25 印张　475 千字
	2014 年 9 月第 1 版
	2022 年 8 月第 2 版　2022 年 8 月第 1 次印刷
定　　价	78.00 元

未经许可，不得以任何方式复制或抄袭本书之部分或全部内容。
版权所有，侵权必究
举报电话：010-62752024　电子信箱：fd@pup.pku.edu.cn
图书如有印装质量问题，请与出版部联系，电话：010-62756370

编写说明

法理学是法科学生研习法律的重要基础和核心课程。在西方,法理学教科书有的侧重思想史与哲理阐释,有的侧重法律原理及实践操作技术,并没有一个统一的体系和版本,因而是多样化、个性化的。在我国,伴随着四十多年的改革开放和民主法治建设,法学理论研究和法学教育也获得了巨大发展,形成了相对稳定的知识框架和体系。这无疑为培养统一规格和知识体系的法学专业人才奠定了良好基础,但同时,也对多样化、个性化人才的培养产生了某种不利影响。为此,国家开始致力于深化教育改革,鼓励和支持探索各具特色的创新人才培养模式。相应地,各大出版社纷纷推出不同版本的教材,力争在反映国家"教学基本要求"和基本知识框架的基础上形成自己的体系和特色,从而为推进法科教育的多样化、个性化做出重要贡献。本《法理学导论》也是其中的努力和尝试之一。

多年来,《法理学导论》为华东政法大学等政法院校的法理学教学做出了重要贡献。为了更好地适应本科教学需要,充分反映最新的研究成果,本次对《法理学导论》进行了结构调整和全面修订,并组建专家组进行了审定,力争在保证基本知识体系完整的基础上反映新的动态;采取多种引导方式来启迪学生进行深入思考;通过关注社会现实问题来强化理论的应用性。这样,才有利于更好地培养既有深厚理论素养、又有实践思维和能力的专业人才。

本教材是集体合作的结晶。参加本书编写的作者都是学术造诣深、教学经验丰富、从事第一线法学教育的专家学者,具体分工如下(以章节为序):

马长山,导论、第一章、第十一章;
张玉堂,第二章
李桂林,第三章
苏晓宏,第四章
马金芳,第五章
王　涛,第六章
陆宇峰,第七章
陈　斌,第八章
李　婧,第九章
潘小军,第十章、第十三章
张文龙,第十二章

胡玉鸿,第十四章

金　梦,第十五章

张卓明,第十六章

杨知文,第十七章

吕玉赞,第十八章

陈金钊,第十九章

沈宏彬,第二十章

韩旭至,第二十一章

编写组尽管在主观意愿上是想编写一本既有理论水准、又有实践应用性的高质量教材,但能否做到这一点还有待时间的检验。同时,由于从编写到交稿、出版的时间短暂,错讹与不足在所难免,还望学界同仁和广大师生批评指正。

本教材能够顺利出版,得益于华东政法大学教务处领导的关心和支持,也得益于北京大学出版社及编辑老师的鼓励和帮助,在此也一并深表谢意!

编　者

2022 年 5 月

目 录

导论 …………………………………………………………………（1）

第一编 本 体 论

第一章 法律的概念 …………………………………………………（9）
    第一节 法律的定义 ……………………………………………（10）
    第二节 法律的特征 ……………………………………………（14）
    第三节 法律的本质 ……………………………………………（23）

第二章 法律的要素 …………………………………………………（37）
    第一节 法律的要素释义 ………………………………………（38）
    第二节 法律概念 ………………………………………………（41）
    第三节 法律规则 ………………………………………………（43）
    第四节 法律原则 ………………………………………………（49）

第三章 法律的渊源、体系和效力 …………………………………（54）
    第一节 法律渊源概述 …………………………………………（54）
    第二节 当代中国的制定法渊源 ………………………………（62）
    第三节 法律分类 ………………………………………………（65）
    第四节 法律体系 ………………………………………………（67）
    第五节 法律效力 ………………………………………………（74）

第四章 法律关系 ……………………………………………………（80）
    第一节 法律关系的概念 ………………………………………（80）
    第二节 法律关系的构成要素 …………………………………（86）
    第三节 权利与义务 ……………………………………………（91）

第四节　法律事实 …………………………………………（93）
　　第五节　法律关系的运用和分析 …………………………（96）

第五章　法律行为 …………………………………………………（101）
　　第一节　法律行为释义 ……………………………………（101）
　　第二节　法律行为的结构 …………………………………（105）
　　第三节　法律行为的分类 …………………………………（108）

第六章　法律责任 …………………………………………………（111）
　　第一节　法律责任释义 ……………………………………（111）
　　第二节　法律责任的构成要素与归责准则 ………………（115）
　　第三节　法律责任的种类 …………………………………（118）
　　第四节　无责与免责 ………………………………………（120）
　　第五节　法律责任的承担方式 ……………………………（123）

第二编　历　史　论

第七章　法律的演化 ………………………………………………（129）
　　第一节　法律的历史类型 …………………………………（129）
　　第二节　法律与社会的共同演化 …………………………（132）
　　第三节　当代西方主要法系 ………………………………（139）

第八章　法律的继承和移植 ………………………………………（145）
　　第一节　法律继承 …………………………………………（146）
　　第二节　法律移植 …………………………………………（149）

第三编　关　系　论

第九章　法律与经济、政治 ………………………………………（157）
　　第一节　法律与经济 ………………………………………（158）
　　第二节　法律与政治 ………………………………………（168）

第十章　法律与道德、宗教 …………………………………………… （179）
第一节　法律与道德 ……………………………………………… （179）
第二节　法律与宗教 ……………………………………………… （183）

第十一章　法律与人权 ………………………………………………… （189）
第一节　人权的概念与基本形态 ………………………………… （189）
第二节　"三代人权"的历史演进 ………………………………… （192）
第三节　数字社会的"第四代人权" ……………………………… （195）
第四节　人权的法律保护 ………………………………………… （202）

第十二章　法律与科学技术 …………………………………………… （207）
第一节　科学技术概述 …………………………………………… （207）
第二节　法律与科技的关系 ……………………………………… （212）
第三节　新科技革命与现代法治 ………………………………… （219）

第四编　价　值　论

第十三章　法律的作用 ………………………………………………… （227）
第一节　法律的规范作用 ………………………………………… （227）
第二节　法律的社会作用 ………………………………………… （230）
第三节　法律的局限性 …………………………………………… （234）

第十四章　法律价值 …………………………………………………… （237）
第一节　法律价值概述 …………………………………………… （237）
第二节　法律的主要价值 ………………………………………… （242）
第三节　法律价值的冲突及调适 ………………………………… （250）

第五编　运　行　论

第十五章　法律创制 …………………………………………………… （255）
第一节　法律创制的基本原理 …………………………………… （255）
第二节　法律创制的基本制度 …………………………………… （259）
第三节　法律创制的中国图景 …………………………………… （263）

第十六章　法律实施 ···（267）
　　第一节　法律实施概述 ···（268）
　　第二节　执法 ···（269）
　　第三节　司法 ···（277）
　　第四节　守法 ···（286）

第十七章　法律程序 ···（292）
　　第一节　法律程序概述 ···（292）
　　第二节　法律程序的类型 ······································（298）
　　第三节　正当法律程序 ···（301）

第六编　方　法　论

第十八章　法律方法 ···（313）
　　第一节　法律方法的概念 ······································（313）
　　第二节　法律方法的学科体系 ································（319）
　　第三节　具体的法律方法 ······································（324）

第十九章　法律思维 ···（331）
　　第一节　法律思维及其家族相近概念 ······················（332）
　　第二节　法律思维的特征、功能与规则 ···················（336）
　　第三节　法律思维的模式 ······································（341）

第七编　法　治　论

第二十章　法治基本理论 ···（351）
　　第一节　法治的基本概念 ······································（352）
　　第二节　简要的法治发展史 ···································（356）
　　第三节　两种法治观念 ···（362）

第二十一章　数字社会与法治发展 ·······························（366）
　　第一节　数字社会概述 ···（366）
　　第二节　数字社会的法治变革 ································（370）
　　第三节　数字化的法治秩序 ···································（375）

导 论

任何一个学习法律的人，都首先要系统地学习法理学。这不仅是由法理学的学科地位决定的，也是由法理学所提供的基本理论和知识基础决定的。因此，我们有必要了解和掌握什么是法理学、为什么要学习法理学以及如何学习法理学。

一、什么是法理学

法理学是人们试图对法律现象、法律问题进行深层思考和理论回答，致力于探寻法律的最基本、最一般、最普遍规律，研究法律基本范畴、基本原理、基本原则、基本方法和基本问题的一门学问。简言之，法理学就是要探讨和研究"法"之"理"，"研究法理学的目的在于寻求自觉，寻求对法律的性质以及它的社会背景的某种程度的透彻理解"[①]。应当说，人类自从有法律时就开始了法理学、法哲学的理性思考和理论探讨，无论是西方先哲柏拉图、亚里士多德，还是中国的老子、孔子、荀子等，都形成了一定的法律思想，并逐渐与人类后来的法理思考和理论探讨汇聚成丰富而璀璨的法律思想宝库。尽管他们进行了今天看来属于法理学或法哲学方面的重要理论问题的研究，但是，那时还没有形成法理学或法哲学的独立学科（当时的法学也并未形成独立的学科）。而法理学作为一门独立的学科出现，是18世纪末19世纪初的事情。

1782年，英国功利主义哲学家和法学家边沁在《法理学定义的界限》一书中，首次提出了法律实证主义分析原则，但由于该书稿在1945年才被发现并出版，因而对当时影响并不大。1832年，英国法学家奥斯丁在其代表作《法理学的范围》中提出，法理学应当研究"事实上是什么样的法律"，而不是"应当是什么样的法律"，从而严格区分了"实有"和"应有"，真正确立了法律概念体系的独立研究。后经阿莫斯、马克伯、霍兰德、萨尔蒙德等人的努力，"法理学最终作为一门独立学科（理论知识体系、学问和大学的法学课程）而存在"[②]。但是，法理学

[①] 〔英〕韦恩·莫里森：《法理学——从古希腊到后现代》，李桂林等译，武汉大学出版社2003年版，第3页。
[②] 舒国滢：《法理学学科的缘起和在当代所面临的问题》，载《法学》1998年第10期。

作为一门学科的名称,在国内外有不同的看法。德国等大陆国家一般称为"法哲学""法律哲学"(Legal Philosophy, Philosophy of law),英美等国家一般称为"法理学"(Jurisprudence),尽管也有人坚持二者是不同的学科,但二者的含义还是基本趋于一致的。① 对此,当代美国著名法学家波斯纳指出:"所谓'法理学',我指的是关于法律这种社会现象的最基本的、最一般的和最理论化的分析。""我们通常将对根本性问题的分析称为'哲学',因此,传统将法理学定义为法哲学或哲学在法律中的运用,这显然是恰当的。"②

中文"法理学"一词源于日文汉字。1881年,日本著名法学家、日本近代法律文化主要奠基人穗积陈重教授为克服"法哲学"一词较重的形而上学色彩,将德语"rechts philosophie"创造性地翻译为"法理学",之后该词被引入中国。但是,中华人民共和国成立初期,我国法学理论基本照搬苏联时期的《国家与法的理论》,具有很重的政治学色彩。改革开放后,法学界才开始致力于法学独立性的探索。1981年,北京大学出版社发行的法理教科书改称为"法学基础理论"。20世纪80年代中期,法理学学科名称才取得合法地位,相应教科书也改称为"法理学"。

总之,法理学是法学的最一般、最基本的理论,它包括法律本体论、法律价值论、法律方法论以及法律与社会的关系等等,是部门法学的重要理论基石。

二、为什么要学习法理学

为什么要学习法理学?这看似一个简单的问题,但并不是每个学习法律的人都十分清楚的。而对这个问题不清楚,就会影响到法理学的学习和研究,甚至会影响到对整个法律知识(包括部门法)的学习、理解和运用。因此,学习法理学具有重大的意义。

首先,学习法理学是学好部门法学、全面深入掌握法学理论和专业知识的需要。我们说,法理学是"法"之"理",是对法律的基本规律、基本原理、基本原则的根本认识和总体把握,是贯穿、适用于法学各学科之中的基本理论、基本立场和基本方法,因而,是各部门法学的重要理论基石。法理学关于"法律是什么""法律为何有效""如何适用法律"等基本问题的探讨和回答,构成了法学其他学科进行研究和探讨的重要理论前提。如果没有法理学的理论基础,就很难学好部门法学和法学专门知识,甚至可能陷入简单的"法条注释主义"和"法律工具主义"的泥潭,特别是在面临重大疑难法律问题或者法律空白时,就会显得十分尴尬和无奈,很难适应法治国家建设的需要。而部门法学一旦进入较深层面,也

---

① 参见付子堂主编:《法理学进阶(第二版)》,法律出版社2006年版,第2页。
② 参见〔美〕波斯纳:《法理学问题》,苏力译,中国政法大学出版社1994年版,"序言"第1页。

都会直接融入法理学,如刑法哲学、民法哲学、行政法哲学等,都是如此。即使是一些诸如罪刑法定原则、罪刑合理性和科学性、行政合理性与合法性原则、契约自由及其限制、物权公示公信原则等具体的法律问题研究和探讨,也只有立足于法理学的深层基础和理论视野才能获得可靠的解释力和说服力。

其次,学习法理学是培养高水平法律素养和能力的需要。任何高层次人才都须是"将"和"帅"的结合,不仅要具有"将"的处理具体事务的能力,也要具备运筹帷幄、统揽全局的"帅"的决策能力。对法学高层次人才来讲,就是不仅要具有审理个别具体案件的能力,更要具备善于总结、提炼并为疑难案件处理提供基本原则和方法的能力,直至对立法、执法、司法进行分析、研究并施加影响的能力,这样才能成为一个高水平、高素质、高能力的好法官、好检察官、好警察、好律师和好学者。而这恰恰需要有很深厚的法学理论功底、牢固的法律理念、智慧的法律方法、严密的法律思维等才能做到。但是,人们往往对此认识不清,在法学教育中也往往不太关注。为此,德国学者魏德士曾忧心重重地反思:"由于大学教育集中在局部原则领域,学生们看不到法律制度及其基础与作用方法的全貌。今天的法学教育被司法考试牵着鼻子走,它所培养出来的与其说是独立思考并具有批判能力的法学家(Rechtswissenschaftler),毋宁说是熟练使用法律的法律技术匠(Rechtstechniker)。在法学研究以及部门法的实践中,基础问题和方法论问题常常被回避甚至忽视。"① 而事实上,西方很多著名的特别是对司法改革进程产生重大影响的大法官,如霍姆斯、卡多佐、波斯纳等,都是非常著名的法理学家,也正因如此,"法官造法"才是可能的、充满法律智慧的,也才是有公信力和历史贡献的。历史也表明,任何成就大事的高层次、高水平人才,都不能没有宽阔的知识面、深厚的理论功底、别具一格的深刻思想,以及把思想付诸实践并影响现实社会的能力和水平。因此,要培养高层次的法律专门人才,就必须通过法理学的学习来培养必要的"将""帅"结合的高素质、高能力和高水平,并为深化法学其他学科专业知识的学习、掌握和运用奠定良好基础。

最后,学习法理学是适应司法改革和培养法律共同体的需要。加快法治国家建设进程,就必须建立法律共同体,保障司法机关独立行使司法权力。一方面,法律共同体并不是简单的法律专业人才的集合,而是具有共同的法律专业知识和技术、具有坚定的法律理念和丰富的社会经验、具有很强利益平衡和规则驾驭能力的法律职业队伍。我们过去往往不注重法律理念、法律精神、法律思维、法律方法的培养和法学理论的学习,缺少司法独立精神,因而"法律工具主义""法律实用主义"色彩十分浓重,这直接影响到司法改革进程和司法效果。事实上,世界上并没有一成不变的法律,但却有相对不变的法律理念和法律精神。因

---

① 〔德〕伯恩·魏德士:《法理学》,丁小春、吴越译,法律出版社2003年版,第20页。

此,法律理念、法律精神的弘扬和培养是推进司法改革和构建法律共同体的关键一环。另一方面,法理学并不能提供直接的、实用的法律操作技术,但却能提供一种必要的法律思维能力和方法;有了这种思维能力和方法也许并不一定会形成相应的操作技术,但若没有这种思维能力和方法,就一定不会形成相应的法律操作技术。可见,建立法律共同体要求"法律人"应善于发现规则和恰当适用规则,而不能做法条的奴隶,就要培养"法律人"的共同法律信仰、法律理念、法律思维和法律方法。而要做到这些,没有对法理学的深入系统学习是不可能的。

三、如何学习法理学

法理学是对法律现象和法律生活的高度提炼、普遍概括和理论升华,因而,与其他法学学科相比,法理学具有很强的理论性、抽象性和思辨性,而且与司法实践问题缺少直接的关联。这就使得法理学的学习较为艰难,如何学好法理学也就成为值得探讨的问题。事实上,任何理论无论多么抽象,都不可能脱离生活现实,法理学更是法律生活现实的反映。因此,只要肯下功夫,找准方法,是能够把法理学学好的,并能将其转化成良好的法律素质和能力。

首先,立足全球化视野,深入学习和解析西方法理学,并进行中西对比学习和研究。西方法理学具有悠久的历史传统,从古希腊的斯多葛学派到今天的后现代法学,汇成了色彩纷呈、奔涌向前的法律思想长河,这些都是人类法律思考的结晶,是人类共同的宝贵财富,指导着人类的社会行为和法律生活,当然也对后发现代化国家的法学研究和法治进程具有重要的借鉴意义。特别是自然法学、分析实证主义法学、社会学法学、经济分析法学、新马克思主义法学、后现代法学、女权主义法学等的法律思想和理论已部分地被吸收、容纳进中国法理学,并对中国法治进程产生了重要影响。因此,不了解西方法理学,不对中西法理学进行对比学习和研究,就很难开阔法理学理论视野,也很难学好法理学。而在当今全球化时代,随着经济全球化趋势不断增强,法律的交融、贯通与合作的趋向日益明显,更需要认真对待和学习西方法理学,并进行深入的中西比较学习和研究。当然,由于政治制度、文化传统、生活习惯等因素的影响,我们对西方法理学应采取批判性的学习和研究态度,否则,照抄照搬、亦步亦趋只能永远是缺少"话语权"的"学生",而且很多西方理论"移花接木"到中国也会造成"水土不服"的难题。也就是说,批判性地接受西方法理学,不仅是我国的制度性质和国情决定的,也是建立我国在世界上的法理学"话语权"所要求的。

其次,立足本土国情,全面学习和掌握中国法理学,并直面"生活事实"和"中国问题"。虽然中国法理学需要面向西方法理学和全球视野,但是,它毕竟是要首先立足中国本土国情和解决"中国问题"的。因此,在改革开放之初,我们打开国门急需采取"拿来主义"以武装自己,但是,在中国经济逐步崛起、法学理论研究逐步兴盛之时,特别是很多西方法学理论无法回答和解决"中国问题"时,就亟须建立"中国"的法理学。这样,我们就必须努力全面学习和掌握中国法理学的最新成果和理论发展,尤其是善于从社会转型和法治进程中探寻和挖掘生活中的法理,关注生活现实,面对"中国问题",从而避免抽象的理论空谈和简单的逻辑推演,也能避免对西方法学理论的照抄照搬。只有这样,才能更好地学好法理学,学活法理学,也才能学以致用,充分发挥法理学指导法律实践、回应法律生活的理论使命。

最后,立足学科兼容,注重法理学与部门法的有机结合,并强化法学理论的应用性分析。法理学固然是法学的最一般、最基本的理论,是探索法学的基本范畴、基本原理、基本原则和基本问题的,从而为其他法学学科提供思想基础和理论指引。但是,法理学并不是必然无疑的、高高在上的"老大"。事实上,只有在确实能为部门法提供理论指导时,法理学才具有基石和"统领"的作用。同时,法理学的很多理论和原理都来源于对部门法学的深入思考和理论升华,是部门法学的实践过程为法理学提供了基本素材和理论源泉。如果脱离了部门法学,法理学就很可能成为一门与司法实践无涉的空洞玄学,法理学也就失去了其价值和意义。此外,为应对数字时代的变革发展需要,教育部最近提出了新文科建设要求,致力于文文交叉和文理交叉,这就要求在学习法理学的过程中,注重加强哲学、政治学、社会学、管理学、历史学以及计算机科学、数据科学、人工智能等学科理论和知识的学习研究,以更好地认识和应对诸多新兴的时代问题和法律挑战。因此,要学好法理学,就必须强化多学科的交叉兼容,包括对部门法学的法理学分析和应用性探讨,只有这样,法理学才会有现实根基和理论活力,法理学原理和知识也才会转化成指导司法实践的精神价值和理论能力。

第一编 本体论

第一章 法律的概念

 法律故事

　　1944年,一个德国士兵私下里向他妻子说了一些他对希特勒及纳粹党其他领导人物不满的话。他的妻子在他长期离家服兵役期间"已投向另一个男子的怀抱",并想除掉该士兵,就把他的言论报告给了当地的纳粹党头目。结果,该士兵遭到军事特别法庭的审讯,被判处死刑。经过短时期的囚禁后,该士兵未被处死,又被送到了前线。纳粹政权倒台后,他的妻子因设法使其丈夫遭到囚禁而被送上法庭。她的抗辩理由是:据当时有效的法律,她丈夫对她所说的关于希特勒及纳粹党的言论已构成犯罪。因此,当她告发她丈夫时并没有任何的"不法"行为,她仅仅是使一个罪犯归案受审。对这个案件,德国法院认为:妻子告发是导致丈夫自由被剥夺的原因,虽然丈夫是被法院以违法的理由宣判的,但是,这种法律"违背所有正常人的健全良知和正义观念",因此该妻子要受到法律的制裁,而不能以这种"恶法"为由脱罪。后来,许多案件都采用了这种推理方式,如在有些案件中,法院明确宣布"完全否认人格价值和尊严的法律不能够被看作是法"。这就是纽伦堡审判中著名的"军妻谋杀案"。

　　法律是人类社会最基本的行为规范,人们的生活随时随地都与法律相联系,因为"法是人类生存必不可少的条件,否则混乱就会来临"[①]。人们也从古代就开始了对法律的思考和制度设计,试图对法律进行必要的描述和界定。但是,要真正给"法律"下个定义,并揭示法律的本质,却不是个简单的事情。正像西方学者所指出的那样,"鉴于源源不息的法学文墨尽情流淌,致力于提供一个普世接受的法的定义,但却收效甚微"[②]。不过,"法律"毕竟是法学领域内最基本、最基础的起始性概念,只有清楚了"法律"的概念,深入理解了"法律"的特征和本质,才能更好地学习法律、认识法律和运用法律。因此,探讨法律的含义、回答法律是什么,自然是十分必要而重要的。

[①] 〔德〕伯恩·魏德士:《法理学》,丁小春、吴越译,法律出版社2003年版,第2—3页。
[②] 〔英〕丹尼斯·劳埃德:《法理学》,许章润译,法律出版社2007年版,第25页。

第一节 法律的定义

一、法与法律

在现实生活中，人们常常并不严格区分法和法律。不同的国家和民族、不同的历史时期、不同的理论，对是否区分法与法律，也有不同的理解或看法。这不仅是由于历史条件、民族性格、理论路径等的影响，也是由于法律本身的复杂性、多样性、动态性等所决定的。

（一）汉语中的"法律"

我们现在使用的"法律"一词，并不是汉语中原有的词，而是在清朝末年从日本输入的，而"进口"这个词与清末以来的法律改革运动有着密切的关联。清朝末年，中国面临着前所未有的外来压力，自鸦片战争战败以后，"天朝上国"的自我定位不断被消解，救亡图存成为一致的社会共识。最初国人的认识仅局限在学习西方先进的"器物技艺"，从而"富国强兵"，进而达到"保国、保种、保教"的目的，当时的洋务运动就是最明显的表现。但是，其后中国在甲午战争中的战败使人们认识到，中国与西方国家的差距不仅仅是"器物技艺"上的，落后的制度、政体可能是更为主要的因素。在这种背景下，中国开始着手法律改革，学习和借鉴西式法律制度、思想和理论是其中重要的一个环节。尽管清末法律改革并没有挽救清王朝覆灭的命运，但法律改革运动却并未因此而终止。可以说，时至今日，中国仍旧处于这个法律改革运动的过程中。中国自清末开始向西方国家及日本派遣的法学留学生在接触西方的法律思想、理论和制度之后，对于法律，首先面临一个在汉语语境中表述上的困难——使用汉语中已有的词汇很难表达西方语言中"法律"的含义。极有可能是为了标示新法与以往的旧法在性质上的差别，早期的法学留学生们便借用了日语中的"法律"来特指中国仿照西方制定的新式法律。而在此之前，汉语中只有"法"和"律"这两个单字，却没有将这两个字合起来作为一个合成词使用的尝试。

在古汉语中，据考证，法律的最早的词汇表现形式是"灋"。夏、商、周时期，国家所制定的具体规范制度往往被称为"刑"。春秋战国时期，李悝在统合各国刑典基础上撰写了《法经》，从而改"刑"为"法"；而秦国在商鞅时期又改"法"为"律"。此后，中国历朝历代一般都将国家制定的法典称为"律"，如秦朝的《秦律》、汉朝的《九章律》、唐朝的《唐律疏议》、明朝的《大明律》以及清朝的《大清律例》。不过，需要注意的是，一方面，在中国古代，"刑""法""律"是具体法律的称呼，但它们又可统称为"法"，因此在汉语中一直有"王法"之说。另一方面，"刑""法""律"这三个字在中国古代的使用并非按照时间截然分开的。例如，秦汉以后尽管在"法"之外流行"律"字,但也有北宋的《宋刑统》,而且它们也不是全部的对法律的称呼,除此以外还有"令""科""比""格""式"等对不同类型的法律的称呼。

中国古代法在内容上具有共同的特点,在一定意义上说,它们都是刑法。这并不是说中国古代的法律里只有我们今天所理解的刑事法律,而没有民事、行政等其他方面的内容。事实上,这些内容都存在,只不过不管在哪个法律领域,古代法律都主要使用刑罚作为法律责任的承担方式,都是惩罚性的。所以,中国古代法律都是"刑法"。例如,《大清律例》规定:"凡祖父母父母在,子孙别立户籍异财产者,杖一百。"行政领域中对官员未尽职责的处罚也是经常以肉刑的形式来进行的,如笞、杖等等。当然,也有学者认为,从汉语中"法"字的古体"灋"来看,中国古代法在词汇表现形式上体现了"公平正义"的含义,而不仅仅体现为惩罚和威慑,从其"氵"旁看,"灋"有"平之如水"的公平之意。这种看法有其道理,毕竟任何一种法律都需要具备最起码的形式平等特点,如若不然,法律将丧失其普遍化特点,进而难以实现调控社会生活的功能,但这不能被看作中国古代法的主要特征。

(二) 西语中的"法律"

在西方语言中,"法律"一词的表述形式更为复杂,如拉丁语中的"ius"和"lex",英语中的"law"和"legal",德语中的"recht"和"gesetz",法语中的"droit"和"loi"等等。但是,总的来讲它们与古汉语中的"刑""法""律"在含义上有以下两点主要区别:

第一,西方语言中的这些词除了有"法律"这个含义以外,还同时包含了"正义、公平、权利"等意思,这是汉语中的"刑""法""律"所不具备的特点。

第二,在西方表达法律的语词中,体现了将法律二元化的特点。例如,德语中的"recht"和"gesetz"在一般语境中是通用的,都用来表述法律。但在将二者作对比时,前者表述的"法律"侧重于"真正、正确的法律"的含义,具有应然法的味道;而后者表述的"法律"侧重于"国家实际上所制定的法律",具有实然法的味道,它可能是不完善甚至错误的。这很类似于西方自然法思想中自然法与实在法的二元论。西方语言中这种"法律"二元化的使用方式,在汉语中没有固有的对应表述形式,因此,汉语中现在往往使用"法"和"法律"来表达这种二元划分。实际上,现代汉语中"法律"这个词的含义,已经向西方语言中表达法律的词汇相靠拢,以尽可能缩小上述两类差别。这不仅是出于便利学习和借鉴西方法律制度和理论的考虑,同时也是为了学习词汇背后所隐含的法律文化,试图通过改变词汇的含义来改造我们对法律的思维方式。

在中国目前的法律实践中,还把"法律"分为广、狭两种意思。广义的"法律"泛指一切具有立法权限的国家机关所制定的法律,这些机关包括全国人民代表大会(以下简称"人大")及其常务委员会(以下简称"常委会")和一定层级的地方人大、国务院、省级人民政府等;狭义的"法律"仅指全国人大及其常委会制定的法律。在多数情况下我们使用的"法律"一词取的是广义,只有在区分全国人大及其常委会制定的法律与其他国家机关制定的法律时,取的才是狭义。

二、对法律的不同界说

"法律是什么",是每一个法律的初学者最容易问到的问题,也是最不容易回答的问题。如英国已故著名法学家哈特所言,尽管每一个学科都可能问到类似的定义问题,如化学中的"化学是什么"、医学中的"医学是什么",但没有一个学科会像法学这样围绕着"法律是什么"产生经久不绝、异说纷呈的争论。争论的源头在于法律自身的复杂性,与桌子、汽车、花草这些物理性存在物不同,法律的存在与运作尽管需要物理性存在物来辅助,如法律的公布需要依赖报纸、文件、书籍、互联网等物理性媒介,法律的执行需要依赖法庭、监狱、警车、警察、法官等,但法律自身却不能等同于这些物理性存在。法律在相当程度上体现为人的观念,并且这种观念所表达的并非对某种事物、事务、事态、因果关系的陈述,而是一种规范性的、表述应然的观念。例如,我国刑法规定"故意致人死亡的,处十年以上有期徒刑、无期徒刑或死刑",它所表达的并非一种事实,很可能当它被写进法律文件时并没有任何人因为故意致人死亡而受到这几种刑罚;它表达的是一种特定主体(立法者)关于"应当如何"的观念,意味着如果有人故意致他人死亡那么他就应当被处以相应刑罚,至于他是否实际上受到这个处罚并不能由这个规定本身来决定,而是要取决于诸多非法律的因素。例如,案件是否能被侦破、罪犯在被执行刑罚之前是否死亡、法官在审判时是公正客观还是主观随意甚至枉法裁判等等。

法律的这种特殊的内容——"应该如何"是其难以被定义的主要根源,因为"应该如何"总是与某种目的关联在一起,尽管立法者通常并不会在法律文件中明确地为每一个具体的法律规定写明其所要实现的目的,但只要立法是出于审慎的考虑,"应该如何"就必然是以目的为指向的。也就是说,"法律是什么"取决于"法律的目的为何"。同时,由于目的并非对某种事实的陈述,因此它并不存在唯一正确的客观标准,相应地关于法律的目的也就存在着广泛的争议:法律所要实现的目的究竟是立法者的主观目的,还是某种客观伦理价值;对于法律的目的的考量究竟应该以立法当时的情形为准,还是以法律适用之时的社会情况为准;法律所要实现的目的是大体上(至少对一类情形而言)一致的,还是因不同的个案有所差异,乃至于不具有统一性;如果某一个法律目的很少甚至从来没有被实现过,那么它还算不算是一个法律的目的等。

弄清楚了分歧的根源,也就不难理解为什么在法律思想史上关于法律会产生下面这些众说纷纭的定义。例如,边沁和奥斯丁把法律界定为"主权者的命令",这是从立法者的角度来界定法律,法律被理解成体现立法者目的的观念;以卢埃林和弗兰克为代表的美国现实主义法学把法律理解成法官实际上的所作所为或者对法官行为的预测,对于法律,立法者的目的并不重要,重要的是法官的实际所作所为,法律的不确定性被极度张扬了;庞德认为法律既包括"书本中的法律"又包括"行动中的法律",试图以"社会控制"这个法律的终极目的来统摄法律的不同层面;哈特把法律定义为由初级规则和次级规则构成的规则的体系,这是从法律的基本社会功能(目的)着眼,对法律进行的最具普适性的描述性定义;德沃金把法律界定为"诠释性"的"整体法",通过把法律理解为一种诠释性存在而试图沟通与协调立法者与司法者、过去与现在之法律目的上的差异。

三、法律的定义

"法律"的定义对法理学的理论体系的构建来说无比重要,因为它直接与以下章节中的其他法学基本概念如"法律规范""法律渊源""法律效力""法律体系"等相关。在相当长的时间内,我国法律理论界与实务界对于法律的理解在知识渊源上是以马克思主义理论为基础的。其实,马克思和恩格斯并没有专门为法律下定义,而是在著述中多次附带性地提及对法律的认识。例如,他们在《德意志意识形态》中指出:"占统治地位的个人除了必须以国家的形式来组织自己的力量外,他们还必须给与他们自己的由这些特定关系所决定的意志以国家意志即法律的一般表现形式。"[①]他们还在《共产党宣言》中指出:"你们的观念本身是资产阶级的生产关系和所有制关系的产物,正像你们的法不过是被奉为法律的你们这个阶级的意志一样,而这种意志的内容是由你们这个阶级的物质生活条件来决定的。"[②]

基于此种理论渊源,我国法学者一度将法律界定为:"法是由国家制定、认可并由国家保证实施的,反映由特定物质生活条件所决定的统治阶级意志,以确认、保护和发展统治阶级所期望的社会关系、社会秩序和社会发展目标为目的的行为规范体系。"这个定义尽管比较严谨,囊括了法律的来源、表现形式、内容以及目的,但其强调的重点是法律的阶级性质和工具价值,认为法律是统治阶级意志的体现,进而产生法律是阶级斗争工具的认识,形成了"统治阶级意志论"和"阶级斗争工具论"。应当说,这个定义更适合阶级矛盾突出、阶级斗争激烈的社会和时期,适合描述那种政治化趋向严重、中央集权管理、由阶级斗争来推动法律和社会发展状况下的社会现实,但却不适合市场经济、民主政治和多元自主

[①] 《马克思恩格斯全集(第3卷)》,人民出版社1960年版,第378页。
[②] 《马克思恩格斯选集(第1卷)》,人民出版社1995年版,第289页。

发展条件下的社会现实。出于这种考虑，现今更多的学者倾向于淡化法律的阶级性质，突出法律的社会性和中立性，以使法律的定义更具有代表性、普遍性。综上，法律可以被界定为：法律是以国家意志形式表现出来的，由国家制定、认可并以强制力来保障实施的，旨在调整和平衡普遍利益与特殊利益、多元利益主体之间关系的行为规范的总和。

第二节 法律的特征

法律是一种特殊的社会规范体系，它源自社会意义上的"人"，并且是约束社会意义上的"人"的行为规范，因此，它有别于规制自然事物、生物学意义上"人"的自然法则（人的生老病死、动物的弱肉强食、自然界的风起云涌等）和技术规范（计算机操作指南、手机使用说明、药品使用说明等）。一般来说，法律与其他类型的社会规则如道德、宗教、习俗相比，具有如下几个特征：

一、法律的国家意志性

道德和社会习俗来自民间风俗，来自口耳相传，在相当程度上是一种"集体无意识"的结果；宗教戒律则具有超验性，总是与某种不可考证的神圣渊源有着必然关联。与它们相比，法律在产生方式上具有极为明显的"人为"特点。

我们可以通过某些途径和形式宣称"从某年某月某日起，随地吐痰是一种犯罪行为，随地吐痰的处三年以下有期徒刑、拘役或管制"，尽管这样的法律规定会被我们认为是不合理的，但我们却不会否定此规定是一条法律规定。与此相反，我们却无法通过类似的方式去宣告某种新的道德规范、社会习俗或宗教戒律。比如，我们不能说"从某年某月某日起，随地吐痰是一种不道德的行为"，不论言说者是谁，这样的说法都会使人感到难以接受。原因就在于，道德、习俗、宗教戒律这些社会规范不能单纯地被人有意识地进行改变，它们的变化需要一个"时间"要素。某种新道德、新习俗的产生，除了要有人率先发起之外，更重要的是社会上的其他人也要在很长一段时间内接受它并予以实践。这是一个漫长、渐进的过程。我们能够清楚地说出某一部法律是何时产生的，但却无法准确地说出"过春节"这个习俗是何时流行的，"百善孝为先"这样的道德准则是何时出现的。然而，法律则是"人为"的产物，是由国家制定、认可和解释的，因此，它具有国家意志性。

（一）法律的创制主体是国家

在现代社会，国家权力被分为三类：立法权、行政权和司法权，它们分别由相应的立法机关、行政机关和司法机关来行使。

创制法律的"国家机关"一般指的是立法机关，在现代社会，该机关都是由民选代表组成的,如美国的国会、英国的议会、中国的人民代表大会。由于法律是直接关乎人民生活的,因此应该由人民(通过民选代表)来制定,这体现了人民的自我管理或者叫"人民当家作主"。

经由宪法、法律规定或者立法机关的合法授权,国家行政机关和地方政府也可以享有一定范围的立法权。行政机关就其本身的职能而言仅是一个执行法律规定的机关,但考虑到进入20世纪以来,行政机关所管辖的事务日趋繁多且具有较强的专业性,如金融、税收、治安、工商管理、民政等,仅凭立法机关无法妥善地完成立法任务,现代各国便普遍性地由立法机关将一定范围的立法权授予行政机关行使。但一定要注意,行政机关的立法权并不是其本身就有的,而是由立法机关授予的。

在某些国家,司法机关也在事实上具有立法功能,如英国和美国,它们有着判例法传统,某些典型案例("判例")可以作为以后审理相似案件的法律依据。那么,这样的判例是如何产生的呢?

一百多年前,美国纽约州法院审理了"里格斯诉帕尔默案"。帕尔默的祖父是当地有名的富翁,在他身体还十分健壮的时候就立好遗嘱,将其名下全部财产留给帕尔默。几年以后,帕尔默由于害怕其祖父更改遗嘱,便下毒将其毒死。案件很快被侦破,帕尔默对于其要承担的刑事责任没有异议,但却认为并不会因此而丧失继承祖父全部遗产的民事权利。祖父的两个女儿把帕尔默告到民事法庭,要求法院撤销帕尔默的继承权。可是,一百多年前的纽约继承法并没有涉及遗嘱中指定的继承人杀害了被继承人的情形。帕尔默的律师说,就像某人不能因诽谤了他人名誉而失去自己的名誉一样,帕尔默也不能因杀害被继承人而失去继承权。经过一番深思熟虑,法院认为,从以往的法律规定以及具体的案例中可以发现"不能因为自己的过错而获得利益"这一法律原则,比如说抢劫犯并不能获得抢劫所得财物的所有权,诈骗犯也要将骗来的钱还给被骗的人。对于继承法来说也是如此,即"不能有过错",帕尔默不能因为杀死其祖父而取得其祖父的遗产。

这就是一个判例,成为判例的原因是它够典型,它针对继承人杀死被继承人后继承人是否丧失继承权这一原有法律没有规定的特殊情况,创造了一个新的法律规范。从此以后,只要有相似的情况发生,就可依照"遵循先例"原则比照该判例处理。

除此之外,其他任何组织和个人,都无权创制法律法规。

(二) 法律生成形式是国家制定或认可

国家在宣告法律产生时,会采用不同的方法,一般可分为制定和认可两种。

制定法律,指的是国家通过严格的立法程序,把法律规定明确地以文字等方式记载下来,并使公众得知。这也是国家产出法律的一种最明确、最常用的方式。例如,《中华人民共和国民法典》(以下简称《民法典》)第 1047 条规定:"结婚年龄,男不得早于二十二周岁,女不得早于二十周岁。"而"认可"法律是一种委婉、灵活的法律产生方式。国家可以通过某些方式规定在某些情况下,当法律没有明确规定时,可依照社会中相关的习俗、道德等处理。这样,如果真的碰到这些情况,那么这些习俗、道德就成了法律。例如,我国《民法典》第 10 条规定:"处理民事纠纷,应当依照法律;法律没有规定的,可以适用习惯,但是不得违背公序良俗。"第 289 条规定:"法律、法规对处理相邻关系有规定的,依照其规定;法律、法规没有规定的,可以按照当地习惯。"这里的"习惯"本身并不是法律,但透过这条法律规定,在"没有法律规定"的情况下,相关的"习惯"便具有了法律效力,成为法律。

这是"认可"法律里相对明确的一种方式(在法律中明确规定),但有的时候,法律的"认可"并没有什么明确的法律依据,而是依靠司法机关在长期实践中形成的一些不成文的规矩来"认可"法律的。例如,英国虽然有判例法传统,以往的先例能够被作为其后审理类似案件的依据。但是,在英国却没有什么明确的法律规定法官必须这样做,同样也没有规定何时法官可以打破先例从而创造一个新的判例。这完全取决于英国数百年来在司法实践中所确立的一些不成文的司法惯例。

与"制定""认可"相比,法律的解释通常并不被看作法律产生的方式,在相当长的历史时期内,法律解释被看作仅属于法律应用的环节,被认为是一种法律适用者将已经存在的法律规定依照立法者的意图予以贯彻、适用的活动。如孟德斯鸠所言,法官仅属于法律的"嘴巴"部分,其职能就是忠实地反映法律自身的意图,而不能代之以自身主观的偏好。这种对法律解释的看法一方面反映了权力分立原则,另一方面反映了民主立法原则。依照前者,司法、行政等法律适用机构只具有适用法律的职权,立法专属于立法机关的职权范围,法律适用者不具有立法的资格,而只具有法律解释的资格;法律解释仅是发现法律而非创制法律。依照后者,法律的创制只能由人民或民选代表来从事,以此种方式产生的法律才具有合法性(合理性);而法官由于自身并非人民选举的结果,对法律的理解更多局限于个案,也不具备全面反映民意的能力,因此,法官没有能力创制法律,法律解释也就不能超出被解释法律的范围。

不过,在西方,自 20 世纪六七十年代以来,上述对法律解释的传统看法开始被动摇,法律与法律解释之间的界限被消解了。相当一部分学者认为,法律并非完全预设的、独立于司法者的解释的存在,而是诠释性的、实践性的存在,法律解释被看作法律的存在以及发展的方式。原因在于,从实践的角度看,法律总是指向实践生活,而真实社会生活的复杂与无限发展的可能性又使得法律不可能对其所欲规范的事务进行事无巨细、毫无遗漏的规定,而只能使用一般性的、抽象性的概念来规范社会生活。这就使得法律与具体社会生活之间出现了裂痕,这个裂痕只能通过法律解释来填补。正如德国已故法学家考夫曼所言,在法律中,除了一小部分数字概念无须解释以外,其他的概念都需要解释方能作用于实际生活,区别仅在于解释的程度而已。而解释所得到的、适用于个案的内容如果被视为立法时就已经为立法者所预设和意欲的话,又无异于承认立法者的全知全能,是一种不切实际的看法。由此,法律解释的地位就不再是辅助性的,而是实践中法律表现自身的方式。

法律解释的这个地位,并不受人们对它的看法的影响。即便通过立法的方式明令禁止对法律进行解释也改变不了法律需经解释才能作用于实际生活这个特点,只有通过解释,法律才能实现其目的,也正是在这个意义上,法律解释是法律的存在方式。

二、法律的行为规范性

法律以人为规范对象,在作用范围上仅调整人的特定行为,因而具有行为规范性。

(一) 法律只调整行为、不涉及思想

法律作为一种社会规则,仅调整社会中的人,这一点是毫无疑问的。但是,仅此尚不足以区分法律与其他社会规则。

在明确法律对人的作用范围之前,需先对人的全部活动进行区分。人的活动是多方面的,可分为内外两方面:一是内部活动,也可以称为"思维活动"或"思想活动",它不会对外界的人或物产生直接影响,比如构思一部小说、痛恨某人等。二是外部活动,即通常我们所说的"行为",通常它是人的思维活动的外化,人可以通过说、书写、动作等方式将意识表达出来。

从法律的基本目的着眼,人纯粹内心的思想活动以及不体现其意识的行为一般并不被当作法律的调整对象,原因在于这两种活动对人类社会的维系来讲并不具有可控制性。只有人们外在的行为才可以依据一定的标准来进行判断,而针对思想的判断却很难寻找到现实可靠的标准。在现代文明社会中,除了某些特殊情形(如无过错责任、严格责任、绝对责任)外,法律的调整对象仅限于体现主体意识的行为,并不涉及思想,"思想犯"也难以成立。因此,对于纯粹的思想意识,法律是不可介入也无法介入的。比如,一个人仅有盗窃的想法,但并没有盗窃的行动,那只能说这个人的道德不高尚,应该受到道德的谴责,但他并不会受到法律的追究。

(二) 法律只调整涉他行为、不涉及涉己行为

就能够体现主体意识而言,人的行为可分为涉己行为与涉他行为(关系行为)两种,前者如吃饭、睡觉、听音乐等,后者如交易行为。涉己行为也可以转化为涉他行为,如在家听音乐时音量开得过大而影响到邻居的正常休息,这种情形的涉己行为就变成一种涉他行为。

不论在任何历史时期，法律的基本目的都在于维系由本性自由之主体所参与的社会生活的有序化，而涉己行为由于并不对他人产生影响，因此，其存在与否也就不会影响社会生活的稳定，自然就没有必要以法律的方式来调整。如果以法律的手段使得这类行为(如饮食习惯)整齐划一，尽管同样获得了秩序，但却否定了人类社会存在的前提——人的自由本性。要特别强调的是，一方面，在法律上，涉己行为与涉他行为之间的划分标准并不是固定不变的，随着社会的发展、人的价值观的改变，标准也在发生变化。以我国为例，"文革"时期，人们的衣着方式被国家限制，特定的服饰(如喇叭裤)被禁止穿着，这就是将衣着方式这种现如今看来的涉己行为当作一种涉他行为了。另一方面，对于涉己行为与涉他行为的划分，法律与其他社会规范可能有着不同的标准。例如，在订立合同这种情形中，订约双方的衣着并不具有法律意义，但却可能具有礼仪规范上的意义，在正式的订约场合衣着过于随便会被看作有违礼仪规范。

法律所规范的涉他行为，不仅包括积极的作为，而且也包括消极的不作为，这两种行为方式都可能对他人产生影响。故意致人死亡是一种积极作为的行为方式，会对受害人产生影响，而父母不为未成年子女提供衣食则是一种以不作为方式影响其子女的行为。这种不作为方式的涉他行为一般发生在主体负有法律上规定先在作为义务的情形，但也可能出现例外情形。例如，在德国，某在校生物学专业大学生甲利用业余时间在餐馆打工，一次甲凭借其生物学专业知识发现他传送的菜品中含有能够致死的毒蘑菇，但甲对此保持沉默，顾客食用后死亡。尽管依照德国刑法，对以不作为方式导致他人死亡的主体进行惩罚的范围仅限于那些负有法律规定负有作为义务的主体，但法院却仍然对甲处以刑罚。

法律对涉他行为的调整是通过权利—义务的形式来实现的，即它以授权、禁止、命令的形式规定权利和义务，引导人们的行为和建立相应的应为、可为、勿为行为模式，形成行为的确定性和可预测性，从而维护和促进社会秩序。

(三) 法律并非调整所有涉他行为

法律旨在调整涉他行为，但并非所有体现主体意识的、涉他性的行为都属于法律的调整对象。由于法律并非试图全面地规范人类社会生活，而仅涉及其中对于社会的维系与发展来讲较为基本的部分。因此，诸多"不重要"的社会行为与关系就被排除在法律调控范围之外。至于什么样的行为是"重要"的，何种行为是"不重要"的，则没有一个精确的、固定的标准。尽管立法者在立法时会尽可能地将其认为是"重要"的行为在法律中以明示的方式予以公布和调控，但却无法做到穷尽所有应该以法律来调控的行为。例如，《中华人民共和国刑法》(以下简称《刑法》)第13条规定："一切危害国家主权、领土完整和安全，分裂国家、颠覆人民民主专政的政权和推翻社会主义制度，破坏社会秩序和经济秩序，侵犯国有财产或者劳动群众集体所有的财产,侵犯公民私人所有的财产,侵犯公民的人身权利、民主权利和其他权利,以及其他危害社会的行为,依照法律应当受刑罚处罚的,都是犯罪,但是情节显著轻微危害不大的,不认为是犯罪。"该条对罪与非罪的标准进行了划定,即确定哪些具有危害性的行为是犯罪的标准刑法所要涉及的。对于符合"情节显著轻微危害不大"这一点的行为,刑法便不涉及,相反则涉及。这个标准其实是很模糊的,如以盗窃论,现如今盗窃100元被视为情节轻微的行为,但在二十年前则并非如此。这就需要人们在法律实践中、在一个个的具体案件中将该标准不断地明确、修正。其原因有二:一是人类认识上的有限性。人不能彻底地认识自身行为的性质与类型,在立法时很可能出现"本该规范而没有规范"的遗漏、疏忽的情形。二是人类社会生活发展的无限性。基于人独有的创造性,人类社会的发展是无法精确地予以预计的,也因此,随着时间的推移,会出现立法当时始料不及的情况。所以,为了应对这两种情况,法律就不能将其自身彻底地封闭、固化,而是需要富有弹性的标准来划定法律的作用范围。

总之,法律仅以能够体现主体意识的、特定范围的涉他行为为其调整对象,法律也因此有别于调整人内心信仰、良知的宗教戒律与道德规范。

三、法律的国家强制性

在社会生活中规范无处不在。例如,学生在路上碰到老师应该点头问好;向他人作出的允诺要按时兑现;雇主在年终时要给表现优异的员工发放奖金;朋友结婚要送礼金;等等。它们随时随地告诉我们"应该做什么"或"不应该做什么",也都存在相应的机制来保障其得到遵守。例如,道德规范主要依靠社会舆论和人们的良心等来加以维持,违反道德规范不仅要受到社会舆论的疏远和批评,承受相应的道德责任和道德制裁,而且也将受到自我良心的谴责,从而在一定程度上保证人们不至于逾越社会常理做出"缺德"之事。宗教规范的实施主要通过其信徒内心的信仰,但同时也存在着不同程度的外在的强制手段来保证和坚定信徒的言行与信念。

法律与其他社会规范相比最明显的特征,就在于它的保障机制,在于它可以通过权威机关(国家)的强制力加以实施。当出现违反法律的禁止(命令)性规定的情况时,不论行为人的主观意图如何,不论从道德或宗教等规范角度这种意图是否具有合理性,行为人一般都会招致特定国家机关的强制或惩罚措施。例如,对闯红灯的司机的罚款,对伤害他人生命、健康者的监禁,对违反合同约定者的支付违约金的判决,等等。

(一) 法律由国家强制力保障实施的理由

法律必须由国家强制力保障实施的理由,主要有两个:

其一,法律不能始终为人们自愿地遵守。法律至多只能算作人的诸多行为理由之一，除此以外，功利计算、道德感、宗教信仰、不加反思的习惯甚至非理性的激情与冲动都是人行为的理由，而这些理由与法律之间尽管可能存在符合之处，但它们并非必然地具有等值关系。例如，税法中关于缴纳个人所得税的规定为主体提供了交税的理由，但从功利计算的角度，人们可能去交税也可能拒绝交税。从长远和整体的角度看，交税有利于国家财政的充足，使得国家能够更好地提供优良的公共服务，从而有利于每一个人；但如果从利己的角度来看，由于公共服务不具有指向性，因此不交税而享受公共服务的"搭便车"行为更有利于个人利益。正因为法律与其他规范以及人之情感、欲望存在着这种冲突的可能性，所以法律需要通过国家强制力强迫违反者遵行。

其二，"徒法不足以自行"，法律需要国家专门机关予以适用。一方面，法律是普遍的、一般的规范，而要使这种抽象的准则作用于具体的、特殊性的生活事例，就需要有相关人员对其进行解释和适用。而为了保障法律解释和适用的客观性、公正性，就不能由普通私人来担当解释和适用者，而应该由专职的、代表公共利益的公务人员来应用它。另一方面，道德和社会习俗等社会规范的产生与应用具有自生自发的特点，社会主体塑造这些规范并将其应用于自身，也因此它们缺乏普遍性和可预测性等体系性特点。与此不同，法律是人类有意识地控制社会生活的典范，在内容上有着明确的范围，能够随着社会生活的变化及时调整以及具备高效的纠纷解决体制，从而能够完成最大限度上控制社会生活、推进社会发展与进步的任务，而这一切都离不开国家的专门机关及其工作人员，如法官、检察官、警察、公务员等。

(二) 法律由国家强制力保障实施的含义

其含义主要体现在四个方面：

一是法律由国家强制力保障实施意味着存在一种外部的机关或组织。法律的执行是通过异于普通民众的特定机关来完成的，因此它有别于自我拘束的个人规范，以及通过对超现实力量的信仰所形成的宗教规范。良心、修养、德行等属于个人的要素，虽然并非与法律全然无关，但法律并不以它们为必要的基础。外部的机关或组织并不以国家机关为限，尤其是不限于法院或一般所说的行政机关。被赋予权力执行法律的"机关"是多样的。一名单独执勤的交通警察是此处所指的"机关"，私人或民间团体也可因为受权力机关的委托等原因而执行法律，并且在委托的事项和时间范围内具有公共机关的属性。

二是不同的机关的权力来源都可以直接或间接地追溯到一个共同的权威。这个权威一般来讲是国家的根本大法，也就是宪法。宪法的表现形态是多样的，有成文的也有不成文的，成文的宪法也不限于一部法律文件，它既可以是许多法规的集合，也可以是成文与不成文法规的混合。但无论它们的表现形式如何，它们在内容上都必然具有一致性：法规制定或修改的组织及程序；争端解决的方式;拥有强制力的机关。也正是由于这种共同的权威来源,所有的国家机关构成一个有机的体系,它们在同一个体系内从不同方面、不同层面为法律的实施提供保障和支持,并避免和解决彼此之间的冲突和矛盾,以此来实现一国范围内法律的统一与和谐。

三是法律是以强制力为后盾的。一般我们所说的执行或实施法律,其实只是"表达"了法律规范。例如,立法机关制定禁止将某种有毒废水排入河流的法律,法院下令债务人支付债权人一笔金钱,交通警察以手势指挥车辆行驶的顺序或方式,所有这些机关都是在向特定或不特定的人表达某种法律的要求。而法律的一大特点就是当法律被违反时,可以由同一个或其他的权威机关以强制力强迫违法者执行,必要时可使用武力。例如,工厂违法排放废水,可能收到来自环保局的罚款单,命令其缴纳罚款,甚至命令其停工歇业。工厂的经营者即使不愿意,也必须缴纳罚款或停工。因为它如果仍不遵守,则可能引来法院的强制执行或主管机关的强迫关厂,此时必然涉及某种程度的武力的使用。由此我们可以看到,强制力是法律的一项要素。强制力包含最终使用武力的可能性,但是强制力并不等于武力。抽象的法律自始便一般性地强制所有人服从;若有个别的不服从者,则可通过个别的规范要求其服从或停止违法行为。例如,警察以手势要求违规的车辆停下来,如果违章司机仍不遵守,就可能引起使用武力的问题。武力仅属于强制力实施的最后阶段。法律一经公布便已经具备强制力,尽管是最弱意义上的强制力,此时强制力等同于权威性;专门的法律执行者对违法者的个别告知,如罚款通知、返还财产的判决等,属于中等意义上的强制力,此时法律具备的强制力类似于警告,警告违法者受到武力强制的可能性;最强意义上的强制力意味着赤裸裸的武力使用,如警察以武力将行凶歹徒制服、法院对拒不执行判决者的财产的强制划拨与扣缴等。

四是对主体的思想教育、法律观念的培育等手段,尽管并非法律实施的必备要素,但法律的普遍落实却是以社会整体上的尊法、守法观念的流行为条件的。在一个对国家法普遍缺少认同与信任甚至广为反对的社会里,仅凭国家的强制力不足以保证法律的实施,相反很可能激起社会或政治革命,导致已有法律的废除与更改。因此,对公民的法治教育以及全社会的法治观念,无疑是国家强制力保障法律实施的社会基础和环境条件。

四、法律的普遍适用性

法律的普遍适用性也被称为"法律的普遍性",就是指法律作为一种抽象的、普遍的行为规范在国家主权范围内具有普遍适用的效力和特性。

(一)法律普遍适用性的基本内涵

任何社会规范都有普遍适用的特点,相比较而言,法律的普遍适用范围比其他社会规范的普遍适用范围更大。其他社会规范只对一国内的部分人有效。例如,道德往往是不统一的,一国之内不同地域、文化水平、阶级、民族的伦理价值观念往往存在差异,这些不同的道德规范一般仅能适用于部分地域和人群。宗教戒律、社团章程、风俗习惯也是如此,宗教戒律与社团章程当然只能适用于宗教信徒以及社团成员,风俗习惯在相当程度上受制于不同的地域特点,如我国民间有"十里不同风,百里不同俗"的说法。而法律适用的范围是国家主权范围内的一切成员,在形式上不分身份、种族、民族、性别等方面的差别,要求一律平等适用。它主要包含三方面内涵:

其一,法律内容上的普遍适用性。法律的内容是抽象的、概括的,它针对的是一般意义上的主体、一般意义上的事项,而并不是对某一特定主体、特定事项予以规范。

其二,法律规范对象的普遍性。在一国范围之内,任何人的合法行为都无一例外地受法律的保护,任何人的违法行为也都无一例外地应受法律的制裁。法律不是为特别保护个别人的利益而制定,也不是为特别约束个别人的行为而设立。

其三,法律是反复适用的。法律对人们的行为具有反复适用的效力,对同类情形,法律可以反复适用,而不仅适用一次。

(二) 法律普遍适用性的必要限度

我们说,法律具有其他社会规范所没有的更广的普遍适用性,但却不能把它机械地理解为法律的绝对性和无限性,而是有其必要的适用限度。

第一,法律的适用范围在空间上主要是以国家主权范围为界。超出一国主权管辖范围,该国的法律通常就丧失了法律效力。原因在于,针对他国主权范围的法律,不可能获得他国范围内人群的服从,也不会得到国家强制力的支持,因此,这种法律就不是法律,除非其得到对象国之认同。而当出现这种情况时,要么该类规定变成了对象国法律的一部分,要么对象国丧失了独立的主权国家性质而变为附属国家。

第二,法律具有普遍性,在国家权力管辖范围内普遍有效,是在整体的法律属性意义上来讲的。就一个国家的具体法律的效力而言,则呈现出不同的情况,不可一概而论。有些法律在全国范围内生效(如宪法、民法、刑法),有些则仅在部分地区生效(如地方性法规);不同类型的法律在适用对象上有所差异,有的泛泛地针对一般主体(如民法),而有的则针对特定主体(如妇女儿童权益保护法);不同类型的法律在规范事项上也有所不同(如刑法和民法),尽管它们在适用对象上可能是重合的,但却分别规范同一类主体行为的不同层面。

第三,法律的普遍适用性并不意味着法律涉及人类社会生活的方方面面,法律仅调整有限的社会关系,相当多的社会(关系)行为由于不具有法律意义上的重要性而不属于法律的调整对象。对这一点,经常有人产生误解。比如,人们可能认为尽管有许多行为并没有为法律所规定,但只要是法律不禁止的就是法律所保护的,在这个意义上讲,法律没有进行明确规范的行为仍然属于法律的调整范围。不可否认,确实存在一些由于法律自身的局限性本该规范而没有规范的行为,但是如果认为所有法律未规范的行为都能从"不禁止即为保护"这个逻辑推论认为其属于法律的调整范围,这就是一种"法律万能论",过分夸大了法律的作用,对法律提出了不可能完成的任务。此外,法律也不是调整社会关系的唯一手段,同一种行为可能既受到法律的调整同时也受到道德规范、社会习俗、宗教戒律的调整,应该说法律与其他社会规范一起共同从不同层面完成对人类社会生活进行规制的任务。

第四,法律的普遍适用性意味着任何法律均需要"相同情况相同对待,不同情况不同对待",但对"相同"或"不同"不能机械地理解,并没有一个绝对客观的标准能确定"相同情况"或"不同情况",这在相当程度上取决于立法者试图通过法律实现的目的。以高考录取为例,为所有考生划定统一的录取分数线是一种把所有考生等同视之的做法,此做法背后的目的是为所有考生提供同样的接受高等教育的平等机会;但也可能从其他目的着眼对考生予以区别对待,从而为不同的考生规定不同的录取分数线,比如从扶持少数民族的教育文化水平着眼,为少数民族考生规定较低的录取分数,旨在促进实质上的民族教育平等。

第三节 法律的本质

一、研究法律本质的意义

法律的"本质"是在与法律的"现象"相对比意义上的概念。在这种意义上,一方面,法律的现象是多种多样的,属于法律伴随时空的改变而不断变化的部分,而法律的本质则属于变化多端的法律现象背后的统一性、规律性。法律就其外在表现形式来讲,与其他社会规范或许有诸多相似之处,但在本质层面上它们却是不同的,法律的本质是法律这种社会规范能够与道德等其他社会规范相区分的基本点。另一方面,法律的现象是法律直接展现出来的可以通过感官直接看到、听到、接触到的部分,法律的本质则无法直接通过感官得知,而要依赖理性的判断、推理和论证。法律的产生与运作总是要通过具体的、生动的方式表现出来,一部法律文件、十字路口指挥交通的警察、一份租房协议书等等都是法律的"现象",而法律的本质则隐含在它们背后,无法被人们直接感知,而是需要通过对这些具体法律现象的分析、归纳、推理才能得知。

尽管法律的本质属于隐含在具体的法律现象背后的要素,对它的把握在相当程度上是一种抽象的理论探讨,但却不可把对法律的本质的研究与法律实践割裂开来,不能把法律的本质仅看作理论上的或者仅具有理论意义的。恰恰相反,法律的本质总是与法律实践密切相关,这不仅因为法律的本质是从法律实践活动提供的素材中总结出来的,也是因为法律的本质总是会反作用于法律实践。法律本质问题既是理论性的又是实践性的,因此研究法律本质的意义也就分别体现在以下两个方面:

第一,研究法律的本质有助于系统、全面地认识法律。法律本质问题首先是一个认识论、知识论的问题,尽管认识法律、获得法律知识往往是通过熟识法律条文、分析案例进行的,但如果不了解这些无穷无尽的条文、案例背后隐含的共性与规律,那么对法律的认识将只是停留在表面上,只能如盲人摸象般得到关于法律的分散的、变动不居的知识,而不能体系性地认识法律的一贯性质。

从认识论、知识论的角度来讲,同一个法律现象用不同的法律本质观来看,将会呈现出不同的面貌。例如,"命令论"是一种常见的对法律本质的看法,依照该种法律本质观,所有的法律规定都是直接或间接地对主体发布的命令,是对主体行为的要求或禁止,即便是那种授权性的规定,也间接地服务于法律的"命令"本质,其本身不具有独立的功能与价值。像"公民对其合法财产享有财产权"这种规定,在该种本质观看来,其根本目的在于限制相应义务主体的行为,是在对义务主体"下命令"。但如果从"规则论"的本质观来看,此规定本身具有其独立的价值,实质上是在为财产所有人设定自由活动的空间,使其能够在法律的范围内自由地占有、使用、收益及处分其财产,而不仅仅是为了限制义务主体的行为。

第二,研究法律的本质有助于解决疑难案件。在法律实践中,一般的案件都可以通过援引法律条文或参照以往的判决先例来处理,这些案件也就是所谓的"简单案件";但对于复杂案件("疑难案件")而言,处理起来就没那么容易,会在相当的程度上涉及法律适用者对法律本质的认识。在疑难案件中,由于缺少明晰、确定的法律规则和先例,可供作为处理案件依据的往往只是含糊的法律原则,案件处理的结果也就非常依赖于法律适用者怎样理解这些原则以及如何寻找法律依据,而这必然涉及对法律本质的看法。

纽伦堡审判中的"军妻谋杀案"尽管较为极端,在人类历史的正常时期很少会发生这类情形,但却极为典型地反映了对法律本质的看法对于疑难案件处理的重要意义。审理该案的法官无疑对法律的本质持有一种自然法学的观点,其要点即为"恶法非法",真正的法律未必明确地表现在实在的法律文件或实践中,普遍公认的正义观念同样是法律,并且与国家的实在法相比是更为重要的法律。也正是在这种法律本质观支配下,承审法院对该妻子作出了有罪判决。对这个案件的处理,如果法官严格坚持法律实证主义的"恶法亦法"或"法律就是法律"的观点,案件的处理结果与方式就会有所不同,可能出现两种情形:其一,以告密者并未违背行为时国家法律为由对其作出无罪判决;其二,对告密者作出有罪判决,同时明确地承认如此判决是一种有瑕疵的、"溯及既往"的运用法律的方式,是一种运用告密者行为之后所制定的新法来惩罚她的做法。

当然,也有人指出,研究法律的本质是有局限的,甚至有人认为法律并没有本质,法律本质是虚构的,这就是"非本质主义"的观点。这种观点来源于哲学上的"非本质主义"思潮,认为人的认识能力总是有限的,不足以把握本质,即使能把握也不值得重视,因为对本质的过度追求很容易导致单一性和排他性认识,排斥多元性和灵活性。基于此,法学中的"非本质主义"观点认为,法律是生活中的多元事实规则,它并没有一个固定不变的本质。事实上,正如一些学者所指出的,本质主义是人类对确定性的追求,它通常具有系统性、思辨性强及比较深刻的优点,但也有实证性、应用性差的缺点,难以用来有效解决立法、司法过程中的具体问题;非本质主义是人类对不确定性的追求,它往往具有实证性、应用性强的优点,但也有系统性、思辨性差以及解释法现象过于表面化的缺点。这两种追求都是人性的表现,本没有优劣之分。但是,人毕竟是理性的动物,毕竟是要努力透过现象来认识本质和规律,从而把握事物和人类自身。因此,要正确认识和运用法律,就必须揭示法律的本质。

二、关于法律本质的争论

西方法学的历史可以表述成关于法律本质的论战史,围绕着"法律是什么"这个经典问题,不同的思想家从不同的立场、价值倾向、时代背景出发给出了不同的答案,并形成了关于法律本质观的不同的理论范式。这些理论框架,对我们今天研究法律本质而言是珍贵的知识财富。

(一) 自然法学的法律本质观

这种对法律根本属性的认识历史最为悠久,在古希腊时期就已经出现了,历史长达两千余年。该观点认为,约束人们行为的法律包括两种,一种是实在法,也就是我们熟知的国家制定的法律;另一种是自然法,是一种在地位上高于实在法的法律。"自然法"是英文"Natural Law"的对译,由于natural一词的词根"nature"有本质的含义,因此自然法其实就是对于法律本质的研究,或者说,是对于"法应当是什么"这个问题的研究。至于它的具体含义,则比较复杂,在不同的历史时期人们对其有不同的认识,大体上自然法理论的发展史可以划分为三个基本阶段:

其一,古希腊时期的"自然理性"。古希腊的哲学家们将对法律的认识纳入其对于世界的解释框架之内,根据世界的本质来解释法律的本质,认为法律是"万事万物的普遍法则",这是一种哲学意义上的自然法。例如,柏拉图认为世界由现象世界和理念世界组成,理念是现象的本质。同理,对于法律也可作此理解,也可分为作为理念的自然法与作为现象的实在法,只有理念中的自然法才是本质上的法律,其他的法律都必须与理念的自然法保持一致。在这种思想影响下,古希腊的自然法理论将法划分为(作为本质的)自然法与(作为现象的)实在法两个层次。这种自然法观念后来为古罗马政治家、法学家所继承,并把它用作法律发展及变革的工具,从而创造了前所未有、高度发达的罗马法制度。在古希腊思想家和古罗马政治家、法学家的努力下,西方法学得以形成了一个基本理论观点,即法必须体现正义观念,存在一种放之四海而皆准的自然法、本质的法,它是一切人定法的基础。

其二,中世纪时期的"神的理性"。中世纪的神学家将他们的宗教信仰与古希腊古典哲学结合起来形成了新的自然法观念,尽管自然法的内容按神学世界观进行了改造,但是自然法的基本观点仍然延续了下来,认为自然法是"上帝的意志",是一种神学意义上的自然法。其中,奥古斯丁认为,按照效力的等级,法可以被划分为以下三个层次:永恒法、自然法与人法(实在法)。阿奎那则认为,除此以外还存在着"神法"。不同版本的神学自然法理论的共同之处在于,都将上帝当作法律的最终效力来源。

其三,启蒙时期的"人的理性"。在17、18世纪资产阶级革命时期,自然法指的是与人的欲望相对应的"人的理性",此时的自然法是一种理性化、世俗化的自然法,或者说是理性法。该种自然法理论的基本前提是"上帝死了、人还活着",人需要靠自己的力量来安排生活秩序。这样,人的理性代替上帝而成为自然的核心要义。这种理性的自然法以对人性的预设为出发点,进而认为人的基本权利是自然法理论的逻辑起点和目的指向,因此侵犯人的基本权利(生命权、财产权、言论自由权等)的法将会丧失实际上的约束力。理性自然法的代表人物主要是资产阶级革命的启蒙思想家,如格老秀斯、普芬道夫、霍布斯、洛克、孟德斯鸠、卢梭等。

所谓"自然法高于实在法",是指国家所制定的法律应符合人们的普遍道德观念(普遍法则、上帝意志或人的本性)。法律最重要的属性是正当性,"不正义的'法律'不是法律",如不能与自然法保持一致,实在法将会丧失法律的性质和效力,人们也就不应再承担遵守实在法的义务。这种观点把法律的范围扩张到国家法以外,将道德的要求(自然法)也视为法律,被称为"自然法学"。

(二) 分析实证主义法学的法律本质观

19世纪,在哲学方面实证主义学说在西方处于主导地位。这种学说认为,仅凭人的理性,主体并没有能力认识事物的本质和真理。因此,必须放弃那些超越主体认识能力的形而上学或神学的问题,知识必须建立在经验基础上。这种哲学观点对法学产生了深刻的影响,出现了分析实证主义法学(法律实证主义),挑战传统的自然法学对法本质的认识。法律实证主义反对自然法的主张,认为实在法之外并不存在超验的理想法,强调实在法的自足性,认为"法律就是法律",并没有什么外于法律的更高标准(理性、神意、事物本质等等)可以决定实在法的效力。因此,即使实在法与上述标准相违背,也不能成为否定实在法之法律性质的理由,人们依然负有服从这种法律的义务。所以,法律实证主义其实是对于"法实际上是什么"之问题的研究。对这个问题,法律实证主义理论阵营内部存在分歧,不同的实证主义者对于法律事实上是什么的看法并不一致,其中具有代表性的有奥斯丁的"命令论"、凯尔森的"规范论"以及哈特的"规则论"。

奥斯丁认为,法就是由臣民之普遍服从习惯保证实施的、主权者颁布的命令。因此,不符合这个定义的行为准则,就无法使用"法"这个词汇加以描述,而是属于道德、宗教戒律、社会习俗的领域,但在日常语言中,我们经常不恰当地将它们称之为"法律"。凯尔森认为,奥斯丁的法律"命令论"尽管在事实的意义上描述法律,但却错误地表述了法律,错误之处在于法律的约束力并非如奥斯丁所言来自主权者的优越地位,而是来自命令者被授权发布有约束力的命令的规范。因此,命令的约束力并非来自自身,而是来自规范。基于这种认识,在凯尔森眼里,法律就是由基本规范通过层层授权的方式建立起来的规范体系。哈特则一方面反对奥斯丁将法律视为命令的观点,另一方面反对凯尔森将法律理解为无关事实的纯粹规范(应当),而是从"社会规则理论"出发将法律界定为由初级规则和次级规则结合建立起来的规则体系。

无论哪种法律实证主义的观点都强调"法律就是法律",法律仅意味着一种实际上的存在物。法律的有效性不受法律以外的东西的干扰,即便国家法的内容有悖于普遍道德观念,只要它还没有被国家通过正式程序废止,那它就是有效的。法律实证主义者认为,自然法学的那种将法律等同于正义观念的做法不仅是不切实际的,而且也会掩盖对法律的道德批评,因为按照自然法学的理论,法律是不可能不正当的,不正当的就不再是法律。

(三)社会学法学的法律本质观

19世纪的分析法学坚持除实在法本身以外,法学再无其他可供研究的领域,法律的道德正当性与法律的实际实施效果都被看作属于法律以外的研究领域,应该交给伦理学等学科去研究,这使得法学研究成为一个与外界隔绝的"孤家寡人"。20世纪前后,西方社会出现了一系列重大的以改善工作环境、提高工人生活质量、政治民主化等目标为指向的重大社会事件,人们对法律的看法也有了变化,开始注重法律的实践方面,法律社会学(社会学法学)流行起来。法律社会学最早产生于19世纪末的欧洲,这一法学理论后传入美国,并于20世纪30年代广泛流行。从整体上看,这一学派的突出特点是主张法律应被作为一种社会现象来看待,研究法本质的出发点不是"法应该是什么"而是"法实际是什么",采用观察、调查、统计和试验等社会学研究方法来研究现实生活中各种法律现象与社会生活的必不可少的内在联系。如果说分析实证法学提供的是法律的自我描述,是关于法律的内在观点,那么,社会学法学提供的则是法律的外在描述,是关于法律的外在观点。

通过观察法律与社会之间的相互影响,社会学法学认识到,事实上,法律不可能做到同等情况同等对待,法律不可能不受到法律以外因素的影响。比如,人的社会地位会影响到法律,有些人会通过不正当手段来逃避法律的制裁,等等。所以,人们认为,法律纸面上的规定是靠不住的,有多种因素会导致这些规定无法落实。只有那些人们实际上在遵守的规则才有意义,才能被称为"有约束力的法律",不管这种规则是来自国家法上的规定,还是来自社会习俗、道德观念、宗教戒律。简单地说,一切实际上被人们遵守的规则都是法律,能够被称为"法律"的东西是实际上约束人们行为的东西,这不会是"书本上的法律",而只能是"行动中的法律"。"行动中的法"有两种含义,一是指社会生活中的各种规则,即在现实生活中一切起着法律的作用、执行着法律的功能的"活法"。这一含义实际上与"非国家的法""民间法"的含义相同,如公司章程、风俗习惯、乡规民约、交往礼仪等。二是指现实中的各种法律行为和法律活动,区别于国家颁布的法律规则,即"书本中的法"。从这个意义上说,市场上的交易行为、订立遗嘱、登机安检、诉讼过程等都是真实意义上的法律。

由于法律社会学研究法律的目的在于关注法律是如何受到社会关系的制约的以及国家制定的法律在多大程度上能够改变社会,因而,法律社会学必然从功能、结构的意义上理解法律,它关注的既不是法律的道德正当性,也不是法律的效力结构,而是着眼于社会生活之实然,把法理解为开放的、运作的机制,理解为整个社会系统的一个必要的功能组成部分,而不是立法者已创立的封闭的、静止的规则体系。

(四) 中国法学界关于法律本质的探索

我国自清末法律改革学习西方法律制度与理论以来,对于法律本质的问题,最早接受的是实证主义的法律本质观,特别是社会学法学的法本质观对20世纪初年的中国影响最大。这一方面当然有西方示范效应的影响,20世纪初年正是实证主义法学兴盛之时,接受该法学理论关于法律本质的观点是很自然的现象。另一方面,更为重要的原因是,中国的社会转型实践需要一种对法律的实证主义的、联系社会现实的本质观。1949年以后,马克思主义理论成为正统的意识形态,自然而然地,对法律本质的界定当然要从马克思主义中寻找。1978年以前,法律的阶级本质被过度张扬,法律被看作统治阶级意志的体现,被视为统治阶级实现阶级专政、打击敌人的工具。

改革开放以后,特别是20世纪80年代开始展开了持续十余年的关于法本质的大讨论。其间大致形成了以下几种观点:一是"并存论",即认为法律既有阶级性,又有社会性,这是大多数人的观点;二是"层次论",即认为国家意志性是法律的初级本质,阶级意志性是法律的二级本质,物质制约性是法律的三级本质;三是"结合论",即认为法律是意志和规律的结合、阶级性和社会性的结合、利益性和正义性的结合,或者认为法律是理(正当性)和力(强制性)的结合,理是基本的,力是必要的;四是"权利本位论",即认为法律在本质上是以保障权利为本位的;五是"义务本位论",即认为法律在本质上是以设定义务、保障义务履行为本位的;六是"利益平衡论",即认为法律是市民社会要求的体现,是普遍利益与特殊利益的调适器和平衡器。总体而言,法学界意识到单纯强调法律的阶级性有失片面,法律的社会性同样是其重要的本质属性之一,结合中国的具体时空背景来说,社会性甚至是法律更为主要的本质属性;与改革开放、发展市场经济和推进民主化进程相适应,强调当代中国法律的正义、自由、平等、权利、契约、人权、秩序等价值取向。2000年前后,为了与司法改革这个政治实践相适应,西方的诠释学法学(法律解释学)又被大规模地引入中国,并产生了一定的影响,关于法律本质的观点也出现了从"立法取向"转向"司法取向"的某些迹象。

综上,从中国的法律本质观的演变中可以看出,法律本质的问题并非一个脱离实践的、思辨的形而上学问题,而是密切地关涉实践,反映法律实践并回应法律实践需求的。

三、法律的本质属性

法律本质的问题既是一个根本性法律理论问题,又是一个重大法律实践问题,不论是在西方还是在中国,人们对法律本质的探寻都不是出于纯粹知识上的兴趣,而是深受实践需求的促动。

(一)摒弃"工具主义"法律观

在马克思主义经典作家看来,法律的目的在于人的自由和权利。然而,由于受苏联维辛斯基法学以及极左思潮的影响,人们曾对马克思主义经典作家的法律理论产生了一定的误读,以致机械地、僵化地理解"法律是统治阶级意志"的经典命题,进而把法律视为单纯的阶级统治工具和对敌斗争工具,并酿成了"文革"这样的劫难和悲剧,人性受到严重的摧残和扼杀。改革开放后,在解放思想、实事求是的精神鼓舞下,全国展开了关于法律本质的大讨论,人们认识到法律不仅具有阶级性,还具有社会性;法律不仅是统治阶级意志的体现,也必须反映社会的多元利益要求;法律不仅是实现阶级统治的工具,也是社会自我管理的重要手段;等等。这无疑是法律本质研究的重大进步。然而,在一些地方和部门,仍有某种极左思想遗存在人们的思想和行为中,在"依法治理"过程中,仍或多或少地把法律当成一种"统治意志"和"统治工具",其后果便是法律的亮剑震慑功能大于利益保护功能,人的自由和权利让位于权力控制和管理秩序,甚至出现了权力扩张法律化,其实质乃是权力中心主义。于是,野蛮执法、违法执法、以权压法等现象由此滋生,法律的正义价值和人本精神随之迷失、消解。这不仅直接违背我国的制度属性和社会主义核心价值观,也必然会带来一定的秩序风险,影响到国家的长治久安。

后发现代化国家的经验表明,社会急剧变革和快速转型很容易带来社会危机和动荡,因此,对于现代化中的国家,首要的问题是创建一个合法的公共秩序。"很显然,人类可以无自由而有秩序,但不能无秩序而有自由。必须先有权威,然后才能对它加以限制。"①正是基于这样一种经验和认识,现代化中的国家普遍采取了一种开明的"威权型"政体,以在保障社会稳定的前提下,推进社会变革和经济发展。同时,"威权型"政体的国家权力也必然要扮演民主和法治建设导引者、推进者的角色,大量引进西方先进的法律制度,加快国家立法步伐和司法改革,着力培养现代法观念和法意识,以推进现代性的、普遍主义的理性规则秩序。这固然是后发现代化国家推进法治的必要途径和手段,然而,法治不仅具有全球性和一致性,也具有地方性和多元性,一味地移植和过于推行国家理性规则秩序而不注意"乡土国情",很容易造成法治根基的缺失。尤其需要警惕的是,国家在建构现代性的普遍主义法律秩序进程中,又会形成加强社会控制、保障权威合法性的内在动力,加之权力自身的扩张本性,就会使得国家建构的理性秩序带有严重的工具主义和实用主义倾向。诚如有学者所言:"立法和执法相互脱节而导致执法不严、法律工具主义等观念与制度是东亚社会的一个通病。"②这种工具主义法律观会形成某种程度的重秩序轻自由、重制裁轻保障、重权力轻权利的倾向,缺少对人的价值、权利和自由的足够尊重与深层关怀,导致权力中心主义及其权力法律化,从而难以有效应对多元社会冲突和建立规则秩序。

可见,"工具主义"法律观仍是"文革"的遗留,阻碍着新时代的社会发展变革。然而不容置疑的是,自党的十八大以来,中国特色社会主义建设进入了新阶段,党和国家致力于推进国家治理体系和治理能力现代化,提出了"构建全民共建共享的社会治理格局"的重要战略目标。③ 从此,"共建共治共享"成为新时代的主导模式和秩序形态。这就要求坚持"以人民为中心"的政治理念,动员和扩

---

① 〔美〕塞缪尔·亨廷顿:《变革社会中的政治秩序》,李盛平、杨玉生等译,华夏出版社1988年版,第38页。
② 韩大元:《东亚法治的历史与理念》,法律出版社2000年版,第42页。
③ 《中共中央关于制定国民经济和社会发展第十三个五年规划的建议》,载《人民日报》2015年11月4日第1版。

大社会的多元参与,积极推动共同建设,增进共同治理,实现共同享有,维护社会成员的基本权利、自由平等和社会公平正义,从而塑造良法善治的治理秩序。基于此,必须克服权力中心主义,摒弃传统的法律工具情怀,倡导多元共建、协同共治、全民共享的治理机制,从而扫清"共建共治共享"的观念和机制障碍,为实现"法治中国"的战略目标提供坚实基础和深层动力。

(二) 多元利益与权利的平衡器

按照马克思主义经典作家的观点,法律是被奉为国家意志的统治阶级意志的体现,但是,这种统治阶级意志并不是无拘无束的主观臆断,而是在一定物质生活条件制约下的意志表现。诚如马克思所言:"人们在自己生活的社会生产中发生一定的、必然的、不以他们的意志为转移的关系,即同他们的物质生产力的一定发展阶段相适合的生产关系。这些生产关系的总和构成社会的经济结构,即有法律的和政治的上层建筑竖立在其上并有一定的社会意识形式与之相适应的现实基础。物质生活的生产方式制约着整个社会生活、政治生活和精神生活的过程。"① 因此,无论法律怎样竭力体现统治阶级意志,都不能脱离其经济结构和社会基础,不能脱离社会公众的利益主张和正义诉求,需要"盖上社会普遍承认的印章"②。然而,极左思潮下的法律本质观却对经典作家的科学论述进行了片面理解和误读,并形成了"唯统治阶级意志论"和"唯阶级斗争工具论"。这种误读专注于法律的政治性和工具性,抹杀了法律的社会性和正义性,"统治阶级意志"实际上转换成了"统治者的意志",最终使法律成为当权者肆意妄为的工具和实行社会压制的利器,人治和集权淹没了民主和法治,它只能带来"文革"式的周期性社会震荡和灾难,难以实现法律对生产力的适应、解放和推动作用,③ 共建共治共享的社会治理更无从谈起。

人类历史发展表明,只要有私有制和非自愿的社会分工存在,国家和社会的二元分离就不可避免。特别是近现代以来,市民社会与国家在并列中获得了充分发展,它们所展现的个性生活和类生活形成了基本的社会生活结构,因而法律调整普遍利益和特殊利益的属性和任务日益明显,作用日益重要。在我国,随着市场经济的迅猛发展和民主化进程的加速,出现了重大的社会分化和社会分层,私人利益增长迅速并与公共利益并立发展,个人和群体的不同权利获得了释放、确认和保障,个性化、多元化、世俗化、自主化成为主导趋势,平等、自由、权利、契约精神成为社会经济生活的通则,民主、法治、人权、宪政成为国家生活的航标。于是,在剥削阶级作为一个阶级已经不复存在因而阶级对立消失、齐心协力推进现代化建设、打造共建共治共享社会治理格局的新时期,法律的主要目标就不再

---

① 《马克思恩格斯全集(第13卷)》,人民出版社1972年版,第8页。
② 《马克思恩格斯选集(第4卷)》,人民出版社1995年版,第107页。
③ 参见马长山:《从市民社会理论出发对法本质的再认识》,载《法学研究》1995年第1期。

是"政治优位"的"阶级统治工具",而是普遍利益与特殊利益、公共利益与私人利益的协调器,是多元利益、多元权利之间复杂博弈的平衡器。这表现在:

首先,法是一种国家意志的体现,任何个人、任何群体的意志表达都不能成为法律,无论这个人、这个群体是谁。只有通过国家立法机关的立法活动,以国家整体意志形式表现出来,才能成为法律。

其次,法律所表现的国家意志来源于人民。在专制社会,法律也表现为国家意志,但是,这个国家意志也是君王的个人意志,"法自君出"也就顺理成章,法律自然变成保障权力运行和维护等级特权秩序的工具。但是,在当代社会,市场经济和民主政治成为主导形态,专制统治失去了根基。因此,法律虽然仍是一种国家意志,但绝不再是某个当权者或者某个特权集团的意志,而是多元利益、多元权利、多元价值追求的共同反映,是众多自由、平等的社会主体共同达成的、认可的权威规则,以对多元利益、自由和权利进行平衡界定,有效确认和强力保障,从而建立体现全社会正义追求的规则秩序。在我国现阶段,法律所体现的国家意志只能来源于人民,来源于社会公众的共同诉求。因此,法律就要真正承载"三个代表"重要思想、"以人为本"精神和"以人民为中心"的价值理念,其核心和基石在于包括工农阶级、资产者、中产阶级、自由职业者、个体经营者等各社会阶层在内的"公民共同体",它必须反映、平衡全社会的多元利益主张和权利呼求,努力回应自由、平等、人权、正义、秩序等时代价值诉求,从而化解社会冲突、保障多元权利和自由,进而建立自由公正、保障人权、多元和谐的社会秩序。

最后,法律根本上是由社会主义市场经济的物质生活条件所决定的。我国自改革开放以来,过去那种国家兼并乃至吞噬社会并以权力本位来宰制社会生活的传统政治经济体制被彻底打破,个人和群体利益从国家利益的"牢笼"中解放出来,真正形成了普遍利益与特殊利益、公共领域与私人领域、个性生活与共同体生活等等的分立发展。新时期的这种社会经济结构和物质生活条件,必然要求法律通过对国家权力与公民权利、公民权利与义务、自由与秩序等等的确认、规范和调适,以对普遍利益与特殊利益、公共领域与私人领域、共同体生活与个性生活等等进行协调和平衡,使国家权力受到多元社会权利的分解、监督和制约,使不同群体的利益主张和权利要求得到确认、平衡和保障,从而推进法治国家的建立。

(三)法律的多维功能

由于法律是普遍利益与特殊利益的协调器、多元利益和权利的平衡器,因此,法律也就不单纯是"阶级统治工具",而在更大意义上具有共建共治共享治理秩序的塑造功能。

1. 多元权利的确认与维护功能

我国是一个后发现代化国家,传统基因较为浓重。特别是过去曾推行高度中央集权的政治经济体制,国家对包括政治、经济、思想文化、社会生活在内的各个方面实行全面控制和家长式管理,到处是国家规划和配给制,导致了国家利益至上的单元板结的利益结构,造成了严重的社会停滞和动荡。改革开放后,随着市场经济的迅速发展,出现了巨大的社会分化和利益解组。这就意味着,我国已进入了个性化、多元化、异质化、世俗化、自由化的社会发展状态,形成了日益增长的利益主张和不断多样化的权利诉求,利益纷争和摩擦冲突也随之急剧上升,社会失范和社会和谐问题也越来越凸显。这种多元化、自由化主张和诉求,是全球化时代的发展趋势和价值展现,是当代社会中人的"自由自主活动"发展进程的必然反映,因而只能靠疏导而不能靠压制,只能把它们上升为权利予以界定、平衡、保障而不能漠视、懈怠或消极提防,否则将会导致社会震荡或社会危机。一方面,需要法律合理调整普遍利益与特殊利益关系,按照时代诉求界定国家与社会、权力与权利的范围和领域,既要保障国家权力的公共管理效能,又要确保社会的自由民主权利和自主发展领地,从而为充分的权利确认和保障提供可靠的资源和空间,使社会主体创造出来的多种利益最大限度地上升为其多元化的自由和权利,避免权力对权利的吞噬、压制、限制和不当干预而导致不协调甚至对立或冲突。另一方面,需要法律以界定和分配基准性的权利与权利、权利与义务、自由与责任等形式来合理分配社会利益、框定利益范围、化解利益摩擦和权利冲突、建立正当程序和利益损害纠补机制等,从而在保障不同个人或群体的多元利益或权利主张的同时,化解它们的摩擦与纷争,促进它们的互动、平衡与协调,从而形成共建共治共享的治理秩序。

2. 利益冲突的平衡与协调功能

纵观人类社会的发展史,冲突与合作一直是社会生活的主题,只要有私有制和社会分工存在,冲突就在所难免。而冲突实际上是一把"双刃剑",它既会产生敌意和对抗,也会产生联合和内聚;既会威胁统一体,也会成为平衡的安全阀;既会瓦解旧有规范,也会更新旧规范或催生新规范;等等。事实表明,共建共治共享并不是没有利益冲突,而是要努力把利益冲突控制在发挥正功能的范围内,从而实现动态、稳定的社会秩序。相反,"一个僵化的社会制度,不允许冲突发生,它会极力阻止必要的调整,而把灾难性崩溃的危险增大到极限。"[①]因此,共建共治共享社会治理中的法律并不是也不可能是消除冲突,而是对冲突进行有效的平衡与协调。

在我国传统的高度中央集权的政治经济体制下,主要是以政治信念、政治动员来控制冲突、整合社会。这虽然看起来较为高效、稳定,但是,政治动荡一直是其中深藏的威胁,而一旦这种威胁暴露出来,就会导致灾难性的后果。改革开放

[①] 〔美〕L. 科塞:《社会冲突的功能》,孙立平等译,华夏出版社1989年版,第114页。

后,高度中央集权的体制退出历史舞台,而市场经济在根本上又是一种自由、平等和权利的经济,因此,多元利益和权利诉求日益增长,民主法治成为国家政治、经济和社会生活的根本目标。在众多"经济人"以及不同群体所形成的日常交往和社会交换网络中,分化、竞争、冲突、合作等等成为一种主旋律,并呈现出一种应得权利与供给、政治与经济、公民权利与经济增长的对抗,"这也总是提出要求的群体和得到了满足的群体之间的一种冲突"①。在这种时代发展进程中,不可能通过减少多样性或压制冲突而谋求通向一致的道路,而要对冲突进行合理控制来达致市民认同、利益整合、社会和谐和理性规则秩序。因此,法律要表现为一种折中的机制,在所有个人、社会和公共利益要求中保持平衡。也就是说,"法律保障社会的凝聚力和有秩序的改变,其方法是对相互冲突的利益加以平衡"②。于是,在共建共治共享社会治理的过程中,法律就必须正视不同阶层、不同群体和不同个人的多样化利益主张和权利诉求,包括地区发展不平衡的冲突、城乡发展不平衡的冲突、贫富分化与机会不平衡的冲突、不同阶层与群体不平衡的冲突以及传统习俗与现代文化的冲突、国家规则与民间习惯的冲突、经济增长与可持续发展的冲突等等,从而进行必要的、合理的法律框定、平衡、规制和化解。但是,法律的这种框定、平衡、规制和化解必须是建立在自由、平等、权利和正义原则基础上的,法律对冲突的控制只能是为多样性、差异性提供自由发展空间和制度保障,而绝不能是等齐划一或消除异己,从而实现自由和谐的秩序安排。这诚如社会学者所言:"只有糟糕的社会秩序才是和自由对立的。自由只有通过社会秩序或在社会秩序中才能存在,而且只有当社会秩序得到健康的发展,自由才可能增长。只有在构造较为全面和较为复杂的社会秩序中,较高层次的自由才有可能实现,因为没有别的途径为众多的人提供选择有利于自己和谐发展的机会。"③由此可见,法律对冲突的平衡与协调是共建共治共享社会治理秩序的重要保障。

3. 自由理性秩序的推进与维护功能

在当今法治社会,呈现的应是一种权力与权利相平衡、自由与责任相谐和、权利与义务相一致、共同体生活与私人生活相协调的自由理性秩序,从而为社会和谐发展提供重要保证。然而,由于受极左思潮的影响,改革开放前的高度中央集权体制在更大意义上只是一种权力秩序,它很难形成自由理性秩序,深层不和谐与社会危机就不可避免了。改革开放后,随着市场经济的发展和民主化进程的加快,"小政府、大社会"的格局开始形成,这无疑促进了生产力的巨大解放,

---

① 〔英〕拉尔夫·达仁道夫:《现代社会冲突》,林荣远译,中国社会科学出版社2000版,第3页。
② 〔英〕罗杰·科特威尔:《法律社会学导论》,潘大松等译,华夏出版社1989年版,第82页、84页。
③ 〔美〕查尔斯·霍顿·库利:《人类本性与社会秩序》,包凡一、王源译,华夏出版社1989年版,第278页。

使社会成员成为市场经济竞争中自由自主、理性自律的个体,为自由理性秩序的形成奠定了必要的社会基础。但是,社会变革转型、利益分化解组、思想观念革新的重大历史进程,必然产生新旧利益冲突、新生利益不平衡、社会阶层分化矛盾等等困境和问题。同时,国家在职能缩减、释放社会空间的过程中也需要与不断壮大的多元社会有个磨合、适应、进而互动整合的过渡期。这些问题如果处理不好,就会发生社会动荡和危机。因此,需要在民主和法治的框架内,以法律机制来界定国家与多元社会的活动范围,规制多元利益主张和权利诉求,并通过设置或分配权力与权利、群体权利与个人权利、权利和义务、自由与责任等等,来抵制国家权力扩张、滥用而侵犯社会权利与自由,以抑制社会自由和权利之间的无序与冲突,推动和维护自由理性的现代秩序,进而促进社会的和谐发展。

4. 制度运行机制的回应功能

共建共治共享社会治理必然要对多元化、自由化、个性化、世俗化、理性化的利益主张和权利诉求进行积极的平衡与回应,从而达致一种互动兼容、协调对话、自律发展的规则秩序。然而,受极左思想的浓重影响,我们过去片面强调法律的政治性和极端"统治阶级意志论"的法律本质观,进而把法律视为简单的社会统治工具和秩序维护手段。在这种观念的作用下,法律的制度体系建立和运行也必然带有较浓的"工具主义"倾向,注重从上而下的控制、浓重的权力本位、单向度的规划管理等等,社会成员成为简单的法律管理对象和规制客体,抑制了社会的生机活力和生产力发展。但是,随着小康社会的到来,社会日益多元化、自主化、世俗化,"工具主义"倾向的法律运行机制将会越来越失去效力,而要求法律制度反映社会现实需要、回应多元权利主张、平衡多元利益诉求的呼声则会越来越高,因而,建立具有反思、平衡、回应功能的法律体系,确立开放兼容、对话协商、多元共识的制度机制和运行框架,就成为推进共建共治共享社会治理秩序的必然选择。为此,近年来,我国开始确立和谐发展观,强调法律的人本精神,尊重和反映多元社会呼声和诉求,进而不断推进立法民主化、建立正当程序、启动"民间治理"、确立非诉讼纠纷解决机制(ADR)和辩诉交易等多元纠纷解决机制等,强化了制度运行机制的回应功能,促进了社会的和谐与稳定。

 问题与思考

1. 什么是法律?
2. 法律有哪些特征?
3. 如何认识法律的本质?
4. 共建共治共享社会治理中的法律功能有哪些?

参考文献

1. 张文显:《"权利本位"之语义和意义分析——兼论社会主义法是新型的权利本位法》,载《中国法学》1990年第4期。
2. 张文显、于宁:《当代中国法哲学研究范式的转换——从阶级斗争范式到权利本位范式》,载《中国法学》2001年第1期。
3. 郑成良:《权利本位说》,载《政治与法律》1989年第4期。
4. 张恒山:《论法以义务为重心——兼评"权利本位说"》,载《中国法学》1990年第5期。
5. 孙国华:《论法是"理"与"力"的结合》,载《朝阳法律评论》2017年第1期。
6. 马长山:《从市民社会理论出发对法本质的再认识》,载《法学研究》1995年第1期。

第二章　法律的要素

 引读案例

1882年,美国纽约州16岁男孩帕尔默用毒药杀害了自己的祖父。帕尔默父亲早丧,1880年,其鳏居的祖父立遗嘱把一大笔财产留给他,仅把少量的财产留给他的两个姑姑。1882年3月,祖父再婚,帕尔默非常担心祖父会更改遗嘱。为了阻止祖父改变遗嘱,尽快获得遗产,帕尔默毒死了祖父。帕尔默因故意杀人而被判罪入狱服刑,这在刑事法上毫无异议,但在民事法上,他能否依法继承祖父的遗产却引起巨大争议。因当时纽约州的继承法(主要是制定法)仅规定了遗嘱订立、证明、效力以及财产转移等内容,并无遗嘱继承人谋杀被继承人后是否仍有权继承遗产的规定。

诉讼中,帕尔默的两个姑姑主张,帕尔默谋杀了祖父,就是违背了被继承人的意愿,自然就丧失了继承权;若继续赋予他继承遗产的权利,也会导致法律与正义和人性相违背。而帕尔默的律师则争辩说,纽约州继承法并未明确规定这种情况可以导致遗嘱无效并剥夺继承人的继承权,尽管他已经犯罪入狱,但刑事惩罚和民事权利之间并无关联,亦无冲突,故根据纽约州继承法的明文规定,这份遗嘱仍然有效,帕尔默仍然享有民事上的继承权,法院不能用流行的道德来取代对法律的执行。

此案从初审法院上诉到州上诉法院,审理此案的上诉法院法官也分成两派。一派以格雷法官为首,认为法院不能以自己的道德立场去妄加揣测立遗嘱人的利益和意图,纽约州的继承法清晰明确,没有理由弃之不用。若法院违反明确的立法剥夺当事人的权利,就有违罪刑法定原则,该种情形中继承人是否应当被剥夺继承权,应当由立法机构事先作出规定,法官不能擅自决定。而以厄尔法官为首的另一派则认为,法律的真实含义不仅取决于法规文本,而且取决于文本之外的立法者意图,立法者的真实意图显然不会让杀人犯去继承遗产。此外,理解法律不能仅限于孤立的法律文本,法官应当创造性地构想一种与普遍的正义原则相接近的法律,从而维护整个法律体系的统一性。

最后,以厄尔法官为首的多数派意见占据了优势,以五票对两票判决剥夺帕尔默的继承权。在美国法律史上这个著名判决中,厄尔法官抛弃了纽约州继承

法规定,援引一个法律原则(任何人不能从其自身的过错中获益)来裁判案件,用法律原则避免了适用明确法律规定可能导致的个案裁判结果的极端不正义。

第一节 法律的要素释义

一、法律要素的概念

自然界的任何事物总是由不同元素以特定方式构成的。比如,我们常见的水,其水分子(H_2O)就是由两个氢原子和一个氧原子构成的,无论是小到一滴水,还是大到江河湖海,抑或是幻化三态(水、冰、汽),总不脱氢氧两元素构成物之根本。再比如,我们现代人所居住的楼房,不外乎是由钢筋、混凝土、砖石、木材等物质所构建的。对于法律这种人类创造之物,尽管它不是水分子和房屋这样的有形物,但自近代以来,许多法学家已经试图从科学的视角观察、从结构的角度分析,以探究法律的内在结构和主要构成元素,就像生物学家用显微镜去解剖、观察青蛙那样。这种观察和分析,根本目的是要更好、更深入地认识和理解法律,并探究法律存在的基本原理和运行的基本规律,以便给立法、司法、执法等法律实践活动提供有益的理论指导。

法律要素,是指构成法律的主要元素或各个组成部分。不论是一个法律规范、一部单行法律,还是一套完整的法律体系,其构成的主要元素是什么,这些主要元素之间是以何种方式组成一个整体(系统)并发挥其作用的,都是法律要素理论要研究的核心问题。

二、法律要素的确定

在法学史上,早期的学者对法律的研究,一般总是关注于法律的性质、功能、价值等宏观问题,很少有人专门深入法律条文和法律规范的内部,对法律进行微观结构的逻辑研究。

一般认为,19世纪的分析实证主义法学派最早开启了对法律规范理论尤其是法律要素理论的探究。功利主义法学家边沁基于语言逻辑分析立场,最早开展了对法律体系、法律规范之内部结构的研究,这种研究法律的实证主义进路,经由边沁的后辈奥斯丁发扬光大,不仅诞生了影响巨大的"命令论"理论,更由此催生了一个影响更加巨大的分析实证主义法学派。

奥斯丁的"命令论",是后世学者对其法律分析理论的形象概括。奥斯丁一反此前自然法学者对法律的界定(自然法学家总是从法律的内容入手,把法律归于抽象的神意或理性),把人们对法律内容的关注引导到法律存在形式上,即法律是如何被实际创制的,它又如何可以约束人们的行为。奥斯丁认为,所有法律的组成元素不外乎三个：主权、义务和制裁。在一个政治社会中，一个政治上的优势者（主权者）对从属于他的所有劣势者发出命令，这种命令要求劣势者必须为某行为或不得为某行为，从而构成劣势者的义务，劣势者若不服从，将面临优势者的暴力制裁。在奥斯丁的法律要素理论中，主权者的"命令"是最核心的要素，这种突出强调义务的法律理论，用来解释刑事性立法很具有说服力，但对于以保障权利为主的民事法、宪法等则有明显不足，故在奥斯丁之后，又有庞德、哈特、德沃金等学者分别提出新的法律要素理论模式。

美国法学家庞德从社会学视角理解法律的构成要素，提出法律并不仅仅包括法律规范体系，还应包括法律实施中适用法律的技术（如法官进行法律解释和法律推理的技术），以及特定时空条件下有关特定社会秩序的理想图景，因此，庞德的法律要素理论被学者们称为"律令—技术—理想"模式。显然，作为社会法学派的代表人物，庞德的法律要素理论把视野投向社会实践，大大超越了法律规范文字所表现的封闭意义系统，法律规则作为庞德眼中的律令，仅仅是处理法律问题的权威索引，并非法律之全部。

英国当代法学家哈特通过对奥斯丁"命令论"模式的批判，成功开创了分析法学的新篇章。哈特发现，奥斯丁的"命令论"模式太过强调法律的命令属性和制裁特征，不能很好地解释授权性法律以及法律的演变问题，过分强调暴力制裁是建立法律权威和保障法律实现的唯一方式，也和多数人发自内心自愿守法的现实不符。哈特指出，奥斯丁仅关注人们看待法律的"外在视角"，而忽视了人们看待法律的"内在视角"。

在批判奥斯丁的基础上，哈特提出自己的"规则论"法律要素理论。哈特把法律视为由第一性规则和第二性规则两类规则结合而形成的规则体系。第一性规则为人们设定义务，用来规定人们必须做的行为和不得做的行为，第二性规则授予人们权利或权力，用来授权人们确定或改变第一性规则、实施第一性规则。法律中若仅仅包括设定义务的第一性规则，那么它的社会控制必然具有不确定性、僵化不变和用于维护规则的社会压力无效等缺陷。哈特依据第二性规则的三种功能，再细分出承认规则、改变规则和审判规则三类法律规则。其中，承认规则的功能在于确认一个规则是否属于人们必须遵守的"法律"。换言之，判定这个规则是否具有法律效力，承认规则有助于消除第一性规则的不确定。改变规则的功能在于对特定个人或机构予以授权，使其能够撤销旧的第一性规则或创立新的第一性规则，这样，就能使法律规则不断适应社会变迁，而不至于陷入静止的僵化状态。审判规则的功能在于向特定个人或机构授权，使其有权断处是否存在违反第一性规则的行为，以及如何对该行为实施制裁。总之，哈特认为法律的本质是一种规则，它是由不同属性的规则组合而成的一个规则系统，在这个系统中，最为核心是起到确认规则之法律身份的承认规则。

在当代法律要素理论中,具有影响力的还有美国法学家德沃金的"规则—政策—原则论"。德沃金是具有新自然法倾向的法学家,他认为哈特的"规则论"对法律要素的描述太过简单和狭隘,与法律实践的复杂状况严重不符。自洽而封闭的法律规则体系,作为法学家的理想,从来就没有真正实现过。法律的运行,除了规则之外,还需要借助政策和原则,才能有效地处理法律纷争和社会问题。在德沃金的理论中,政策是指特定社会中被设定为必须要实现的有关经济、政治或社会问题改善方面的目标,而原则是一种在任何条件下都要确保个人权利、维系公平正义或其他道德标准的要求。德沃金认为,在任何案件中,规则要么有效要么无效,二者必居其一,但在疑难复杂的案件中,法官则不得不求助于政策和原则来寻求理想的判决结果。

这几种法律要素理论可谓各有所长,分别从不同的角度分析了法律内部要素结构,加深了我们对法律的理解和认知。中国法学界自20世纪80年代起也开始关注法律的要素问题,参照近年的研究成果,目前基本形成一种三要素通说,即法律的要素主要有三类:法律概念、法律规则和法律原则。

三、法律要素的功能

法律要素是法理学中一个基础性的研究范畴,它有助于人们从微观的层面真正认识法律存在的样式和运行的逻辑原理。如果说有关法律目的、价值、作用等方面的抽象研究使得法律有了生命和灵魂,那么对法律要素的实证探究则使人们理解和运用法律有了技术上的支持。法律规范是一个由语言所构建的意义系统,它在人们的生活中扮演着一个不可或缺的角色。法律在哪里?法律究竟说了什么?仅仅有对法律的热情,并不能解决实践中对于法条和规则的复杂争论。

边沁曾指出,抽象的、整体意义上的"法律"(law)概念,是一种纯粹的知识存在物,仅存在于人们的意识中,只是人们为了交流而虚构出来的集合性名词,它总是由部分的、整体的或复合的具体法律(法规)组成的。而任何实际存在的"法规"(statute),在边沁看来都是有形的、物质意义上的具体对象,其副本可以到书店里去寻找。边沁形象地比喻说,"一项法律"(a law)和"一部法规"(a statute)相比,前者如果是"解剖者解剖出来的一条但却完整的肌肉",那么后者就是"屠夫砍下的一块肉排或腿肉"。①

法律要素理论的意义在于,它为人们辨识法律提供了一种分析模式或进入路径,面对任何法律规范或法律系统,每个人都可以像庖丁解牛那样,轻松拆解法律内部的意义结构。对于不同的法律要素,我们可以拆开它们,还可以再把不

---

① 参见〔英〕杰里米·边沁:《论一般法律》,毛国权译,上海三联书店2008年版,第16页。

同的部分再有机地整合起来。有了这种实验室模式和解剖学眼光,当面对法律这个分析研究对象时,我们同样也可以像庖丁那样,眼里几无全牛,法律文字的意义、结构都一层一层地呈现出来,清晰可辨。

第二节　法律概念

一、法律概念的含义

法律概念是法律要素中最基本的细胞,它是对具有法律意义的社会事实或社会现象的概括性表达,对于确定法律规则或法律规范的意义边界具有极其重要的意义。

概念是语言表达的基本工具。人们为了相互交流的需要,必须要就某个或某类事物或现象进行指代表述(命名),并能够使对方理解和感知言说者要传递的意义。法律概念是把那些能够产生法律意义和法律效果的事物或现象,以特有的法律术语表达出来。因为有法律意义的投射,表达该概念的法律术语就不再仅仅是个日常语言的概念,而变成了一个法律上的概念。

法律概念通常是构成法律规则意义之网的关键节点或枢纽,其内涵或外延的任何变动都会导致法律规则与社会现实之间的连接关系发生改变。例如,按照《中华人民共和国消费者权益保护法》(以下简称《消费者权益保护法》)的规定,若经营者在提供商品或服务过程中存在欺诈行为,则消费者有权要求经营者"退一赔三"。这种保护消费者的法律规定,现实中被一些职业打假人利用,他们事先调查确认经营者存在售假等欺诈行为,然后再故意去购买假冒伪劣商品,并通过向经营者索取赔偿来获利。这类职业打假人,是否属于消费者权益保护法上的"消费者"?在诉讼中,职业打假人能否依据消费者权益保护法获得法定赔偿,取决于法院对"消费者"这个法律概念的理解。有些地方的法院支持职业打假人的索赔请求,认为消费者权益保护法针对的是消费过程中不法经营者的欺诈行为,至于消费行为的主体是普通消费者还是职业打假人,不会影响经营者的法律责任。有些地方法院则不支持职业打假人的索赔请求,认为职业打假人知假后故意买假,试图借此牟利,其交易行为并非出自真实消费之目的,故职业打假人并非消费者权益保护法所保护的"消费者",不享有法律规定的加倍索赔权利。

由此可见,法律概念对于适法对象具有强大的归集功能或排除功能。某个对象、某种行为是否适法,要看它是否为相应法律概念所涵盖,无论是外延上的涵盖还是内涵上的涵盖,该对象或行为都将被纳入法律调整范围;反之,该对象则被排斥在法律调整范围之外。

二、法律概念的种类

法律概念根据其表达方式和指称对象属性的不同,可以分为不同的种类,比较常见的有:

(1) 主体型法律概念,主要描述那些被赋予法律权利(权力)或被施加法律义务的人或组织,如法人、原告、丈夫、债务人、被告人、公民、行政机关、国家等。

(2) 客体型法律概念,主要描述的是法律主体权利或义务指向的对象,可以是某种物,也可以是其他对象,如不动产、票据、野生动物、专利、商标、人格、管制刀具等。

(3) 关系型法律概念,主要描述法律主体之间权利义务之关系的法律属性,如夫妻、合伙、所有权、共有、担保、债等。

(4) 事实型法律概念,主要描述具有法律意义的事件、事实或主体之行为,如出生、死亡、失踪、台风、违约、侵权、盗窃、诽谤、善意、故意、上诉等。

对法律概念的分类并无硬性的标准,可以根据需要作进一步的不同分类。目前多数研究者对法律概念的分类都是随机列举性的,故各类型法律概念之间难免会有交叉重合,且无法涵盖全部的对象。故对法律概念分类的研究,尚有待推进。

三、法律概念的定义方式

法律概念的定义方式大体有两种模式,一种是在法律规范中对其含义直接明文规定或释明,另一种则在法律规范中并无专门的意义释明,其含义需要借助日常语言来理解或是由执法、司法官员依据职权予以界定。

比如,《中华人民共和国公司法》(以下简称《公司法》)第 216 条第 1 项规定:"高级管理人员,是指公司的经理、副经理、财务负责人,上市公司董事会秘书和公司章程规定的其他人员。"又如,《刑法》第 451 条规定:"本章所称战时,是指国家宣布进入战争状态、部队受领作战任务或者遭敌突然袭击时。部队执行戒严任务或者处置突发性暴力事件时,以战时论。"这都是立法明确界定相关术语、概念的常见形态。

还有一些法律概念在法律规范中并无明文解释,如父母、子女、诚实信用、善意、故意等,这些概念往往由法学家进行理论上的描述和阐释,最终影响到司法实践,法官根据通行的学说,对这类概念进行原则性的把握。当然,对于个别容易引发争议的法律概念,若在立法中无明确解释或界定,司法机关会通过书面化的司法解释或司法适用意见的方式来确定其含义。例如,《最高人民法院关于适用〈中华人民共和国民法典〉婚姻家庭编的解释(一)》第 2 条规定:"民法典第一千零四十二条、第一千零七十九条、第一千零九十一条规定的'与他人同居'的情形,是指有配偶者与婚外异性,不以夫妻名义,持续、稳定地共同居住。"

四、不确定的法律概念

法律中的概念都是使用自然语言表达的,而语言本身总有一定的模糊性,按照哈特和一些学者的说法,任何概念,总有其意义相对确定的"核心地带"以及意义含糊的"边缘地带"。比如"车辆",其核心地带包括诸如小汽车、卡车、公交车、出租车等典型形态,完全符合车辆作为一种交通工具的内涵要求,但是诸如电动玩具车、儿童踏板车、残疾人专用车、汽车模型、影视道具汽车等,则明显处于其意义的边缘地带,有些甚至已经超出交通工具的内涵范围。又如,玩具兔究竟是不是"兔子"?这些都是语言的天然模糊性所带来的问题。当然,不能仅因为语言的天然模糊性,就否认法律概念的确定性——没有确定性甚至无法建构一个概念。所以,很多学者坚持认为,明确性是法律概念的固有特征之一。

大多数法律概念,诸如合同、合伙、父母、伪造、贪污、过失、动产、时效、死亡等,都属于确定的法律概念。所谓不确定的法律概念,是指在有些情况下,为了使法律规定更加适应社会现实的复杂性,法律概念的含义具有一定的开放性。这类法律概念的不确定性通常是我们无力避免的,有时甚至是为应对复杂社会事实而故意设计的,如公共利益、善良风俗、情节严重(轻微)、不可抗力、重大误解、显失公平、善意等。

学界通常把不确定的法律概念分为两类,一类是经验性概念,又称"事实性概念",主要是指可依据知觉或经验感知的事实或状况,如公共场所、知名商品、公共交通工具;另一类是规范性概念,或者叫"价值性概念",主要是指需要法律适用者人为施加价值判断方可感知其意义的概念,如公共利益、善良风俗、平等、合理。前一类法律概念的不确定性主要在于其经验外延的模糊,理解时须着眼于经验对象,多作事实的判断;而后一类法律概念的不确定性则多在于其价值内涵的难以把握,理解时须着力于价值权衡,多作利益的考量。

不确定的法律概念之意义在于,它有助于法律摆脱自身的僵化,弥补可能的疏漏,从而保证法律规范与社会现实之间的顺利对接。当然,无论如何,我们都必须认识到,确定的法律概念和不确定的法律概念之区分,本身只是程度的差异,是量的区别,而非质的差异。研究法律概念时,这种区分未必一定是非此即彼的,许多概念完全可以被归于相对的不同类别中。

第三节 法律规则

一、法律规则的概念和特征

在了解法律规则的具体含义之前,我们须对几个常见的概念作个简要的对比。人们常把法律定义为立法者所创制的一套行为规则体系,似乎法律就是由规则所构成的。在不严格的意义上讲,法律的确可以等同于法律规则。类似的术语还有法律规范,在广义上使用时,法律规范也几乎等同于整个的法律,在狭义上使用时,法律规范和法律规则一样,都是构成法律之整体的核心要素。当我们对法律进行内部的要素分析时,法律规则或法律规范主要是微观层次上的结构或部分的概念,而法律则是一个包含各组成部分的整体,二者的意义有所差别。

法律规则,作为构成法律的主要元素,是指在具体条件下为法律主体设定具体权利义务的行为准则。从性质上看,法律规则最能体现人们对于法律的认知,或者说,法律大多数时候总是以法律规则的形式展示它的面貌;而从数量上看,法律规则是构成法律诸元素中数量最多的一类,远远超过法律概念和法律原则,是法律内容中最主体的部分。法律规则的特征主要体现为以下几点:

首先,法律规则具有确定性。任何一个法律规则都描述了一种具体的行为模式,在附加相关情节的条件下,为或不为该行为的法律主体,依法都将面临某种确定的法律后果。在一个法律规则中,适用该规则的主体、条件、行为方式、后果等都有具体的表述。以法律规则对主体行为方式的指示为例,《中华人民共和国劳动法》(以下简称《劳动法》)第 38 条规定:"用人单位应当保证劳动者每周至少休息一日。"《民法典》第 589 条规定:"债务人按照约定履行债务,债权人无正当理由拒绝受领的,债务人可以请求债权人赔偿增加的费用。在债权人受领迟延期间,债务人无须支付利息。"《中华人民共和国环境保护法》(以下简称《环境保护法》)第 46 条第 2 款规定:"禁止引进不符合我国环境保护规定的技术、设备、材料和产品。"相比而言,法律原则的内容则不具有这种确定指示,如《民法典》第 7 条规定:"民事主体从事民事活动,应当遵循诚信原则,秉持诚实,恪守承诺。"这对民事主体的行为指示就很抽象,没有任何具体的行为描述。

其次,法律规则具有规范性。任何法律规则都是为人们创造法律权利或设定法律义务的行为准则,可以对符合该规则约束条件的不特定主体或对象反复适用。在具体适用于某一法律主体或对象的时候,法律规则必然是或有或无的。即要么对该对象产生法律之效力,要么不产生任何法律效力,不可能是模棱两可。法律原则的适用,通常不是像法律规则这样作规范性选择,而更多的是进行不同的价值衡量,最后才决定取舍。至于法律概念,则是对某种法律意义的表达,并无权利义务之设定的特征。

最后,法律规则具有体系性。这涉及不同法律规则之间的关系问题,全部的法律规则之间应当是自洽而成体系的。换句话说,全部法律规则之间不能是冲突的、矛盾的和重复的,它们是一个有机结合的整体。不同法律规则之间,应当具有明确的效力等级关系,内容应当具有互补性而非相互排斥。牵一发而动全身,任何法律规则的个案适用或是修订变动,都应当兼顾这种体系性。不同部门法之间,上位法和下位法之间,新法与旧法之间,一般法和特别法之间,乃至同一法律的总则与分则之间,若是各自为政,相互绝不关照,则势必造成法律意义大厦之裂隙,不仅会使人们无所适从,更会导致法律权威的动摇。

二、法律规则的结构

把整个的法律解析成三个要素,这是第一层次的逻辑分析;而再对法律规则的内部逻辑结构作解析,则是运用解剖学原理深入法律内部作更加微观的第二层次分析。这是整个法律技术层面最基础的知识范畴,从立法到执法、司法、守法,法律运行的每个实践环节,无不仰赖于法律规则之内部结构这个基本原理。

法律规则的逻辑结构问题,虽然引人入胜,但也争议颇多,尤其当它和法律体系理论结合起来以后,其结构要素究竟该怎么区分,在国内外的理论研究中历来众说纷纭,莫衷一是。就中国法学界而言,近年来比较通行的观点是三要素说,即一个法律规则主要有三个内部要素:适用条件、行为模式和法律后果。

(一) 适用条件

适用条件,是指法律规则中规定的适用该规则的前提性条件,国内有些教材也将其称为"条件""假定""前提条件""假定条件""预设条件"等。

适用条件是确定某一法律规则之行为及其法律后果的前设性条件,脱离了该条件约束,该法律规则的行为要求及后果将不再有效。这种前设性条件,在不同的法律规则中往往表现为不同的约束属性,一般主要是在主体、时间、空间、情节等方面设定规则适用范围。例如,《中华人民共和国治安管理处罚法》第14条规定:"盲人或者又聋又哑的人违反治安管理的,可以从轻、减轻或者不予处罚。"这就是对行为主体的限定条件,若仅口哑而能听,则不能适用此条规定。当然,这些适用条件通常并不是单独设定的,任何一个法律规则都要涉及适用的时间、空间和主体问题,只不过是在情节上各个法律规则或有不同而已。

情节是法律规则适用条件中最复杂的一个因素。情节通常包括行为人行动的动机、意图、手段、方式、数量、程度、后果、影响等诸多方面,若放大情节概念的外延,甚至时空、主体等条件都可以被它吸收。例如,入室抢劫中的"入室"这个特定空间条件,就构成了抢劫的一种加重情节;劳动者若在休息日或法定节假日加班就有权要求发放超额加班费,这里就是时间条件变成了薪酬规则适用的特别情节。

根据其对于行为的法律意义,构成适法条件的情节一般可分为两种:一是确认性情节,二是排除性情节。对于前者,符合特定情节的行为将被纳入某个法律规则的设定后果;对于后者,符合特定情节的行为将被排除在某个法律规则设定后果之外。

（二）行为模式

行为模式是法律规则中有关行为本身的规定，被认为是法律规则的核心构成要素。因为法律是为调整人们的行为而设的，法律本身的属性又被认为是一种行为规范，故行为乃是法律规定的中心内容。国内有的学者将行为模式要素称为"处理"或是"行为导向"。

就调整行为这个功能而言，法律规则中的行为模式和一切其他社会行为规范（如道德、宗教、习俗等）中的行为模式相比并无本质区别，对人们行为的规范性要求无外乎三种：可以做的行为（可为）、禁止做的行为（勿为）和应当做的行为（应为）。法律规则为行为主体设定他可以做的行为，即是法律对他的一种保护和授权，对于私权主体，他若选择放弃这种权利，也不会构成违法。而后两种行为的规范性要求，则是法律规则为行为主体设置义务，这两种义务，一种是禁令，另一种是命令。

从法律语言和法律逻辑的视角看，值得关注的一个问题是，对于禁止做的行为、应当做的行为，很多法律规则并不使用通常的"不得为某某""应当为某某"语句形式，而是直接使用陈述语句，对各该行为施加某种否定性法律后果，这种方式往往更能强化法律规则对行为模式的要求。例如，我国《刑法》第232条规定："故意杀人的，处死刑、无期徒刑或者十年以上有期徒刑；情节较轻的，处三年以上十年以下有期徒刑。"第261条规定："对于年老、年幼、患病或者其他没有独立生活能力的人，负有抚养义务而拒绝抚养，情节恶劣的，处五年以下有期徒刑或者管制。"这种语法、语句的逻辑转换，在刑法以及行政法等设定义务的法律中比比皆是。

此外，我们还可以依据语言逻辑和语法规律，对法律规则的行为模式及其表达方式作进一步的逻辑拆解和句式转换。比如，应为等同于禁止不得为且允许可为，不得为即同时排斥应为和可为，可为则允许应为而排斥不得为。对行为模式的这种逻辑拆解，能够帮助人们更好地理解法律的丰富含义，在实践中更好地运用、适用法律。

（三）法律后果

法律后果是法律规则中对行为人的行为赋予法律评价和处理的部分，它通常包括两种：一是对违反义务性规定的行为提供一种否定性法律后果，二是对授权性行为提供一种肯定性法律后果。当然，也有一些学者追随奥斯丁的理论，主张法律规则的后果只有制裁，那些仅对行为人授予权益并提供法律保障的肯定性规则，并非完整的法律规则。

当然，现在的人们对于法律的认识比19世纪的奥斯丁要进步得多。一方面，法律不再被看作仅仅是政治上进行惩罚和镇压的工具，法律应当以保障人民权利为天职，故法律的保障功能才是它最主要的价值，一切法律上规定的必要惩罚,都是基于对相关合法权益的保障所派生的、不得不为的选择,任何不增加人民权益的多余惩罚都是非法的,根本就是一种恶。另一方面,法律作为调整人们行为的工具,除了惩罚和制裁的手段,当然也可以反过来为人们提供利益和好处,以便引导他们的行为,使其趋利避害。

和道德、宗教等其他传统行为规范相比,每一个完整的法律规则,都必然包含一个明确、具体的后果,这也恰恰是法律这种行为规范的特征。诸如道德律令等,通常都只提供行为的指示,不提供具体而实际的处理结果。

三、法律规则的种类

法律规则的数量很大,通过分类,人们可以更好地了解和认识它们。根据不同的标准和原则,法律规则可以分为不同的类型。

(一) 授权性规则和义务性规则

按照法律规则是给行为人授予权利还是创设义务,可以将法律规则分成授权性规则和义务性规则,其中后者根据义务类型的不同,还可以再分为禁令性规则和命令性规则。这个分类标准和行为模式的类型是完全吻合的,因此也可以认为是依据行为模式的不同所为的分类。

授权性规则又称"授权规则",其行为模式系可为,即对行为人自身而言,他可以选择做或不做某种行为。通常来说,这种规则中的行为人对于他人还相应地具有一种设定义务的权利,即行为人可以主张或要求他人得为或不得为某种行为,以凸显其法律权利。

义务性规则是规定人们必须为或不为一定行为的法律规则。和权利性规则相比,它最明显的特征是强制性而非选择性,行为人对法律规则所设定的禁止性义务或命令性义务只能服从,而不能放弃。

当然,授予权利和设定义务的情况有时候是很复杂的,并非在任何情况下都是泾渭分明的。比如,授权行使国家公权力的规则在很多情况下就被认为是授权规则和义务规则的复合体,公权力的行使主体不能私自或随意放弃授权,因为行使这种公权力对他同样是一种法定职责和义务。又如,私法上的监护规则,对监护人而言,也是既有授予监护权利亦有设定监护义务的复合属性。这类比较特殊的法律规则,我们称之为"权利义务复合型规则"。

(二) 强行性规则和任意性规则

根据法律规则中所设定权利义务的刚性程度不同,可以分成强行性规则和任意性规则。

强行性规则,是指所规定的权利义务具有绝对的法定性,不允许行为人任意改变的法律规则。比如,驾驶机动车必须具有驾驶执照,这个法律规则就不能被以任何方式改变或否认,无照驾驶是要被严厉惩罚的违法行为。又如,票据法规定,票据上的金额、大小写必须一致,如果不一致,则票据无效。虽然义务性规则一般都是强行性规则,但二者并非完全对应。强行性规则必定是义务性规则,但是并非所有义务性规则都是强行性规则。例如,合同法上规定的合同当事人的违约责任,作为一种法定(约定)义务,就可因当事人之间达成和解而被免除,对这种免除,法律并不干涉。

任意性规则,是指所规定的权利义务可以因行为人的个人意志予以改变的法律规则。授权性规则一般都是任意性规则,对于法律规定可为的行为,行为人当然也可以选择不为。不过,这二者同样也不是完全对应的关系,有些对行为人的授权就是不能擅自放弃的,如前述对公务人员的授权以及对监护人的授权。

区分强行性规则和任意性规则的关键,不在于规则设定的是权利还是义务,而在于行为人之意志和法律之意志的优先性序位,以及规则中的法律意志是否具有垄断性。比如,对于租赁合同,我国《民法典》第707条规定:"租赁期限六个月以上的,应当采用书面形式。当事人未采用书面形式,无法确定租赁期限的,视为不定期租赁。"而对于夫妻财产约定,我国《民法典》第1065条第1款规定,夫妻之间的财产约定应当采用书面形式。没有书面约定或约定不明确的,则适用法定财产制而非约定财产制。显然,前面的合同法规则是任意性规则,而后面的婚姻法规则是强行性规则。

(三) 确定性规则、委任性规则和准用性规则

按照法律规则的内容是否可以直接依据本规则而确定,可把法律规则分为确定性规则、委任性规则和准用性规则。

确定性规则是本身明确提供了全部规则要素的表达,无须再援引其他规则来确定本规则内容的法律规则。这是法律中最常见、数量也最多的一类规则。

委任性规则是没有明确规定行为规则的内容,而是授权某一主体进一步提供规则内容的法律规则。例如,《中华人民共和国电子签名法》第35条规定:"国务院或者国务院规定的部门可以依据本法制定政务活动和其他社会活动中使用电子签名、数据电文的具体办法。"

准用性规则同样是没有明确规定行为规则的内容,但是明确指出可以援引其他规则来使本规则的内容得以确定的法律规则。这种援引的对象,可以是本规则所在法律的其他规则,也可以是其他法律的有关规则。例如,《刑法》第269条规定:"犯盗窃、诈骗、抢夺罪,为窝藏赃物、抗拒抓捕或者毁灭罪证而当场使用暴力或者以暴力相威胁的,依照本法第二百六十三条的规定定罪处罚。"又如《中华人民共和国商业银行法》第17条第1款规定:"商业银行的组织形式、组织机构适用《中华人民共和国公司法》的规定。"

(四) 调整性规则和构成性规则

根据规则和为规则所调整的行为之间的依存关系或先后关系的不同,法律

规则又可分为调整性规则和构成性规则。

调整性规则是指那些为法律规则所调整的行为并不依存于规则而独立存在，或者说，为规则所调整的行为在规则出现之前就已存在的法律规则。比如，故意杀人行为自古就存在，它并不是刑法所创造的行为。法律中的规则基本都是这一类，它是最主要的法律规则类型。

构成性法律规则是指为该规则所调整的行为都是基于该规则本身才产生的。换言之，规则所调整的行为，其意义完全依存于规则本身的法律规则。这有点像竞技体育的裁判规则，竞技行为的意义完全取决于规则本身，规则改变了，竞技行为也随之而改变。直白地说，就是行为产生于规则之后，且该行为无法独立于规则而存在。比如，我国渔业法和野生动物保护法等法律法规分别规定了禁渔期和禁猎期，这些设定禁渔期和禁猎期的法律规则就是禁止捕鱼和禁止打猎行为的规则依据和存在基础。又如，公民的纳税行为完全取决于税法的规定，没有税法就不存在纳税行为。

第四节 法律原则

一、法律原则概述

法律原则是法律诸要素中最能反映法律之基本原理的要素。若把整个法律比作一栋大楼，把法律概念比作沙子、砖头、石块，把法律规则比作混凝土，那么毫无疑问，法律原则就是支撑这座大楼的筋骨——钢筋框架。其实，这个比喻仍然不够确切，因为法律原则本是无形之物，它对法律规则和法律概念的聚合与凝结，更像是中国人做豆腐用的石膏（卤水），经由石膏（卤水）的"点化"，豆汁里分散的蛋白质就有机地凝结在一起了，此时石膏（卤水）已彻底融入整块豆腐，它杳无踪迹却又无所不在。

法律原则是对法律之目的、精神、价值等所作的纲领性规定，是指导具体法律规则的规范原理和价值准则。

和法律规则相比，法律原则具有极大的抽象性，其内容也不像法律规则那么确定，因为法律原则往往并不描述任何事实特征或具体行为样式。不过，恰恰由于法律原则的含义抽象而模糊，它的适用范围才远远大于任何一个法律规则，从而能够对大量、不同的法律规则提供一种共同指引。同时，法律原则对法律精神和价值理想的界定，反映了特定时空中的社会利益诉求，在短期内不会被轻易改变，与具体法律规则的易变性相比，抽象的法律原则具有极大的稳定性。

二、法律原则的分类

根据不同的标准，对法律原则可以作以下几种区分：

（一）基本原则和具体原则

这是根据法律原则在法律中适用领域大小以及对于法律适用之普遍性意义的不同而为的划分。

基本原则集中体现了法律的基本价值和精神追求，比之具体原则，基本原则的适用领域更广，具有更加普遍的意义。当然，这个划分也只具有相对意义。例如，相对于"法律面前人人平等"这个基本原则，"罪刑法定"就是一个只在刑事法领域适用的具体原则。但是，相比刑法效力的"从旧兼从轻原则"，"罪刑法定"又是一个基本原则，前者只是涉及犯罪量刑问题的具体原则。

（二）公理性原则和政策性原则

这是根据法律原则之于社会关系的基础性地位和稳定性状态的不同所作的划分。

公理性法律原则一般是指那些反映社会关系本质属性的法律原理。例如，民事法中的诚实信用原则，反映了社会关系中人际交往的基本原理，几乎是一个超越民事领域的人类社会普适性价值。这样的公理性原则，体现了人类社会存在的深层本质，自然不会在短期内改变，不仅能够超越国家和种族界限发挥影响，甚至可以在浩浩历史长河中始终保持其稳定性。

相比之下，政策性原则通常是反映特定时空、特定国家的社会关系和利益诉求的原则，具有鲜明的时代性、地域性或是民族性，因此，政策性原则只是一时的公理，一旦国情民意改变，它也势必随之改变。例如，中国的节制生育政策，在我国的人口与生育立法中，就是一个典型的政策性法律原则，随着中国经济社会发展和人口国情的变迁，这个原则经历了方向上的逆转，中国的人口与生育立法，已从节制生育逐渐转向鼓励生育。

（三）实体性原则和程序性原则

这是根据实体法和程序法二分原理所作的分类。

实体性法律原则，是指那些直接涉及法律实体性问题的原则；程序性法律原则，则是那些主要涉及法律程序性问题的原则。实体性原则直接影响人们法律权益的结果，如宪法中的民族平等原则和民事法中的契约自由原则；程序性原则是通过对法律活动程序进行调整而对实体权利义务产生间接影响的法律原则，如刑事诉讼上的无罪推定原则和民事诉讼中当事人的诉权平等原则。

三、法律原则的作用

法律原则在整个法律系统中起着举足轻重的核心作用，这主要表现在两个方面：一是对法律变革的作用，二是对法律适用的作用。

任何法律上的变迁，总是和特定国家的社会变迁相生相伴。历史变革和转折每每会催生出各种新生力量的利益诉求，新生力量一旦通过政治斗争获胜，其诉求便会进一步转变为法律上的诉求。为了更好地兑现这种新生力量的利益诉求，新的法律精神便开始出现，并会逐渐取代老的法律精神。此时，适应新社会的法律原则便诞生了。

在欧洲法律史上，从封建君主专制转向近代民族国家的民主共和制过程中，被人文主义思潮和启蒙思想武装起来的欧洲资产阶级向传统政治发起挑战，体现在法律上就是提倡天赋人权、法律面前人人平等、无罪推定、刑罚人道、个人自由、法治、民主等近代法律原则。这些代表新生社会力量的法律原则，一方面不断在摧毁旧的法制，另一方面又在不断地塑造着新的法制。新生法律原则的塑造功能，有点像我们通常所说的主题先行，法律应该怎么规定、怎么执行，都要参照这些要求限制特权、限制公权力、保障个人独立尊严、维护自由平等、保护私有财产等法律原则来进行。

中国近代以来的历次法律改革也莫不如此，尤其是改革开放以来的法律发展与变迁。法律规则的微观改变总是积小变为大变，最后催生新的法律原则，而新生的法律原则反过来又进一步引领法律规则的修改完善和体系整合，使之越来越向法律原则所希冀的境界靠拢和接近。比如，我国20世纪80年代开始的从计划经济向市场经济的转变，最终催生了商品自由贸易的合法化、民事法上的契约自由原则。随后，为了校正不完善的市场经济所带来的交易对象不平等等问题，出现保护劳动者和消费者权益的法律精神，这种法律原理至今还在不断地调整我们的市场经济立法和法律实践。

法律原则在法律适用中的作用，主要体现为弥补法律漏洞、指导法律解释和法律推理、限定自由裁量的合理范围等几个方面。法律绝不仅仅指法律规则，还有在规则之上的原则和精神，任何脱离法律原则指导的规则适用，必然会走向没有灵魂、机械僵化、法条主义的失败实践。尤其是在一些非常规的疑难案件中，执法和司法者若没有法律原则的帮助，必然会将法律乃至他们自身置于困境之中。

四、法律原则在司法中的运用

法律原则能否直接在司法中予以适用，这至今仍是一个颇有争议的问题。

学界普遍认为，法律原则不得直接适用于司法个案。[①] 只有在极罕见的情况下，如既有法律规则全都被排除适用，或者根本就没有任何现成法律规则可供援引，法官才可被允许径行援引法律原则裁处具体案件。即便如此，仍不免让人心存疑虑，毕竟法律原则的内涵和外延都太过抽象，对法律权利义务的设定也缺

---

① 例如，拉伦茨认为："法律原则不能直接适用于裁判个案，毋宁只能借助法律或司法裁判的具体化才能获得裁判基础。"参见〔德〕卡尔·拉伦茨：《法学方法论》，陈爱娥译，商务印书馆2003年版，第351页。

乏任何具体描述，如何能保证法官对原则的适用是一种审慎、合适且可重复的决定？

不过，如果真要绝对禁止法律原则的司法直接适用，难免又会在另一种现实考验面前进退两难。近代以来，很多国家的法律都明文规定，法院或法官不得以没有法律规定为由拒绝受理、审理案件。受理争讼、解决纠纷，自政治分权以来就一直是法院、法官的天职与使命，除非涉及争讼的问题根本不是一个法律问题，否则，法官就必须给当事人提供一个答案。

由此，在承认法律原则能够直接适用于个案的前提下，司法实践中也逐渐发展出一些值得遵循的法律原则适用原理。

其一，顺位限制原理：穷尽法律规则，方可援引法律原则。这个原理要求的是，在审理个案时，法律规则和法律原则有不同的适用位序，即若有规则就优先适用规则，须在穷尽规则以后，实无可用之规则时，方可援引法律原则。若无法律规则，可视为存在某种法律漏洞，适用法律原则有补充法律漏洞之功效，自然无虞。同时，这样优先适用具体明确的法律规则，也有助于限制法官滥用自由裁量权。

其二，目的限制原理：非为个案正义，不得抛弃法律规则。一般情况下，在有明确法律规则的情况下，自然不需要动用法律原则。但是，在个别特殊案件中，明确法律规则的适用可能产生极端的不正义，只有在这个时候才可以援引法律原则并抛弃法律规则。在法律和社会现实之间总是会存在某种程度的脱节，故适用明确法律规则裁断个案，有时会造成实体上的不妥，这就需要司法人员作出价值判断，必要时，得援引法律原则以矫正过时的或不妥当的法律规则所导致的个案之恶。但需要注意的是，目的限制原理仍须谨慎使用，在个案适用特定法律规则中，只要没有达到极端的不公正情形（如仅造成一定程度的不妥），司法者就不应轻易抛弃法律规则。

其三，优势理由原理：面对不同法律原则的冲突，当择优而取。这个原理是说，当我们需要动用法律原则来思考个案适用问题之时，通常都面临两个或多个法律原则冲突或竞争之困境。这种冲突与竞争，有时表现为与不同法律原则对应的法律规则之间的冲突与竞争，有时则直接表现为法律规则之间的冲突与竞争。在选择适用规则还是适用原则，或是选择适用此原则还是彼原则时，都需要为之提供一个具有足够优势的理由，任何不建立在强大说理基础上的肆意选择都是草率而短视的。

例如，在号称"中国公序良俗第一案"的2001年四川泸州遗赠案中，审理法院认为，立遗嘱人将其财产遗赠给同居第三者的行为违反了公序良俗，故判决遗嘱无效，驳回第三者分割遗产的诉请。此案中，便存在一夫一妻制的善良风俗和立遗嘱人处分自己财产之遗嘱自由的冲突与竞争。此案中法官抛弃了继承法规则和遗嘱自由原则（本质上是意志自由和契约自由），直接援引公序良俗原则支持婚姻道德，虽然受到当地民众与社会舆论的肯定与支持，但在法律圈内，却一直存在着不少质疑与批评。其实，对于本案中立遗嘱人之个人财产的法律处置，法院也可以选择适用继承法规则，尊重立遗嘱人的意志自由与意思自治，而不是让司法之手通过公序良俗原则轻易介入私权领域作道德决断。否则，公序良俗原则就很容易蜕变为取代法律审判的道德审判。当然，并不是说这个案子法院判错了，我们只是想指出，司法实践中，若遇有不同法律原则相冲突的情况，司法机关和审判人员必须要慎之又慎，要为最终的选择方案提供尽可能充分的考量和足够的理由。

问题与思考

1. 在本章"引读案例"中，法院两派法官对于什么是法律出现了分歧，法律是否仅仅指那些纸面上书写的法律文本？同时，他们对于法官的角色定位也有明显分歧，法官是完全被动地适用法律还是可以更加积极主动地去推动法律的完善？两派法官的立场各有什么样的利弊得失，请予以探讨和分析。
2. 法律的构成要素主要有哪些？
3. 法律要素理论对于理解和适用法律有什么意义？
4. 如何理解法律概念的确定性？
5. 请分析法律规则的结构要素，并据此分析一个法律规则。
6. 简述法律规则的类型。
7. 法律原则的作用是什么？
8. 司法中适用法律原则的基本原理有哪些？
9. 简述法律规则和法律原则的区别。

参考文献

1. ［英］杰里米·边沁：《论一般法律》，毛国权译，上海三联书店2008年版。
2. ［英］哈特：《法律的概念》，张文显等译，中国大百科全书出版社1996年版。
3. ［美］迈克尔·D. 贝勒斯：《法律的原则——一个规范的分析》，张文显等译，中国大百科全书出版社1996年版。

第三章 法律的渊源、体系和效力

 引读案例

2006年4月21日晚10时，许霆到某银行的自动取款机取款。取出1000元后，发现银行卡账户里只被扣了1元，许霆连续取款5.4万元。当晚，许霆与郭某又反复操作提款多次。经警方查实，许霆先后取款171笔，合计17.5万元；郭某取款1.8万元。后郭某投案自首，退还1.8万元。法院经审理认定郭某构成盗窃罪，因其自首并主动退赃，判处有期徒刑一年，并处罚金1000元。潜逃一年的许霆因投资失败而用尽17.5万元，2007年5月被警方抓获。2007年年底，广州市中院一审认定，许霆以非法侵占为目的，伙同同案人采用秘密手段盗窃金融机构，数额特别巨大，已构成盗窃罪，判处无期徒刑，剥夺政治权利终身，并处没收个人全部财产。2008年3月31日，广州市中级人民法院重审仍认定许霆犯盗窃罪，但改为判处有期徒刑5年，并处罚金2万元。

第一节 法律渊源概述

一、法律渊源的概念及特征

法律渊源是法理学的重要概念。"渊源"（sources）含有根源、来源的意思，"法律渊源"从字面上讲是指法律的根源、来源。

我们可以从多个角度界定法律渊源的含义。一是法律的历史渊源，是指引起法律产生的历史上的行为或事件。二是法律的理论渊源，是指在法的创制和法律变革中起指导作用的理论或者学说。例如，习近平新时代中国特色社会主义思想对当代中国的法律发展具有指针性作用，构成当代中国法律的重要理论渊源。三是法律的文件渊源，是指对法律规范作权威性解释的文件和公文。四是法律的文献渊源，是指那些没有权威性的、法官没有义务加以采纳的各种关于法律问题的文献资料。在以上四种含义中，渊源都具有来源、根源这种基本的含义。五是法律的实质渊源，它与法律的内容有关，是指法律根源于国家权力还是自然理性、神的意志、君主意志、人民意志或社会的物质生活条件。按照马克思

主义理论的观点,法律的内容在最终意义上来源于社会的物质生活条件。六是法律的形式渊源,是指被赋予法律效力和强制力、具有权威性的原则和规范。形式渊源与法律的形式有关,是法律的创制方式和表现形式。

在我国法学中,法律渊源通常是指法律的形式渊源,是指法定的国家机关制定或者认可的、具有不同法律效力或法律地位的法律的不同表现形式。这一概念被用于说明某一规则如何产生或具有何种外部表现形式才具有法律效力,能够成为权威机关作出法律决定(行政决定或司法判决)的权威根据。在形式渊源上讲,法可能来源于制定法、判例法、习惯法或法律的其他形式。

法律的形式渊源又可以分为正式渊源和非正式渊源。正式渊源是指那些体现为权威性法律文件明确文本的渊源。例如,在当代中国,宪法、法律、行政法规、地方性法规、少数民族的自治条例和单行条例都是正式渊源,它们是由法定的国家机关制定的,是权威性法律文件。非正式渊源是指那些具有法律意义的资料和值得参考的材料,它们没有在权威性法律文件之中得到阐述或者体现。例如,正义标准、道德准则、社会习惯、国家和政党的政策等,它们不具有直接的法律效力,但在执法、司法活动中,它们是可以参考的材料。区别正式渊源与非正式渊源的依据主要为:正式渊源依法定程序制定或者认可,以明文方式记载于权威性法律文件之中,以明确文本的形式表现出来;非正式渊源则不然。

二、法律渊源的历史发展

不同地区的法律发展一般都经历了从习惯到习惯法,从不成文法到成文法的过程。我国古代史籍记载,"昔先王议事以制,不为刑辟"[①];"神农无制令而民从"[②];"刑政不用而治,甲兵不起而王"[③]。我国古代最早成文法出现于春秋战国时期。公元前536年,郑国执政子产铸刑鼎,公开刑律,是中国古代打破法律神秘主义的第一人。之后,郑国大夫邓析将刑法写在竹简上,称为"竹刑"。战国时期思想家李悝于公元前412年著《法经》,这是我国历史上第一部完整的法典。

中国自古以来一直以制定法为主要法律渊源。中国古代历朝历代出现的制定法种类多样,主要有律、令、格、式、科、比等类型。秦汉魏晋时期有律、令、科、比,南北朝时期以律、令、格、式为主要法律形式,两宋时期敕的地位提高。明清时期,法律渊源的名称渐趋统一,律、例成为基本的法律渊源形式。其中,"律"是一种法典形式,是我国古代自秦朝之后最主要的法律形式。"令"是强制人们执行的某种制度、规定的文告,是有关国家基本制度的法律。"格"是行政法规

---

① 《左传·昭公六年》。
② 《淮南子·氾论训》。
③ 《商君书·画策》。

之一。"式"是一种关于公文程式与活动细则的行政法规。"敕"最早是指皇帝、官长和尊长对臣下、僚属和子孙的告诫,自南北朝之后专指皇帝的诏令。"科"是汉代的一种刑事法规,实际上是刑律的附属法,是一种独立的法律形式。"比"是审判已经完结的案例,就是后来所说的判例。

19世纪末期,清朝的法律渊源逐渐借鉴和吸收西方法主要是民法法系[①]的法律渊源理论,形成包括宪法、法律、行政法规等的主要法律渊源形式。在中华民国时期,形成"六法全书"所架构的相对完备的法律体系。当代中国法律渊源也是以制定法为主,制定法是主要甚至唯一的法律渊源。

除制定法之外,还有非正式的法律渊源。非正式的法律渊源在历史上某些时期还占据了重要地位。例如,"礼"是我国古代重要的法律渊源,这是因为儒家思想曾长期占据主导地位,统治者崇尚"仁治""德治"。

在西方,法律的发展也经历了从习惯到习惯法再到成文法的过程。古希腊的成文法产生于公元前621年,执政官德拉古制定了成文法。古罗马的法律文明取得了辉煌成就,成为西方的宝贵遗产。其早期的法律由习惯演变而来,其最早成文法产生于公元前5世纪,即著名的《十二铜表法》。在罗马法高速发展时期,其法律渊源多样,包括有立法权的人民大会和平民大会制定的法律、元老院的决议、皇帝的敕令、裁判官的告示和法学家的解答。中世纪,欧洲大陆的法律比较混乱和分散,存在教会法和世俗法两种类型,而且由于世俗法需要与不同类型的世俗政体对应,因此法律渊源也比较多,曾经出现日耳曼法、罗马法、地方习惯法、教会法、庄园法、城市法、商法、国王的敕令等多种法律渊源并存的局面。后来,在资产阶级革命胜利以后,国家立法权开始统一,法律和法律渊源才走向统一,制定法成为正式意义上的法律渊源,而判例不是正式意义上的法律渊源。与此相反,英国从12世纪开始就以通行于英格兰地区的普通法为基础发展统一的法律体系,判例法在普通法体系中是一种正式渊源。

三、法律渊源生成的主体

法律是人类活动的产物,它可能是有意创造的,也可能是在社会演变与发展过程中自发形成的。法律渊源的生成主体主要包括以下几类:

(一)国际社会

国际社会包括以联合国为主体的各国际组织,它们在国际公法、国际私法和国际经济法规则的形成中发挥着重要作用。国际法体系为国际法律关系主体提供了行为准则,维护世界和平与发展,同时也促进国际社会在人权、贸易、经济、

[①] 大陆法系,又称"民法法系""罗马法系",是以罗马法为基础发展起来的法律的总称;英美法系,又称"普通法系""判例法系",是以英国普通法为基础发展起来的法律的总称。本书不同章节会根据语境选择使用相应的名称。

文化等方面的交流与合作。随着国际交往的日益增多,国际社会在国际法规则的创制中将会发挥更加重要的作用。

(二) 区域性国际组织

区域性国际组织,如欧盟、东南亚国家联盟、美洲国家组织、阿拉伯国家联盟等,在调整本区域的政治、经济、文化交流与合作事务中创制为各成员国所接受和承认的通行规则。区域性国际组织,由于其成员国在历史、文化、语言等方面往往具有一定的联系,或者具有某些共同关心的问题或共同利益,因而易于在某些领域或某些问题上就相关法律问题达成一致意见,在本区域内形成所谓的"法律趋同化"的现象。

(三) 主权国家

主权国家是当代最重要的法律渊源创制主体。这体现在几个方面:(1) 在民族国家体制下,由一国主权管辖范围内享有合法权力的机构创制的法律无疑在社会治理方面具有无可替代的作用。(2) 国际社会生成的国际法规则必须经由主权国家将其转化为国内立法才能真正在各该国发生法律效力。(3) 主权国家的立法权既可以由最高国家立法机关行使,也可以由获得宪法和法律授权的其他国家机构和地方国家机关行使,它们都属于统一的主权国家立法的范畴。

(四) 社会

社会作为法律渊源生成主体,由其生成的规则主要有以下几类:

(1) 习惯。习惯是人们在长期的社会生活中逐渐形成的行为准则,如人际交往习惯、商业惯例、民族习惯等。

(2) 行业规则。行业规则是指由某类行为形成并适用于某一行业内部的行为总则。《意大利民法典》第 5 条规定:"行业条例、集体经济协定、集体劳动契约和劳动法院作出的有关集体劳动争议的判决属于行业规则。"

(3) 地方自治规范。地方自治规范是指完全由某一地域民众以多数决定的方式形成的法律规则。在自治制度下,民众可以形成调整本地域的法律规则,但这些法律规则不能与国家宪法和法律相抵触。

(4) 社会价值。社会价值是指人们在社会生活中公认的价值标准与价值准则。其中,有些社会价值被吸纳进法律之中,以法律原则的形式表现出来;有些社会价值存在于法律之外,必要时也可以作为法院判决的参考因素。

(五) 个人

个人作为法律渊源的生成主体,生成的法律渊源主要有两类:一是判例。判例是法官在审判案件时生成的,是法官个人智慧与经验的结晶。二是法律学说。在必要时,法官可以引用法学理论或学说作为裁判的依据,而学说是学者个人的心血之作。《瑞士民法典》第 1 条规定:"……(2) 如本法没有可以适用的规定,法官应依据习惯法裁判,无习惯法时,应依据其作为立法者所提出的规则裁判;

(3) 在前款之情形,法官应遵循公认的学理和惯例。"这一规定授权法官,让他在没有法律和习惯可供适用的情况下,可以依据学理和惯例创制审判规则。在英美法系国家,法官在创制新判例法规则时也可以援引或参考法学理论或学说。

四、法律渊源的主要形式

在我国法理学界,有多种法律渊源的分类方法,如历史渊源与现实渊源之分、形式渊源与实质渊源之分、直接渊源与间接渊源之分、正式渊源与非正式渊源之分。其中,将法律渊源分为正式渊源和非正式渊源是较常用的分类方法。正式渊源与非正式渊源之间的主要区别在于:前者具有法律约束力,法院在审判案件时应当予以适用,法院在其可适用的案件中应当以它作为裁判依据;后者没有法律约束力,只在特定场合才可以被当作裁判依据。

(一) 正式渊源

1. 制定法

制定法一般是指由国家立法机关或经立法机关授权的国家机关根据立法程序制定,并以条文或法律文件方式表现的规范性法律文件。在民法法系国家,制定法是最主要的法律渊源。在普通法系国家,制定法和判例法是主要的法律渊源,而且随着立法机关地位的提高,制定法也成为其主要法律渊源。在当代中国,制定法是唯一的正式法律渊源,制定法包括宪法、法律、行政法规、地方性法规等。

在民法法系国家,法典是制定法的一种特殊形式。在这些国家,将一些基本法律编纂成法典是一种通行的做法,如宪法、刑法、民法、商法和诉讼法等就是法典化程度较高的几个领域。但是,在20世纪,出现了用单行法代替法典的现象,这种立法方法能够对社会经济、政治作出快速反应。例如,我国改革开放后的民事领域立法就体现了这种特点。

2. 判例法

判例法是从法院判决中产生的法。根据普通法的遵循先例原则(stare decisis),最高法院或上级法院在某一案件中所作判决的判决理由对下级法院或本级法院以后在相似案件中的裁判具有约束力,即先例中的判决理由可以成为裁判相似案件的法律依据。

在普通法系国家,判例法是其重要的法律渊源。判例法的关键是遵循先例。18世纪末至19世纪初,英国法中的遵循先例原则实质上就已确立。这一原则的运作需要相应的条件。一是法院系统的等级结构,以奉行遵循先例原则为特质的判例法,其形成和发展以统一的司法体系和司法体系的等级结构为重要条件。二是判例汇编的出版,建立可靠的判例报道制度是判例法制度的前提条件。英国从12世纪开始就有年鉴式的判例报道出版,经过逐渐演变,到18世纪下半叶出现了可靠的判例汇编,即举世闻名的《判例汇编》(The Law Reports),并发展出一条援引规则:如果一个判例在一系列出版物中都有报道,那么只有被收录于《判例汇编》中的版本才能在法院裁判中加以援引。

与制定法相比,判例法具有更鲜明的特点。判例法可以满足"相同案件相同处理,不同案件不同对待"这一正义原则的要求。判例法是法院司法审判活动的结果,所以它又被称为"法官创造的法"。

3. 习惯法

习惯法与习惯之间具有紧密关联,同时也有区别。习惯是人们在长期的生产和生活实践中自发形成的惯行,来源于人们日常经验的积累和总结,同时也是人类解决生活难题的智慧的结晶。习惯法这一术语在两种意义上为学界所使用。一是法律实证主义的观点,认为习惯要转化为习惯法,必须获得国家立法机关或法官认可。例如,法官在审判中认可民间用以调整人们行为、解决社会纠纷的习惯具有法律效力,此时,习惯经法官认可而成为习惯法。二是法社会学意义上,某一习惯只要能通过若干标准的检验就是习惯法,这些标准包括:历史久远且连续存在;在一定地域范围内人们都在内心确认受该习惯的约束;对于违反习惯的行为,会产生足够的社会压力。前一观点强调法律必须出自国家权力,不是出自制定就必须出自认可。后一观点强调习惯法的社会属性,习惯之所以成为习惯法,是因为长期以来人们接受它管理某些地区或某些行业的事务,其施行是由于普遍的社会压力而不是由于国家强制力的制裁;在国家立法机关或司法机关认可之前,该习惯就是习惯法。在强调法律的国家意志性的情况下,人们在上述两种观点中更倾向于采用第一种。

在当代,习惯法被认为对国家制定法只起到补充或辅助的作用。当国家制定法对习惯调整的社会关系没有作出规定,或虽有规定但制定法作出了允许例外的明示之时,习惯可以起到填补制定法漏洞的作用。习惯在司法中的运用不得与国家制定法相冲突,且不得违背公序良俗。此外,习惯的运用不得及于惩罚性内容,如刑事处罚、行政处罚。可见,在当代民族国家体制下,创法权力主要还是由国家执掌,习惯法在法律渊源中处于次要地位,次于制定法,甚至次于判例法。

4. 国际条约

国际条约是国家及其他国际法主体就政治、经济、贸易、法律、文化等方面的问题所缔结的确定其相互权利义务的协议。国际条约的名称包括条约、公约、协定、和约、盟约、换文、宣言、声明、公报等等。条约是国际法的主要法律渊源,在经过法定程序被有关国家机关接受后,就会成为本国的法律渊源。这一做法受国际法与国内法"二元论"的影响,"二元论"认为国际法与国内法分属于两个独立的相互分离的法律体系,国际法只有转化为国内法才能成为国内法的一部分。

有些国家在此问题上持"一元论"的观点,认为条约本身就是国内法的一部分,无须转化就可以适用,如法国、日本。

在世界各国的交流日渐深入的情况下,国际条约的法律渊源地位日益突出,大多数国家都会根据国际条约的要求修正本国法律中与其相抵触的内容。"条约必须遵守",各国有义务通过立法、执法和司法活动促进条约在国内的实施。

(二)非正式渊源

非正式法源主要包括权威法学理论、公平正义观点以及公共政策等。非正式法律渊源之所以必要,是因为制定法等正式法律渊源不足以全面调整社会关系、解决社会纠纷。法律必有漏洞,且制定法等法律规则必有模糊歧义之处,因此需要有非正式法源来辅助摆脱无法可依、法律不明确不确定所导致的困难。此外,博登海默还认为:"如果没有非正式法律渊源的理论,那么在确定的实在法规定的范围以外,除了法官个人的独断专行以外,就什么也不存在了。"①此外,权威法学理论、公平正义观念等非正式法律渊源有助于限制官员特别是法官行使权力的行为。

1. 权威法学理论

权威法学理论是指由著名法学家对法律的解释、论述所形成的权威理论学说。这些理论学说,由于研究者的知识优越性以及理论的合理性而获得广泛认可,享有权威地位。在民法法系历史上,权威法学理论在有些时期曾经享有重要地位。公元 426 年,罗马皇帝颁布《引证法》,规定五大法学家的法律解答具有法律效力。中世纪后期,注释法学派对罗马法的解释被认为与罗马法具有同等约束力,"不读阿佐的著作就不能上法庭"。事实上,权威法学理论在现代西方也享有重要地位。《意大利民法典》规定,当法官在用其他法律无法解决案件时,要"依照本国法学界的一般原理处理"。《国际法院规约》第 38 条第 1 款(卯)项规定,司法判例及各国权威最高之公法学家学说,作为确定法律原则之补助资料者,可以为法官裁判所适用。相比而言,在普通法系国家权威法学理论所受重视程度不及民法法系国家,法官在传统上更倾向于根据享有威望的同行及前辈的意见和判例处理案件,但随着时间的推移,一些试图从先例中抽象出某些法律原则的学术论著才受到更多的重视,诸如英国法官和法学家格兰威尔、布拉克顿、柯克等人的权威典籍,霍姆斯、卡多佐、庞德等人的法学著述,分别对各自国家的司法都产生了较大影响。

2. 公平正义等公认的社会价值观念

法官依法审判、依法判案是现代法治国家对司法工作的基本要求,法官在审

---

① 〔美〕E. 博登海默:《法理学:法律哲学与法律方法》,邓正来译,中国政法大学出版社 1999 年版,第 445 页。

理和裁判中一般是不能直接求助于公平正义的。但在以下几种情况下,公平正义等公认的社会价值就有用武之地:一是在法律条款含义不明时,法官可以用它们来解释法律。二是在法律存在漏洞时,公平正义等公认的社会价值观念可用于填补法律漏洞。三是在有两种用以裁决案件的方案供选择之时,公平正义等社会价值是权衡与选择的重要考量因素。"在两种相互冲突的法律原则间做出这样的选择,毋庸置疑,是受强烈的正义感支配的,因此,正义感为解决该问题提供了最终渊源。"[①]四是在法律规则的适用后果极端偏离社会公平正义的情况下,法官可以规避该法律规则的适用。在这四种情况下,法官在求助公平正义观念时需要持谨慎的态度。公平正义观念具有高度主观性,某种解释、裁判方案或判决的社会后果,是否符合公平正义,在多数情况下仁者见仁、智者见智。因此,在司法审判中法官应该优先适用实在法规则,不得轻易抛弃实在法。在需要求助于公平正义等社会价值解释法律、填补漏洞时,在裁决方案之间的权衡与选择中,应该优先适用法律原则中体现的法律价值,并进行严谨而周密的推理和论证。只有这样才能维护法律的权威性,增强司法的公信力与权威性。

3. 公共政策

所谓公共政策,是指国家机关、政党组织和其他社会政治集团为了实现自己所代表的阶级、阶层的利益,规定在一定历史时期内必须实现的目标,以及为达此目标而必须遵循的行动原则、工作方式以及行动步骤和措施等。

司法与政策之间存在着复杂的关系。一方面,司法机关作为行使司法权的国家机关,在公共政策的形成之中势必会起到重要作用,"通过适时地提供判决,并且因此通过参加该制度政策产品的创制,司法机构维持了自身的存在和它在社会中的持久作用"[②]。例如,美国联邦最高法院通过判例在死刑、堕胎、同性恋、种族隔离等问题上深刻地影响着美国社会的公共政策,影响着美国政治和社会的走向。在肯定司法对公共政策的影响的同时,也应该指出,在公共政策形成的过程中司法机关与立法机关发挥的作用是不同的。司法的正当性存在于依法审判、适用法律解决个案纠纷之中,司法机关中立裁判者的形象有利于维护司法权威。立法机关才是主要的公共政策决策部门,司法机关在涉足公共政策领域时应该慎重,尽管不能完全避免。另一方面,司法机关在依法办案时要受公共政策的影响,这是因为公共政策往往与社会发展、社会安全、社会秩序等问题有关,关系到国家在这些问题上的指导原则与措施。在注重按规则办事的同时,也考

[①] 〔美〕E. 博登海默:《法理学:法律哲学与法律方法》,邓正来译,中国政法大学出版社1999年版,第467页。

[②] 〔美〕H. W. 埃尔曼:《比较法律文化》,贺卫方、高鸿钧译,生活·读书·新知三联书店1990年版,第162—163页。

虑法律的目的与法律适用的后果,这是当代法律思维的重要特征。① 此时,公共政策作为一种非正式法源是法律思维的重要材料。

第二节 当代中国的制定法渊源

当代中国的正式法律渊源是制定法,即由法定的国家机关经过法定的程序以权威性法律文本明确表达的渊源。根据国家立法体制,享有法律创制权的机构多样,而制定法包括宪法、法律、法规、规章以及国际条约和国际惯例。

一、宪法

宪法是当代中国的根本法,在制定法体系中占据根本的地位。从内容上讲,宪法规定了国家的根本制度、公民的基本权利与义务、国家机构。从制定和修改程序上讲,宪法比其他法律更为严格。一方面,制定和修改宪法的机关往往是依法特别成立的,而并非普通的立法机关。另一方面,通过、批准宪法或者其修正案的程序,往往严于普通法律。根据我国宪法的规定,全国人民代表大会有权修改宪法,有权监督宪法的实施;全国人民代表大会常务委员会有权解释宪法、监督宪法的实施。同时,宪法修正案须由全国人民代表大会全体代表总数 2/3 以上的多数才能通过。从法律效力上讲,宪法在各种法律渊源中具有最高法律效力,任何法律法规只要与宪法相冲突,均属无效。1949 年以后,我国共制定过四部宪法,即 1954 年宪法、1975 年宪法、1978 年宪法和 1982 年宪法,现行宪法经历过 1988 年、1993 年、1999 年、2004 年、2018 年五次修正。

二、法律

法律是由全国人民代表大会及其常务委员会制定和修改,规定和调整国家、社会和公民生活中某一方面带有根本性的社会关系或基本问题的法律,效力位阶仅次于宪法。法律分为基本法律和基本法律以外的法律。基本法律由全国人民代表大会制定和修改,在全国人民代表大会闭会期间,全国人大常委会也有权对它作部分补充和修改,但不得与该法律的基本原则相抵触。基本法律以外的法律由全国人大常委会制定和修改,规定由基本法律调整以外的国家、社会和公民生活中某一方面的基本问题,其调整面相对较窄,内容较为具体。前者如《民法典》《刑法》等,后者如《中华人民共和国文物保护法》《环境保护法》等。此

---

① [美]诺内特、塞尔兹尼克:《转变中的法律与社会》,张志铭译,中国政法大学出版社 1994 年版,第 87 页。

外,全国人民代表大会及其常务委员会作出的具有规范性内容的决议、决定也是法律,如1999年10月全国人大常委会通过的《关于取缔邪教组织、防范和惩治邪教活动的决定》就是非基本法律。

三、法规

作为法律渊源的法规包括行政法规、地方性法规、军事法规、司法法规和监察法规,它们的制定主体不同,效力位阶也各有不同。

(一)行政法规

行政法规是由国务院根据宪法和法律,在其职权范围内制定和修改的有关国家行政管理活动的规范性法律文件。行政法规多以"条例""实施细则""办法""规则""决定""命令"等文件表现出来,其法律效力位阶低于宪法和法律。

(二)地方性法规

根据立法权的来源、权限大小和内容的不同,可进一步分为一般地方性法规、经济特区法规、自治条例和单行条例。

一般地方性法规是由特定地方国家机关依法制定和修改的规范性法律文件。其效力范围不超出本行政区域,在法律体系中具有基础性地位。其效力位阶低于宪法、法律、行政法规。依我国宪法和相关法律规定,省、自治区、直辖市和较大的市的人大及其常委会有权根据本行政区域的具体情况和实际需要,在不同宪法、法律、行政法规相抵触的前提下制定地方性法规。设区的市的人大及其常委会,可以根据本市的具体情况和实际需要,在不同宪法、法律、行政法规以及本省、自治区的地方性法规相抵触的前提下,可以对城乡建设管理、环保、历史文化遗迹保护等方面事项制定地方性法规,但法律对设区的市制定地方性法规有另行规定的,应当遵从其规定。一般地方性法规要报全国人大常委会和国务院备案。

经济特区法规是指经济特区所在地的省、市的人大及其常委会根据全国人大的授权决定而制定的在经济特区范围内施行的规范性法律文件。经济特区法规不同于一般地方性法规之处在于,它属于授权立法,内容范围限于经济领域,由法定立法主体根据授权对法律、行政法规、地方性法规作变通规定。

自治条例和单行条例是由民族自治地方的人大依照当地民族的政治、经济和文化特点制定的规范性法律文件。自治条例和单行条例可以依照当地民族的特点对法律和行政法规作变通规定,但不得违背法律和行政法规的基本原则,不得对宪法和民族区域自治法的规定以及其他有关法律、行政法规专门就民族自治地方所作的规定作出变通规定。自治条例、单行条例报全国人大常委会批准后生效;州、县的自治条例和单行条例报省、自治区的人大常委会批准之后生效,并报全国人大常委会备案。自治条例和单行条例不同:自治条例是有关地方实行民族区域自治的总的规定,单行条例通常是关于民族自治地方某类社会关系的具体规定。

（三）军事法规

军事法规是中央军委根据宪法和法律制定的规范性法律文件,其效力仅及于武装力量内部。根据立法权来源的不同,军事法规可分为自主性军事法规和授权性军事法规。

（四）司法法规

司法法规是最高人民法院根据法律的具体授权,就获授权事项(通常是有关法院内部管理、运作方面的内容)制定的规范性法律文件。例如,最高人民法院根据《中华人民共和国民事诉讼法》(以下简称《民事诉讼法》)的规定制定的《人民法院诉讼收费办法》;根据《中华人民共和国人民法院组织法》(以下简称《人民法院组织法》)的规定制定的《人民法院法庭规则》等。司法法规不同于司法解释,前者是授权立法,后者是对现行法律的解释。

（五）监察法规

监察法规是国家监察委员会根据宪法、法律制定的相关法规的总称。2019年10月26日,第十三届全国人民大常委会第十四次会议通过《全国人民代表大会常务委员会关于国家监察委员会制定监察法规的决定》。2021年7月20日,国家监察委员会全体会议决定《中华人民共和国监察法实施条例》。该条例包括总则、监察机关及其职责、监察范围和管辖、监察权限、监察程序、反腐败国际合作、对监察机关和监察人员的监督、法律责任、附则几个部分,自2021年9月20日起施行,是我国监察法规的重要组成部分。

四、规章

这里所说的规章包括部门规章、地方规章和军事规章。

部门规章是指国务院所属各部、委员会、中国人民银行、审计署和具有行政管理职能的直属机构,按照宪法、法律和行政法规的规定,在本部门的权限范围内发布的具有规范性的规章、命令、指示等文件。其效力位阶低于宪法、法律和行政法规。

地方规章是指省、自治区、直辖市和较大的市的人民政府,在其权限范围内制定的适用于本地区的规范性法律文件。地方规章涉及两个方面的内容:一是为执行法律、行政法规、地方性法规的规定需要制定规章的事项;二是属于本行政区域的具体行政管理事项。

军事规章则是由中央军委各部、军兵种、军区根据法律及中央军委的法规、决定、命令,在其权限范围内制定的规范性文件。

五、国际条约与国际惯例

作为我国正式法律渊源的国际条约,是指我国同外国或国际组织缔结或者加入的国际法规范性文件。国际条约确定了各缔结国相互关系中的权利和义务。国际条约有许多不同的名称,除了"条约"之外,还有宪章、公约、盟约、专约、协定、议定书、换文、公报、联合宣言等等名称。根据《中华人民共和国缔结条约程序法》,全国人大及其常委会、国务院、国家主席是中国缔结、参加的国际条约的实施者。另外,香港和澳门两个特别行政区也可以以地区身份参加一部分国际条约。

第三节 法律分类

法律分类是指对人类社会历史上存在的法律,按照不同特征归为不同类别。法律分类的根据不同,分类的结果就不同。但是,经过长期的法学研究,法律分类的方法渐趋成熟,对法律分类问题已达成共识。

一、成文法与不成文法

根据创制方式和表现形式的不同,法律可分为成文法和不成文法。成文法是指具有法律创制权的国家机构创制的,以规范化的成文形式出现的规范性法律文件。成文法也称"制定法",可以表现为法典,也可以表现为单行法规文件。不成文法是指由国家机关认可的、不具有文字形式或虽有文字形式但却不具有规范化成文形式的法。不成文法包括习惯法、判例法等形式。特别要指出的是,判例法规则表现于法院判例的判决理由之中,不具有规范化的成文形式。

二、根本法与普通法

根据法律的地位、效力、内容和制定主体、程序方面的特征,法律可分为根本法和普通法。这种分类通常只适用于成文法国家。根本法实际上就是指宪法,它规定的是国家最基本的政治制度以及政治活动的根本原则,在国家法律体系中具有最高地位。普通法是除宪法以外的所有其他法律的总称,是与作为根本法的宪法相对而言的。普通法就其表现形式而言可谓多种多样,在我国包括法律、行政法规和行政规章、地方性法规和地方政府规章等等,它们的地位和效力位阶低于宪法。

三、实体法与程序法

根据规定内容和实施程序的不同,法律可分为实体法和程序法。实体法是指以规定主体的实体性权利义务关系或职权、职责关系为主要内容的法。如民法、刑法、行政法等法律,其主要内容是赋予公民生命、自由、财产等方面的实体权利,或者设立事关公民生命、自由、财产等方面利益的实体义务。程序法规定的是实体性权利、义务或职权、职责的授予、限制或剥夺所应当遵循的程序。程序法也规定权利和义务,但这些权利和义务被称为"程序性权利和义务"。程序法又可分为诉讼程序法和非诉讼程序法,前者如民事诉讼法、刑事诉讼法等,后者如行政处罚法、行政许可法等。

四、一般法与特别法

根据适用范围的不同,法律可分为一般法和特别法。一般法是指对一般人、一般事项、一般时间在全国范围内普遍适用的法,如宪法、刑法等。特别法是指针对特定人、特定事项有效或者在特定区域、特定时间内适用的法,如《中华人民共和国公务员法》是针对特定人的法,《中华人民共和国国旗法》是针对特定事项的法,《中华人民共和国民族区域自治法》是针对特定地区的法,《中华人民共和国戒严法》是针对特定时间的法。

一般法与特别法之间存在"特别法优于一般法"的关系。即在处理具体法律问题时,当一般法与特别法出于同一立法机关、具有同等法律地位时,由于特别法对该问题的规定更具体、更有针对性,因此应该优先适用特别法的规定。

五、国内法与国际法

根据制定主体及其适用范围的不同,法律可分为国内法和国际法。国内法是一国享有立法权的主体制定的、效力不超出本国主权管辖范围的法律。国内法的法律关系主体包括自然人、法人及其他合法主体,国家在特殊情况下也可成为国内法法律关系的主体。国际法是由国际法律关系主体通过谈判达成共识而制定或认可、以条约和协定等形式表现出来的法律文件,以及由历史形成的为国际社会所普遍认可的国际惯例共同构成的法律。在我国,传统观点主张国际法法律关系的主体主要是国家,但也有观点认为特定地区、国际组织甚至个人也可能成为国际法法律关系的主体。

六、公法与私法

公法和私法的分类方法只适用于民法法系国家。这种法律分类方法起源于古罗马,乌尔比安提出,凡保护国家利益的法即为公法,保护私人利益的法则为私法。这一分类方法后来成为民法法系法律分类的基本方法,以法国为代表的民法法系国家在 19 世纪建立了完备的法律体系。公法包括宪法、行政法、刑法和诉讼法,私法包括民法和商法。现代法学家对公法和私法的划分标准作了新的研究,其划分标准包括以下几个方面:(1) 公法法律关系至少有一方参与人是国家或者其他公共权力机构;私法法律关系中双方主体都是私人。(2) 公法关系是服从关系,私法关系主体双方地位平等。(3) 公法属于强行法,当事人不能任意改变权利义务;私法是任意法,当事人可以通过协商确定和变更彼此的权利和义务。(4) 公法事关公共利益;私法是为了实现私人利益。将这几个方面综合起来,基本上可以辨明公法与私法的区别。

20 世纪以后,公法与私法的划分受到冲击或挑战。在公法与私法之外,还出现了一些新的法律部门,如经济法、劳动与社会保障法、自然资源与环境保护法,它们既不属于公法也不属于私法。因此,当代法学界认为,民法法系的法律应该分为公法、私法和社会法这三个基本门类。

第四节 法 律 体 系

一、法律体系的概念与存在条件

法律体系是指将一个国家在一定时期内的全部现行法律规范,按照一定的标准和原则划分为各个法律部门而形成的内在一致的统一体。

从这一概念可以得出法律体系具有以下特征:第一,法律体系是由一国全部现行法律规范组成的。该国历史上曾经存在的法律或尚未生效的法律、其他国家或地区的法律都不属于该国法律体系的范围。第二,法律体系应当是法律部门有机整合而形成的有机整体。在构建一国法律体系时,要根据调整对象和调整方式将法律规范归入不同的法律部门,然后根据法律体系的内在要求和逻辑规则将法律部门整合成一个有机整体。第三,法律体系应当门类齐全、结构严密、内在协调。门类齐全关系到法律的完备性,是有法可依的内在要求。结构严密是指法律体系内部和法律部门之间的法律和法律规范都具有严密的结构。内在协调要求构成法律体系的法律部门之间和法律部门内部统筹协调一致,相互支持和配合而不发生矛盾和冲突现象,这种协调性和统一性是实现法律调整的共同目的的保障。第四,法律体系是主观和客观的统一。法律体系是国家主权的产物,其统一性取决于国家主权的统一性,其结构是人们在相关理论的指导下人为建构的结果,但在根本上取决于经济基础,法律部门的划分的主要标准是法律所调整的社会关系的类型及其调整方法。

对法律体系概念的理解,可以通过它与其他概念的比较得到深化。

法律体系与立法体系。"立法体系"有多种含义,有时指一国规范性法律文件构成的体系,有时指规范性法律文件因效力位阶的高低与范围的不同而形成的等级和分工体系。总体而言,立法体系以一国规范性法律文件为表现形式,强调的是各种法律渊源的地位和效力等级,而这种效力等级又是以国家立法权配置中各立法主体的权力等级为基础的。法律体系与立法体系两者之间存在内容与形式的关系,法律体系是内容,立法体系是法律体系的外在表现形式。两者的主要区别在于:从基本构成看,法律体系的构成单元是法律部门,立法体系的基本构成单元则是规范性法律文件;从基本结构来讲,法律体系的结构取决于法律所调整的社会关系,立法体系的结构主要取决于国家立法权的配置体系,即颁布规范性法律文件的国家机关的权力等级结构。

法律体系与法系。两者的区别主要体现在以下几个方面:一是两者的侧重点不同。法律体系侧重于一国在某一时代有效的全部法律规范的内在和谐一致和体系性联系,法系是指根据历史传统的联系和表现形式上的共同特征而对世界各国的法律体系进行的宏观分类,它侧重于世界各国法的比较。二是两者所包括的范围不同。法律体系仅包括一个国家在某一时代有效的法律规范,法系不仅包括若干国家现行的法,而且还包括这些国家历史上的法,以便从中发现这些国家的法律发展过程、历史演变以及各国法律的相互影响。三是法律体系是一种静态的研究,法系则偏重于各国法律横向与纵向的动态比较。

法律体系与法学体系。法学体系是指由法学分支学科构成的具有内在有机联系的统一整体。它是有关法律的学科体系,也是关于法律的知识和理论体系,属于思想范畴。法律体系是一国现行法律规范的总和,是具有法律约束力的规范体系,属于制度范畴。两者的联系和区别体现在:法学体系往往以法律体系为基础,如宪法学以宪法为基础,刑法学以刑法为基础。但法学体系中有一些学科并不如此,如法理学、法史学等属于理论法学的范畴,没有相应的法律部门与之相对应。

法律体系要独立存在就必须具备相关的条件。只有在这些条件同时具备的情况下,我们才能判断一个法律体系是独立存在的。总体上讲,法律体系的独立存在需要两个条件:一是一定立法权、执法权和司法权能够正常存在、运行和发挥作用;二是法律体系在一国范围内具有至上性。这些条件是国家主权本质属性的体现,也是主权的要求。首先,法律体系的产生是国家立法机关行使国家立法权的结果。法律创制权是国家主权的重要组成部分。在民法法系国家,通过科学的立法活动,按照法律体系结构完备性的需要制定各部门法,使法律体系渐趋完备。在普通法系国家,议会制定法和法院判例法都是国家立法权行使的产物。与民法法系国家不同的是,在这些国家,议会和法院分享着法律创制权。其次,法律体系的存在还取决于法律的实效,即法律在社会生活中得到民众的遵守和官员的适用。在这里,法律得到适用既包括执法机关主动实施法律,也包括在出现违法行为的情况下司法机关应要求依法对违法行为者进行惩治。个人遵守和官方适用都是法律取得实效的重要途径,也是法律存在的重要条件。最后,国家主权具有对外的独立性和对内的至上性。国家主权的这一属性,要求一国法律在本国主权管辖范围内具有对外的独立性和对内的至上性:前者意味着本国法律独立于任何其他国家的法律体系,不受任何他国的支配和控制,其正当性不是来自任何其他国家和地区的法律授权;后者意味着一国法律对该国主权管辖范围内一切人和事都有管辖的权力(权利),并且任何其他社会规范(如道德、宗教和习惯等)都不得成为违法行为的免责理由。这种排他性和至上性也是一国法律体系独立存在不可缺少的条件。

二、法律部门的划分标准

法律部门,又称"部门法",是对一国现行的法律规范按所调整的社会关系的不同以及与之相适应的调整方法的不同所作的分类。所以,我们也可以说,法律部门是依据一定的标准或原则对一国现行的所有法律规范进行分类而由同类法律规范组成的整体,如宪法、民法、刑法等。

法律部门是由法律规范组成的,而法律规范是法律体系的基本构成细胞。但是,从法律规范分类的意义上讲,法律体系的基本构成单位并不是法律规范,它是由彼此相互联系的、调整性质相同的某一领域社会关系的法律制度组成的。法律部门是法律体系的因素,它表现为调整同一类社会关系的法律规范的总和。法律制度是法律部门中特殊的法律规范,它可以是简单法律制度,也可以是复杂法律制度。其中,简单法律制度包括的法律规范属于同一法律部门,如婚姻法中的婚前财产约定制度、民法中的抵押制度。复杂法律制度包括的法律规范属于多个法律部门,这些法律部门调整相互联系的同类社会关系。如所有权制度,它受到宪法、民法、行政法等多个法律部门的共同调整。又如婚姻登记制度,它受到民法、行政法等法律部门的调整。正因如此,同一法律制度可以分属于不同的法律部门。

法律部门与规范性法律文件之间既有联系也有区别。某一法律部门中的法律规范可能集中在一部规范性法律文件之中。例如,刑法这一法律部门的法律规范主要集中在刑法典之中,这样该法律部门的法律规范就相对集中。所以,某些法律部门的名称与其相应的规范性文件的名称是一致的。但是,两者在本质上是不同的,法律部门是法律规范的集合,而不是规范性法律文件的集合,也不是规范性法律文件所包括的法律条文的集合。法律部门除了包括主要的基本规范性法律文件中的一些法律规范之外,还包括分散在其他调整同类社会关系的规范性法律文件所包括的法律规范。事实上,同一规范性法律文件中所包括的内容往往属于不同的法律部门。

由于法律部门是依据一定的标准或原则对一国现行法律规范进行分类而形成的,因此将法律规范进行分类的标准在法律部门的划分中就非常重要。我国法学界经过长期研究和探索,形成了以法律所调整的社会关系(即调整对象)为主、结合法律调整的方法来划分法律部门的标准。

第一,法律部门划分的基本标准是法律所调整的社会关系,即法律调整的对象。法律以人们的行为作为其调整对象,但是它只关心那些与他人具有利害关系的行为,因此,法律调整的是人们的社会关系。法律所调整的社会关系属于不同的领域,范围极为广泛,包括人类生活的政治、经济、文化、宗教、民族、家庭等各个领域。同时,正是这些领域的客观存在为我们确定以这些社会关系为标准对法律规范进行分类提供了客观的依据。通常,我们可以将调整同一类社会关系的法律规范归为一类。

第二,法律调整的方法也是划分法律部门的重要考虑因素。例如,社会经济关系是一个庞大的门类,涉及的范围极广,只有结合其他标准对其进一步分类,才能突显其特征。法律的调整方法,主要是指法律规范调整社会关系的原则、方法以及对违法行为进行制裁的方式。

法律规范对一定的社会关系进行调整所形成的法律关系,都包括法律关系的主体、客体和内容三个方面。不同种类法律关系的主体有显著区别,例如,宪法法律关系的主体包括国家、阶级、政党、民族等;行政法律关系的主体包括行政主体和行政管理相对人;民事法律关系的主体包括自然人和法人,国家在与自然人、法人以平等地位参加法律关系时,也能成为民事法律关系的主体。在主体的相互关系上,不同种类的法律关系也有区别,例如,民事法律关系主体之间是平等的关系;行政法律关系是在行政主体行使国家权力时发生的,行政主体与行政管理相对人之间在地位上是不平等的。正是由于法律关系主体的不同以及主体之间地位、关系上的不同,我们可以把同样是以社会经济关系为调整对象的民法与经济法区分开来。

依据对违法行为实施制裁的方式,我们可以区分出民法、行政法和刑法,它们分别以民事制裁、行政制裁和刑事制裁的方式来保证民法、行政法和刑法所要保护的社会关系。

第三,除了上述标准之外,在划分法律部门时还应该考虑以下重要因素,并依据相应的原则进行区分。

首先,要保持各部门之间的适当平衡。法律所调整的社会关系领域的广泛程度不一,所包含的法规数量有多有少,因此要作适当调整以使各部门之间保持相对平衡,以免产生某些部门包括的法规太多某些太少的现象。例如,我国选举法调整的是社会政治生活的一个领域,即各级人民代表大会代表选举活动中的各种法律关系,但由于目前我国的选举法规还不多,加之它涉及的面也较窄,所以在当前不可能把它作为一个单独的法律部门,而只能归入宪法这一法律部门之中。相反,在有些社会关系领域,如经济关系领域,涉及范围极为广泛,每一部门法几乎都从不同角度调整着经济关系,如果不进一步地加以区分,就会使经济法部门包含的法律规范数量过多。

另外,除了把一国的法律体系划分成一些独立的法律部门之外,还可以把一级法律部门进一步划分为第二层次乃至第三层次的次级部门或子部门。某一法律部门可划分几个次级层次子部门的问题,要视情况而定,没有一个普适性的标准。

第二层次的法律部门的存在有两种不同的形式。一种是存在于其所属的独立的部门法中,如国家法,除包括占主导地位的宪法之外,还有国家机关组织法、选举法、民族区域自治法、特别行政区基本法、国籍法、授权法等次级的第二层次部门法。另一种是作为独立的法律部门存在,如自然资源法,由几个平行的、次级的法律部门组成,包括土地法、森林法和能源法等,其中没有任何一个占据主导地位。

其次,法律部门的划分要具有前瞻性,从而保持部门法划分的相对稳定性。这就要认识到法律对某些社会关系调整的未来发展及其重要性程度,有预见性地考虑正在制定或将要制定的法律,为某些在未来将会得到发展的社会关系领域设定相应的法律部门。例如,我国劳动法领域的立法还不完备,但随着社会主义市场经济体制的建立和完善,它必将得到更充分的发展,所以,我们有必要把它列为一个单独的法律部门。

最后,法律体系中各部门的划分具有相对性。这表现在两个方面:第一,某些法律关系涉及的领域具有不同的特征,在依据前述划分标准进行分类时,可能有相互交错的现象,我们就要选择其主要特征进行分类。如专利法,在专利的申请、审查和批准方面,它属于行政法管理的范围,但专利权作为公民和法人的知识产权,是公民和法人的民事权利的重要内容,所以,我们一般把它归入民法。第二,法律所调整的社会关系是不断发展的,当前的划分不可能永远不发生变化。

三、当代中国的基本法律部门

(一) 宪法

宪法是规定国家根本制度和根本任务、集中表现各种政治力量对比关系、保障公民权利的国家根本法。在法律体系中,宪法具有最高的法律效力和地位,是国家的根本法,普通法不能与宪法相抵触,否则就要被撤销和宣布无效;与普通法相比,宪法的制定和修改程序更严格。作为部门法的宪法,是我国法律体系的主导性法律部门。我国宪法部门由1982年第五届全国人民代表大会第五次会议通过的《中华人民共和国宪法》（以下简称《宪法》）（含1988年、1993年、1999年、2004年和2018年五次修正案）和其他宪法性法律文件构成。我国主要的宪法性法律有：国家机关组织法、选举法和代表法、公民基本权利和义务法、国籍法、特别行政区基本法、民族区域自治法以及村民和居民自治法、立法法和授权法等。

（二）行政法

行政法是调整行政法律关系的法律规范的总称。行政法的内容包括三大部分：行政组织法，主要调整内部行政关系；行政行为法，主要调整行政管理关系；行政法制监督、行政救济、行政责任法，主要调整行政法制监督关系。与其他部门法相比，行政法在内容和形式上具有明显的特点：行政法的内容极为广泛，行政法律规范容易变动；行政法规范和文件数量极多，在数量上居于各部门法之首，也没有统一、完整的行政法典。行政法由许多单行法律法规构成，主要包括行政管理体制，行政管理的基本原则，行政机关活动的方式、方法和程序，以及有关国家机关工作人员的法律规范。

（三）民法和商法

民法是调整平等主体的公民之间、法人之间以及公民与法人之间的财产关系和人身关系的法律规范的总称。财产关系是人们在生产、分配、交换、消费过程中形成的具有经济内容的社会关系，但民法只调整平等主体之间的财产关系，当事人在利益上以平等交换、等价有偿为原则。人身关系是指与人身密切联系而无直接财产内容的社会关系，它包括人格关系和身份关系。狭义的民法主要是指民法的一般原理和通则，包括物权法、合同法和侵权行为法。广义的民法还包括商法、知识产权法和婚姻家庭法。

商法是调整平等主体之间商事关系和商事行为的法律规范的总称。商法包括公司法、海商法、证券法、票据法、保险法、担保法、破产法等。商法与民法的区别主要在于，前者调整的是商事关系或商事行为，即企业组织和商业活动，不属于商业行为的，商法不予调整。我国没有单独的被称为商法的规范性法律文件，民法的有关概念、原则和规定适用于商法领域。从这种意义上讲，我国是实行"民商合一"的国家，因此也有学者将两者合二为一称为"民商法"。但是，这种观点遭到许多学者的反对，他们主张将民法和商法区分开来，以免影响商法在我国法律体系中的地位。

（四）经济法

经济法是调整国家宏观调控经济的活动中形成的经济法律关系的法律规范的总称。在我国，经济法兴起于20世纪80年代初期，经过一段时间的学术争论，它作为独立部门法的地位得到确立。虽然民事法律关系也涉及经济内容，但民法与经济法的调整手段、方法不同。平等主体之间的经济关系属于民法范围，而不平等主体之间的经济关系则不然。虽然行政法律关系主体之间的地位也是不平等的,但经济法调整的是国民经济运行中的经济关系,而行政法调整的是行政主体在行使国家行政权力的过程之中形成的行政法律关系。

经济法所含的内容很多,我国尚没有也不可能制定一部系统而全面的经济法法典。当前,我国经济法部门的主要规范性法律文件有:有关指导经济体制改革的规定;有关国民经济计划和宏观管理的法律规范,如计划、投资、基本建设、财政、金融、外汇等管理方面的法律法规;有关各类企业管理的法律规范,如全民所有制工业企业法、全民所有制企业转换经营机制条例、城镇集体所有制企业条例、乡镇企业法等;有关规范市场行为、维护市场秩序的法律规范,主要有反不正当竞争法、价格法、产品质量法、消费者权益保护法、广告法等。

(五) 刑法

刑法是关于犯罪与刑罚的法律规范的总和,是我国法律体系中的一个基本法律部门。刑法调整的社会关系非常广泛,严重侵害其他法律部门所保护的社会关系的行为都有可能构成犯罪。刑法运用刑罚来惩治犯罪行为,刑罚是最严厉的法律调整手段。

我国刑法的主要规范性文件是《刑法》(1979 年通过、1997 年修订)。除此之外,为了适应惩治犯罪的需要,全国人民代表大会常务委员会又通过了一些刑事立法或立法解释等,如关于惩治骗购外汇、逃汇和非法买卖外汇犯罪的决定,取缔邪教组织、防范和惩治邪教活动的决定,以及多个刑法修正案,它们都是我国刑法的重要组成部分。

(六) 劳动法和社会保障法

劳动法是调整劳动关系以及与劳动关系有密切联系的其他社会关系的法律规范的总和。它包括劳动就业、劳动合同、劳动时间、劳动报酬、休假、劳动安全、劳动卫生、女职工和未成年工保护、劳动纪律、劳动争议处理等问题的法律调整和规定。我国劳动法的主要规范性文件是 1994 年颁布的《劳动法》(2009 年、2018 年两次修正),这是我国第一部较系统的劳动法法典。

社会保障法是调整有关社会保障、社会福利关系的法律规范的总和。它主要是对于年老、患病、残疾等丧失劳动能力者的物质帮助的各种措施,包括劳动保险、待业保险、职工生活困难的救助,以及农村的"五保"等社会保险和社会成员福利的法律规定。

(七) 环境与自然资源法

环境与自然资源法是关于保护环境和自然资源、防治污染和其他公害的法律规范的总和。它包括环境保护法和自然资源法两部分:环境保护法是保护环境、防治污染和其他社会公害的法律规范的总称,主要有环境保护法、海洋环境保护法、水污染防治法、大气污染防治法等。自然资源法是调整各种自然资源的规划、合理开发、利用、治理和保护等行为的法律规范的总称，主要有森林法、草原法、渔业法、矿产资源法、土地管理法、水法等。

(八) 军事法

军事法是调整国防建设和军事方面法律关系的法律规范的总称。军事法的调整对象是军事社会关系，主要包括国家在国防建设方面的军事社会关系，武装力量内部的军事社会关系，武装力量与国家机关、企事业单位、社会团体以及公民之间的军事社会关系。因此，作为部门法的军事法主要包括调整国防领域各种社会关系的法律规范，调整武装力量建设领域社会关系的法律规范，以及调整国防军事交往和武装冲突等领域的各种社会关系的法律规范等。我国军事法律主要包括国防法、国防教育法、兵役法、军事设施保护法、防空法等。

(九) 诉讼法

诉讼法是有关各种诉讼活动的法律规范的总和。其内容主要包括：司法机关与诉讼参与人进行诉讼活动的原则、程序、方式和方法；司法机关与诉讼参与人之间的权利和义务；检察机关监督诉讼活动特别是侦查、司法活动是否合法，以及纠正错误的原则、程序、方式和方法；有关执行程序等方面的法律规定。其主要内容是从诉讼程序方面保证实体法的正确实施，但其作用又不限于此，诉讼程序法也具有独立的价值，对于保障社会公正具有极为重要的意义。

我国诉讼法主要包括民事诉讼法、行政诉讼法和刑事诉讼法。除了诉讼程序方面的三部基本法律之外，诉讼法部门还包括若干其他法律：律师法、公证法、仲裁法、调解法、监狱法等。

第五节 法律效力

一、法律效力的释义

法律效力是法律的约束力和保护力的统称。其中，法律的约束力是指违法实施或违法不实施的行为损害法律所保护的社会关系的，应当受到国家的强制性追究。法律的保护力是指社会主体接受法律的调整和指引，依法作为或不作为，就应当得到法律的认可和保护。法律效力是法律的调整、指引和保护功能的体现，具有认可和追求的双重意味。凡法律皆具有法律效力，如凯尔森所言，法律效力是法律的存在，法律存在就有效力。法律的效力来自制定它的合法程序和国家强制力。法律具有效力意味着人们应当遵守、执行和适用法律，不得违反，守法受法律保护，违法应当受法律追究。通常，法律的效力可分为规范性法律文件的效力和非规范性法律文件的效力。前者是指法律的生效范围或适用范围，即法律对什么人、在什么地方和什么时间有约束力；后者是指判决书、裁决书、逮捕证、合同等的效力,这些文件在经过法定程序之后也具有法律约束力,任何人不得违反。需要明确的是,非规范性法律文件是适用法律的结果,而不是法律本身。法理学上的法律效力主要是指前者。

法律效力不同于法律实效。法律效力是法律的约束力和保护力,这种力量是法律固有的,通常不因出现违法行为而丧失。法律实效是指法律的功能和作用实现的程度和状态,属于事实范畴。现行的法律是有效力的,但不一定都具有实效。法律取得实效的方式是得到遵守和适用,但现实中总会有些法律没有得到遵守,总会有些违法犯罪行为能够逃脱法律的追究、制裁,一般地讲这不会影响到相关法律的效力。但是,法律效力与法律实效之间仍然存在紧密联系。一个国家的法律体系有效力以它大体上有实效为条件:多数人在多数时间里遵守法律,违法行为在多数情况下会受到法律的追究和制裁;一个丧失实效的法律体系难以存在甚至会不存在,进而失去效力。同样,某部法律只在大体有实效的情况下才会有效力。

二、法律效力的范围

在"法律效力是法律对其调整对象所具备的约束力和保护力"这一定义中,除了将法律效力的性质界定为"约束力和保护力"之外,我们还需要界定法律所调整对象的范围。这主要通过法律的效力范围来加以界定,即法律在什么时间、什么空间、对哪些人有约束力和保护力。

(一) 法律的对人效力

法律对人的效力,是指法律对哪些人有效力,适用于哪些人。在世界各国法律实践中有四种确定法律对人的效力的原则。

(1) 属人主义。法律适用于本国公民,不论其身在国内还是在国外;非本国公民即使身在本国领域内也不适用本国法律。

(2) 属地主义。法律适用于本国管辖地区内的所有人,不论其是否为本国公民,都受本国法律的约束和保护。本国公民如果不在本国管辖范围内,则不受本国法律的约束和保护。

(3) 保护主义。以维护本国利益作为是否适用本国法律的依据,任何侵害了本国利益的人,不论其国籍和所在地域,都要受本国法律的追究。

(4) 以属地主义为主,与属人主义、保护主义相结合。这是近代以来多数国家所采用的原则。中国也是如此。这种原则的特点在于,既坚持本国主权,保护本国利益,又尊重他国主权,照顾法律适用的实际可能性。

具体地讲,中国法律对人的效力包括两个方面:

(1) 对中国公民的效力

中国公民在中国领域内一律适用中国法律。在中国境外的中国公民,也应遵守中国法律并受中国法律保护。但是,这里存在着适用中国法律与适用所在国法律的关系问题。对此,应当根据法律区别不同情况分别对待。

(2) 对外国人的效力

中国法律对外国人和无国籍人的适用问题,包括两种情况:一种是对在中国领域内的外国人和无国籍人的法律适用问题;另一种是对在中国领域外的外国人和无国籍人的法律适用问题。总体上,中国法律既保护他们在中国的法定权利和合法利益,也依法处理其违法问题。这是国家主权的必然要求。外国人在中国领域外对中国国家或中国公民犯罪,按《刑法》规定最低刑为三年以上有期徒刑的,可以适用中国刑法,但按照犯罪地的法律不受处罚的除外。

(二) 法律的对事效力

法律的对事效力,是指法律对什么样的行为有效力,适用于哪些事项。这种效力范围的意义在于:

(1) 告诉人们什么行为应当做,什么行为不应当做,什么行为可以做。比如,《民法典》第143条规定了民事法律行为有效的三项条件,即行为人应当按照该规定从事民事法律行为;第146条第1款规定"行为人与相对人以虚假的意思表示实施的民事法律行为无效",即禁止行为人以虚假的意思表示实施民事法律行为;第147条规定"基于重大误解实施的民事法律行为,行为人有权请求人民法院或者仲裁机构予以撤销",即规定行为人在法定情形下可以做什么。

(2) 指明法律对什么事项有效,确定不同法律之间调整范围的界限。比如,专利法是规定专利权的享有及保护的法律,它因此区别于其他民事法律和其他知识产权的法律。又如,《刑法》第7条第1款规定:"中华人民共和国公民在中华人民共和国领域外犯本法规定之罪的,适用本法,但是按本法规定的最高刑为三年以下有期徒刑的,可以不予追究。"

(三) 法律的空间效力

法律的空间效力是指法律在什么空间内有效的问题。法律是以国家主权为基础的,法律的空间效力是以国家主权的范围为主要划分依据,我们可以从域内效力和域外效力两个方面来分析法律的空间效力的规定性。

所谓域内效力,是指法律在一国领域范围内的效力。在现实中,法律的域内效力分为两种情况。一是法律在全国范围内有效力,即在一国主权所及全部领域内有效,包括属于该国主权范围内的全部领陆、领空、领水,也包括该国驻外使馆、在境外航行的飞机、停泊在境外的船舶。这通常包括宪法以及由最高立法机关制定的诸多重要法律,最高国家行政机关制定的行政法规一般也在全国范围内有效。在中国,宪法和全国人大及其常委会制定的法律,国务院制定的行政法规,除本身有特别规定外,都在全国范围内有效。二是有的法律只在一定区域内有效,包括两种情况:(1)地方性法规、规章仅在一定的行政区域有效;(2)有的法律、法规虽然是由国家立法机关或最高国家行政机关制定的,但它们本身规定只在某一区域生效,因而也只在该地区发生效力,如全国人大常委会关于经济特区的立法就只适用于经济特区。

所谓域外效力,是指法律在一国领域范围外的效力。现代各国法律,一般都会规定其不仅在本国领域内而且在本国主权管辖领域外有效,特别是涉及刑事、民事、贸易和婚姻家庭的法律。一般来说,一国法的域外效力范围,由国家之间的条约加以确定或由法律本身明文规定。例如,我国《刑法》第7条规定:"中华人民共和国公民在中华人民共和国领域外犯本法规定之罪的,适用本法,但是按本法规定的最高刑为三年以下有期徒刑的,可以不予追究。中华人民共和国国家工作人员和军人在中华人民共和国领域外犯本法规定之罪的,适用本法。"此外,我国的民法和经济法也对其域外效力作了相应的规定。

(四)法律的时间效力

法律的时间效力是指法律效力的起止时限以及对其实施前的行为有无溯及力。

法律开始生效的时间,是指法从何时开始产生约束力和保护力。任何法律都必须有生效时间,但从立法技术上讲,法律的生效时间可以有不同的形式加以规定。第一,自公布之日起生效。有的法律规定自公布之日起生效,有的法律虽然没有规定自公布之日起生效,但不具体规定生效日期,也包含公布后马上生效的意思。第二,法律公布后经过一段时间生效。采取这种形式的目的,有可能是为该法律的实施做好充分的准备。第三,以到达一定期限为生效时间。采取这种形式主要是考虑各地区距离立法主体所在地远近不同,交通、通信条件不同,法律不能同时送达各地。这种形式较为少用。

法律终止效力的时间主要有四种情况。第一,法律明确规定的有效期限届满而自动失效。第二,有关国家机关颁布专门性文件宣布废止法律的效力。第三,因相关的新法律规定而使与新法律相冲突的旧法律自然失效。第四,法律调整的对象不复存在,该法律自行失效。

法律的溯及力问题,是指新生效的法律对既往发生的社会事件和主体行为是否适用,如果适用就有溯及力,如果不适用就没有溯及力。"法不溯及既往"是为现代国家所采用的一般性原则,其法理依据是:法治是以规则来治理人们的行为,如果以明天制定的法律来治理今天的行为,那法治就完全是一句空话。因此,人们应该只受到行为时已经存在的法律的约束;行为发生之后创制的法律,人们在行为时是不知道的,因而无法遵守。要使社会生活具有可预测性,并使人们可以根据法律来管理和安排自己的生活,就只能以事先公布的法律来调整人们的行为。在刑法中，从有利于犯罪嫌疑人或者被告人的角度出发，通常采用"从旧兼从轻"的原则。依此原则，对于在新刑法颁布以前发生的刑事案件，在新刑法生效之时还没有审结的，如果按新刑法定罪量刑对犯罪嫌疑人或被告人有利，就适用新刑法；否则，就要适用旧刑法。

三、法律效力的冲突与协调

在一国法律体系中，法律规范数量极多，它们是由不同的创法主体创制或认可的，且产生的时间和针对的侧重点不同，因此不同法律之间时常会发生冲突。按照一定的规则协调并解决这些冲突，是法律适用的需要。协调和解决法律冲突的规则有以下几条：

（1）差序规则。这是根据法律制定机关的不同来明确不同法律规范的位阶等级的规则，具体可分三点：一是宪法至上。宪法是我国的根本大法，在我国法律体系中具有至上地位。我国宪法规定，全国各族人民、一切国家机关和武装力量、各政党和各社会团体、各企事业组织都必须遵守宪法；一切法律、行政法规和地方性法规都不得与宪法相抵触，否则无效。二是上位法优于下位法。当上下位阶的规范性法律文件之间发生冲突时，上位法优先于下位法。这是因为下位法的制定是由于得到上位法的授权，下位法是依据上位法制定出来的。在我国，法律的效力高于行政法规、地方性法规和规章，行政法规的效力高于地方性法规和规章，地方性法规的效力高于本级和下级地方政府的规章，省、自治区人民政府制定的规章的效力高于本行政区域内较大市的人民政府制定的规章。三是同位阶的法律具有同等地位，没有效力上下之分，它们各自在自己的权限范围内适用。

（2）特别法优于一般法。特别法是相对于一般法而言的，是根据特殊情况和需要制定的调整某种特殊社会关系、在特别的时间范围和空间范围内适用的法律规范。特别法优先原则有着严格的适用前提，即必须是同一机关制定的规范性法律文件之间或是同等效力的法律渊源之间，不同效力位阶的法律渊源之间不能适用该规则，如法律和行政法规之间。比如，对合同问题的规定，除合同法之外，海商法、铁路法、航空运输法等法律分别对海上运输合同、铁路运输合同和航空运输合同也作了规定，相对于合同法的同类规定来讲，这些规定都是特别规定，在调整相关种类的合同时，必须优先适用。

（3）新法优于旧法。调整同一社会关系的法律可能是在不同时间制定的，在对同一对象发生效力时，就会存在新法与旧法的冲突。处理这类冲突时，应当遵循新法优于旧法的规则。需要注意的是，这一规则的运用以相冲突的法律属于同一位阶且是由同一主体制定或者认可为前提。不同位阶的法律，不适用这一规则；属于同一位阶但不属于同一立法主体所制定的法，如甲地的新地方性法规与乙地的旧地方性法规发生冲突,也不适用这一规则。

(4)国际法优先规则。在一般意义上讲国际法和国内法的关系时,不能简单地用效力高或低来衡量。国际法优先是在特定的情形下适用的规则,即一个主权国家承认或加入国际条约后,该国家不得以国内法律规范为理由拒绝适用,国内法律规范不得与该条约或国际惯例相抵触。当然,那些被主权国家拒绝承认或声明保留的条款,不受此规则的约束。

问题与思考

1. 在本章"引读案例"中,许霆的取款行为究竟应适用何种法律部门中的法律引起了广泛争论。请结合本章内容思考:

(1)这种行为是犯罪行为,由刑法调整;还是民事侵权行为,由民法调整?

(2)不同法律部门在适用上是否存在冲突,应如何解决?

(3)试述你对此案判决的观点,并结合此案论述我国法律体系的完善问题。

2. 中国当代法律体系一般划分为哪些部门?
3. 试述法律渊源的主要形式。
4. 当代中国制定法渊源包括哪几个种类?
5. 法律部门的划分标准和原则有哪些?
6. 试述协调法律效力冲突的原则。

参考文献

1. 张根大:《法律效力论》,法律出版社1999年版。
2. 〔美〕约翰·奇普曼·格雷:《法律的性质与渊源(原书第二版)》,马驰译,中国政法大学出版社2012年版。
3. 〔加拿大〕罗杰·赛勒:《法律制度与法律渊源》,项焱译,武汉大学出版社2010年版。
4. 〔奥〕凯尔森:《法与国家的一般理论》,沈宗灵译,中国大百科全书出版社1996年版。

第四章 法律关系

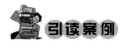

某A在一风景区旅游,在山顶见一女子孤身站在悬崖边上,目光异样,即心生疑惑。该女子一见有人来,便冲向悬崖。某A情急中拉住女子衣服,将女子救上来。救人过程中,某A随身携带的价值2000元的照相机被碰坏,手臂被擦伤;女子的头也被碰伤,衣服被撕破。某A将女子送到山下医院,为其支付各种费用500元,并为包扎自己的伤口用去20元。当晚,某A住在医院招待所,但已身无分文,只好向服务员借了100元,用以支付食宿费。次日,轻生女子的家人赶到医院,向某A表示感谢。本案例中存在哪些法律关系?

第一节 法律关系的概念

一、法律关系的含义

法律关系是法学的基本概念,表现为法律规则作用于社会生活的结果,显示了法律从静态向动态的转换。绝大多数法律规定都是为了处理某种法律关系而存在,许多法律概念如法、法律规则、法律行为、法律责任、法律制裁等都与确定和处理法律关系相关。

从概念的历史沿革来看,"法律关系"最早来自罗马法中的"法锁"。按照罗马法的解释,"债"的意义有两个:债权人得请求他人为一定的给付;债务人应请求而为一定的给付。就其本质,债是根据法律规定要求债务人为一定给付的法锁。"法锁"这一概念描述了债作为私法关系存在的约束性和客观强制性,虽然当时罗马法中并没有"法律关系"这个专门法律术语,但法锁已经为后来的法律关系理论奠定了基础。

"法律关系"作为一个专门概念出现于19世纪,1839年,著名的德国法学家萨维尼第一次对法律关系作了理论阐述,他将其定义为"由法律规则所决定的人和人之间的关系";认为法律关系由两个部分构成:第一部分为法律关系的实质要素——事实状态,第二部分为法律关系的形式要素,它使事实状态上升至法律层面。不过,"法律关系"概念这时只是在大陆法系民法学概念中存在。此后,法学界对这一概念进行了大量的分析研究,主要著作有德国学者温德雪德的《学说汇纂教程》、纽纳的《私法关系的本质与种类》、彭夏尔特的《基本的法律关系》;在英美法学家中,对法律关系作了专门研究的有特利的《英美法的指导原则》、霍菲尔德的《司法推理中应用的基本法律概念》、考库雷克的《法律关系》等。这些研究,尤其是霍菲尔德的著作,对法律关系的概念进行剖析,对其现象进行解构,使法律关系成为法理学专门的理论问题之一。

综上,法律关系是指根据法律规则产生的以法律上的权利义务关系为内容的特殊的社会关系。社会关系是人们在彼此交往过程中形成的相互关系,人与人之间的关系不同于人与自然界、人与物之间的关系,同时人与自然界、人与物的关系必然会影响人与人之间的关系。法律关系属于社会关系,它是人与人之间的关系,而不是人与物的关系,虽然这种关系也要受到人与自然界、人与物关系的制约。法律关系又是由于法律规定的存在人们在发生互动行为过程中因主观或客观的原因形成的权利义务关系。人们作出一定法律行为的目的在于构建、产生一定的法律关系,或是变更、消灭一定的法律关系,因为法律关系是人们实现、标记其权利义务的必要方式和途径。

二、法律关系的特征

作为一种特殊的调整性社会关系,法律关系具有以下几个基本特征:

(一)法律关系是以法律规则的存在为前提的社会关系

法律关系是法律调整社会关系而出现的一种状态,是由法律派生出来的,以相应的法律规则的存在为前提。某一社会关系之所以能够成为法律关系,是因为有规范和调整这一种社会关系的法律规则存在。如果没有相应的法律规则存在,那么人们之间的这种社会关系就不具有法律关系的性质,不能成为法律关系。例如,在原始社会中,由于不存在法律规则,单纯的社会关系如婚姻关系、生产劳动中的协作关系、分配关系就不属于法律关系。同时,并非所有的社会关系都由法律来调整,诸如友谊关系、爱情关系、师生关系、政党和社会团体内部关系等等,一般由社会伦理道德调整,而不属于法律调整或者法律不宜调整,也不可能形成法律关系。还有些社会关系,虽然应得到法律调整,但由于种种原因还不存在相应的法律规则,因而也不能成为法律关系。当然,这里所谓"相应的法律规则",不能单纯地理解为以国家名义颁布施行的规范性法律文件,还应包括习惯法、判例法等其他形式的法律渊源。

另外,法律关系是法律规则在现实生活中的实现形式,是法律规则的内容在现实社会生活中的具体贯彻。在日常生活中,人们只有按照法律规则的规定行使权利、履行义务,并在此基础上建立特定的法律上的联系,才是一种法律关系。

法律关系是法律规则的实现状态。例如,民事法律关系(人身和财产关系)只有通过民事法律调整(包括立法、执法、司法、守法等法律具体的运行环节)之后才具有法律的性质。在这一层面上,法律关系可以说是人与人之间的合法关系。因此,具有合法性是法律关系区别于其他社会关系之处。

(二) 法律关系是体现国家意志性的社会关系

法律关系具有国家意志性。法律关系是以法律规则为前提而形成的社会关系,在它形成之前要通过法律规则体现国家的意志,在它形成之后要反映国家意志,因此破坏法律关系也就同时违背了国家意志。法律关系具有的这种国家意志性的属性,是法律关系区别于其他社会关系的本质特点。

法律关系作为一种特殊的社会关系,是人们有意识、有目的地建立和实现的。法律关系参加者的意志形态多种多样。一般来说,相当一部分法律关系的建立需要有法律关系参加者各方的意思表示一致,如合同法律关系;也有一些法律关系并不需要其全部参加者的意思表示一致,只需要一方的意思表示即可成立,如行政法律关系;还有一些法律关系的产生没有通过参加者的意思表示,而是由于出现了某种不以人的意志为转移的事件,如由于人的出生、死亡、自然灾害而产生的抚养、继承、保险、损害赔偿等法律关系,但是这些法律关系的实现仍需通过有关当事人的意思表示。

法律关系参加者在法律关系建立和实现过程中的意志和国家意志是相互联系、相互作用的。一方面,国家意志制约着法律关系参加者的意志,对产生和实现法律关系起着主导作用,国家意志是法律关系的根据。每一个法律关系参加者的意志只有符合体现在法律规则中的国家意志才能构成法律上的权利和义务关系,并得到国家的确认和保护。另一方面,体现法律关系参加者的意志也是实现国家意志的必要条件。体现在法律规则中的国家意志只有通过法律关系参加者的意志才能实现,法律规则所规定的权利义务只是一种书面意义的可能性,只有通过法律关系参加者的意志活动才能转变为现实的法律权利义务关系。

法律关系是人与人之间有意识、有目的地结成的社会关系,法律关系的建立和实现要通过国家、当事人的意志,但这并不意味着否认社会生活关系对它的制约性。也就是说,法律关系具有客观性,受到不以人的意志为转移的客观规律的支配。法律关系的这种客观性具体表现在:第一,任何法律关系都根源于一定的社会经济关系,反映一定的社会经济关系的性质、内容和发展规律的要求。因此,法律关系既有法律形式的一面,又有不以法律形式为转移的并决定着法律形式的物质内容的一面,法律关系应当是社会内容和法律形式的统一。第二,法律关系作为一种特殊的社会关系,除了受社会经济关系的制约外,还要受诸如政治关系、道德关系等其他社会关系的影响。第三,法律关系一经形成,即被作为一种客观存在的社会法律现象并对一定的社会经济关系和其他社会关系产生影响。

(三) 法律关系是特定主体之间法律上的权利义务关系

法律关系以法律主体之间权利和义务为内容。法律关系作为一种特殊的社会关系,其特殊性还表现为它在这一社会关系的参加者之间形成法律权利和义务。法律规则调整一定社会关系的过程,也是赋予一定法律关系参加者法律权利和义务的过程。在法律规则中,法律权利和义务只是一种设定的可能性,具有抽象性和概括性,是主体能做和应该做的行为,但并不表明主体实际取得或履行了何种法律权利和义务。与法律规则相比,法律关系中的主体是特定的,人们通过法律规则中行为模式的指引在彼此之间建立法律关系,这种可能性就转化为现实,规范所设定的法律权利和义务关系就转化为特定主体之间现实的、具体的法律权利和义务关系。法律关系是实现法律规则中权利和义务的方式。

在法律关系中主体的法律权利和义务通常是相对应的,对一方来说是法律权利,对另一方来说则是法律义务。不同于道德、宗教,法律关系具有中立的性质,如果一方的法律权利不是以某种方式与另一方的法律义务相联系,那么法律权利也不存在,反之亦然。可见,法律关系是以权利和义务为其主要内容的。

(四) 法律关系是由国家强制力保障的社会关系

法律关系具有国家强制性的特点。法律规则规定了法律关系的主体及其法律权利和义务、法律关系的客体以及法律关系产生、变更和消灭的条件,因此法律关系不仅体现了法律关系主体之间的关系,也体现了法律关系主体与国家之间的关系。法律关系一经确立就受到国家法律的保护,不得随意违反和破坏,如果法律关系主体肆意违反和破坏法律权利和义务,就是违背国家的意志,就要受到法律的追究。国家强制力的保证作用是保证法律权利和义务内容得以实现的重要条件。

三、法律关系的分类

随着经济和社会不断发展,法律所调整的社会生活的内容和社会关系的范围逐渐扩大、深入,从而使结构丰富的法律关系变得更为复杂。为了正确认识不同法律关系的性质、特征和构成方式,促进法律作用和价值的实现,有必要根据不同的标准和认识角度对法律关系进行不同的分类。

(一) 根本性法律关系和一般性法律关系

按照法律关系反映的社会生活的性质等不同,可以分为根本性法律关系和一般性法律关系。

根本性法律关系是根据宪法性法律产生的,反映一国政治制度、经济制度、社会制度的性质,国家制度的内容,以及社会中基本的权利义务的法律关系。根本性法律关系涉及阶级关系、公民与国家的关系、政党与国家的关系、国家机构之间的关系、中央与地方的关系、民族之间的关系以及社会成员对社会财富的占有和分配关系等。宪法法律关系即属于根本性法律关系。

一般性法律关系是指除宪法和宪法性法律以外的法律所调整而形成的法律关系，是一般权利主体和义务主体如公民之间、法人之间、公民与法人之间、公民和法人与国家之间的法律关系。

根本性法律关系反映了社会和国家的性质，是一种居于主导地位的法律关系，而一般性法律关系要受根本性法律关系的制约。根本性法律关系较为稳定，只要经济基础和上层建筑不发生改变，它们也不会变化，而一般性法律关系则较易改变，常常会随着具体事实的发生、变更、消灭而改变。

（二）抽象法律关系和具体法律关系

按照法律关系表现的形态，可分为抽象法律关系和具体法律关系。抽象法律关系是以法律设定的抽象的权利义务为表现形态的法律关系，其权利义务不是具体化的，也没有具体的权利享有者和义务的承担者，如国家权力和人民主权。具体法律关系是以法律设定的具体权利义务为内容的法律关系，如民事法律关系。学界对这一分类尚存在分歧，有学者认为法律关系没有具体和抽象之分，任何法律关系的主体和权利义务承受者都是具体的。

（三）宪法法律关系和其他部门法律关系

不同的法律部门组成一个法律体系，而不同部门的法律在进行社会关系的调整时有不同的对象、方法，按照法律所调整的社会关系所属法律部门的不同，可分为宪法法律关系、行政法律关系、民事法律关系、经济法律关系、刑事法律关系、诉讼法律关系等。每种法律关系与其他法律关系无论是在形式还是内容上都有所不同。这种分类方法与法律部门的划分相呼应，方便人们理解自己在不同的法律关系中享有哪些权利、需要履行哪些义务。

（四）实体性法律关系、程序性法律关系和执行性法律关系

按照法律关系中权利义务内容的不同，可分为实体性法律关系、程序性法律关系和执行性法律关系。实体性法律关系是指依据实体法律规定而产生的权利义务关系。程序性法律关系是指依据程序法律规定而在主体之间产生的权利义务关系。执行性法律关系是指依据执行法律规则为实现实体权利义务或者经过程序法律确认的实体法律关系而在国家执行机构与被执行主体之间形成的权利义务关系。

（五）第一性法律关系和第二性法律关系

按照法律关系中是否存在法律责任，可分为第一性法律关系和第二性法律关系。第一性法律关系又被称为"调整性法律关系"，是指因法律关系主体的合法行为而形成的法律关系，是法律实现的正常形式。在这种法律关系中，权利主体没有滥用权利，义务主体没有拒绝履行义务，各方主体的行为都是合法的，都

没有违法,当然不会被追究法律责任,不会受到法律制裁。第二性法律关系又被称为"保护性法律关系",是因法律关系主体的不合法行为而形成的法律关系,是法律实现的非正常形式。在第一性法律关系遭到干扰、破坏、法律所设定的权利和义务无法实现的情况下,需要对其加以纠正、补救和保护,追究相关主体法律责任,使其受到法律制裁,以恢复第一性法律关系,如刑事法律关系就是第二性法律关系。第一性法律关系与第二性法律关系之间具有一定的关联性,第一性法律关系在前,第二性法律关系在后。就整个社会而言,第二性法律关系越少,表明社会的法律运行越良好。

(六) 直接法律关系和间接法律关系

按照法律关系主体之间联系的紧密程度,可分为直接法律关系和间接法律关系。在直接法律关系中法律关系主体之间有着直接的联系,没有也不需要其他主体作为中间环节,如购销关系就属于直接法律关系,是比较典型的、常见的直接法律关系。在间接法律关系中,主体之间需要其他主体作为中间环节,如在遗产继承中代位继承即属于间接法律关系。

(七) 平等性法律关系和隶属性法律关系

根据法律关系主体在法律关系中的地位的不同,可以分为平等性法律关系和隶属性法律关系。平等性法律关系亦称"横向法律关系",是指法律关系主体之间的地位是平等的,相互间没有隶属关系,如民事法律关系。隶属性法律关系亦称为"纵向法律关系",是指法律关系主体之间是相互隶属的,一方必须服从另一方,如行政法律关系。

(八) 绝对法律关系和相对法律关系

按照法律关系主体是否是特定的,可分为绝对法律关系和相对法律关系。绝对法律关系是指权利主体特定、义务主体不特定的法律关系。相对法律关系是指处于特定权利主体和义务主体间的法律关系。这种分类最早源自罗马法中对物权和债权的分类,物权被称为"对世权",这种权利具有排他性,所有权人以外的任何人都有不作为的义务,因此,物权又被称为"绝对权"。而债权被称为"对人权",它发生在特定的法律主体之间,权利义务都是相对的,因此,债权又被称为"相对权"。

(九) 单向法律关系和双向法律关系

按照法律关系主体的权利义务是否对应一致,可分为单向法律关系和双向法律关系。在单向法律关系中,法律关系主体之间权利义务不是相对应的,而是单向的,即双方都是权利主体,或者权利主体仅享有权利而义务主体则仅履行义务。前者如遗嘱继承关系,其中遗嘱是立遗嘱人的权利,接受遗产是遗嘱继承人的权利,双方的行为都没有履行义务的性质。后者如在借贷关系中,借贷一定的财物是物主的权利,而借贷者则承担到期偿还借贷物的义务。双向法律关系是指在特定的法律关系主体之间,存在两个密不可分的单项权利义务关系,其中一方主体的权利对应另一方主体的义务,反之亦然。如在买卖合同关系中,买方有权要求卖方交付货物,卖方有义务向买方交付货物;买方有权要求卖方支付货款,而买方有义务向卖方交付货款。

复合法律关系是由多个相关法律关系构成的复合体,其中既有单向法律关系,又有双向法律关系;既有多个法律关系主体,又有多个权利客体以及多重权利义务。如行政人事调动关系。

第二节 法律关系的构成要素

法律关系的要素是指构成法律关系必须具备的要件。一般而言,法律关系的要素有三个:法律关系主体;法律关系客体;法律关系的内容,也就是权利和义务。在法律关系中,这三个要素相互联系、相互制约,缺少任何一个要素,都不构成法律关系。

一、法律关系主体

(一) 法律关系主体的含义

法律关系主体或称"法律主体",是法律关系的要素之一,是指法律关系的参加者,即法律关系中权利的享有者和义务的承担者。权利享有者亦称"权利主体"(或"权利人"),义务承担者亦称"义务主体"(或者"义务人")。作为法律关系主体的实体必须具备两个条件:它是独立自由的,同时是人格化的。法律关系主体制度发源于古罗马,最初只具有民法意义。在古罗马,作为主体的罗马市民必须具备两个条件:自由的和罗马人。

法律关系主体具有如下特点:(1) 法律性,法律调整的是人的行为。这里的"人"是法律意义上的人,包括自然人和法律上的拟制人。关于什么样的人可以成为法律关系主体以及何种法律关系的主体是由法律来规定的问题,法律关系主体的性质和范围是由法律规则所决定的,不在法律规定范围内的主体,不得任意参加到法律关系中去,成为法律关系的主体。(2) 社会性,法律规则确定法律关系主体的性质与范围不是任意的,而是由一定社会物质生活条件和经济结构所决定的。例如,在奴隶社会,法律关系主体一般是奴隶主和其他自由民,因为奴隶不被作为人看待,而仅仅是一种"会说话的工具",不可能成为政治、财产法律关系的主体,只能是奴隶主之间财产法律关系的客体。不过,奴隶并不是只能成为法律关系的客体,在婚姻、继承、诉讼法律关系上,奴隶也可以成为法律关系的主体。在封建社会,法律确认封建主阶级的阶级特权以及等级特权,农民对封建主存在人身依附关系,在法律关系上只是不完全的主体。到了资本主义社会,形式上规定了法律面前人人平等原则,但在资本支配一切的社会里,只有资产阶级才是享有全权的主体,广大劳动人民仍是权利受限制的法律关系主体。在社会主义社会中,在以公有制为主的多种经济结构之下,法律关系主体的范围空前广泛,人民成了国家的主人,他们不仅已成为平等的法律关系主体,而且权利广泛,权利和义务达到真正一致。

(二) 法律关系主体的种类

如前所述,法律关系主体的范围和种类是由法律加以规定的,而这种规定又是由该国的社会制度所决定的。在我国,法律关系主体的种类通常有:

1. 自然人

所谓自然人,是指基于人的自然生理功能出生的、有生命并具有法律人格的个人。主要包括三类:本国人、外国人和无国籍人。本国人是具有本国公民资格的人,是自然人中最基本、数量最多的法律关系主体。在我国,凡具有中华人民共和国国籍的人都是中国公民,可以成为我国法律关系的主体,参加法律规定的经济、政治、文化生活等各个方面、多种形式的法律关系。居住在我国境内的外国人、无国籍人,也可以根据我国法律规定和我国参加、签订的国际条约以及国际惯例参加我国的某些法律关系,成为我国某些法律关系的主体。

2. 法人

"法人"一词最先是作为民事法律关系主体之一提出来的。随着社会发展,20 世纪以来,特别是第二次世界大战以来,"法人"这一概念逐渐由民商法领域扩展到其他法律领域,出现了"经济法人""政治法人""文化法人"等概念。"法人"这一概念有广义和狭义之分,广义上,凡是具有法律人格,能够以自己的名义独立享有权利、承担义务的组织,都可被称为"法人";狭义上的法人仅指具有民事权利能力和民事行为能力,依法成立、享有民事权利和承担民事义务的组织。但在我国现行立法中,"法人"的概念还只是适用于民事领域,《民法典》将不具有法人资格但能够依法以自己的名义从事民事活动的组织确定为非法人组织,包括个人独资企业、合伙企业、不具有法人资格的专业服务机构。

3. 国家

国家作为一个整体,既可成为某些抽象法律关系的主体,也可以参加某些具体的法律关系。例如,在国家所有权法律关系、刑事法律关系中,国家一般通过其设立的国家机关或授权的组织参加法律关系;在某些时候,国家也可以直接以自己的名义参加法律关系,如发行国债、国家赔偿等。在国际法律关系中,国家是多种法律关系的参加者。

二、法律关系客体

(一) 法律关系客体的含义

法律关系客体，是指法律关系主体的权利和义务所指向的共同对象，在法学上相对应地称为"权利客体"和"义务客体"。法律关系客体是构成法律关系的要素之一，通过客体这个中介，法律关系主体之间的权利和义务才会联系在一起；没有客体这个中介，作为法律关系内容的权利、义务就失去了目标，成为无实际内容的东西，也就不可能形成法律关系。

法律关系客体的内容和范围受社会制度的制约。在奴隶制社会，奴隶一般只是法律关系的客体，作为一种财产被奴隶主完全占有。在封建制度下，由于农奴(农民)对封建地主仍然处于人身依附状态，农奴(农民)在某些法律关系中可以成为法律关系主体，但在很大程度上仍然是法律关系客体。在资本主义制度下，在法律上劳动人民已经不是法律关系客体，但在实际上，他们还没有完全摆脱法律关系客体的地位。在社会主义制度下，国家严禁把人身作为买卖关系的客体，拐卖人口、买卖婚姻都是要受到法律追究的违法犯罪行为。此外，随着经济和科技的不断发展，法律关系客体的范围越来越广泛，许多原来不属于法律关系客体的，如清洁的空气、试管婴儿、人体器官、外层空间等也成为法律关系的客体。

法律关系的客体不仅与主体，而且与主体的权利和义务有着紧密联系。在每一个法律关系中，权利客体与义务客体是重合的，具有一致性。也就是说，权利主体的权利所指向的对象和义务主体所指向的对象是同一的，唯此，客体才能把主体之间的权利和义务联系起来。如在一个债权债务法律关系中，双方权利义务的对象即是共同的，不然就不能形成债权债务关系。

(二) 法律关系客体的种类

法律关系客体的范围和种类是随着社会的发展和进步而不断调整、扩大和增多的，成为法律关系客体应具备一定的条件：(1) 利益性，即是一种对法律关系主体有用之物，是有价值的物质或精神资源，能够满足主体的需要，可能因此产生利益冲突，需要进行权利义务的界定；(2) 稀缺性，即法律关系的客体不能被所有人无条件、无止境地占有、利用，主体想获取它需要支付相应的对价；(3) 可控制性，它是人类有能力加以控制的，不能为人类所控制或部分控制的事物，即使能够满足主体需要，同时也是稀缺的，也不能成为法律关系的客体；(4) 合法性，必须是经法律规定许可的，具有合法性。

根据上述条件，法律关系客体主要有以下四种：

1. 物

法律意义上的物是指能为法律关系主体所控制、支配的，能够满足社会需要的各种物质资料。

人类在改造自然的活动中与自然界结下了密切的联系,一方面,人类从自然界汲取生存和发展的养分;另一方面,人类又通过自身劳动使生活更为充实、丰富。人与人之间由于物而发生着各种法律关系,从而物便成为法律关系中最普遍的客体。

法律关系上的"物"既可以是天然物(如土地、矿藏、森林等),也可以是由劳动创造之物(如建筑、机器等);可以是有固定形状的,也可以是无固定形状的(如天然气、电力等)。另外,某些天体(如月球)、某些特定空间(如土地之上一定距离的空间)都可以是"物"。但是,没有被人类认识、控制的不能成为法律上的"物"。1976年《赤道国家波哥大宣言》声称某些国家对位于地球赤道上空约35871公里的地球同步轨道这一特殊空间拥有主权,这一宣言如果得到各国的承认,则这一特殊空间就可以成为国际法律关系的客体。由此可见,并不是一切物均可作为法律关系客体,只有为人类所认识和控制,并且为法律所确认和保护的物才能成为法律关系的客体。

货币及其衍生物——各种有价证券,如支票、股票等,本身既是一般种类物,同时又可作为衡量物的价值的尺度,也是法律关系的客体。在大多数民事法律关系中,客体是以货币为表现形式的。

哪些物可以作为法律关系的客体以及可以作为哪些法律关系的客体,应由法律予以具体规定。在我国,并不是一切物都可以作为法律关系的客体,某些物只能在特定的法律关系中成为客体,如土地、森林、矿藏、水源等只能归国家或集体所有,成为国家或者集体财产所有权的客体。危害人类之物(如毒品)不能成为私人法律关系的客体。

2. 人身利益

人身利益包括人格利益和身份利益,是人格权和身份权法律关系的客体。人是有生命的有机体,不仅可作为法律主体存在,在某些法律关系中也可以是权利和义务所指向的对象,成为法律关系的一种客体。在法律上,人是由人身、人格、人的活动构成的复合体。人身是由身体器官组成的生理整体,是人的物质形态;人格是人的精神利益的体现;人的活动是人的社会性的体现。人的整体和部分可分别成为法律关系的客体,如整体的人在选举法律关系中成为选举法律关系客体(即被选举人),人的身份权、人格权在民事、刑事法律关系中得到保护,等等。

但是,以身份、人格作为法律关系客体的范围,法律上有严格限制。权利人对人身权客体行使权利必须依法进行,不得滥用,禁止将人的(整个)身体作为交易的对象或者自贱身体、人格,如买卖人口、买卖婚姻、卖淫、自残行为等。

整体的人不能被作为法律关系客体中的"物",但人体的部分是可以被作为

"物"的,如人的头发、血液、骨髓、精子和其他器官从身体中分离出去,成为与身体相分离的外部之物时,在某种条件下也可被视为法律上之"物"。

3. 精神产品

精神产品是指法律规定的主体通过其智力活动或者在社会活动中所取得的非物质财富——精神财富,包括智力产品和荣誉产品。它是人类的精神文化现象,是精神文化的物化、固定化。

智力产品也称"智力成果",它与物不同,是一种无形财产。作为法律关系客体,它的取得和确认不同于有形财产,一般要通过一定的法律手续,经过批准和注册,如专利、商标的注册。

智力产品是一种与人身相联系的非物质财富,它是由特定主体创造的,因而与人身权紧密联系。如著作权法律关系中的署名权,就不能由主体自由地变更和消灭,主体因此而取得的荣誉也不能任意转让。

智力产品作为客体,其权利的保护往往具有时效性和地域性。时效性是指对精神产品的保护有一定期限,超过期限国家就不再保护,如对商标专用权的保护必须是在其注册商标的有效期之内。地域性是指一国法律所确认和保护的精神产品并不当然地能在他国取得效力,而是必须通过权利人另行申请确认或者通过国与国之间的相关条约予以承认,如外国公司的商标必须在我国申请注册并经核准方能获得我国法律的保护。

另外,信息作为一种有意义的资源和利益载体,虽然不是特定的人通过智力活动所创造,但掌握信息的人往往在收集、整理的过程中付出了智力劳动,因而也应作为一种客体,其持有人的权利也应受到法律保护。

荣誉产品是指法律关系主体通过其社会活动而获得的物化或者非物化的荣誉价值,如主体被授予荣誉称号、奖章、奖品等等。荣誉产品是荣誉权的法律关系客体,商业信誉也是一种荣誉产品,是商标权法律关系的客体。

4. 行为结果

作为法律关系客体的行为结果,是指义务主体完成其行为所产生的能够满足权利主体的利益和需要的结果。这种结果有两种:一种是物化结果,即义务主体的行为产生一定的物化产品,诸如房屋、道路、桥梁等;另一种是非物化结果,如使权利主体增长知识和能力,满足权利主体某种精神上的享受等。

三、法律关系内容

权利和义务是法律关系中最为核心的内在构成要素,共同构成法律关系的内容。法律是以权利和义务为调整机制来规范人们行为和调控社会关系的,法律权利和法律义务贯穿了法律形成和运行的全部过程。其一,从法律规则的形成到法律关系的构建以及法律责任的落实都离不开权利、义务这两个基本要素;

其二,在国家法律体系中所有的部门法都是以权利、义务为主要内容,而且这些部门法在运行中也主要是围绕着权利、义务的实现和落实来进行的,权利、义务的实现就意味着法律关系的实现。

因此,法律权利和义务是构架法律内容的重要因素。法律权利和法律义务共同构成法律关系的基本内容,两者相对应而存在,没有法律权利也就没有法律义务,没有法律义务的履行也谈不上法律权利的实现。同时,两者都是由法律规则明文规定或从法律规则的精神中推定出来的,具有合法性。在没有得到法律或法律机关承认之前,任何权利主张仅仅只是一种主观要求,不具有客观的法律效力,义务人可以拒绝履行。因此,权利和义务具有法定性。但是,从主体行使权利的角度来看,权利具有自主性,权利主体可在法定范围内依据自己的意志来决定是否实施行为以及实施何种行为;而义务具有强制性,义务主体在法定或约定范围内不能自行放弃义务甚至拒不履行义务。

第三节 权利与义务

一、法律权利

"权利"这一概念可以从不同角度加以理解:权利是资格,是主体做某些事情,是进行行为、占有、享受的一种资格;权利是主张,是一种具有正当性、合法性地要求别人尊重和维护主体对物的占有或要求作出某种行为的主张;权利是法律允许、保护的自由;权利是法律赋予人的意思力或意思支配力;权利是法律承认、保护的利益;权利是法律赋予权利主体的用以享有或维护特定利益的力量;权利是法律规则规定的有权主体作出一定行为或要求他人作出一定行为以及请求国家以强制力给予协助的可能性;权利是法律允许或保障的人们能够作出一定行为的尺度和范围;权利是一种法律规则承认的在特定关系中主体优于他人的选择和意志。

法律权利是规定或隐含在法律规则中、实现于法律关系中的主体以相对自由的作为或不作为的方式获得利益的一种手段。根据此定义可以看出,法律权利具有以下几个主要特征:

第一,权利的本质是由法律规则决定的,具有合法性,能够得到国家的保护。当人们的权利遭到侵犯时,法律通过使侵犯人承担不利的法律后果这一方式来保证权利的实现。虽然人们提出过"天赋人权""自然权利"等口号,但是在没有得到法律承认之前,任何法外权利和主张都只是一种主观要求,不具有法律效力。

第二,权利具有一定的界限,一旦超出这一界限便不再是权利,不具有权利的属性。因此,任何权利的运行和履行都要受到一定的限制,只有在一定的限度范围内,法律规定的权利才能够真正得到保障,从而促进社会的稳定和发展。

第三,权利是权利主体依据自己的意志来决定是否实施行为以及实施何种行为,因此,权利具有一定程度的自主性和能动性。法律赋予权利主体在法定范围内为实现自己的意志自主作出选择,即为或不为一定行为的自由。

第四,权利的目的是采取法律手段保护一定的利益。一般而言,权利是受法律保护的利益,两者联系紧密。不过值得注意的是,通过法律保护的利益并不总是权利主体本人的利益,在有些情况下,受法律保护的权利有可能是他人的、公共的、国家的利益。

第五,权利和义务是相辅相成的,权利总是伴随着义务,没有义务人对义务的履行,权利就难以得到很好的实现,因而没有义务也就没有权利,反之亦然。

二、法律义务

权利和义务是法学的一对基本范畴,是构架法律内容的重要因素。什么是法律义务?也有多种界说:义务是法律上应履行的责任;义务是法律上的一种约束;义务是不为不法行为;义务是一种"不利益"。

与法律权利相对应,法律义务是指设定或隐含在法律规则中、实现于法律关系中的主体以相对抑制的作为或不作为的方式保障权利主体获得利益的一种约束手段。从此定义中可以看出,义务具有以下特征:

第一,义务是由法律规则决定的。这意味着,义务人的义务不是强加的,要求义务人履行义务必须符合法律依据。这种依据可以是法律规则的直接规定,也可以是当事人之间依据法律规定作出的约定。总之,义务是直接或者间接地由法律规则决定的。

第二,义务的履行不以义务人主观上是否愿意为转移,义务具有一定的强制性。法律主体一旦被设定了某种义务,就应当适当履行其义务,在任何情况下都不能以不愿意为理由拒绝履行或自行放弃义务。法律上的义务与道德义务不同,"在道德领域中,'义务'的概念和'应当'的概念是一致的。成为某人道德义务的行为只不过是他根据道德规范所应当遵守的行为而已。"[①]法律义务不只是"应当",而且"必须",即必须履行,否则就要承担法律制裁的后果。也就是说,法律上的义务更具强制性。

第三,义务是为了保障权利主体获得利益而采取的一种法律手段,这是从义务的目的角度而言的。一般来说,某一义务的设定都以保障某一权利的实现为目的。义务是为享有、实现权利,或消极地说,是为免受惩罚。如果没有与之相

---

① 〔奥〕凯尔森:《法与国家的一般理论》,沈宗灵译,中国大百科全书出版社1996年版,第66页。

对应的义务,权利就会失去保障和实现的支撑,就不过是空话,法律也会丧失其强制性和权威。

三、权利与义务的关系

权利和义务的关系在总体上表现为对立统一的关系:结构上是对立统一的;总量上是守恒的;功能上是互补的;价值上是一致的。

第一,权利和义务在结构上对立统一。权利和义务在法律这一事物中既相互依存、渗透、转化又相互分离、排斥,权利的存在以义务的存在为条件,反之亦然。法律设定某一权利必定有相应的义务,设定某一义务也必有相应的权利。在一定条件下,某一行为可能既是权利也是义务,如行政机关依法行使职权。此外,权利和义务在一定条件下可相互转化,即权利人要承担义务,而义务人可享受权利,在法律关系中的同一人既是权利主体又是义务主体,如父母与子女之间的抚养、教育与赡养、扶助法律关系。因此,"没有无义务的权利,也没有无权利的义务。"权利义务的一方如果不存在了,另一方也就不会再存在。

第二,权利和义务在总量上守恒。无论是同一主体既享有权利又履行义务,还是一部分人享有权利另一部分人履行义务,一个社会的权利总量的绝对值总是等同于义务总量的绝对值。这也是社会公正和正义的要求,权利大于义务或是义务大于权利都是一种不公平。

第三,权利和义务在功能上互补。在现实中,权利的实现会受到义务的制约,而义务的履行也会受到权利的限制。权利的行使以守法、合法为其基本前提,而守法、合法在某种程度上就是一种义务;权利主体一旦超越权利的范围要求义务人履行义务就不会受到法律的保护,义务人也可以拒绝这种要求。权利和义务在功能上的互补性有利于法律的目标、作用和价值的实现,因为权利能够促进自由的实现,而义务有助于秩序的建立。

第四,权利和义务在价值上一致。一般而言,无论是权利还是义务,其设立的目的都体现了法律价值;同时,权利和义务也是法律主体实现其自身价值所不可缺少的两种途径。

第四节 法 律 事 实

一、法律关系演变与法律事实

法律关系同其他社会关系一样并不是固定不变的,而是处于不断的运行变化之中,这种演变表现为法律关系的产生、变更和消灭。其中,法律关系的产生是指法律关系主体之间建立法律上的权利义务关系,法律关系的变更是指法律关系诸要素的变化,法律关系的消灭是指法律主体间的权利义务关系的终止。

事实上,法律关系的建立(或改变消灭)有时候并不是通过人的行为,可以是由于法律规定而产生的,也可能是由于一定的客观事件形成的。但是,无论如何,法律关系的产生、变更、消灭都离不开法律事实。

(一) 法律关系的演变

法律关系的产生、变更和消灭不是任意的,它必须具备一定的条件或需要一定的原因,这些条件或原因是:一是法律规则的规定;二是权利义务主体的存在;三是法律事实的出现。

法律关系是由法律规则所规定和调整的社会关系。如果没有相应的法律规则的规定,那么,任何一种法律关系都既不可能产生,也不可能变更和消灭。法律规则的存在是法律关系产生、变更和消灭的前提和法律依据。然而,有了法律规则这个前提并不意味着具体的法律关系就会出现。法律关系的核心内容是权利义务关系。如果没有权利义务的承担者,法律关系就不可能产生、变更和消灭。权利义务主体的存在是法律关系产生、变更和消灭的必要条件。但是,仅有法律规则和权利义务主体还不能够形成法律关系,这些条件只是为法律关系的产生、变更和消灭提供了可能性,要使这种可能性成为现实,必须要有一定的法律事实。例如,《民法典》中有关于结婚的规定,社会上也有符合结婚条件的男女双方,但有了这两个条件还不能形成婚姻法律关系,只有当符合法律规定的男女双方进行结婚登记这一事实情况出现之后,才会在他们之间建立实际的婚姻法律关系。由此可见,法律事实在法律关系产生、变更和消灭的条件中居于突出的地位,法律规则和权利义务主体的存在为法律关系产生、变更和消灭提供了可能性条件,而法律事实则为法律关系的产生、变更和消灭提供了现实性的条件。

(二) 法律事实

所谓法律事实,是指法律规则所规定的,能够引起法律关系产生、变更和消灭的现象或客观情况。法律事实必须是法律规定的具有法律意义并能引起法律后果的事实。而那些法律未加规定的,不具有法律意义,也不会导致法律关系产生、变更和消灭后果的事实均不是法律事实。根据不同的划分标准,可以对法律事实进行不同的分类。

1. 确认式法律事实和排除式法律事实

这是按照法律事实存在的形态所作的划分。

确认式法律事实,也称"肯定的法律事实",是指只有当某种事实的存在得到肯定和确认之后,才能引起一定法律关系产生、变更和消灭的法律事实。这是一种正态的存在形式。大量的法律事实是肯定的法律事实,如自然人的出生和死亡、签订合同、作出行政决定等。肯定的法律事实对法律关系的影响力取决于它的存在。

排除式的法律事实,也称"否定的法律事实",是指只有当某种事实的存在得到否定和排除,才能引起一定法律关系产生、变更和消灭的法律事实。这是一种反态的存在形式,如被任命为审判员、检察员的人员必须是没有被剥夺政治权利的人。否定的法律事实对法律关系运行的影响力取决于它的不存在。

2. 一次性作用的法律事实和连续性作用的法律事实

这是按照法律事实作用时间的长短所作的划分。

一次性作用的法律事实,是指短时间地、一次性地存在并能产生法律后果的法律事实,如自然人的出生和死亡。连续性作用的法律事实,是指长时间地、持续地存在并呈现为一种状态的法律事实,如被依法解除之前的重婚状态。两者又是有联系的,连续性作用状态往往是由一次性作用的法律事实引起的,如婚姻状态是由结婚登记这个一次性作用的法律事实形成的。

3. 单一的法律事实和事实构成

这是按照引起法律关系产生、变更和消灭所需的法律事实数量所作的划分。

单一的法律事实,是指无须其他法律事实同时出现就能单独引起一种或者多种法律关系的产生、变更和消灭的法律事实。例如,自然人的死亡可引起婚姻关系、劳动关系、扶养关系的消灭,同时也会引起继承关系的产生。

事实构成,是指某一个法律关系的产生、变更和消灭同时需要多个法律事实所组成的系统。例如,房屋买卖关系的成立就同时需要订立合同、交付房价款、交付房屋、过户登记等多个法律事实。

二、法律事实

法律事实可以分为法律事件和法律行为。

(一) 法律事件

法律事件是指与法律关系主体的意志无关的客观现象,是不以法律关系主体的意志为转移的能够引起法律关系产生、变更或者消灭的法律事实。

法律事件可以分为自然事件、社会事件和个人事件。自然事件是指能够引起法律关系产生、变更或者消灭的自然现象,如地震、洪水等自然灾害。社会事件是指社会变革或者社会变迁,如我国目前正在进行的经济体制改革。个人事件是指由自然人作出的不受其意志支配的能够引起法律关系的产生、变更和消灭的行为。

法律事件也可以分为绝对事件和相对事件。绝对事件是由自然原因而引起的事件,如夫妇一方死亡引起婚姻法律关系发生变化。相对事件是由主体的行为引起但又不以主体的意志为转移的事件。如医疗事故造成人的死亡,对行为人而言是行为,对于死者的婚姻法律关系的消灭则是一个相对事件,因为它是不以权利主体的主观意志为转移的。

（二）法律行为

法律行为是指法律关系主体的某种实际行为，是能够引起法律关系产生、变更和消灭的法律事实。

法律行为依性质不同可以分为合法行为和违法行为。合法行为是符合法律规定、受法律确认和保护的行为。合法行为引起法律关系的产生、变更和消灭的情况是极其广泛和多样的。违法行为是违反法律规定、法律不予认可和保护的行为。违法行为也可以引起法律关系的产生、变更和消灭。

法律行为依表现形式的不同可以分为作为和不作为。作为又称"积极的行为"，是指法律关系主体主动从事一定的行为，如结婚登记。不作为又称"消极的行为"，是指法律关系主体不从事或者抑制一定的行为，如子女不履行对父母的赡养扶助义务。

法律行为依主体的不同可分为国家行为和当事人行为两类。国家行为包括立法、执法、司法等活动。立法可以创设法律关系，也可以使现有的法律关系因此而改变。执法、司法活动可以使法律关系因此成立、变更。例如，婚姻登记机关依法进行婚姻登记从而使婚姻关系产生，法院的裁决可以使原先的合同法律关系终止。当事人行为是引起法律关系产生、变更和消灭的最常见的法律事实，如婚姻法律关系就是当事人行为产生的结果。

第五节 法律关系的运用和分析

一、法律关系分析方法

法律关系的运用和分析是以法律关系为基础的一种法学分析方法。所谓法律关系分析方法，是指通过对法律关系的性质、构成要素及演变情况的分析确定案件的争议，从而准确适用法律并作出判决的一种方法。法律关系分析主要是运用法律关系的原理，从主体、客体、内容三个角度来分析案件事实。

法律关系分析方法在实务中应用广泛，是法律人的基本思维方式，也是法律方法中最基本的分析工具。其优势在于使复杂的案件清晰化，在案件事实与法律规则之间建立有效联系，是运用其他法律方法的前提和必由之路。对简单案件来说，依据法律关系原理就能找到解决纠纷的方案。而疑难案件多是由于法律关系模糊、不明，导致案件事实与法律规定难以弥合。运用法律关系这一分析工具则可以使我们走出困境，找到疑难案件的症结。分析复杂法律关系的最好方法就是将其化约为若干最为基本的法律关系，再从法律关系的各个要素切入分析，找出案件争议的是关于主体、客体或内容的哪一部分，属于哪一类法律关系。只有先确定争议的焦点，下一步才能运用法律解释、法律论证、法律推理、利益衡量、法律发现等方法准确适用法律,解决问题。可见,法律关系可以作为分析案件、解决纷争的工具,具有重要的方法论意义。

二、法律关系分析方法的运用

有效地运用法律关系分析方法是每一个法律工作者在解决法律问题时都应当具备的专业素质。在实践中考察案件事实所涉及的法律关系,首先要确定是否存在法律关系,存在几个法律关系;其次要判断存在什么样的法律关系,法律关系的各个构成要素是什么;最后根据法律关系的性质判断来搜寻相关法律规则。具体可分为以下几个步骤:

第一,界定法律事实

法律事实是引起法律关系产生、变更和消灭的现象或客观情况。界定法律事实就是要确定是否产生了法律关系,存在一个还是多个法律关系。面对一个案件,首先要确定其涉及的社会关系是否形成法律关系,能否由法律来调整以及通过法律渠道予以救济。也即区别法律关系与非法律关系,排除非法律关系的因素,将考虑对象聚焦于法律关系,找出具有法律意义的案件事实。如果根本就没有产生法律关系,其他的问题则无须考虑。准确界定法律事实是法律关系分析方法的第一步,是进入下一个环节的基础。

第二,分析法律关系性质

法律关系的性质决定法律规则的适用。分析法律关系的性质就是要对法律关系进行梳理、定性,判断存在什么样的法律关系。既要分析不同法律部门的法律关系,判断其究竟是刑事法律关系、民事法律关系、经济法律关系还是行政法律关系,也要确定同一法律部门内的各种法律关系,如在民事法律关系中确定其究竟是合同关系还是侵权关系、无因管理关系还是不当得利关系等。法律关系的性质对于确定当事人的权利义务意义重大。当案件存在多种复杂的法律关系时,通过对法律关系性质的分析,可以理清不同的法律关系,将各种法律关系区分开来,并根据不同的法律关系确定当事人的法律权利和义务。

第三,考察法律关系各要素

要对法律关系三要素进行全面考察,而不仅仅考察其中一二,即考察法律关系的主体、客体、内容。

(1)主体考察。在主体要素方面,要解决法律关系的主体适格、主体的范围等问题。不同性质的法律关系对主体的要求和范围不尽相同。在民事法律关系中主体适格包括当事人权利能力与行为能力两方面的要求;在刑事法律关系中表现为责任能力的要求;在诉讼法律关系中,主体要与法律关系具有直接的利害关系。民事、行政法律关系主要表现为双方主体,而刑事法律关系大多涉及多方主体。

（2）客体考察。法律关系的客体是法律权利和义务的指向对象。在不同法律关系中，客体的种类和范围也有所不同。例如，民事法律关系的客体种类繁多，如物权的客体是物，债权的客体是给付行为，知识产权的客体是智力成果等等；在刑事法律关系中，犯罪客体是刑法保护的、被犯罪行为侵害的社会关系。明确法律关系的客体，有助于最终确定主体间的权利和义务。

（3）内容考察。任何个人和组织参与法律关系，必然要实现权利和承担义务。确定案件当事人之间具体权利和义务的性质、种类、效力对于解决纠纷具有重要意义，也是分析法律关系的直接目的。例如，民事法律关系的内容表现为当事人之间具体的民事权利和民事义务，民事案件中对当事人请求权的考察就是考察当事人主张的请求权内容和与请求权相关的事实根据。民事权利又可以分为物权、债权、支配权、请求权等等，在同一法律关系中，也可能存在多个权利。刑事法律关系的内容表现为司法机关与犯罪主体之间的追究与被追究的法律关系，即职权和职责的关系。一般说来，案件争议的焦点实际就是当事人之间的权利义务之争，通过对其权利义务的具体分析可以直接抓住案件的实质要害，在疑难案件中能够明确最核心的争议问题。

第四，把握法律关系的变动

即把握法律关系产生、变更、消灭情况及变更的原因。考察法律关系的变更过程，首先要重点分析法律关系何时产生；其次考察法律关系是否发生变更及其变更原因；最后确定法律关系是否已经消灭。法律关系的要素确定后，可能随着时间的变化而发生改变，因此应按照时间顺序来考察法律事实的变更，确定法律关系的主体、客体、内容是否变更以及变更的时间、地点和原因，并分析其变更的法律效果，从而准确适用法律。

第五，搜寻法律规则

根据法律关系原理对案件事实考察后，下一步就是法律规则搜寻问题，即根据案件的法律关系性质寻找可供选择的法律规则。这一过程实际上是运用形式逻辑三段论的模式展开。某项法律规则能否适用还必须通过解释和论证，最后作出合理的裁决。

综上，法律关系作为一种法律分析方法在司法活动中占有重要的基础性地位，司法的过程可以说是理清、确认、恢复、维护、矫正法律关系的机制。

 问题与思考

1. 法律事实是法律关系产生、变更及消灭的原因，根据你的生活常识，法律将某些自然事实，如自然人的下落不明、自然灾害的发生规定为法律事实，立法者是出于何种考虑作出这种判断和选择？

2. 受害人甲到美容院做美容手术,手术前,美容院向甲承诺该手术会达到一定的美容效果,没有任何风险,成功率百分之百。在美容院散发的宣传单上明确承诺:"美容手术确保顾客满意","手术不成功包赔损失"。结果该手术失败,导致甲面部受损,甲因此承受了极大的精神和肉体痛苦。后甲在法院提起侵权诉讼,要求美容院赔偿医疗费、住院费、误工费、精神损失费等。问题:本案属于什么样的法律关系?

3. 张老太介绍其孙与马先生之女相识,经张老太之手曾给付女方"认大小"钱10100元,后双方分手。张老太作为媒人,去马家商量退还"认大小"钱时发生争执。因张老太犯病,马先生将其送医,并垫付医疗费1251.43元。后张老太以马家未返还"认大小"钱为由,拒绝偿付医药费。马先生以不当得利为由诉至法院。法院考虑此次纠纷起因及张老太疾病的诱因,判决张老太返还马先生医疗费1000元。关于本案,下列哪一理解是正确的?(2012年司法考试试题)
    A. 我国男女双方订婚前由男方付"认大小"钱是通行的习惯法
    B. 张老太犯病直接构成与马先生之医药费返还法律关系的法律事实
    C. 法院判决时将保护当事人的自由和效益原则作为主要的判断标准
    D. 本案的争议焦点不在于事实确认而在于法律认定

4. 孙某的狗曾咬伤过邻居钱某的小孙子,钱某为此一直耿耿于怀。一天,钱某趁孙某不备,将孙某的狗毒死。孙某掌握了钱某投毒的证据之后,起诉到法院,法院判决钱某赔偿孙某600元钱。对此,下列哪一选项是正确的?(2008年司法考试试题)
    A. 孙某因对其狗享有所有权而形成的法律关系属于保护性法律关系
    B. 由于孙某起诉而形成的诉讼法律关系属于第二性的法律关系
    C. 因钱某毒死孙某的狗而形成的损害赔偿关系属于纵向的法律关系
    D. 因钱某毒死孙某的狗而形成的损害赔偿关系中,孙某不得放弃自己的权利

5. 赵某孤身一人,因外出打工,将一祖传古董交由邻居钱某保管。钱某因结婚用钱,情急之下谎称该古董为自己所有,卖给了古董收藏商孙某,得款10000元。孙某因资金周转需要,向李某借款20000元,双方约定将该古董押给李某,如孙某到期不回赎,古董归李某所有。在赵某外出打工期间,其住房有倒塌危险,因此房与钱某的房屋相邻,如该房屋倒塌,有危及钱某房屋之虞。钱某遂请施工队修缮赵某的房屋,并约定,施工费用待赵某回来后由赵某支付。房屋修缮以后,因百年不遇的台风而倒塌。年末,赵某回村,因古董和房屋修缮款与钱某发生纠纷。

请回答下列问题:
1. 孙某将古董当给李某,形成何种法律关系?

2. 钱某请施工队加固赵某的房屋,这一事实在钱某和赵某之间形成何种法律关系?

 参考文献

1. 〔奥〕凯尔森:《法与国家的一般理论》,沈宗灵译,中国大百科全书出版社1996年版。

2. 〔美〕霍菲尔德:《基本法律概念》,张书友编译,中国法制出版社2009年版。

3. 〔德〕萨维尼:《当代罗马法体系 I:法律渊源、制定法解释、法律关系》,朱虎译,中国法制出版社2010年版。

第五章 法律行为

刘某与杨某、郭某相互吹嘘自己的"武功"。刘某提出表演"真功夫",即用嘴叼起装满圆石的塑料桶行走,其余两人均表示不信。刘某提出双方各拿200元作赌注,如果他用嘴叼起装满圆石的塑料桶行走到指定的位置,就赢200元钱,反之则输200元钱。旁观的胡某叫双方拿钱出来由其保管,刘某与杨某各拿出200元钱交给胡某。刘某便开始用嘴叼起装满圆石的塑料桶走到指定位置,第一次成功后,他从胡某手中取走了自己拿出的200元和赢得的200元。此时,刘某又夸口说他还能叼得更重、走得更远些,杨某、郭某均表示不信,并各自拿出100元交给胡某保管,刘某也拿出200元交给胡某保管。此次赌法与第一次基本相同,但是又往塑料桶中加了一些沙石,距离也比第一次远几米,刘某叼起桶后走出约100米便摔倒了。刘某失败,杨某、郭某从被告胡某手中取走各拿出的100元和各赢得的100元。次日,刘某被送往医院治疗,经诊断为"颈椎体骨折伴不全性截瘫,颈六椎体脱位,需长期卧床,还需手术治疗"。后被市检察技术鉴定中心鉴定为一级伤残。其损失费用为医疗费、误工费、住院伙食补助费、护理费、伤残补助费、鉴定费、再医费等共126509.54元。

第一节 法律行为释义

一、法律行为的概念

(一)法律行为的语义渊源

法律行为是法理学乃至法学的核心范畴。马克思曾指出:"对于法律来说,除了我的行为以外,我是根本不存在的,我根本不是法律的对象。我的行为就是法律在处置我时所应依据的唯一的东西,因为我的行为就是我为之要求生存权利、要求现实权利的唯一东西,而且因此我才受到现行法的支配。"①作为法律关

---

① 《马克思恩格斯全集(第1卷)》,人民出版社1956年版,第121页。

系主体自由意志与外在行为的有机统一体,法律行为在法学范畴体系中发挥基石性作用。同时,有关法律行为的理论为法学尤其是民法学的发展与成熟奠定了基础。以大陆法系为例,"德国民法系学说之产物,总则为其精华,以法律行为理论为其最卓越之成就。"①

从词源上讲,法律行为概念最先产生于德国。在德国民法文献中,法律行为通常被定义为:基于法秩序,依当事人意愿发生所表示之法律效果的行为;或者被定义为:旨在发生当事人所欲之法律效果的行为。②通说认为,法律行为成为一般性的法律范畴,是 18 世纪潘德克顿法学的重要成就。在德国法学家奈特尔布拉德那里,开始使用拉丁文"actus iuridicus"(法律行为)指称"与权利和义务相关的行为"。在历史法学派奠基者胡果那里,首创德文"法律行为人"(juristischer Geschäftsman)一词。③在潘德克顿法学创始人海泽那里,明确使用"法律行为"(Rechtsgechaft)这一概念。在历史法学派代表人物萨维尼那里,法律行为理论得以集大成,将"法律行为"与"意思表示"相提并论。④

从西学东渐的历史发展看,中文"法律行为"一词的使用起始于日本。日本学者借用汉字中"法律"与"行为"两词把德语"rechtsgechaft"翻译为"法律行为"。我国受德国和日本两国影响,1911 年《大清民律草案》和 1929 年《中华民国民法典》承袭《德国民法典》传统,将法律行为作为民法的基本内容。在苏联法学理论中,法律行为被认为是一切有法律意义和属性的行为,而不仅限于合法行为。受其影响,自 20 世纪 50 年代开始,我国法学界在广义上使用"法律行为"概念。

(二) 法律行为的错误定位及其根源

在我国既往法律理论与实践中,"法律行为"是一个长期存在使用偏差和错误定位的概念。在民事立法中,《民法通则》(已废止)的误用有两个表现:一是法律行为被限定为合法行为,二是将民事行为作为民事法律行为的下位概念。《民法通则》(已废止)第 54 条规定:"民事法律行为是公民或者法人设立、变更、终止民事权利和民事义务的合法行为。"我国《民法典》第 133 条将法律行为定义为"民事主体通过意思表示设立、变更、终止民事法律关系的行为"。这一立法上关于法律行为概念的立场变化是近年来我国法学界关于法律行为"合法性"问题争论的结果。⑤

---

① 王泽鉴:《民法学说与判例研究(五)》,中国政法大学出版社 1998 年版,第 106 页。
② 参见杨代雄:《法律行为论》,北京大学出版社 2021 年版,第 43 页。
③ G. Hugo, *Lehrbuch des Naturrechts als einer Philosophie des Positiven Rechts*, 4. Aufl. 1819, S. 40, §34.
④ 参见徐国建:《德国民法总论》,经济科学出版社 1993 年版,第 85—86 页。
⑤ 关于法律行为合法性问题学术争论的详细介绍,参见朱庆育:《民法总论(第二版)》,北京大学出版社 2016 年版,第 90—102 页。

在法学教科书中,我国民事立法对法律行为与民事法律行为不适当的使用导致了认识上的混乱,或者将法律行为与民事法律行为等同起来,或者将法律行为限定为合法行为,与违法行为相并列。在民法学教材中,有的直接将民事法律行为简称为"法律行为",如马原在《中国民法教程》中阐述:"民事法律行为简称为法律行为,是指公民或者法人设立、变更、终止民事权利和民事义务的合法行为。"[1]王利明主编的《民法总则研究》中的定义为:"法律行为是民事主体旨在设立、变更、终止民事权利义务关系,以意思表示为要素的行为。"[2]同时,一些法理学者也深受其影响。典型的例子就是在一些法理学教材中设专章阐述法律行为以后,又另辟章节对违法行为专门进行分析。[3]

从本源上看,产生这种偏差与误用的原因在于我国法学理论双重渊源的影响。我国的法律行为理论既受德国和日本的影响,又受苏联的影响。"法律行为"概念最初源于德国,但经由日本学者的翻译确定"法律行为"这一概念。而"法律行为"一词在德国原初含义具有"合法的"意思,因此其日文翻译也就兼具了此一意涵。而在苏联的法学理论中,"法律行为"一词的含义是指一切具有法律意义和属性的行为,而不仅仅指合法行为。[4]由此,两种对于"法律行为"概念的不同理解与分歧在我国法律理论与实践中产生并长期存在。

(三) 法律行为的相关范畴

与法律行为密切相关的范畴有先法律行为、后法律行为、非法律行为、中性行为和行为主义法学等。

先法律行为阶段是指法律行为成立之前,法律主体为追求私法上之效果而进行的各项准备工作的阶段,如当事人为订立合同而相互接触、磋商等活动阶段。在先法律行为阶段,法律主体在社会生活往来之中为实现私法上效果之目标,在法律行为成立前所投入之生活资源,如有所损失则通常自己承担,简称"自承损失原则"。[5]除却具有侵权情节之外,在先法律行为阶段主体彼此间就此种一般试探性往来所形成的相互关系,法律通常不加干涉,原则上属于无法律规范状态。[6]在后法律行为阶段,因意思表示所生的权利义务虽已经履行完毕,主体之间本应由有法律规范状态转入无法律规范状态,但因主体在此前实施法律行为的过程中获悉的影响对方权益的信息资料等可能被滥用以及出现其他违背诚实信用原则的情形,可能损及法律行为主体所追求之最终私法上效果。于此

---

[1] 马原主编:《中国民法教程(修订本)》,中国政法大学出版社1996年版,第97页。
[2] 王利明:《民法总则研究》,中国人民大学出版社2003年版,第513页。
[3] 参见张文显:《法哲学范畴研究(修订版)》,中国政法大学出版社2001年版,第68—69页。
[4] 参见赵明主编:《法理学》,法律出版社2012年版,第205页。
[5] 参见曾世雄:《民法总则之现在与未来》,中国政法大学出版社2001年版,第249页。
[6] 参见席书旗:《法律行为动态性研究——以契约行为为例》,《山东师范大学学报(人文社会科学版)》2009年第4期,第150页。

种情形下,法律主体之间的关系便会由无法律规范状态转入有法律规范状态,再次形成权利义务关系。这种权利义务并非凭空产生,而是来源于保护法律行为主体所追求的最终私法上效果。当主体所追求的最终私法上效果不再受任何侵扰之时,这种法律关系状态自然消逝。[①]

非法律行为是指那些不具有法律意义的行为,即不受法律调整、不发生法律效力、不产生法律效果的行为。非法律行为又可称为"中性行为"。非法律行为或者中性行为的成因在于法律的谦抑性、抽象性和不周延性。[②]中性行为是无法根据法律对其作出评价的行为,而不是法律将其评价为"中性"的行为。一个行为一旦进入法律调整的领域,则要么合法,要么违法,不存在"中性"之说。所以,"中性法律行为"根本就不存在,它是一个错误的概念。[③]对完备的法治状态的向往,驱使人们追求立法的完善与缜密,力争把尽可能多的行为纳入法律的明确规定之中。法律发展的历史,从某种意义上来说,就是一部法律调整范围日趋扩大的历史。可以预见,随着社会的进步、科技的发展,人的行为所涉足的领域将越来越广。与此相适应,新的法律部门将会不断出现,原有的法律部门的调整范围也将不断扩大。但是,这并不意味着:终有一天,法律的调整范围将涵盖人的一切行为。恰恰相反,法律调整之外的中性行为始终都是一个客观的存在。[④]

行为主义法学,也称"行为法学",它是借助一般行为科学的理论和方法来研究法律现象的学科,更具体些说,是研究人的法律行为尤其是法官的审判行为的学科。[⑤]它与法律行为的关系体现在,法律行为是行为主义法学的研究对象。更为需要注意的是,行为主义法学将法律行为的核心定位为法官的司法行为,而更多的情况下,法律行为被定位为"私人之行为",法院裁判、行政机关命令并非法律行为。[⑥]这是行为主义法学对法律行为的定义与大多数法律行为定义的区别之处。

我们认为,法律行为是指人们实施的具有法律意义、能够产生法律效力、产生一定法律后果的行为。法律行为既包括合法行为,也包括违法行为。"法律行为"的对应概念是"非法律行为",而不是"违法行为"。

二、法律行为的特点

法律行为具有如下特点:

[①] 参见席书旗:《法律行为动态性研究——以契约行为为例》,载《山东师范大学学报(人文社会科学版)》2009年第4期。
[②] 参见丁以升:《中性行为的法理学考察》,载《贵州警官职业学院学报》2011年第4期。
[③] 参见李林:《法制的理念与行为》,社会科学文献出版社1993年版,第127—128页。
[④] 参见丁以升:《中性行为的法理学考察》,载《贵州警官职业学院学报》2011年第4期。
[⑤] 参见吕世伦主编:《现代西方法学流派(下卷)》,中国大百科全书出版社2000年版,第817页。
[⑥] 参见梅仲协:《民法要义》,中国政法大学出版社1998年版,第88页。

(一) 社会性

法律行为是具有社会意义的作为。所谓社会意义,是指法律行为能够产生社会效果,造成社会影响,具有人际交互性。或者说,法律行为不是一种纯粹自我指向的行为,而是一种社会指向的行为。法律行为的发生,一定会对行为人本人以外的其他个人或集体、国家之利益和关系产生直接或间接的影响。总之,人在社会中生活,其行为主要是社会指向的,它们与社会利益发生各种各样的联系,或者与社会利益一致,或者与社会利益产生矛盾和冲突。人的社会性本质决定了其活动和行为的社会性,这种社会性既可能表现为社会有益性,也可能表现为社会危害性。正是由于这一点,它们才可能具有法律意义。纯粹自我指向的行为,一般是不具有法律意义的。

(二) 法律性

法律行为具有法律性。所谓法律性,是指法律行为由法律规定、受法律调整、能够发生法律效力或产生法律效果。具体来说,第一,法律行为是由法律所调整和规定的行为。由于行为具有社会指向,并且可能造成社会矛盾、冲突和社会危害性,因此它们才有可能也有必要受到法律的调整。而法律正是基于这一理由将那些具有重要社会意义的行为纳入调整范围之内,并对不同的行为模式及行为结果作出明确的规定。第二,法律行为是能够发生法律效力或产生法律效果的行为。所谓能够发生法律效力是指法律行为往往是交互的,法律行为一旦形成,就受法律的约束或保护。所谓产生法律效果是指法律行为能够引起人们之间权利义务关系的产生、变更或消灭,它们可能受到法律的承认、保护或奖励,也可能受到法律的否定、撤销或惩罚。

(三) 意志性

法律行为是能够为人们的意志所控制的行为,具有意志性。法律行为是人所实施的行为,自然受人的意志的支配和控制,反映人们对一定的社会价值的认同、一定的利益和行为结果的追求以及一定的活动方式的选择。或者说,正是通过意志的表现,行为才获得人的行为的性质。在法律行为的结构中,只存在意志和意识能力强弱的差别,并不是一个意志有无的问题。在法律上,纯粹无意识(无意志)的行为(如完全的精神病人所实施的行为)不能被看作法律行为。

第二节 法律行为的结构

法律行为是主客观的统一,是主体与客体、主观因素与客观因素相互作用的复杂过程,其基本结构既包括客观要件,也包括主观要件,二者缺一不可,并行不悖。

一、法律行为构成的客观要件

法律行为构成的客观要件是指法律行为的外在表现,它包括外在的行动、行为方式和行为结果等方面。

(一) 外在的行动

所谓行动,是指受思想支配,通过身体、言语或意思表现出来的外在举动。行动是法律行为构成的最基本要素,没有任何外在行动的法律行为是不存在的。人的意志或意思只有外化为行动并对身外之世界产生影响才能成为法律调整的对象。

作为法律行为的外在行动大体可分为两类。一是身体行为。身体行为是指通过人的身体(躯体及四肢)的任何部位作出的为人所感知的外部举动。这一类行动可以通过自身的外力直接作用于外部世界,引起法律关系产生、变更或消灭。二是语言行为。语言行为是指通过语言表达对他人产生影响的行为。它又包括两种:书面语言行为,如书面声明、书面通知、书面要约和承诺、签署文件等;言语行为,即通过口语表达而在语言交际中完成的言语过程。

(二) 行为方式

所谓行为方式是指行为人为达到预设的目的而在实施行为过程中采取的方式和方法。行为方式与目的有着密切的关系。行为方式(手段)是考察行为的目的并进而判断行为的法律性质的重要标准,是考察法律行为是否成立以及行为人应否承担责任、承担责任大小的根据。一般而言,行为人欲达到合法的目的,自然会选择合法的行动计划、措施、程式和技巧,否则就会选择违法(甚至犯罪)的方式和方法。同时,行为的法律性质和归属的法律部门不同,其方式、方法和手段也会有所不同。在法理上必须对各种特定的行为方式予以界定,以便为法律行为性质和类别的判断提供具体标准。这些特定的法律行为方式主要有:其一,与特定情景相关的行为方式,指某些行为方式只有在特定的情形下方能使用,如正当防卫、紧急避险等。其二,与特定身份相关的行为方式,指某些法律行为的成立只与具有特定法律资格的主体相关联,其他主体无权采用此种法律行为的方式和方法,即使采用,也不能认定为该法律行为构成的要件,如父母对子女的监护、职务犯罪等。其三,与一定的时间和空间相关的行为方式,指某些行为的实施以法律规定的时间或空间作为条件,故此选择时间和空间就成为法律行为方式的特定内容,如入室盗窃、死亡宣告等。其四,与特定对象相关的行为方式,指有些法律行为针对的对象是特定的人或物,其行为方式由该特定对象的性质所决定,如奸淫幼女、挪用公款等。

(三) 行为结果

所谓行为结果,是指行为完成的状态。法律行为必须要有结果,因此结果是法律行为这种法律事实的重要内容之一。没有结果的行为,一般不能被视为法律行为。实际上,法律通常根据行为的结果来区分行为的法律性质和行为人对其行为负责的界限和范围。判断法律行为结果主要有两个标准:一是行为造成一定的社会影响。这种影响或者是表现为对他人、社会有益,或者是表现为对他人、社会有害,即造成一定的损害。同时,行为与结果之间要有一定的因果关系,没有因果关系的法律行为也是不存在的。二是对该结果应当从法律角度进行评价,即由法律根据结果确定行为的法律性质和类别。不过,行为的结果并不等于法律后果,行为结果只是行为人承担法律后果的依据之一,并不是法律后果本身。

二、法律行为构成的主观要件

客观要件只是法律行为外在方面的表现,若行为仅有外部举动而无内部意思则与自然现象没有什么区别。故而,基于内部意思的作用而有身体外部的举止才构成有意思的行为或称为"意思活动"。这里要考察的所谓主观要件,又称"法律行为构成之心素",是法律行为内在表现的一切方面。主要包括两个方面:

(一) 行为意思

所谓行为意思是指人们基于需要、受动机支配、为达到目的而实施行为的心理状态,包括三个层次,即需要、动机和目的。需要引起动机,动机产生行为,行为趋向目的,目的实现满足,满足导致新的需要。这就是行为的内在方面诸环节的系统循环。就合法行为而言,其成立的条件不仅在于有没有行为人的动机和目的,而且在于有什么样的动机、什么样的目的,动机和目的是否正当、合法。就违法行为而言,对行为主观恶性的考察就是对违法人的动机和目的的认识。

(二) 行为认知

所谓行为认知是指行为人对自己行为的法律意义和后果的认识。行为目的并不完全是一个盲目的过程,它基于行为人的认知能力、水平,基于行为人对其行为意义、后果的认识与判断。如果一个人根本无能力认识和判断其行为的意义和后果,那么其行为就不可能构成法律行为。在法律上,正是根据行为人认知能力的有无和强弱而将自然人分为有行为能力人、限制行为能力人和无行为能力人。

在法律活动中,行为人受主、客观多方面因素的影响,常常会发生主观认识与客观存在之间不相一致的情况,这就是认识错误。从法律角度看,认识错误包括事实错误和法律错误两种。事实错误是指行为人所认识的内容与所发生的客观事实相背离。法律错误是指行为人对事实认识无误,但由于误解或不知法律而对该事实的法律意义和法律后果认识有误。认识错误会在一定程度上影响行为人的动机和目的的形成,进而影响其对行为及行为方式的选择。

第三节　法律行为的分类

分类的结果取决于对事物进行分类的标准。根据不同的标准可以将法律行为进行不同的分类。

一、根据行为主体性质和特点所作的分类

（一）个人行为、集体行为与国家行为

根据行为主体的特征不同，可以把法律行为分为个人行为、集体行为和国家行为。个人行为是指公民（自然人）基于个人意志和认识，由自己直接作出的具有法律意义的行为。个人行为与群体行为相对，是一种在自己能够完全支配的主观意识下用于表达内心活动的具体行为。集体行为是机关、组织或团体基于某种共同意志或追求所从事的具有法律效果、产生法律效力的行为。集体行为与群体行为不同，群体是指为了实现某个特定的目标，由两个或更多的相互影响、相互作用、相互依赖的个体组成的人群集合体。前者如国家行政机关作出的行政行为，后者如群体性诉讼行为。国家行为是国家作为一个整体或由其代表机关（国家机关）及其工作人员，根据国家的政策、法律的授权或国家权力机关的直接授权，以自己的名义从事的具有法律意义的行为。

（二）单方行为与多方行为

根据主体意思表示的形式，可以把法律行为分为单方行为和多方行为。单方行为又称"一方行为"，是指由法律主体一方的意思表示即可成立的法律行为，如行政行为、赠与、遗嘱等。多方行为，是指由两个或两个以上的多方法律主体意思表示一致而成立的法律行为，如合同行为、签订多边国际条约行为等。

（三）自主行为与代理行为

根据主体实际参与的状态，可以把法律行为分为自主行为和代理行为。自主行为是指法律主体在没有其他主体参与的情况下以自己的名义独立从事的法律行为，如行政主体作出的具体行政行为和抽象行政行为。代理行为是指法律主体根据法律授权或其他主体的委托而以被代理人的名义从事的法律行为，如代理签订合同、代理参与诉讼等行为。

二、根据行为的法律性质所作的分类

（一）合法行为与违法行为

根据行为是否符合法律的内容要求，法律行为可以分为合法行为和违法行为。合法行为是指行为人实施的具有一定的法律意义、与法律规范要求相符合的行为，如依法服兵役、依法纳税等行为。违法行为是行为人实施的违反法律规

范的内容要求、应受处罚的行为,如不履行抚养、赡养义务等行为。

(二) 公法行为与私法行为

根据行为的公法性质或私法性质,法律行为可以分为公法行为和私法行为。所谓公法行为,是指具有公法性质和效力、能够产生公法效果的行为,如审判行为、行政处罚行为、制定规范性法律文件行为等。所谓私法行为,是指具有私法性质和效力、能够产生私法效果的行为,如结婚、签订合同、赠与等行为。

(三) 抽象行为与具体行为

根据行为内容针对的对象不同,法律行为可以分为抽象行为和具体行为。抽象行为是针对未来不特定对象作出的、具有普遍法律效力的行为,如立法行为、抽象行政法律行为等。具体行为是指针对特定对象、就特定的具体事项而作出的,仅有一次性法律效力的行为,如司法判决行为、发放结婚证或离婚证的行为等。抽象行为的主体一般是有权制定规范的组织,公民个人不能成为抽象行为的主体。

三、根据行为的表现形式与相互关系所作的分类

(一) 积极行为与消极行为

根据行为的表现形式不同,可以把法律行为分为积极行为和消极行为。积极行为,又称"作为",指以积极、主动作用于客体的形式表现的、具有法律意义的行为,如国家制定法律和政策保障公民信仰自由。消极行为,又称"不作为",指以消极的、抑制的形式表现的具有法律意义的行为,如任何人不得干涉公民信仰自由。在法律上,这两种行为不能反向选择,即当法律要求行为人作出积极行为时他就不能作出消极行为,当法律要求行为人作出消极行为(禁止作出一定行为)时他也不能作出积极行为,否则就构成违法行为,如借款合同。

(二) 主行为与从行为

根据行为之主从关系,可以把法律行为分为主行为和从行为。主行为是指无须以其他法律行为的存在为前提而具有独立存在意义、产生法律效果的行为。从行为,是指其成立以另一种行为的存在作为前提的法律行为,如担保合同。

四、根据行为构成要件所作的分类

(一) (意思)表示行为与非表示行为

根据行为是否通过意思表示,可以把法律行为分为表示行为和非表示行为。表示行为是指行为人基于意思表示而作出的、客观效果与其意志取向一致的、具有法律意义的行为。非表示行为是指非经行为人意思表示而是基于某种事实状态即具有法律效果的行为,如民法上的先占、遗失物的拾得、埋藏物的发现等等。这种基于事实而发生效力的行为,在法学上又被称为"事实行为"。

（二）要式行为与非要式行为

根据行为是否需要特定形式或实质要件,可以将法律行为分为要式行为和非要式行为。要式行为,是指必须具备某种特定形式或必须遵守特定程序才能成立的法律行为,如票据行为就是法定要式行为。非要式行为是指无须具备特定形式或遵守特定程序即能成立的法律行为。除法律特别规定或当事人特别约定外,法律行为均为非要式行为。

（三）完全行为与不完全行为

根据行为之有效程度,可以把法律行为分为完全行为和不完全行为。完全行为是指发生完全的法律效力的行为。不完全行为是指仅有部分效力或不发生效力的法律行为,具体包括无效的法律行为、效力未定的法律行为和失效的法律行为等等。

（四）诺成行为与实践行为

根据行为是否需要物的交付为前提,可以把法律行为分为诺成行为和实践行为。诺成行为是指当事人意思表示一致即可成立的法律行为。实践行为又称"要物行为",是指在当事人合意之外,还以物的交付为特别成立要件的法律行为。在我国民法上,绝大多数法律行为是诺成行为,仅保管合同、定金合同以及自然人之间的借贷合同等少数合同是实践行为。①

问题与思考

1. 在"引读案例"中,刘某、杨某、郭某、胡某的行为分别是哪种法律行为？杨某、郭某、胡某是否应该为刘某的治疗等费用承担法律责任？
2. 原始社会是否有法律行为？
3. 试阐述非法律行为与中性行为的区别。

参考文献

1. ［德］维尔纳·弗卢梅：《法律行为论》,迟颖译,法律出版社 2013 年版。
2. ［德］萨维尼：《当代罗马法体系 I：法律渊源、制定法解释、法律关系》,朱虎译,中国法制出版社 2010 年版。
3. 徐国建：《德国民法总论》,经济科学出版社 1993 年版。
4. 董安生：《民事法律行为——合同、遗嘱和婚姻行为的一般规则》,中国人民大学出版社 1994 年版。
5. 杨代雄：《法律行为论》,北京大学出版社 2021 年版。

---

① 参见杨代雄：《法律行为论》,北京大学出版社 2021 年版,第 100 页。

第六章 法律责任

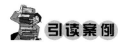

A镇坐落于长江某支流旁。张三和李四在A镇经营一家快递店。张三负责送快递,李四负责店内事务。李四是个很负责任的人。他每天按时开门,把店里打扫得很干净,快递也堆放得很整齐,做事一丝不苟。但是,张三工作就不太负责。他常常把快递放在门口,也不告诉收件人,有时还会送错快递。

某月初,A镇所在区域连降三天大暴雨和特大暴雨,气象部门发布暴雨红色预警信号。同时,附近水库亦出现险情,水利部门不得不采取泄洪措施。A镇有多处区域被洪水淹没,包括快递店所在的街道。当时,李四没有来得及转移店里的全部快递,导致部分包裹被水浸泡。张三在送快递途中被困,不得不将自己的电动车和车上的包裹全部舍弃。事后,许多客户来到快递店,要求张三和李四承担赔偿责任。他们认为,快递店有保管义务,应当赔偿他们的损失。李四辩解说,他已经尽力了,实在来不及将全部包裹转移到安全的地方。张三辩解说,他当时在路上差点被洪水冲走,电动车也抛锚了,实在是没有办法,这一切应由反常的暴雨来负责。

第一节　法律责任释义

一、责任的含义

现代汉语中的"责任"具有多种含义,大致可以分为积极性的责任和消极性的责任。积极责任是指分内应做之事,如尽责任、岗位责任;消极责任是指没有做好分内应做之事,因而应当甚至必须消极被动地承担被谴责和相应的不利后果。

在"引读案例"中,"张三负责送快递,李四负责店内事务""李四是个很负责任的人""张三工作就不太负责"中的"负责""负责任"和"不太负责",所指的"责"就是分内应做的事。"负责"就是责任人积极主动地采取措施做好分内之事。一个人分内应做的事由这个人的社会角色决定。与此相同,父母应对未成年子女的成长负责,这是父母的责任。护士应当对住院病人的日常看护负责,这是护士的责任。如英国法学家哈特所言:"只要某人在某一社会组织中占据一个特殊的地位或职位,而为了他人的福祉或以某种特殊方式促成该组织的目标或目的,该地位或职位被赋予了某些具体的职责,那么我们就可以说,此人有责任履行这些职责,或有责任去做那些履行这些职责所必需的事情。这些职责便是一个人的责任。"①他将这种责任称为"角色责任"(role-responsibility)。这种责任属于前面所说的积极责任,它既可以是道义上的责任,也可以是法律上的责任。例如,父母既在道义上也在法律上对其未成年子女的成长和行为负责。

当一个人没有履行这些职责时,我们就可以说这个人"不负责任"。如果由于他没有履行这些职责而导致他人或社会的利益受到损害,那么他应当为此负责,应当受到谴责甚至惩罚。这里的"为此负责"就是前面所说的消极责任。这种消极责任并不像积极责任那么容易确定,因为它不是那么显而易见,涉及诸多内部和外部因素。法律责任就是一种消极责任。大量的法律责任通常是在这个意义上被使用的。此时,法律责任具有自己特殊的含义。消极责任往往是对责任人的谴责或惩罚,而法律责任往往还会对责任人实施严厉的法律制裁,所以我们在确立和追究法律责任时应当尤为谨慎。②

二、法律责任的含义

目前国内学界对法律责任的定义并不统一,主要包括义务说和不利后果说两种学说。义务说认为,法律责任是指由于违反第一性义务而招致的第二性义务,即法律责任是一方违反了法定义务或约定义务从而产生的一种新的特定义务。不利后果说认为,法律责任是指行为人因其违法行为、违约行为或因其他法律规定的事实的出现而应当承受的某种不利后果。

义务说将法律责任依附于法律义务,不利后果说将法律责任等同于不利后果。不过,两者的基本逻辑结构是类似的,即"法律义务→不利后果"。义务说不过是将不利后果替换为承担不利后果的义务,即第二性义务。这两种学说都使得法律责任无法具备一个基本法律概念所应有的独立性与自足性。

一方面,法律义务要解决的问题是,公民或组织在一般情况下应当为什么行

---

① H. L. A. Hart, *Punishment and Responsibility Essays in the Philosophy of Law*, Oxford University Press, 2nd edition, 2008, p. 212.

② 责任还有另一种含义,表达一种事实性的因果关系。此时,中文中常常用"负责"这个动词来表示,英文则用"responsible for"来表达。在"引读案例"中,张三所说的"这一切应由反常的暴雨来负责"中的"负责",其表达的意思是"暴雨"才是"这一切(损失)"的原因。哈特将这种责任称为"因果责任"(casual responsibility),他还举了"首相的讲话应对恐慌负责""路上的冰应对该事故负责"等例子。See H. L. A. Hart, *Punishment and Responsibility Essays in the Philosophy of Law*, Oxford University Press, 2nd edition, 2008, pp. 214-215.

为或不为什么行为。法律责任要解决的问题却是,已经做出特定行为的公民或组织在什么条件下应承受不利后果,因此法律责任无法完全在法律义务的范畴内得到说明。另一方面,现代法律中的法律责任这个基本概念是为了将施加不利后果(特别是法律制裁)的做法理性化和规范化,确立不利后果的正当性并使得人们能够认可其正当性。因此,法律责任也无法在不利后果的范畴内得到说明。[①]

法律责任通常以违反义务为前提,并且与义务一样具有约束力,但是两者在产生原因、构成要素等方面存在明显差异。法律责任最终主要落实为承担某种不利后果,人们也常在这个意义上使用"法律责任",但是法律责任的本质和功能并非主要体现为它导致的不利后果。

法律责任这个范畴以及相关制度主要被用来对违反义务的主体作出否定性评价,并基于这个评价强制施加不利后果。因此,本书认为,法律责任主要是指法律以强制施加不利后果为手段,对违反法定或约定义务的一定主体的否定性评价。当然,这只是基于法律的基本逻辑的一般意义上的定义,并不包括法律条文和司法实践中使用的所有"法律责任",特别是一些特殊的或例外的法律责任。

三、法律责任的特点

现代社会存在诸多不同性质的消极责任,如道德责任、法律责任、政治责任等,它们之间具有某些共性,但也各自具有自身的特殊性。法律责任的特点主要有:

1. 责任确定的法定性

法律责任的性质、范围、大小、期限都由法律明确规定,具有明确的法定性。任何法律责任的追究和承担必须要有明确的法律依据,否则不得对任何人施加不利后果。承担法律责任的具体原因可能各有不同,但其依据都是法律。司法机关在裁断法律责任时,裁判的依据也只能是法律。

2. 责任追究的专门性

法律责任的认定和追究,通常必须由专门的国家机关依法进行,其他任何组织和个人均无此项权力。法律责任承担的实现往往离不开司法机关的参与和裁断。当然,对于许多民商事责任而言,法律责任的认定和追究可以通过协商和谈判达成,但是如果双方在责任问题上无法达成共识,就只能诉诸专门的国家机关。

---

① 参见夏勇主编:《法理讲义——关于法律的道理与学问(下册)》,北京大学出版社 2010 年版,第 672—673 页。

3. 责任后果的不利性

法律责任会带来负担,即对责任主体施加某种不利后果。这表明国家和法律对责任主体的行为持否定立场。承担法律责任,无论是民事、行政责任中的补偿还是刑事、行政责任中的制裁,都意味着责任承担者将承受利益受损、自由受到限制甚至付出生命的代价。不利性是所有消极责任的共性,而且相较于其他消极责任,法律责任带来的不利后果更为严重。

4. 责任承担的强制性

法律责任的承担以国家强制力为后盾,这反映了法律责任承担的强制性或必为性。国家的强制力是法律责任的保障,离开这个后盾,法律责任将失去威慑力。当然,国家强制力在许多时候(特别是民事领域)仅仅发挥潜在的保障作用,只有当责任主体不主动履行其法律责任,相关司法程序启动时,国家强制力才真正出场。

四、法律责任观念的演变

有关法律责任的一个根本问题是:归根到底,法律为什么要让某个人承担法律责任,对其作出否定性评价?换言之,确定法律责任的依据和基础是什么?从古至今,在人类法律发展史上,出现过多种不同的责任观念和理论(特别是在刑事责任领域),分别从不同角度解答法律责任的根据或根基问题。其中,结果责任论、心理责任论和规范责任论最具代表性。①

1. 结果责任论

结果责任论是最早的一种责任观念,主要着眼于损害结果,不论行为人的认识和意愿如何,以及行为人在主观上是否应当谴责,都要追究其法律责任;即便某人不是损害结果的创造者和实现者,只要危害结果与某人具有某种关联,也会让其承担责任。结果责任论流行于前现代社会,随着人类法律文明的发展,以及人的自由和尊严观念的出现,该理论慢慢走向了衰落。

2. 心理责任论

心理责任论认为,不应在行为人或其行为与损害结果之间仅仅存在客观的因果联系时,就追究此人的责任,只有当行为人与损害结果之间进而存在主观的心理联系时,才应追究行为人的法律责任。这种心理联系是一种心理事实,即故意和过失。心理责任论具有不可低估的意义,它为现代法律责任制度奠定了基础。

3. 规范责任论

规范责任论认为,在行为人能够根据法律的要求实施合法行为,但却实施了

---

① 参见冯军:《刑法中的责任原则:兼与张明楷教授商榷》,载《中外法学》2012年第1期。

违法行为时,就可以谴责行为人,行为人就有责任。为了给予责任非难,仅仅具有故意、过失的心理要素并不够,还必须能够期待行为人在具体情况下实施其他适法行为(具有期待可能性)。所以,责任的重点是"不应当实施不法行为"的规范性评价,而不是简单的心理事实。①

值得注意的是,所有的现代责任观念和理论都或多或少承认行为人的自由意志,即人可以自由地决定自己的意志。自由意志是现代哲学的重要理论成果,却对许多法学范畴产生了深远的影响。就责任问题而言,责任的归属原则上必须以行为人的自由意志为前提。没有自由意志就没有选择,没有选择就没有责任。如果人们的行为是被胁迫或被决定的,那就没有理由追究其责任。此时,人们无须也不应对其行为和损害结果负责。

第二节 法律责任的构成要素与归责准则

法律责任的构成要素是指承担法律责任需具备的条件。它们是认定和追究法律责任时需要考虑的要素。法律责任的构成要素旨在回答下述问题:我们在决定什么行为和什么主体应当在法律上负责并接受不利后果时,需要考虑哪些要素?由于法律责任的确立会给责任主体带来法定的不利后果,因此必须科学合理地确定法律责任的构成要素,以保障相关主体的利益。法律责任的构成要素主要包括责任主体、违法行为或违约行为、损害结果、因果关系和主观过错。但是,这些只是最常见的要素,不同的法律责任可能仅仅包括其中几个,也可能还包括其他要素。不同的法律责任理论(如四要件理论、三阶层理论等)对这些要素的理解和体系安排会有所不同。

一、法律责任的构成要素

1. 责任主体

责任主体是指因违反法定或约定义务、法定事由而必须承担法律责任的人,包括自然人、法人和其他社会组织。责任主体是法律责任的必备要素。而法律责任主体必须具有责任能力。责任能力是认知和控制自己行为的能力,也就是理解法律的要求,辨认自己行为的目的、性质及后果,从而支配、控制自己行为的能力。有无责任能力主要根据年龄和精神状态加以判断。因此,虽然在多数情况下,责任主体就是违反法定或约定义务的行为人,但在某些情况下,责任主体可能不是行为人。例如,许多国家的法律都规定,未成年人造成他人损害的,由监护人承担侵权责任。

---

① 参见张明楷:《刑法学(第六版·上)》,法律出版社2021年版,第319页。

2. 违法行为或违约行为

行为是责任的起因,引发法律责任的行为主要包括违法行为和违约行为。违法行为可以是积极的作为,即行为人以积极的行为实施法律禁止的行为,也可以是消极的不作为,即行为人拒不实施法律要求的行为。违约行为也包括作为和不作为两种。前者如当事人直接实施了合同禁止的行为;后者如当事人应该履行合同约定的义务而不履行。另外,构成违法或违约的行为,无论是作为还是不作为,都是客观存在的。当然,这些行为也应是由思想支配的,但如果仅仅是思想活动而没有外在行为,就不可能导致法律责任的产生。

3. 损害结果

损害结果是指违法行为或违约行为侵犯他人的合法权益或社会利益造成的损失和伤害,包括人身、财产和精神等方面的损失和伤害。损害结果既包括丧失既得利益,也包括丧失预期利益。构成法律责任要素的损害结果必须具有确定性,必须是已经造成的实际存在的事实结果,不能是推测的、虚构的、臆想的或尚未发生的损害。只有当损害结果具有确定性时,损害事实才能在客观上确定。

4. 因果关系

因果关系是指违法行为或违约行为与损害结果之间前因后果的联系。应承担法律责任的行为必须与损害结果之间具有因果关系,即行为与损害结果之间具有引起与被引起的关系。值得注意的是,法律上的因果关系不是哲学上的因果关系,不是客观的必然的因果联系。法官在确立法律上的因果关系时既需要认定事实,也需要作出规范判断。据此,当前的因果关系理论都会区分两个层次的因果关系,即普通法上事实因果关系与法律因果关系的区分。

5. 主观过错

主观过错是指行为人在实施违法行为或违约行为时特定的主观心理状态,包括故意和过失。故意是指明知自己的行为会导致损害他人、危害社会的结果,希望或放任这种结果发生的主观心理状态。过失是指应当预见自己的行为可能发生损害他人、危害社会的结果,因为疏忽大意而没有预见或已经预见但轻信可以避免,以致发生损害结果的主观心理状态。在刑事责任领域,原则上没有故意或过失就不成立犯罪。但在民事责任领域,虽然过错也非常重要,但还存在不考虑过错的无过错责任和公平责任。

二、归责的基本准则

这里所讲的归责是宽泛意义上的归责,是指特定的国家机关或获得国家授权的组织依照法定职权和程序,判断、认定、归结以及减轻或免除法律责任的活动。归责活动通常只能由法律规定的专门国家机关(主要是司法机关)作出,而且必须遵循法定程序。不过,经法律法规授权,仲裁组织、调解组织以及行政机关委托的组织也可以认定、归结某些形式的民事法律责任和行政法律责任。归责必须遵循一些基本准则。在一个文明国家,归责的基本准则主要包括责任法定、责任相当、责任自负和责任平等。只有遵循这些准则才能保障人权,实现法治。①

1. 责任法定

责任法定是指应当依照法律事先规定的性质、范围、程度、方式来认定、归结以及减轻或免除法律责任。从反面来说,首先,排除责任擅断。任何国家机关都不得在法律规定之外创设新的法律责任,任意追究法律责任,恣意加重或减轻法律责任。其次,排除非法责罚。任何国家机关都不得超越法定权限追究法律责任,也无权以法律之名追究法律规定以外的责任。最后,排除有害追溯。一般而言,不能以今天的法律要求人们昨天的行为,也不能用新法来追究按照旧法不应被追究法律责任的行为。

2. 责任相当

责任相当是指法律责任与违法或违约行为相适应。它的基本含义是法律责任的种类和轻重应与违法或违约行为的种类和轻重相适应。责任相当的基本要求包括:首先,法律责任的类型应当与违法或违约行为的性质相适应,如不能对民事违法行为适用刑事责任。其次,法律责任的种类和轻重应当与违法或违约行为的具体情节相适应。最后,法律责任的轻重和种类应当与行为人的主观恶性相适应。

3. 责任自负

责任自负是指行为人为自己的行为独立承担法律责任。从反面来讲,责任自负禁止让行为人之外的其他人承担法律责任,即便他们之间存在血缘等紧密关系。这项原则反对古代社会的株连或变相株连,体现了现代法治精神。当然,在某些特殊情况下,现代法律中也存在少数替代责任,但是原则上,不应让没有实施违法或违约行为的人承担法律责任。

4. 责任平等

责任平等是"法律面前人人平等"的宪法原则在归责活动中的具体适用。它是指,在认定和归结法律责任时,不能因责任主体的民族、种族、性别、职业、政治立场、文化程度、财产状况等方面的不同而区别对待。认定和追究法律责任必须一视同仁,同样的行为应当承担同样的法律责任。任何人都不享有逃避法律责任的特权。

---

① 这些准则是所有法律归责活动都必须遵守的最基本、最一般的指导方针,而非法律适用中的具体归责原则,后者通常是指下一节所讲的过错责任、无过错责任等。

第三节 法律责任的种类

根据不同的标准和角度可以对法律责任进行不同的分类:根据承担法律责任主体的不同,可以分为自然人责任、法人责任和国家责任。根据责任有无财产内容的不同,可以分为财产责任和非财产责任。根据法律责任主体承担责任的限度,可以分为有限责任和无限责任。根据法律责任承担方式的不同,可以分为惩罚性责任和补偿性责任。根据责任主体的人数,可以分为单独责任和共同责任。其中,根据责任主体之间在承担责任上的关系,共同责任又可以分为按份责任、连带责任和补充责任。本节将重点讲述下面两种分类:民事责任、刑事责任、行政责任和违宪责任;过错责任、无过错责任和公平责任。

一、民事责任、刑事责任、行政责任和违宪责任

根据违反的法律性质的不同,可以把法律责任分为民事责任、刑事责任、行政责任和违宪责任。在前现代社会,这些法律责任常常混在一起,没有严格区分,不利于建立科学合理的法律责任制度。表面上看,这些责任的不同在于违反法律的不同,但它们其实在许多重要方面都存在差异。识别这些差异并据以确立不同的法律责任是法律文明、进步的体现。

1. 民事责任

民事责任是因违反民事法律、违约或法定的其他事由而应承担的法律责任。常见的民事责任包括违约责任、侵权责任等。民事责任的特点是:首先,民事责任主要是一种补偿性责任。民事责任的目的主要是矫正人们的民事行为,对受害人进行补偿,使受害人遭受的损失得到恢复。民事责任在多数情况下并不带有惩罚性。其次,民事责任主要是财产责任。财产责任是指以支付财产的方式实现责任承担内容的法律责任。民事责任的主要承担方式是赔偿损失,而此种赔偿又主要通过物质赔偿的方式完成,常常表现为直接支付金钱等财产。最后,民事责任具有一定的任意性。双方当事人可以在不违背法律的前提下,协商约定是否承担责任以及如何承担责任。这是意思自治原则在民事责任中的体现。

2. 刑事责任

刑事责任是指违反刑事法律而应承担的法律责任。刑事责任的特点是:首先,刑事责任是最严厉的法律责任,具有严厉的惩罚性。刑事犯罪行为通常具有严重的社会危害性,从保障公民基本权利和公共秩序等目的出发,刑事责任注重法律惩罚功能的实现。因此,刑事责任一般都采取极为严厉的制裁手段。其次,刑事责任主要是一种非财产责任。非财产责任不以财产为责任承担内容,而是以人身、行为、人格等为责任承担内容。刑事责任的内容主要是限制、剥夺人身自由或生命等,属于典型的非财产责任。最后,刑事责任主要是个人向国家承担的法律责任。刑事责任具有国家追诉性,与民事责任的国家消极不干预、允许当事人协商形成鲜明对比。

3. 行政责任

行政责任是指行政法律关系主体违反行政法律而应承担的法律责任。行政法律责任既包括行政主体的行政违法行为引起的法律责任,也包括行政相对人的违法行为或不履行行政义务引起的法律责任。前者的承担方式包括赔礼道歉、承认错误、恢复名誉、消除影响、返还权益、恢复原状、停止违法行为、履行职务、撤销违法的行政行为、纠正不当的行政行为、行政赔偿等;后者的承担方式包括承认错误、赔礼道歉、接受行政处罚、履行法定义务、恢复原状、返还原物、赔偿损失等。行政法律责任的一个突出特点在于,它不以主观过错和损害结果为普遍要件。

4. 违宪责任

违宪责任是指因违反宪法而应承担的法律责任。违宪责任的主体主要是国家机关或重要国家机关领导人。违宪行为除了具有一般违法行为的社会危害性外,还会对整个国家法秩序造成严重损害,具有重大的政治危害。因此,合宪性审查成为所有法治国家的重要制度。世界各国追究违宪责任的机关不尽相同,既有司法机关,也有立法机关或宪法法院、宪法委员会等特殊机构。违宪责任的承担方式较为特别,如撤销违宪的法律法规等规范性法律文件,弹劾国家领导人等。尽管我国宪法规范没有明确的制裁要素,但是其相关规范为追究违宪责任提供了基础。例如,我国《宪法》第 5 条第 4 款规定,"一切违反宪法和法律的行为,必须予以追究"。

二、过错责任、无过错责任和公平责任

根据法律责任的承担是否以主观过错为前提,可以把法律责任分为过错责任、无过错责任和公平责任。

1. 过错责任

过错责任是以存在主观过错为前提的责任,依据的是"无过错即无责任"原则。过错责任意味着,过错不仅是承担法律责任的必要条件,而且常常影响责任范围和大小的确定。过错责任突出表达了法律对行为人的否定性评价。过错责任是现代法律责任中最普遍的责任形式,占据主导地位。过错责任是对前现代的结果责任的否定,为保障行为自由和促进商品经济发展做出了贡献。在现代民法引入无过错责任和公平责任以后,过错责任仍然是民事责任中最普遍的一种法律责任。例如,在民事侵权责任领域,在法律没有特别规定的情况下,都适用过错责任原则。在刑事领域,几乎所有刑事责任均是过错责任,没有故意或过失就无须承担刑事责任。只有英美法系中尚存在针对极少数特殊犯罪的无过错责任。

2. 无过错责任

无过错责任是指不以主观过错的存在为前提而认定的责任。换言之,无过错责任不考虑行为人是否存在主观过错。无论有无过错,行为人只要对既存的合法权益造成了某种损害,就必须承担法律责任。无过错责任主要存在于民事领域。我国《民法典》就将无过错责任作为违约责任的原则。在侵权责任领域,为了解决无过错但有危险性的合法行为造成的损害,人们在19世纪末引入了无过错责任制度,如危险作业损害赔偿责任。这种无过错责任的根本理念是合理分配损害。同时,侵权法上的无过错责任还包括替代责任,其根据是某人对他人基于特定关系而具有的控制力,如监护人承担的侵权责任。此外,为了防止无过错责任的滥用,法律一般都明确规定无过错责任的适用情形。在刑事领域,一般不适用无过错责任。

3. 公平责任

公平责任是一种特殊的法律责任,它是指当事人对于损害的发生都无过错,而法律又没有规定适用无过错责任,由法院依据公平观念,在综合考虑受害人的损害、双方当事人的财产状况和其他相关情况的基础上,决定由行为人和受害人对损害进行分担。公平责任并不能普遍适用,它仅仅是一种例外规则,主要存在于侵权法中。一般而言,行为人造成损害但又没有过错的,无法适用过错责任;与此同时,由于法律无明确规定,也无法适用无过错责任,而由受害人独自承担损害后果又显失公平。对此,法官可根据公平责任原则,运用自由裁量权,令双方分担损失。我国《民法典》第1186条规定了公平责任:"受害人和行为人对损害的发生都没有过错的,依照法律的规定由双方分担损失。"由于存在"依照法律的规定"这个限制,公平责任的具体适用情形非常有限。

第四节 无责与免责

一、无责

"无责"或"无责任"是指虽然行为人事实上或形式上违反了法律,但因其不具备法律上应负责任的条件,故没有法律责任。换言之,无责就是法律责任不成立,不构成法律责任。无责不同于下面将要讲到的免责。无责的事由主要包括不可抗力、紧急避险和正当防卫等。① 当代刑法理论常将这些情形称为"排除社会危害性事由"或"违法阻却事由"。在民法理论中，尽管也有人提出将这些情形称为"不承担责任的情形"或"无责事由"，但是我国多数著作和教材依然沿用了"免责事由"这个习惯用语。

1. 不可抗力

不可抗力是指不能预见、不能避免且不能克服的客观情况。例如，我国《民法典》第180条第1款规定，"因不可抗力不能履行民事义务的，不承担民事责任"。这种客观情况主要包括某些自然现象（如地震、洪水、海啸等）和某些社会现象（如骚乱、战争等）。不能预见是指根据现有的技术水平和一般人的预见能力对其发生不能预见。不能避免且不能克服是指当事人尽最大努力和采取一切可以采取的措施，依然不能避免其发生并克服其导致的损害结果。此外，不可抗力是一种客观情况，它外在于人的行为。

2. 紧急避险

紧急避险是指为了使国家、公共利益、本人或者他人的人身、财产和其他权利免受正在发生的危险，不得已损害合法利益的行为。例如，我国《民法典》第182条第1款规定："因紧急避险造成损害的，由引起险情发生的人承担民事责任。"紧急避险的成立条件包括：（1）必须存在现实危险。（2）危险必须正在发生。（3）不得已实施损害行为。（4）不得超过必要限度。

3. 正当防卫

正当防卫是指为了使国家、公共利益、本人或者他人的人身、财产和其他权利免受正在进行的不法侵害，而对不法侵害人所实施的不明显超过必要限度的损害行为。例如，我国《刑法》第20条规定，正当防卫不负刑事责任。我国《民法典》第181条第1款规定："因正当防卫造成损害的，不承担民事责任。"正当防卫的成立条件包括：（1）必须存在现实的不法侵害行为。（2）不法侵害必须正在进行。（3）必须针对不法侵害人本人进行防卫。（4）必须没有明显超过必要限度造成重大损害。

二、免责

免责包括法律责任的减轻、免除，是指责任主体应当承担法律责任，但是由于出现法律规定的条件或法律允许的条件而被全部或部分免除法律责任。免责不是无责，而是负有法律责任，但责任主体可以不承担全部或部分责任，法律对行为依然采取否定性态度。换言之，免责是有责任但免于、减轻承担。

---

① 另有一种特殊的无责情形，即事先约定免责。在法律允许的范围内，当事人事先约定一定的事由或条件，当违约或违法行为符合所约定的事由或条件时，可免除当事人的法律责任。这种情形主要出现在民事领域，特别是合同法中的免责条款。

免责包括法定免责和协议免责。协议免责主要发生在民事领域,是指受害人与责任主体在法律允许的范围内,通过协商的方式减轻或免除后者本应承担的法律责任。刑事领域也存在协议免责,如我国的刑事和解制度、美国的辩诉交易制度等,但适用范围和适用条件都受到一定限制。法定免责是基于法律明文规定而当然免责,主要包括以下几种:

1. 自首、立功免责

自首,是指犯罪人犯罪以后自动投案,如实供述自己的罪行。立功,是指犯罪人犯罪后揭发他人犯罪行为并查证属实,或者提供重要线索从而得以侦破其他案件,以及其他有利于预防、查获、制裁犯罪的行为。我国《刑法》规定,根据不同情况,自首、立功可以减轻处罚或免除处罚。

2. 人道主义免责

人道主义免责是指当责任主体没有能力承担其应当承担的全部责任时,有关国家机关或权利人基于人道主义考虑,部分或全部免除其应当承担的法律责任。例如,在损害赔偿的民事案件中,人民法院在确定赔偿责任的范围和数额时,考虑到责任主体的财产状况、收入能力等,适当减轻或者免除其责任,不使责任主体及其家庭因赔偿损失而无家可归或无法维持生计。

3. 赦免免责

赦免包括大赦和特赦两种。大赦是指国家对某一时期内犯有一定罪行的不特定犯罪人免于追诉和免除刑罚执行的制度,罪与刑同时被免除。特赦是指国家对特定犯罪人免除执行全部或者部分刑罚的制度。特赦的对象是较为特定的犯罪人,其效果只是免除刑罚执行,而不免除有罪宣告。我国现行宪法规定了特赦,没有规定大赦。

4. 死亡免责

在某些法定情况下,特定主体的死亡会导致法律责任被免除。例如,《中华人民共和国刑事诉讼法》(以下简称《刑事诉讼法》)第 16 条第 5 项规定,"犯罪嫌疑人、被告人死亡的",不追究刑事责任。我国《民事诉讼法》第 154 条规定的终结诉讼的四种情形也属于这种情况:(1)原告死亡,没有继承人,或者继承人放弃诉讼权利的;(2)被告死亡,没有遗产,也没有应当承担义务的人的;(3)离婚案件一方当事人死亡的;(4)追索赡养费、扶养费、抚养费以及解除收养关系案件的一方当事人死亡的。

5. 时效免责

追究法律责任通常有一定期限的限制。如果违法行为发生一定期限后,违法者没有被追究法律责任,就不再需要承担法律责任。刑法上的追诉时效制度就体现了这种免责。我国《刑法》第 87 条规定了超过期限不再追诉的四种情形。①

6. 不诉免责

如果法律规定某些法律责任之追究以被害人或其法定代理人的告诉为前提,而被害人或其法定代理人不告诉或撤回告诉,违法行为人就不用承担法律责任,实际上就被免除了法律责任。在我国,少数特殊的刑事犯罪行为(如虐待家庭成员、暴力干涉婚姻自由等)就是告诉才受理。②

第五节 法律责任的承担方式

法律责任的承担方式是法律责任的实现和落实。法律责任不成立,就不存在法律责任的承担方式,但是法律责任的承担方式并不是法律责任本身。法律责任的重心在于是否应对违反法定或约定义务的主体作出否定性评价,在司法实践中体现为复杂的归责过程。只有在法律责任确立后,才需要判断责任主体应以何种方式、在多大程度上承担法律责任,应接受怎样的不利后果。法律责任的承担方式主要包括补偿和惩罚。

一、补偿

补偿是指责任主体通过某种作为或不作为弥补或赔偿损失,在这里也包括赔偿。③ 补偿的作用在于制止对法律关系的侵害以及通过对被侵害的权利进行救济,使被侵害的社会关系得到恢复。补偿的目的主要在于弥补受害人的损害。补偿的方式除了对不法行为的否定、精神慰藉外,主要为财产上的赔偿、补偿。

---

① 相比之下,我国民法上的诉讼时效较为复杂。有关民事诉讼时效的效力,存在实体权消灭主义、诉权消灭主义和抗辩权发生主义等不同的规定和理论。我国的立法采取抗辩权发生主义。我国《民法典》第 192 条规定:"诉讼时效期间届满的,义务人可以提出不履行义务的抗辩。诉讼时效期间届满后,义务人同意履行的,不得以诉讼时效期间届满为由抗辩;义务人已经自愿履行的,不得请求返还。"一方面,在诉讼时效期间届满后,权利人如果请求法院保护其民事权利,义务人可以提出不履行义务的抗辩;但另一方面,在诉讼时效期间届满后,权利人的权利并没有消灭,责任主体的责任也没有消灭。否则,义务人同意履行后,就能够以诉讼时效届满为由抗辩,义务人已经自愿履行的,就可以请求返还。

② 从程序法的角度来说,因犯罪嫌疑人、被告人死亡而免责以及时效免责和不诉免责的情况被界定为"不追究法律责任"更为准确,我国《刑事诉讼法》第 16 条就采用了这个用语。不追究法律责任是指,基于某些法定原因,不再追究行为人的法律责任。但是,如果启动诉讼程序,行为人的行为可能被判定违法,也可能被判定不违法,行为人可能要负法律责任,也可能不用负法律责任。不追究法律责任实际上处于无责与有责之间。这种情况主要出现在刑事领域,有学者将其归纳为"行为是否构成犯罪处于不确定状态,因特定事由出现而不追究刑事责任"。参见赖早兴:《论不追究刑事责任》,载《法学杂志》2020 年第 4 期。

③ 这里的补偿是一般意义上的补偿,而非特定法律中特定意义上的补偿,如我国《民法典》第 183 条规定的"因保护他人民事权益使自己受到损害的……侵权人逃逸或者无力承担民事责任,受害人请求补偿的,受益人应当给予适当补偿"中的"补偿"。

在我国,补偿主要包括民事补偿和国家赔偿。①

1. 民事补偿

民事补偿是指依照民事法律规定,由责任主体承担的停止、弥补、赔偿等责任方式,具体包括:停止侵害,排除妨碍,消除危险,返还财产,恢复原状,修理、重作、更换,继续履行,赔偿损失,支付违约金,消除影响、恢复名誉,赔礼道歉等。民事责任的承担方式主要为民事补偿。

2. 国家赔偿

包括行政赔偿和司法赔偿。行政赔偿是指,国家对行政主体及其工作人员违法行使职权,侵犯行政相对人的合法权益并造成损害,依法必须承担的赔偿责任。司法赔偿是指,国家对司法机关及其工作人员在行使职权的过程中,侵犯公民、法人或其他组织的合法权益并造成损害,依法必须承担的赔偿责任。

二、惩罚

法律上的惩罚,常常被称为"法律制裁",是指特定国家机关依法剥夺或限制责任主体的人身利益、财产利益和其他利益的强制措施。法律制裁主要针对侵犯公共利益、破坏公共秩序的违法行为,具有鲜明的"公共"属性。因而,相较于补偿,制裁是更严厉的责任承担方式。其中,直接剥夺责任主体生命的死刑是最严厉的责任承担方式。此外,法律制裁具有痛苦性,往往给被制裁者带来肉体、精神上的痛苦。

法律制裁具有限制、威慑、教育、安抚、补偿等功能,它必须依据法律规定和正当程序进行。一个法治国家应当不断提高法律制裁的方式和内容的合理性。尽管法律制裁不是为了弥补或赔偿损失,但是它也不是纯粹为了制裁而制裁,更不是原始的报复或复仇。法律制裁有自己的正当性根据,人们通常从报应、预防等角度予以说明。法律制裁具体包括民事制裁、刑事制裁、行政制裁、违宪制裁四类。

1. 民事制裁

民事制裁是指依法对应当承担民事责任的责任主体施加的法律制裁。民事责任的承担方式主要是补偿,民事制裁仅限于特殊的个别情况,并不具有普遍性。最主要的民事制裁是侵权法中的惩罚性赔偿。从世界范围来看,大陆法系国家普遍反对惩罚性赔偿,而英美法系国家则支持惩罚性赔偿。我国《民法典》

---

① 有人认为,这里的补偿还包括行政补偿,但是此观点存在争议。因为也有人认为,由于行政补偿以合法行政行为为前提,不算严格意义上的法律责任,最多是一种例外责任,或者说是行政机关的补救性行政行为或法定义务。

在知识产权侵权、产品侵权、生态环境侵权等方面规定了惩罚性赔偿。民事惩罚性赔偿与刑事制裁具有相似性,但也存在明显差异,如适用对象有限,适用条件严格,制裁方式仅限于金钱等。

2. 刑事制裁

刑事制裁是指依法对应当承担刑事责任的责任主体施加的法律制裁。刑事制裁是各种法律制裁中最为严厉的,其中最主要的制裁方式是刑罚。按照我国《刑法》的规定,刑罚分为主刑和附加刑两大类。主刑包括管制、拘役、有期徒刑、无期徒刑和死刑;附加刑包括罚金、剥夺政治权利、没收财产和驱逐出境。刑罚是通过国家权力对犯罪人施加最强烈的痛苦,因此国家刑罚权的来源、目的、限度和正当性根据一直是法律思想史上的一个重要课题。

3. 行政制裁

行政制裁是指依法对应当承担行政责任的行政主体和行政相对人施加的法律制裁。行政制裁主要包括行政处罚和行政处分。行政处罚是指,特定的行政机关依法对违反行政法律规定但尚未构成犯罪的行政相对人实施的行政制裁,主要包括警告、罚款、没收违法所得、没收非法财物、责令停产停业、暂扣或吊销许可证和执照、行政拘留等。行政处分是指,对违反法律规定的国家机关工作人员或被授权的执法人员实施的惩罚措施,主要包括警告、记过、记大过、降级、撤职、开除等。

4. 违宪制裁

违宪制裁是指依法对应当承担违宪责任的违宪主体施加的法律制裁。违宪制裁的主要形式包括:弹劾,即特定国家机关依照法定程序和权限剥夺违宪或违法失职的国家领导人和重要公职人员的职务;罢免,即在政府公共官员任职届满之前,由选民或原选举单位以选举方式撤免其职务,如我国《宪法》第 63 条的规定。此外,还有一种特殊但普遍的违宪责任实现方式,即合宪性审查机关废除违宪的法律法规或否定违宪法律法规和行为的效力。

问题与思考

1. 从法律责任的角度分析"引读案例"。
2. 分析法律责任的特点。
3. 法律责任的构成要素有哪些?
4. 阐述无责与免责的含义与主要情形。
5. 什么是法律制裁?法律制裁的种类有哪些?

参考文献

1. H. L. A. Hart, *Punishment and Responsibility Essays in the Philosophy of Law*, Oxford University Press, 2nd edition, 2008.
2. 程啸:《侵权责任法(第三版)》,法律出版社2021年版。
3. 张明楷:《刑法学(第六版·上下)》,法律出版社2021年版。
4. 黎宏:《刑法学总论(第二版)》,法律出版社2016年版。
5. 周叶中主编:《宪法(第五版)》,高等教育出版社2020年版。

第二编 历史论

第七章 法律的演化

法律故事之一:傈僳族人相信神明裁判,如果借贷一方毁约的话,就请巫师将油倒入锅中,并用大火把油熬至沸腾,待向神明发誓后,让当事人把手放进煮沸的油里,如果手没有被烫伤,说明当事人是被诬陷的。

法律故事之二:中国古代法律规定,八种人在死刑裁判中享有特权,包括:皇室的亲属、皇帝的故旧、有大德行的人、有大才业的人、有大功勋的人、有大勤劳的人、三品以上的大官、先辈贵为国宾的人。这八种人犯了死罪,官府不能直接定罪判刑,而要将他的犯罪情况和特殊身份报到朝廷,由负责官员集体审议,提出意见,报请皇帝裁决。

法律故事之三:我国1979年《刑法》第170条规定:"以营利为目的,制作、贩卖淫书、淫画的,处三年以下有期徒刑、拘役或者管制,可以并处罚金。"然而,由于录像机很快出现,某甲开始大量制作、贩卖淫秽录影带。法院在审理该案时认为,制作、贩卖淫秽录影带的行为,属于制作、贩卖淫画的行为,因此对某甲按照《刑法》第170条的规定定罪量刑。

第一节 法律的历史类型

在不同的历史发展阶段,法律呈现不同的类型。按照各自的标准,一些哲学家、社会学家和法学家划分了法律的历史类型。

德国哲学家黑格尔基于"自由"意识展现与圆满的过程,将法分为"东方世界的法""希腊世界的法""罗马世界的法"和"日耳曼世界的法"四种历史类型。在他看来:(1)古代东方世界是世界历史的幼年时期,这一时期人类的自由意识尚未萌发。各帝国的元首居于至尊地位,推行家长式的政治专制。法律与伦常、道德结合在一起,保障元首一个人的自由,以野蛮方式剥夺其他所有人的自由。(2)古代希腊世界是世界历史的青年时期,这一时期人类开始产生自由意识。法律与易变、主观的道德和人情结合在一起,维护少数人的自由和具体的自由。一方面,在古希腊的奴隶制度之下,只有少数人是自由的;另一方面,在古希腊的民主制度之下，自由意识与各城邦、城邦内部各派乃至具体个人的特殊性相结合。(3) 古代罗马世界是世界历史的成年时期，这一时期人类的自由发展到抽象、普遍的层次。贵族阶层取得统治地位，法律抑制情感、富于理智，具备形式性。抽象的国家、政治和权力建立起来，凌驾于具体的个体之上；个人则实现了抽象的自由，不同于具体的自由，抽象的自由以"财产"形式表现出来。(4) 日耳曼世界是世界历史的老年时期，这一时期具体的自由与抽象的自由实现了统一、融合。人们不再像罗马的平民阶层那样，违心、被动地服从贵族阶层的统治和法律。相反，君主的意志反映了抽象、普遍的自由，其法律亦非单纯的强制规定，而是与每个个体的自由选择一致。至此，自由意识的发展达到顶点，世界历史终结。①

马克思主义法学家从生产力与生产关系的矛盾运动出发，指出人类社会历经原始社会、奴隶社会、封建社会、资本主义社会、社会主义社会五种社会形态，并分别阐述了其中的法律问题。(1) 原始社会生产力极度低下，人们共同占有、共同劳动、平均分配、平均消费，依靠血缘氏族组织及其原始习惯、原始道德、原始宗教调整社会关系，因此既无阶级也无国家和法律。随着生产力的发展，私有制、阶级和国家初具雏形，原始社会向奴隶社会过渡；原始社会规范无法控制日益增长的社会矛盾，成为法律起源的直接原因。(2) 奴隶社会，奴隶主由原始氏族的军事首领和宗教领袖演变而来，他们占有生产资料和作为劳动工具的奴隶本身，依托奴隶制国家和奴隶制法的强制力量，通过极端残酷的刑罚保护奴隶主的财产、维护奴隶主阶级的政治统治，并公开确认人与人的等级划分与不平等地位。(3) 封建社会，地主阶级占有最重要的生产资料——土地，对使用土地的农民通过榨取地租、放高利贷等手段加以剥削。封建君主作为地主阶级的代言人和最大的地主，利用封建制法维护专制王权，巩固封建土地所有制和农民阶级对地主阶级的人身依附，确立封建等级关系。(4) 资产阶级社会建立在资本主义市场经济和民主政治基础上，实行以私有财产神圣不可侵犯、契约自由和法律面前人人平等为基本原则的资本主义法治。资本主义法标榜人权、民主、自由、平等，其实质是保障资产阶级能够自由地利用资本来剥削劳动，榨取无产阶级的剩余价值并瓦解其反抗力量。(5) 社会主义社会扬弃了资本主义社会的糟粕，一方面反对私有制和剥削，另一方面继承了自由、民主、人权、平等的价值追求。社会主义法代表占社会绝大多数的无产阶级的意志，致力于进一步发展生产力，逐步改变生产资料私有制，使社会主义生产资料公有制占据主导地位，最终将消灭剥削阶级、国家乃至法律本身，进入共产主义社会。

德国社会学家韦伯按照形式/实质、理性/非理性两组标准，将人类历史上存

---

① 参见〔德〕黑格尔：《历史哲学》，王造时译，上海书店出版社 2006 年版。

在的法律抽象为四种"理想类型"。尽管他不像黑格尔和马克思那样，认为法律存在直线的进化趋势，但并未否认法律秩序存在从非理性向理性，从形式理性向实质理性的发展。有学者将他的法律类型学说概括为四个历史阶段：（1）第一阶段是"形式非理性法"，卡里斯玛（超凡魅力领袖）通过预言进行法律的"启示"，法律领域没有得到区分。（2）第二阶段是"实质非理性法"，法律家展开经验性的法创造和法发现，裁判带有恣意色彩并且以个案为基础（"卡迪司法"），法律领域被区分为刑事法与民事法。（3）第三阶段是"实质理性法"，世俗权力或神权强加于来自信仰、伦理的体系化规则，法律领域被区分为神圣法与世俗法。（4）第四阶段是"形式理性法"，立法脱离自然法的束缚而实证化，由受到严格形式逻辑训练的人进行体系化的法律阐释和专业化的司法，法律领域被区分为私法与公法。①

美国法学家庞德按照法律目的和作用的不同，将法律发展分为六个阶段：（1）原始法阶段，法律只是最弱的一种社会控制力量，目的在于维护治安与和平、防止无限制的血亲复仇，具有法律原则匮乏、审讯方式非理性、法律主体为血亲集团而非个人等特征。（2）严格法阶段，法律与其他社会控制形式明显分化，目的在于强化社会安全，保障安全的确定性和一致性，具有形式主义、不可改变性、不顾个人利益、非道德性、专横限制性等特征。（3）衡平法和自然法阶段，法律的目的是维护伦理和善良道德，特征在于法与道德不分、强调义务观念、依靠理性而非专断的规则。（4）法律的成熟阶段，法律的目的在于同时维护平等与安全，特征在于强调保障财产和契约，保障个人权利。（5）法律的社会化阶段，法律的目的从保护个人利益转向保护社会利益，以最小成本实现社会利益最大化，其特征在于法律扩展到社会生活的方方面面，保障一般安全、社会体制、一般道德、社会资源、一般进步、个人生活等领域的社会利益。（6）世界法阶段，法律的目的在于建立全球普遍性的法律规则，协调法律的普遍规制与地方自治之间的关系。②

美国法学家昂格尔结合韦伯的分析和社会历史的发展，划分四种社会和法律类型。（1）部落社会分工不足，内部人与外部人严格区分，集团内部公社式协作，拥有共同的理想和信念，起作用的主要是"习惯法"。习惯法的特征一是"非公共性"，即法律属于整个社会而非中央集权的政府；二是"非实在性"，即法律只是一些心照不宣的行为标准。（2）贵族社会在森严的等级下展开社会分工，不同等级拥有不同的理想和信念，并与各自等级一致的名誉结合在一起。等级

---

① See Joyce S. Sterling & Wilbert E. Moore, Weber's Analysis of Legal Rationalization: A Critique and Constructive Modification, *Sociological Forum* Vol. 2, No. 1, 1987, pp. 67-75.
② 参见〔美〕罗斯科·庞德：《法理学（第一卷）》，邓正来译，中国政法大学出版社2004年版，第372—469页。

之间存在支配与屈从的关系,高等阶级组建的国家与社会分离,起作用的主要是"官僚法"。官僚法的特征在于由政府蓄意强加而非社会自然形成,法律制定与法律适用、习惯与义务得以区分。(3)自由主义社会,社会分工普遍发展,等级制度衰退,内部人与外部人的界限逐渐消失,共同的理想和信念彻底瓦解,社会秩序变成利益同盟关系,起作用的主要是"法律秩序"。法律秩序的特征在于普遍性和自治性,前者指立法规则面向所有人和法院司法人人平等,后者包括法律实体内容的自治性、法律机构的自治性、法律推理方法的自治性和法律职业的自治性。(4)后自由主义社会,国家进一步干预社会,成为计划和福利国家;公共机构私人化、私人机构公共化,合作主义倾向出现。法律的普遍性和自治性遭到严重破坏,法律秩序和法治解体。①

美国法学家诺内特、塞尔兹尼克从法律发展的内在动力出发,区分了对应于三种政治组织模式的法律类型:(1)前官僚制的政治组织模式依赖传统或者神授的松散权威,采用作为压制性权力之工具的"压制型法",其主要特征在于屈从统治权力的意志,法与政治不分,放纵自由裁量。(2)官僚制的政治组织模式依赖形式合理和等级细分的权威,采用控制压制权力并维护自身完整性的"自治型法",其主要特征在于法与政治分离、以形式规则抑制自由裁量、追求程序正义、严格服从实证法。(3)后官僚制的政治组织模式依赖实质合理的开放性、扩散性权威,采用回应社会需要与愿望的"回应型法",其特征在于追求实质正义和社会目标,重视法律的开放性和参与性,法律权威得到维护。②

在上述六种法律的历史类型学说中,马克思主义法学家的学说基于对现实历史的详尽考证,将法律演化与社会演化紧密结合,得到20世纪以来社会主义革命和建设实践的检验,最富说明力和影响力。此外,当代社会学家卢曼在改造社会进化论和吸收各种法律的历史类型学说的基础上,重新阐释了法律与社会共同演化的理论,值得重视。卢曼从晚近的社会系统理论出发,指出人类历史上依次存在"分割社会""分层社会""功能分化社会"三种社会模式,分别对应于"古代法""前现代高等文明的法"和"现代实证法"三种法律类型。下文详述之。

第二节 法律与社会的共同演化

一、社会分化与社会演化

卢曼的社会系统理论认为,任何社会都通过形成诸多子系统,以内部分化的

---

① 参见〔美〕R. M. 昂格尔:《现代社会中的法律》,吴玉章、周汉华译,凤凰出版传媒集团、译林出版社2008年版,第115—204页。
② 参见〔美〕诺内特、塞尔兹尼克:《转变中的法律与社会》,张志铭译,中国政法大学出版社1994年版,第18、22页。

方式化约外部环境的复杂性。存在三种社会分化模式,分别解决不同程度的环境复杂性问题,大致对应于三个历史发展阶段。[1]在此,社会分化模式的更替构成社会演化的规律,这种规律不一定带有进步的意义,其根源在于回应不断增长的环境复杂性。

(1)初民社会采用"分割分化"模式,建立若干平等的子系统,即基于血缘和地域的差异,初民社会分割为平等的家庭、氏族或部落。受血缘、地域的限制,初民社会的社会沟通主要采取面对面的互动形式,初民们"共同在场"、共同体验世界;对于一名成员在特定情况下应当采取的行动,任何成员在任何时候都会持相同预期。这是因为,一方面,当时社会分工程度极低,实验性的社会互动也难以展开;另一方面,创造性的互动几乎不可能得到其他人的接受。

(2)前现代社会采用"分层分化"模式,在社会之内建立若干不等的子系统、形成等级秩序,即基于身份差异分化为不等的阶层,但阶层内部平等。比如,在古罗马社会,市民作为自由民一律平等,但与奴隶和外邦人地位不等。在对外不等的基础上,分层模式又按照"上/下"原则将各阶层等级化排列,在上的阶层负责整合全社会。以印度的种姓制度为例,"婆罗门"位于等级顶端,在整个社会之中起支配、整合的作用,在下的"刹帝利""吠舍""首陀罗"附属之,依据距离远近分别取得身份定位。

分层分化模式是环境复杂化和社会演化的产物。一方面,随着初民社会的人口增长和地域扩大,大量社会成员难以面对面互动,社会沟通只有超越互动的阶层层面才能得以延续。当所有社会成员分属不同阶层,人际沟通就被简化为阶层之间的沟通,因此扩展到无数"缺席者"。另一方面,初民社会晚期,军事首领、巫师、长老等社会角色逐渐特定化,社会成员间的差异开始显现,不再拥有共同的世界体验。此时,分层模式通过促进高等阶层的内部沟通,以及增强高等阶层的支配能力,有效避免了社会撕裂。

(3)现代社会采用"功能分化"模式,在全社会之内建立若干地位平等、功能不等的子系统,即分化为各种功能特定、不可相互替代的子系统。比如,政治系统负责"生产有集体约束力的决定",经济系统负责"减少稀缺",宗教系统负责"解释不可理解之事",科学系统负责"制造新知识",教育系统负责"培训职业技能",医疗系统负责"照护健康",法律系统负责"稳定规范性预期"。[2]现代各国的宪法也从一个侧面确认了现代社会的功能分化,要求政治权力不得随意干预市场经济、司法独立、宗教自由、科学自主等。

功能分化是更为晚近的社会演化成就,有利于化约进一步复杂的社会环境。

---

[1] See Niklas Luhmann, *The Differentiation of Society*, Columbia University Press, 1982, pp. 232-238.
[2] 参见〔德〕尼克拉斯·卢曼:《社会的宗教》,周怡君等译,商周出版社2004年版,第28—29页。

在分层社会中,一个阶层的定位和稳定化取决于其他阶层,子系统相互依赖性强,自我调整能力弱;高等阶层与低等阶层缺乏沟通,以至于低等阶层只有借助起义和战争等暴力形式,才能推动社会结构的调整。现代功能子系统则各自承担特定的社会功能,不受其他子系统运作状态的支配;诸子系统分别应对高速变迁的外部环境,并通过和平的自我调整促成社会的全面调整。比如,法律系统只负责全社会规范性预期的稳定化,看不到无关"合法/非法"的沟通,无视直接的政治干预、金钱收买或者道德绑架;同时,现代法律又面向一切使用"合法/非法"语言的沟通,通过自我调整(比如立法或者契约)回应可理解的环境变迁。在功能分化模式下,子系统的独立性和回应性、稳定性和变异性同时得到提升,适应于高度复杂社会的需要。

二、分割社会与古代法

"古代法"(archaic law)与初民社会的分割分化模式相协调。如前所述,初民社会根据血缘和地域的差异,分割为平等的氏族和部落。在血缘与地缘之间,前者为首要原则,后者是其自然延伸,因为血缘相近的群体一般都聚居在相近的地域。初民社会一切功能的实现,皆以血缘为自然基础、社会支撑和正当性依据。生产资料"公有"的原始经济、与祖先崇拜相关联的原始"图腾"宗教、由氏族成员共同决定重大事项的原始"民主"政治,无不如此。古代法也不例外,且因此呈现四项特征:[①]

(1) 无效性。在初民社会的冲突中,各方归属的血缘群体,以及加害者与受害人的亲疏关系,决定了法的实体内容。冲突的结果取决于事实性的社会力量对比,类似的冲突往往得到不同的解决,说明其法律高度依赖社会结构,无法宣称普遍的效力。

(2) 暴力性。在血缘原则的作用下,初民社会的血亲复仇和决斗都充满暴力色彩。由于古代法以族群而非个人为基本单位,族群内部的纠纷只是不具法律意义的"自我伤害","法律止步于家门之外";[②]但在不同族群之间,由于既不存在共同服膺的事实性权威,又不存在共同认可的实体规范,纠纷往往诉诸暴力解决。

(3) 相互性,可分"报应"和"互惠"两个方面。由于血缘原则强调亲疏有别,古代法的相互性并无平等之意。比如,"以眼还眼、以牙还牙"的同态复仇并非公平意识的产物,而是为了避免世仇和以灭族为目标的战争。又如,一次性的双务契约无法满足初民的长期需求,只有双方的付出始终处于不平衡状态,才能

[①] See Niklas Luhmann, *A Sociological Theory of Law*, trans. by Elizabeth King & Martin Albrow, Routledge & Kegan Paul, 1985, pp. 114-129.

[②] 参见〔英〕梅因:《古代法》,沈景一译,商务印书馆1996年版,第72—97页。

维持互惠经济。

（4）仪式化。初民社会晚期，族群交往日益密切，神明裁判被用于纠纷解决。与巫术一样，神判的可接受性来源于仪式，而非裁判者的权威。在亟须控制暴力的社会发展阶段，法的仪式化有其必然性：只要人们仍然从血缘角度看待纠纷，理由就无法促成对裁判的接受，唯一的选择是将论证难题转移到无须论证的仪式。

无效性、暴力性、相互性和仪式化，都是原始法以血缘原则建构社会的后果，表明法律尚未从社会中独立出来，必须考虑其事实上能否被社会接受、认可和执行。

三、分层社会与前现代高等文明的法

"前现代高等文明的法"（law of pre-modern high cultures）与前现代社会的分层分化模式相协调。①"阶层内平等"和"阶层间不等"的原则，决定了其与原始法的差异。

（1）由于平等对待同一阶层的所有成员，法律在一定范围内获得了效力。立法者负责颁布一般性的规范，由与之职权分离的裁判者严格适用，血缘关系不再直接左右法律。②

（2）由于高等阶层支配低等阶层，法律在一定程度上消弭了暴力。刑罚操于政治统治者之手，私斗被视为威胁秩序和挑衅公权，私刑也受到严格限制。

（3）由于各阶层地位迥异，相互性不再是法律的主导原则。实体法上，类似"刑不上大夫，礼不下庶人"的差别待遇广泛存在；程序法上，高等阶层优势明显，比如事实不清时应作有利贵族的判决，又如贵族证言具有更高证明力。

（4）由于裁判者拥有高等阶层赋予的权威，纠纷处理的仪式化色彩也逐渐褪去。1215年，第四次拉特兰宗教会议禁止教士参加神明裁判，欧洲司法开启了世俗化进程，英国由此发展出陪审团审判，欧洲大陆国家则以纠问制查明案件事实。

然而，前现代高等文明的法严重依附于全社会的等级结构，仍未形成独立的系统。首先，高等阶层总是对立法和司法施加更大影响。即便在平民享有立法权的共和时期，罗马贵族也通过垄断法律知识和为裁判官提供咨询掌握法律的进程。③其次，低等阶层被排斥到城市边缘和乡村，对法律几无需求；普遍的不识

---

① See Niklas Luhmann, *A Sociological Theory of Law*, trans. by Elizabeth King & Martin Albrow, Routledge & Kegan Paul, 1985, pp. 129-147.
② 参见[德]尼可拉斯·鲁曼：《社会中的法》，李君韬译，五南图书出版公司2009年版，第202—214页。
③ 参见[德]马克斯·韦伯：《法律社会学》，康乐、简惠美译，广西师范大学出版社2005年版，第200—215页。

字状况,更使他们难以参与渐趋专业化的法律发展。再次,法律并未遍及全社会,而是拒绝处理大多数纠纷。比如,在英国历史上,"无令状则无救济"的情况一直持续到19世纪中叶。高等级阶层通过控制诉讼机会,在法律领域维系阶层分化。最后,国王、教会、领主多种司法管辖权并存,法律运转或受制于宗教的势力,或受制于政治的区域性,根本上仍与具体的社会情势紧密联系。

四、功能分化社会与现代法

为适应功能分化的现代社会,现代法呈现三项全新特征。

一是法律功能的特定化。随着现代社会功能分化的展开,法律成为唯一负责"稳定规范性预期"的系统,也仅仅承担此项社会功能。从人类历史上看,任何社会的持续存在,都以人与人之间行为预期的相对稳定为必要条件,并需要特定机制加以保障。在分割社会中,由于互动主要在熟人之间进行,"共同在场"决定了行为模式的单一性,并且凝聚出高度稳定的习惯,社会成员能够较为容易地预期对方的行为。在分层社会中,与高等级阶层相适应的宗教和道德规范维系着社会,通过阶层内平等和阶层间尊卑有序的安排,行为预期的可能范围基于成员身份得到限缩。然而,在功能分化社会中,由于血缘、地缘和阶层不再主导社会结构,习惯、道德、宗教无法实现整合效应,只能依靠法律从规范上稳定行为预期。现代法不能确保自身得到遵守,但至少能够使人们确信,除非出现革命、战争等极端情形,对法律的违犯不会导致法律本身无效。唯有如此,现代人才能预期陌生人的行动,在此基础上作出交易、投资、入学、求医、诉讼、驾驶等各种风险极高的决定。

二是法律运作的实证化。从立法角度看,在以中世纪欧洲为代表的前现代社会,立法只有符合自然法所表达的必然的永恒理性,才能获得法律属性,否则就只是任意的政治命令。这是由于道德性或者宗教性的自然法反映了社会的等级结构,以及高等阶层社会支配的需要,法律必须与之保持一致。相应地,立法只能宣示或者发现法律。现代社会则通过立法手段创制法律,符合程序的立法就能成为有效的法律,标志着现代法走向实证化,与道德、宗教等社会规范相互分离,不再诉诸外部的永恒自然。鉴于程序本身就是法律,立法的实证化实际上反映了现代法的"自我再生产"。更全面地说,不仅立法规范实证化,法院裁判和契约同样如此:即使违背政治意志和社会舆论,终审判决仍然具有既判力;只要没有以合法方式解除,不道德的契约也能建立法律关系。一言以蔽之,现代法律系统的一切运作都实现了实证化。

三是司法中心地位的确立。首先,古罗马法和中世纪英国普通法都只处理有限的纠纷,只有符合诉讼程式或者令状的要求,纠纷才能诉诸司法。这是因为传统的道德和宗教规范已经在很大程度上稳定行为预期,只有涉及重大社会秩序问题或者君主的利益,国家的司法才介入干预。但是,当法律成为从规范上稳定行为预期的唯一社会机制,现代社会的司法就必须面向一切纠纷,"禁止拒绝审判"原则由此确立。其次,尽管现代立法调整越来越多的社会领域,但总是落后于社会复杂性的增长和社会的飞速发展,在空间维度无法囊括一切,在时间维度也无法预知未来。面对存在漏洞和落后于社会发展的立法,司法必须具有决断能力,从而避免法律稳定行为预期功能的丧失。最后,为了辅助司法作出决断,一系列法律制度和法律技术得到发展,包括:(1)终结论证的既判力原则;(2)对抗制、证据规则等规避实质性决定的司法程序;(3)围绕疑难案件裁判展开的法律解释学、法律推理、法律论证理论;(4)转移法官个人责任的组织化的法院;(5)连接外行当事人和法院裁判职业化的律师;(6)决定现行立法效力的司法审查制度。总而言之,在现代社会中,司法占据了法律系统的中心,从根本上负责法律功能的执行。

  应当指出的是,随着现代社会的日益复杂化,现代法还在持续发生模式变迁。如果说适应任何特定社会发展阶段的法律模式,都应当同时满足三重理性要求,即正当性层面的规范理性、功能层面的系统理性以及结构层面的内在理性,那么现代社会:(1)在个体之间相对平等、社会复杂性程度较低的发展阶段,"形式法模式"可能由于划定了私人行动的自由空间而具备规范理性,由于支持国家与社会、政府与市场的分离而具备系统理性,由于法律概念的抽象性、法律规则的体系化和法律适用的演绎逻辑而具备内在理性。(2)在贫富分化有所扩大、复杂性程度提升的发展阶段,"实质法模式"可能因维护经济和社会平等而呈现规范理性,因弥补市场缺陷和矫正市场失灵而呈现系统理性,因有意识地选择法律目的和设计相应法律手段而呈现内在理性。(3)在各功能系统相互依存又冲突频仍的高度复杂化发展阶段,反思型法是唯一兼具三重理性的法律模式。反思型法一方面正视高度复杂社会公共决策必须克服的信息获取困难、专业知识瓶颈和认知能力局限,充分支持、发掘和利用诸社会系统的自我规制能力,尽可能避免直接在行动者之间分配权利、义务与责任,或对相关行动直接加以合法/非法评价。另一方面,聚焦高度复杂社会日益加剧的体制冲突和多元理性冲突,将重心放在为诸社会系统自主开展冲突协调提供组织和程序保障,以及消除社会自治的负外部性问题上。反思型法的规范理性体现为支持社会的自我规制,既不放任自由的滥用,也不直接干涉个人的行动;其系统理性体现为支撑各种社会系统的自主运行,促成它们的内部协商和外部协调,对它们固有的代码和纲要保持基本的尊重;其内在理性则体现为程序取向,既不追求无矛盾、无漏洞的完美规则体系,也不致力于对社会行动强加目标设定和价值引导,而是运用组织规范、程序规范和职权规范,保障各社会领域持续展开自我反思。①

五、法律的内部演化

法律与社会共生共变,但法律并非只是为了适应社会变迁而被动演化。在演化过程中,法律自身的变异、选择和再稳定化发挥了首要作用,每个演化阶段都受益于既有法律素材的积累,接续了既有法律机制的运转,现代法则完全自主演化。达尔文进化论在此提供了分析框架,其中"变异"涉及法律要素的更新,"选择"涉及法律结构(规则)的建立,"再稳定化"涉及法律统一性的重构,均不受外部操控。②

(1)古代法以个案方式处理冲突,变异与选择无法区分。每次冲突都有独一无二的情境,法律要素不断变异;冲突解决依靠事后规则的创制,而非既有规则的选择。直到类似冲突频繁发生,且出现了居中的裁判者和作为社会记忆的文字,才有必要和可能储存个案处理经验。然而,初民社会的裁判者以占卜方式使用文字,旨在保存过去的决疑知识,并无指引未来生活的目的。是故,即便在原始法的晚期阶段,面向未来、具有情境不变性、可重复使用的规则仍然十分罕见。

(2)当裁判者角色随着阶层分化固定下来,就可能形成相对独立于社会环境的裁判系统,古代法也随之向前现代高等文明的法演进。裁判系统的出现至少意味着三项演化成就:第一,高等阶层垄断法官角色,利用权限规范和程序规则,在并无共识之处宣称代表共识、排除歧见,专门化的规则自此发端。第二,当事各方被迫皆以法律为辩护依据,可能暴露规则间的矛盾,形成变异的契机;法官独立于亲友关系等社会情势,对规则适用进行决断,构成选择的过程;变异和选择得以区分,法律要素的变动不再总是导致法律结构的明显更新。第三,由于裁判决定不能针对个案和个人,普遍性的法学概念可能成为论证基础。罗马法学甚至开始使用超越个案情境的抽象概念,孕育着一种对抗道德、常识和日常语言的法律文化。

但罗马法学家不检验法命题的一致性,不承认抽离个案具体特征的法律体系,不认为规则只要符合体系即有效。他们预设法律恒定不变,通过拟制手段解决新型案件,没有"新法优于旧法"的思想。同样,中世纪英国法也大量使用拟制,仍然不能解决的案件则被视为例外、诉诸衡平,不会轻易创设新规则并重构法律体系。要言之,在传统法律秩序中,"再稳定化"和"选择"尚未分离。

(3)通过诉诸体系的自主反思实现法律"再稳定化",在欧洲始于中世纪晚

---

① 参见陆宇峰:《论高度复杂社会的反思型法》,载《华东政法大学学报》2021年第6期。
② 参见[德]尼可拉斯·鲁曼:《社会中的法》,李君韬译,五南图书出版公司2009年版,第276—280页。

期,得益于印刷术的普及。此前,规则与注释、特权与个别义务、令状与诉权虽然已经得到文字记录,但法律主要以零散的格言形式口耳相传。印刷术使法律素材得以汇编和广泛传布,将其庞杂矛盾摆上台面,才刺激了简化的需要;法律教义学也才与实务分离,关注法律的体系性和历史融贯性。19世纪,概念法学崛起,法律的反思性进一步增长:整个法律系统都以原则和体系的方式把握;变异的规则通过解释得到建构,不具可建构性的规则遭到排斥。20世纪,层出不穷的立法加速了法律发展,法律的体系性不再能够依靠解释达成,形式性的效力又替代实质性的原则,将高度变异的法律不断再稳定化。至此,法律的自主演化彻底实现,现代法从社会中独立出来。

第三节 当代西方主要法系

一、法系的概念与划分标准

法系又称"法的家族"或"法圈",是西方法学家首先使用的一个概念。在历史发展的过程中,一些国家和地区的法律形成某些共性和共同传统,法系即这些法律的总称。当今世界上存在近200个国家或地区的法律,有的国家还存在两种或两种以上传统的法律,但都可以归于少数的法系之内。尽管法系与法律的历史类型都是法律演化的产物,但前者侧重地域性,后者侧重时间性;前者侧重实质特征,后者侧重形式特征;前者侧重法律本身的演化结果,后者侧重法律与社会共同演化的过程。

比较法权威茨威格特和克茨认为,划分法系的标准是各种法律秩序和这些法律秩序所构成的整个群体所具有的法律样式。所谓法律样式,不是法律秩序之间的细微差异,而是重要的、本质的差异或者独特性。尽管对于一种法律秩序来说,哪些差异具有重要性通常取决于研究者的判断,但由于来自不同法律秩序的研究者往往易于感知陌生法律秩序的独特性,因此通过国际协作的比较研究,影响法律样式的主要因素还是可以得到识别的。

作为划分法系的标准,法律样式包括五种构成要素:(1)法律秩序的历史来源和发展;(2)占支配地位的法律思想方法;(3)具有特征性的法律制度;(4)法律秩序中法律渊源的种类及其解释方法;(5)政治、经济学说方面或者宗教信仰方面的思想意识。

按照法律样式的差异,茨威格特和克茨将世界上的法系划分为八种,包括:(1)罗马法系;(2)德意志法系;(3)北欧法系;(4)普通法系;(5)社会主义法系;(6)远东法系;(7)伊斯兰法系;(8)印度教法系。① 但是,八法系说更为适合比较法专业的研究者,对于法理学研究者而言显得过于烦琐,而且有的法系已经逐渐丧失影响力。有鉴于此,本节采用法国比较法学家达维的三法系说,下文简要介绍除社会主义法系之外,在当代世界占主要地位的两大法系:民法法系和普通法系。

二、民法法系

民法法系是以罗马法为基础而形成的法律的总称。作为西方两大法系之一,民法法系以欧洲大陆为中心,遍布全世界广大地区。近代以来,民法法系形成了法国与德国两个支系。在欧洲范围内,法国支系包括拉丁语系各国,即法国、比利时、西班牙、葡萄牙、意大利等;德国支系包括日耳曼语系各国,即德国、奥地利、瑞士、荷兰等。在欧洲范围外,民法法系还通过近代欧洲各国的海外殖民,扩展到近东、亚洲、非洲以及特别是中、南美洲。

民法法系是历史发展的产物,起源于古代罗马法;中世纪中期,随着罗马法在欧洲大陆的复兴以及教会法、习惯法、商法的相互影响继续发展;17—18世纪,在法国大革命和古典自然法理性主义思潮的刺激下进一步推进;19世纪,由于法典编纂运动在欧洲大陆的广泛展开以及殖民化进程的深入,其影响扩展到世界广大地区,成为西方两大法系之一。

民法法系的基本特点可以概括为以下五个方面:②

(1)全面继承罗马法。表现在吸收了罗马法的许多原则和制度,特别注重保护私有财产和调整商品所有者之间的关系;接受了罗马法学家推动法律发展的一整套技术方法,包括他们进行法学研究所使用的法律术语、法律概念和法律分类等。13世纪,罗马法在欧洲复兴,接受罗马法教育的法学家阶层登上历史舞台;在法学家阶层的推动下,欧洲各国统治者从罗马人那里接受了法是社会关系重要调整工具的理念,统一的法观念逐渐形成;经由法学家阶层的研究和传播,罗马法的概念、原则、制度和精神被运用于欧洲各国的社会实践,欧洲"普通法"(*jus commue*)逐渐产生;随着西欧民族国家的形成,欧洲普通法作为超国家体系的地位走向衰落,但各国都接受了以其为表现形式的罗马法。

(2)实行法典化。19世纪以来,民法法系国家都致力于编纂系统的、逻辑清晰、结构严谨的法典,原因有四:首先,古罗马《民法大全》的传统,就是以抽象的原则和概念系统阐述法律;其次,资本主义的发展需要形式理性的法律,资产

---

① 参见〔德〕K. 茨威格特、H. 克茨:《比较法总论》,潘汉典、米健、高鸿钧、贺卫方译,法律出版社2003年版,第116页。

② 参见高鸿钧、赖俊楠、鲁楠、马剑银编:《比较法学读本》,上海交通大学出版社2011年版,第111—116页。

阶级革命的成果也需要固定下来;再次,民族国家的兴起要求垄断立法权,清除不具主权属性、散乱的教会法、习惯法和商法;最后,古典自然法学影响力巨大,要求制定合乎人类理性的法律,法律在形式上应当公开、明确、内容完备、编排有序,便于每个人掌握。

(3) 立法与司法明确分工,强调制定法的权威,不承认法院的造法功能。在民法法系各国,制定法都具有法律渊源上的优先效力;法官的职责在于将抽象的法规适用于具体案件,法官尽管可以解释法律,但其法律解释不能侵犯立法权,仅限于阐明立法者的意图;判例在司法实践中不具有正式的效力,"法官是制定法的奴仆",不能根据判例裁判案件。

(4) 法学在法律发展中作用突出。如前所述,在13世纪罗马法复兴和形成欧洲普通法的过程中,法学起到了决定作用。在法典编纂时期以及资本主义法律制度确立以后,法学仍然极大地推动了法律的发展:自然法、理性、民族国家、社会契约和分权制衡等法学学说创立了法典编纂和立法的理论基础;法典编纂的内容、体系、风格以及立法机关所使用的法律概念和词汇来源于法学;法律解释在司法过程中的地位日益重要,而法官解释法律实际上受到法学的支配;法律适应社会发展需要的任务首先由法学完成。

(5) 法律规范的抽象化和概括化。由于法学和法学家的巨大影响,民法法系各国的法律规范具有抽象性和概括性的特点,不是以解决具体案件的规范形式出现,而是针对并适用于一类情况。司法活动带有形式逻辑的三段论演绎风格,以法律条款为大前提,以案件事实为小前提,判决是逻辑演绎的结果。

三、普通法系

普通法系是以英格兰普通法为基础而形成的法律的总称,是当代西方与民法法系并列的主要法系。由于美国法在其中占有重要地位,普通法系又被称为"英美法系"。伴随着英国近代以来的殖民统治,普通法系国家分布于世界各地,包括:欧洲的英国(苏格兰除外)、爱尔兰;美洲的美国(路易斯安那州除外)、加拿大(魁北克省除外);大洋洲的澳大利亚、新西兰;亚洲的印度、马来西亚、新加坡;以及非洲的冈比亚、尼日利亚、加纳、肯尼亚、乌干达、赞比亚等。

普通法起源于英国,以1066年威廉一世征服英国(史称"诺曼征服")后建立的土地分封制和中央集权制为基础。(1) 普通法是从土地法和刑法开始的。在威廉一世建立的封建土地分封制下存在三种地权:不限定继承人身份的地权、限定继承地权、终身地权,其中限定继承地权后来发展成为长子继承制,是普通法区别于罗马法的一个重要特征。(2) 威廉一世及其继承人建立了中央集权的君主制,以维护其统治和国家安全。御前会议作为实现中央集权专制统治的一个重要组织,逐渐分化出王室法院,对各级领主法院和教会法院进行监督,并通过巡回审理案件,最终建立起判例法形式的适用于全国的普通法。(3) 王室法院的出现,导致陪审制取代了古老的神明裁判和司法决斗,为对抗制诉讼模式的出现提供了条件,这些也都是普通法的重要特征。①

英国虽然也受到罗马法的影响,但并没有像欧洲大陆那样接受罗马法,而是实现了独立的法律发展,其主要原因有四:一是英国的法律传统即经验主义传统。大陆法系重视学者的论著和制定法规则,英国更注重司法判例。二是英国的中央集权君主专制。与长期割据的欧洲大陆国家不同,英国自诺曼征服后就建立了中央集权的君主制以及全国性的王室法院。法官和律师也在普通法的基础上成长起来,成为顽固坚持普通法传统的力量。三是普通法在资产阶级革命时期赢得的地位。16 世纪以后,法官、律师与由新兴资产阶级组成的议会结为同盟,利用普通法与专制王权作斗争,决定了普通法不容挑战的地位。四是普通法法院的管辖范围长期限于地方法院管辖之外的特殊案件,每一类案件又受到个别的令状和诉讼形式限制,统一的、普遍的罗马法不容易得到接受。②

普通法系的基本特点及其与大陆法系的差异可以概括为以下七个方面:③

(1) 以英国为单一传播中心。普通法系的形成与发展以英国为单一的传播中心,民法法系则在欧洲大陆各国相继接受罗马法的基础上形成,随后由欧洲大陆各国通过殖民扩张以多中心的方式分散传播到世界各地。

(2) 以判例法为主要渊源。现代普通法国家确立了遵循先例原则,以法院判例而非制定法作为最重要的法律渊源。尽管 19 世纪末以来,普通法国家的制定法乃至法典数量都大量增加,但与民法法系不同,普通法国家的法典通常缺乏系统性和逻辑性,只是制定法的汇编;法典的颁布并不意味着既有的判例法失去效力,反而是判例优先于法典适用。

(3) 变革缓慢、富于保守色彩。民法法系通过立法和法典的编纂实现大规模的法律改革,甚至许多法典本来就是社会革命的产物。但在普通法系,一方面,法律主要通过个案裁判渐进发展,借助法官的司法技术进行细微的调适,以适应社会的变迁;另一方面,许多传统的法律制度被保留下来,特别是在英国,资产阶级革命没有触动普通法,君主和贵族的特权仍然受到普通法的保护。

(4) 法官在法律发展中作用突出。民法法系的法官只有适用立法机构颁布的法律的义务,没有创制法律的权力;普通法系的法官则通过在没有先例可循时创造先例,或者在有先例时扩大或限制先例的适用范围,创制和发展法律。民法

---

① 参见沈宗灵:《比较法研究》,北京大学出版社 1998 年版,第 198—201 页。
② 同上书,第 212—213 页。
③ 参见高鸿钧、赖俊楠、鲁楠、马剑银编:《比较法学读本》,上海交通大学出版社 2011 年版,第 126—133 页。

法系的法官与一般公务员没有本质差别,而英美等国由于更强调司法独立,法官往往经过长期的职业训练或者高要求的学院教育,也更具备推动法律发展的能力。

(5) 体系庞杂、缺乏系统化。由于制定法与判例法并存、判例法包含几百年积累下来的汗牛充栋的判例以及制定法只是既有法律的汇编,普通法系的法律体系异常庞杂。更重要的是,普通法系的法律分类是在中世纪英国的诉讼形式基础上发展起来的,不像民法法系那样对法律部门加以理论分类,且重视学者的抽象概括,因此其法律十分缺乏系统化。

(6) 程序中心主义。在民法法系国家,实体法比程序法更为重要,权利义务关系由实体法预先加以界定;但在普通法系国家,由于中世纪英国普通法实行令状制度,不同的令状规定了不同的程序,"无令状则无权利",因此形成了程序中心主义的观念。在令状制度废除后,由于对抗制诉讼模式等因素,普通法国家的律师仍然更加关注诉讼中的方法和技巧等程序性问题,而不是据以作出判决的实体法规则。

(7) 重视经验和实际应用。由于大学法律教育和法学家在法律发展中起到重要作用,民法法系重视逻辑、抽象的概念和原则。相反,普通法系强调经验和法律的实际应用。这是由于英美法学教育传统上不是由大学承担,而是采取行会式的职业学徒制。即便是在大学教育迅速发展的今天,英美的法学院也更重视教授法律实务,并主要采用案例教学的方法。

问题与思考

1. 本章"法律故事"分为三个小故事,分别涉及三个社会发展阶段和三种法律的历史类型,请结合本章内容思考:

(1) 美国学者伯尔曼在考察日耳曼部落法时认为,神明裁判与原始人"极端相信命运的任意性紧密相关"。傈僳族人采用神明裁判是因为他们愚昧无知吗?

(2) 从社会分化模式的角度,解释中国古代法律为何形成"八议"制度。

(3) 如何看待法院将"淫秽录像带"解释成"淫画",从而判决某甲犯"制作、贩卖淫画罪"?在现代社会中,司法与立法的关系如何?

2. 如何评价马克思主义法学家关于法律的历史类型的论述?

3. 法律与社会如何共生共变?

4. 试论当代西方两大法系的特点与差异。

参考文献

1. 〔德〕尼可拉斯·鲁曼:《社会中的法》,李君韬译,五南图书出版公司2009年版。

2. 〔英〕梅因:《古代法》,沈景一译,商务印书馆1996年版。

3. 〔德〕马克斯·韦伯:《法律社会学》,康乐、简惠美译,广西师范大学出版社2005年版。

4. 〔德〕K. 茨威格特和H. 克茨:《比较法总论》,潘汉典、米健、高鸿钧、贺卫方译,法律出版社2003年版。

第八章 法律的继承和移植

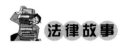
法律故事

清朝末年,传统中国法开启了近代性转换之旅。光绪二十八年(1902年),清廷任命沈家本、伍廷芳为修律大臣,统筹刑律、民律修订事宜。为了推进修律工作,两年之后,也即1904年,清廷所设修订法律馆正式办公。修订法律馆既负责重要法律的起草拟定,又着手删定旧有律例、编纂各项章程。在此背景之下,专门性的民事立法工作也于1907年被提上议程。1908年,修订法律馆延聘日本法学家松冈义正为顾问,由其与志田钾太郎协助主编总则、债权、物权三编。次年,因内阁侍读学士甘大璋所请,由礼学馆起草亲属、继承二编。与此同时,按照沈家本等人的设想,为了确保民事法律规范贴合固有的风俗习惯,修订法律馆也启动民事习惯调查工作,派员分赴各地,发放民事习惯问题目录。最终,在修订法律馆的主持下,前后历时四年,于1911年完成了《大清民律草案》的起草工作。从历史视角来看,这也是中国第一部民法典草案。

总体而言,虽然修律大臣在起草《大清民律草案》时颇费思量,但在最终拟定的草案中,前三编却大体以德、日民法典为参照,民事习惯调查对民事立法的影响较为有限。近代法律人江庸曾于1924年作如此评价:"前案(《大清民律草案》)多继受外国法,于本国固有法源,未甚措意。"也就是说,《大清民律草案》更多是移植域外法律规范,受时局之困,未能很好地发掘、提炼本国固有的民事法律规范。

《大清民律草案》未及颁布施行,辛亥革命便已启动新的历史开端。民国肇造,政体变革,法统更替,法律规范本应顺势更新。然而,《大清民律草案》作为第一部民法典草案,并未在司法实践中得以适用,前清旧法律令反得援引。民国元年,参议院曾发布公文:"本院于4月3日开会决议,佥以现在国体既更,所有前清之各种法规,已归无效。但中华民国之法律,未能仓猝一时规定颁行……惟民律草案,前清时并未宣布,无从援用,嗣后凡关民事案件,应仍照前清现行律中规定各条办理,唯一面仍须由政府饬下法制局,将各种法律中与民主国体抵触各条,签主或签改后,交由本院决议公布施行。"①如此一来,就民国初年民事法律的适用而言,近代中国法制史上演了一场历史的回调。

第一节 法律继承

一、法律继承概述

法律继承是法律发展的重要形式,也是固有法律文化延续的重要方式。学界通常认为,法律继承是指在特定区域或法域内,不同类型的法律之间的延续、相继、继受,一般表现为旧法(原有法)对新法(现行法)的影响,以及新法对旧法的承接和继受。法律继承既是制度与规范的继承,也是文化与历史的继承,它和其他制度、文化继承一样,有其历史必然性。尤其在具有悠久历史传统的国家,这种继承更是多见不鲜。例如,在中国法制史上,战国时期,李悝制定的《法经》是第一部比较系统的封建成文法典,并一度成为后世立法蓝本。及至秦朝鼎立,仍以《法经》六篇为基础,变法为律,制定《秦律》。此后,秦汉更替,两汉基本沿袭了秦朝的法律制度,萧何复以《秦律》六篇为基础,增律三篇,成《九章律》。所谓"汉承秦制,有所损益",即是如此。

人类社会的存在,本质上是一种历史存在。这就意味着,在过去、当下和未来之间,存在着可供理解的连续性。即便过去无法在当下全部重现,当下也常常难以与过去完全割裂。这种长时段的视角,对于我们从社会历史根基的角度理解法的生长、法律发展、法律继承,具有重要意义。奥地利法学家埃利希曾作如下判断:"在当代以及任何其他的时代,法的发展的重心不在于立法,也不在于法学或司法判决,而在于社会本身。"②也就是说,法律的发展需要正视并尊重已有的社会秩序,包括过去的社会形态和当下的社会样态。按照马克思主义法学的经典论述:"法的关系正像国家的形式一样,既不能从它们本身来理解,也不能从所谓人类精神的一般发展来理解,相反,它们根源于物质的生活关系。"③由于物质生活关系的许多面向,如地理构成、人口规模、风俗习惯等,时常具有历史限定性,因此,法的生长以及法律发展便需要面对固有的历史传统,这就为法律继承创造了外在可能性。

二、法律继承的功能

从马克思主义法学的立场出发,需要辩证认识法律继承与法律发展的关系。

---

① 谢振民编著:《中华民国立法史(上册)》,张知本校订,河南人民出版社2000年版,第55—56页。
② 〔奥〕欧根·埃利希:《法社会学原理》,舒国滢译,中国大百科全书出版社2009年版,"作者序"。
③ 《马克思恩格斯选集(第2卷)》,人民出版社2012年版,第2页。

法律继承与法律发展是密切相关的。一般而言,法律继承并不是纯粹"拿来主义"意义上对旧有法律的形式化复制,而是根据现实需要予以审慎选择、权衡的结果。尽管法律继承是对旧法的承接和继受,但是由于继承之后,法律所作用的物质生活关系可能与过去有所不同,故而随着物质生活实践的展开,在法律继承语境下继承的旧法,仍然可能创造新的活力,从而进一步推动整体性的法律发展。由此可知,要正确认识法律继承与法律发展的关系,便需要深入理解法律继承的功能。总体来说,法律继承具有两大功能:

第一,通过法律继承,建立法律制度和法律规范。通常来说,法律制度和法律规范的缺位,是法律继承的前提。如果针对特定事项已有相应的法律规范和法律制度予以调整,也就无须另外发现或创造法律,因而也无法律继承可言。就法制史的经验而言,法律继承一般发生在社会重大变革时期。例如,在朝代更迭、政体变换之际,可能出现法律继承的情形。原因在于,政治社会的变革,往往需要建构与此相适应的法律体系。此时,一方面,重建法律体系需要回顾已有的历史传统,这就为法律继承提供了外在环境。另一方面,受各种因素所限,当大范围、体系化的法律重建难以迅速完成时,就需要在特定事项上发挥法律继承的功能。无论基于何种原因,一旦选择了法律继承,便意味着在新的历史起点,建立了可供遵循和可以适用的法律制度、法律规范。就此而言,在新的时期,法律继承的本质,依然是法律发展。

第二,借助法律继承,延续固有法律文化。就本质而言,继承的功能是一体两面的。对继承者来说,通过继承的方式,赋予其新的存在形态;对于被继承者来说,继承的意义在于人为延长其存在价值。在人类漫长的法制史中,法律继承的功能同样如此。通过法律继承建立法律制度、法律规范,仅是从继承者的角度揭示法律继承的功能。从被继承者角度来看,法律继承的另一项重要功能在于延续固有法律文化。一个时期的法律制度和法律规范,承载了该时期的治理重任,同时也呈现了该时期的法律文化。通过法律继承,当历史上某一时期的法律制度和法律规范得以重新发挥其作用时,也就自然延续了附着其上的法律文化。举例来说,在中国法制史上,政权更迭之际,法律继承的现象时有发生,而这种连续性也在一定程度上塑造了相对稳定的中华法系特征。

三、法律继承的类型

法律继承是对旧有法律的继受。放宽历史的视野可知,法律的种类是纷繁复杂的。在不同时期和不同条件下,继受要素和继受规模也会有所不同。如此种种,决定了法律继承的类型是多种多样的。例如,法的继承性,既可以表现为对法律技术和概念的继承,也可以表现为对有关社会公共事务管理方式的继承。把握法律继承的类型,既具有认识论的意义,又具有方法论的意义。就前者而言,探究法律继承的类型,有助于在研习法律过程中培养一种历史思维,从而构建纵向的法律知识脉络。就后者而论,对法律继承类型的分析,有助于在实践层面理解法律继承是如何发生的,以及旧法通过何种机制获得新的生命力。简要而言,通过对人类法制史上法律继承的经验加以分析,可以将法律继承的类型归纳为以下四种:

第一,法律文化传统的整体继承。一般来说,传统视野下的法律文化应该具有器物性、制度性和精神性三种形态,其中器物性、制度性的法律文化属于低次元的传统,而精神性的法律文化属于高次元的传统。精神性的法律文化比器物性、制度性的法律文化具有更多的可继承性。[①] 举例来说,法庭设施、司法服饰等法律活动的必备硬件,属于器物性的法律文化,而典章、规范和程序则属于制度性的法律文化,与之相比,隐藏在制度背后的思想和精神,如"因时立法""一断于法""怜老恤幼"等则属于精神性法律文化。在法律继承中,大规模的法律继承主要表现为对固有法律文化传统的整体继承。其中,既包括对器物、制度的继承,也包括对主导性法律理念和法律精神的继承。

第二,法律原则的继承。在法制史上,大规模的法律继承并不多见。相比之下,在特定时期选择继承旧有的法律原则,并赋予其法律效力,却是时而可见的。通常而言,法律原则是对法律的目的、精神、价值等所作的纲领性规定,是指导具体法律规则的规范原理和价值准则。它主要表现为抽象而简洁的法律原理,例如,民事主体从事民事活动,不得违背公序良俗。由于法律原则并不指向具体的法律规范结构,因此它通常具有超越时空的弹性适应空间。基于这一特性,一个时代的立法者,选择继受过去特定时代的法律原则,也是一种重要的法律继承模式。

第三,法律规则的继承。如前所述,按照马克思主义法学的基本原理,法的本质根源于特定的物质生活关系。若物质生活关系的某些构成要素并无特别显著的变化,那么在创制新法时,针对这一特定要素,立法者选择继受旧法的某些固有规则也是可行的。事实上,在此情形下,选择继受旧有的法律规则也有助于保持社会生活的稳定性,维护既有的社会秩序,从而更好地发挥法律的指引、教育、评价、预防等作用。

第四,法律概念的继承。法律概念是法律要素中最基本的单位,是对具有法律意义的社会事实或社会现象的概括性表达。鉴于法律概念是人们形成法律认知、作出法律判断的基点,故而法律概念应当保持一定的稳定性。否则,另创新的法律概念替代旧有法律概念,可能就会影响法律的规范作用。正因如此,在具体法律实践中,新法对旧法法律概念的继承是比较多见的。例如,"自首"作为

---

① 参见李拥军:《论法律传统继承的方法和途径》,载《法律科学(西北政法大学学报)》2021 年第 5 期。

一个常见的法律概念,不仅是现代刑法规范的构成要素之一,而且也是传统中国法制史上的重要法律词语。又如,在我国,"法律行为"概念自清末被引入后一直延续至今,成为现代法学的常见术语。

第二节 法律移植

一、法律移植概述

"法律移植"是一个隐喻式概念。"移植"一词本是生物科学术语,意指植物或生命体的转移生长。当它与法律结合,重新组建一个新的法学概念时,主要是指特定国家(或地区)的某种法律规则或制度被移植、推行到其他国家(地区),从而使其接受并成为后者法律体系之有机组成部分的活动。法律移植和法律继承一样,也是法律发展的重要形式和途径。如果说法律继承强调同一空间内特定法律在时间上的前后相续,那么法律移植所表达的则是特定法律在不同空间的跨区域传播。由于法律移植关乎法律的跨区域生长,因此引入者在决定是否移植前,需要对拟移植环境,也即特定空间的法律制度、法律体系、法律文化等作充分的权衡和评估。

从法学研究的角度来看,法律移植是法理学,尤其是比较法学的重要研究范畴。在已有的研究中,围绕法律移植的可行性问题产生了较多的理论争论。确如研究者所言:"围绕'法律移植'的能与不能,塑造并划分了当代比较法的学术阵营,直到今天,'法律移植'依然是比较法学的基本问题意识和核心争论议题。"[①]域外关于法律移植的讨论,通常与法律全球化这一时代主题息息相关,而就实质而言,有关于此的争论,又与对法律本质的判断差异具有内在关联。

不同的法律观,可能导致不同的法律移植观。总体来说,若认为法律本身具有一定的独立性和自主性,那么一般会支持并认同法律移植。著名比较法学家沃森就是这一观点的代表性人物。在其 1974 年出版的经典著作《法律移植:比较法的方法》(*Legal Transplants:An Approach to Comparative Law*)中,沃森认为,法律具有较强的自主性和独立性,它完全可以脱离原初的社会环境。在他看来,罗马法和英国普通法在全球的扩散和传播,便是显而易见的例证,而若无法律移植,罗马法系和普通法系的存在是难以想象的。与此相反,若认为法律的生命根源于特定的社会历史环境,那么一般更倾向于否定法律移植的实效。举例而言,法国启蒙时代法学家孟德斯鸠在《论法的精神》中曾提出,法律与气候、风俗、民族性格等具有密切关联,它根植于独特的自然社会环境,因而具有显著的自然独

[①] 余成峰:《超越历史社会的"法律移植"——纪念艾伦·沃森》,载《读书》2019 年第 11 期。

特性。基于这一认知,普遍化的法律移植是很难发生的。

在我国,改革开放之后,随着社会主义法律体系建设的稳步展开,法律移植也一度成为法理学研究的核心焦点。回顾既有的理论研究可知,21世纪初,我国学者对法律移植的研究主要是在法律现代化或法制现代化的语境下展开讨论,一度出现法律移植论和本土资源论的理论争鸣。事实上,在改革开放之后,随着社会主义市场经济体制的逐步建立,确有一些法律规范乃法律移植的产物。然而,在实践中,域外法的移植却时常可见因"水土不服"而被规避的情况。因此,以反思法律移植为基础的本土资源论也逐渐获得研究者的重视,并成为新的理论增长点。[①] 总体而言,不管在理论立场上是否认同或赞成法律移植,当法律移植已经成为法制发展史上的独特景观时,我们有必要对此予以关注,进而了解法律移植的一般原理及其内在限度。

二、法律移植的动因

在世界范围内,法律移植是一种常见的现象。从发生学的角度来看,法律移植的发生有内在和外在的双重动因。在明确法律移植的基本概念之后,就需要探究法律移植的动因和逻辑,以进一步把握其整体类型及意义。学界一般认为,法律移植的范围大体分为两种:一是域外国家或地区的法律;二是国际法律和惯例。法律移植的形式主要有三种:一是单向移植,即落后国家或后发展国家直接采纳先进国家或发达国家的法律;二是双向移植,即经济、文化和政治处于相同或基本相同发展阶段和发展水平的国家相互吸收对方的法律,逐渐融合和趋同;三是多向移植,即区域性法律统一运动和世界性法律统一运动。在此背景之下,可以将法律移植的动因概括为如下三点:

第一,法律发展的非均衡性。由法律移植的概念可知,法律移植的前提之一是特定区域内法律的缺位,这种缺位体现的就是法律发展的非均衡性。在全球范围内,各个国家和地区的经济、社会、文化、政治发展水平各不相同,相应的法律发展状况也迥然有别。纵观世界法律发展史,法律发展程度较高的国家可能受特定因素所限而逐渐趋于落后,法律进化程度较低的国家也可能因善于改革法制环境而使其法律逐渐走向现代化。正是这种差异化的发展格局,促成当今世界法律发展的总体图景。从比较法的视角来看,正是基于差异化的法律发展格局,比较法的意义才随之彰显,法律移植方有其可行性和必要性。以中国为例,作为具有悠久历史文化传统的文明体,其法律发展史的各个节点也是纷繁多样的。例如,源于传统中国的中华法系,曾在人类法律文明中占据重要地位,构

[①] 进一步阅读,可参见苏力:《法治及其本土资源(第三版)》,北京大学出版社2015年版,第3—24页;邓正来:《中国法学向何处去——建构"中国法律理想图景"时代的论纲(第二版)》,商务印书馆2021年版,第188—233页。

成世界五大法系之一。它肇始于汉代,确立于隋唐,并一度远播于东亚。法律史研究表明,朝鲜半岛的高丽王朝曾通过系统性移植唐朝律令法制为本国创制立法。当时,亚洲地区法律发展的非均衡性,为中华法系在日本、越南、朝鲜等地的传播以及由此而伴随的法律移植提出了外在的客观需要。然而,随着时间推移,当传统中国法已无法应对中西世界的沟通时,20世纪初的中国也曾选择法律移植的道路。经过清末民初法律改革后的中国法律制度,是借鉴西方大陆法系模式建立的新的法律制度,与原有的传统中国法律制度无疑已经不可同日而语。[①]就本质而言,中国法制史上的上述片段和事例,其产生根源正在于法律发展的非均衡性。

第二,法律文化的交融。不同区域法律文化的交融,为法律移植的产生提供了有利条件。通常认为,法律文化的内在价值基础是社会法律文化观念,包括社会主体关于法的知识、法的信念、法的态度、法的感情、法的意志以及法律思想体系(法律意识形态)等多种要素所构成的有机整体。法律文化虽然属于社会意识的范畴,并非脱离了物质生活的思想关系,但在不同类型的法律文化之间却也存在一定程度的交流和融合。法律文化的交流和融合,主要表现为对某种法的价值、理念和精神的认同。这种认同感,既促进了法律文化交流,也为法律移植培育了便利土壤。一般而言,如果一国认同源于域外的某种法律价值和法律理念,那么随着法律文化的交融,可能也会在本国建立与此法律价值或理念相适应的法律制度。例如,我国《民法典》在总则编第九章中规定了诉讼时效制度,就诉讼时效期间、诉讼时效中止和中断、诉讼时效抗辩等作出了详细的规定。诉讼时效制度,旨在督促相关当事人及时行使权利,进而通过保护司法效率维护社会秩序。经过多年的司法实践,它已成为现代法律体系的重要制度。然而,从历史视角来看,诉讼时效制度并非发源于中国本土的法律制度,而是与罗马法的兴起有密切关联,随后为《法国民法典》《德国民法典》等欧陆法典所继受、吸收,并随着大陆法系法律文化在域外的传播而被许多国家和地区引进、吸收和采纳。

第三,法律全球化的推动。法律规则的跨国适用、法律知识和法律理念的全球流动,是当今世界法律发展的重要特点。在学界的讨论中,通常以"法律全球化"概括上述实践现象。整体而言,法律全球化实际上是经济、社会等领域的全球化在法律事务上的独特反应。从全球治理的角度来看,法律在当今世界治理中发挥着越来越重要的作用。经济、社会等领域的全球化,需要法律系统的及时跟进,对全球共同关切的问题作出相应的法律回应。需要指出的是,法律全球化并非法律的完全趋同化。按照马克思主义法学的基本观念,法的产生源于特定的物质生活关系,有其具体的、历史的产生和发展背景。唯有尊重国情的历史现

[①] 参见米健:《比较法学导论》,商务印书馆2018年版,第342页。

实差异,并在此基础上促进法律交往和法律适用的跨国协调,方能正确认识法律全球化的内涵和意义。总体而言,法律全球化至少呈现如下特征:其一,全球化国际法律规则的制定和适用。在全球贸易、税收、环境保护等国际交往过程中,需要一些基础性的公约和条约等,这些国际规则构成法律全球化体系的重要组成部分。其二,跨区域立法的制定和适用。超国家组织的出现及其法律治理,衍生了跨区域立法,这就使得特定法律的适用范围也穿越了传统的国家界限。例如,在信息时代,为了促进对数据的保护,欧盟2018年颁布实施了《通用数据保护条例》(General Data Protection Regulation,GDPR),并赋予其较大的适用空间,使其突破了原初主权国家的地域范围。在世界范围内,由于法律全球化并不是在各个国家或地区同时同步展开,故而对于在时间上较晚融入这一进程的国家来说,往往会在法律全球化进程中移植已有的法律制度和法律规则。回顾世界法律发展史可知,法律全球化为法律移植提供了重要契机和必要条件。

三、中国法律发展史上的法律移植

法律移植是法律发展史上重要的法律现象,许多国家在其法制史上都曾有法律移植的历史片段。例如,日本在明治时期通过法律移植的方式引入欧陆的法律制度,并在此基础上建立了相对全面的法律制度,推动了法律制度的适时更新,较早地实现了国家的近代化。回顾中国法制史可知,中华法系曾经独树一帜,影响深远,并且一度成为法律移植的"输出国",为亚洲多国所移植、继受。及至晚清时期,随着中西交流逐渐铺开,中国也以前所未有的深度迈入世界体系之中,既有的法律制度面临古今中西的转型难题。当时,改革旧法、制定新法成为时代重任,而在法制改革的过程中,中国也采取了法律移植的方式。总体而言,以历史视角而论,基于历史、现实、时机等多种原因,中国对域外法的选择是多种多样的。其中,既有与传统中国法律制度有相近之处的欧陆法律制度,也有与大陆法系有显著区别的英美法系法律制度。此外,在特定的时期内,中国也对苏联法律制度有一定的吸收。不同时期的不同选择,共同构成了中国法律发展史上的法律移植景观。

第一,移植大陆法系法律制度。晚清之际,在启动法制改革时,清政府就曾派员出洋考察。在随后修订法律的过程中,立法者也曾效法大陆法系。例如,在《大清新刑律》和《大清民律草案》的起草过程中,均可见日本法学学人的身影。日本法学家冈田朝太郎曾深度参与了《大清新刑律》的起草以及围绕该新刑律的制定而引发的礼法之争,在民国初期又继续参与起草《暂行新刑律》。在起草《大清民律草案》的过程中,清政府也曾聘请日本法学家志田钾太郎和松冈义正为顾问,负责起草民法总则、债权、物权三编。在当时,无论是刑律的制定,还是民律的起草,都在很大程度上移植了德、日、瑞士等国的法律制度。以《大清民律草案》为例,该草案第 1 条规定:"民事本律所未载者,依习惯法;无习惯法者,依条理。"这便是借鉴《瑞士民法典》第 1 条,从法律渊源上将习惯法放在条理之前,确认了民事习惯的重要地位。该草案总则第八章"权利之行使及担保"则是效法《德国民法典》第六章"权利的行使、自卫、自助"和第七章"提供担保"。①

第二,移植英美法系法律制度。在中国法律发展历程中,也曾吸收英美法系的法律制度,尽管与大陆法系相比,前者的规模可能相对较小。举例而言,1911 年辛亥革命之后,各省都督府代表联合会议制定的《临时政府组织大纲》即效法美国的政治法律制度,而此后的《临时约法》等宪法性文件也大体与此相似。需要指出的是,晚近以来,在中国法制现代化的过程中,在制定具体的法律法规时,也部分地引入了具有英美法特色的概念和内容,如独立董事制度、双务合同中的抗辩权制度、预期违约制度等。此外,在劳动法、反不正当竞争法等经济法领域的法律制定中,中国也结合本国实际情况,引入了英美法系的一些法律规定。

第三,移植苏联法律制度。新中国法制初创时期,曾学习、继受苏联社会主义法制建设的经验。据法制史学者研究,新中国成立初期,"在总结根据地时期法制经验的基础上,苏联的土地法、婚姻法、刑事法律等实体法受到重视,经济法的概念也被移植到国内。比如,在苏联法中,婚姻家庭是排除在民法之外的,我国仿效 1918 年的《俄罗斯联邦婚姻家庭和监护法典》于 1950 年 4 月即发布了《中华人民共和国婚姻法》(以下简称《婚姻法》),在结婚条件、结婚程序、离婚条件等方面也借鉴了苏联法。"②从历史视角来看,当时选择移植苏联法律制度,源于特定的历史因素和时代背景。改革开放之后,随着中国法制现代化进程的逐步推进,中国的法制建设走向更加成熟的道路,苏联法的影响也随之逐渐淡化。

在上述法律移植的历史片段中,有的已经化作历史的尘埃,而有的则通过本土化的法律实践成为现代中国法治建设的"活法"。在比较法领域,围绕法律移植问题曾产生一系列的理论争鸣作品。③ 这些争论也为学界进一步理解法律移植提供了必要的知识参照。总体而言,在认识法律移植时,需要注意以下几点:

第一,法律移植和法治实现之间,并不具有必然关联。也就是说,即便通过法律移植的方式引进在域外适用良好的法律规则,未必就能在本国实现规则之治。无论是何种法律规则,从"纸面上的法"真正转化为"行动中的法",都需要和特定的社会环境、文化状态、心理认同、配套制度等相结合。就此而言,一方面,在法律移植之前,立法者应进行审慎的权衡、评估,以尽可能确保相关法律制度能够与本土法律文化环境相适应;另一方面,在法律移植之后,应基于系统性、全局性的视

---

① 参见张德美:《探索与抉择——晚清法律移植研究》,清华大学出版社 2003 年版,第 375 页。
② 何勤华等:《法律移植论》,北京大学出版社 2008 年版,第 193 页。
③ 参见〔意〕D. 奈尔肯,J. 菲斯特编:《法律移植与法律文化》,高鸿钧等译,清华大学出版社 2006 年版。

角,根据具体的历史和现实因素,为相关法律制度的实施创造必要的外在条件。

第二,在法律体系建成之后,法律移植的空间将有所缩限,借鉴参考域外法制而非单纯的法律移植,将成为更惯常的法律发展方式。及至2011年,我国已经建立了一个立足中国国情和实际、适应改革开放和社会主义现代化建设需要、集中体现党和人民意志的,以宪法为统帅,以宪法相关法、民商法、行政法、经济法等多个法律部门的法律为主干,由法律、行政法规、地方性法规与自治条例、单行条例等多层次的法律规范构成的中国特色社会主义法律体系。这表明,在我国法治建设过程中,已形成了全方位的、成熟的法律体系。在此背景之下,此后的立法可能更多借鉴参考域外的法律制度,而较少进行法律移植。例如,在目前各国家和地区已经颁布的个人信息保护立法中,影响最大的一部法律是2018年5月25日起施行的欧盟《通用数据保护条例》。我国在起草《中华人民共和国个人信息保护法》(以下简称《个人信息保护法》)时,也充分吸收借鉴了《通用数据保护条例》中一些优秀的立法成果和经验,①但由于《个人信息保护法》乃立足于我国的现实需要和实际环境而审慎制定的,因此便不能将这种参考简单地视为法律移植。

问题与思考

1. 法律继承和法律移植有什么区别?
2. 法律移植的意义和局限性有哪些?

参考文献

1. 〔意〕D.奈尔肯、J.菲斯特编:《法律移植与法律文化》,高鸿钧等译,清华大学出版社2006年版。
2. 何勤华等:《法律移植论》,北京大学出版社2008年版。
3. 苏力:《法治及其本土资源(第三版)》,北京大学出版社2015年版。
4. 邓正来:《中国法学向何处去——建构"中国法律理想图景"时代的论纲(第二版)》,商务印书馆2011年版。
5. 余成峰:《超越历史社会的"法律移植"——纪念艾伦·沃森》,载《读书》2019年第11期。
6. 李拥军:《论法律传统继承的方法和途径》,载《法律科学(西北政法大学学报)》2021年第5期。

---

① 程啸:《个人信息保护法理解与适用》,中国法制出版社2021年版,第3页。

第三编 关系论

第九章　法律与经济、政治

20世纪30年代,美国为经济大萧条的阴云所笼罩,罗斯福携其新政走到历史舞台的中央。在国会的鼎力支持下,充分贯彻新政精神的《全国工业复兴法》《农业调整法》等法令相继出台,而这些法令也为之后罗斯福新政的顺利推进发挥了保驾护航的作用。

然而,由于罗斯福新政的一些内容与美国传统的经济发展思路背道而驰,这不可避免地激化了自由派与保守派之间的矛盾,也由此引发了新政与传统宪法之间的冲突。罗斯福推崇"活的宪法"理念,将宪法视为推动社会进步的灵活可变的工具。他主张,宪法值得人们敬畏,"不是因为它有多么的古老,而是因为它常用常新"。在他看来,具有适应性的宪法才能够应对大萧条时期美国人所面对的全新局面,故宪法应当顺应经济发展规律而灵活地作出自我调整。但与此同时,最高法院处于保守派掌控之中,他们对罗斯福新政中诸多经济政策嗤之以鼻。职是之故,新政诸多核心法案先后被最高法院判决违宪并废除。在彼此博弈间,双方的矛盾到达了顶点。

为了保证新政的顺利进行,罗斯福甚至不惜采取置美国分权与制衡的政治传统于不顾的"填塞法院计划",试图通过国会立法规定,如果联邦大法官在70岁时拒绝退休,那么总统有权再额外任命一位大法官与其共事,从而任命六位认同新政理念的自由派大法官,迫使最高法院遵循新政之精神行事。此外,美国国内日益严重的劳工骚乱以及恶化的经济形势也给最高法院带来了巨大的压力。在经济和政治层面的双重压力之下,最高法院不得不作出让步,在此后一段时间内基本没有推翻哪怕一项新政法令,新政也由此得以顺利推行。

由此案例可见,经济、政治与法律之间会交互影响且关系错综复杂。它们之间到底有哪些具体的联系?又是如何相互作用的呢?本章将探讨以上问题,并介绍法律与政治、经济关系研究的最新成果和发展趋势。

第一节　法律与经济

马克思主义认为,经济基础与上层建筑矛盾运动的规律,是人类社会发展的一个基本规律。经济基础决定上层建筑,上层建筑对经济基础具有反作用。在法律与经济的关系中,最根本的是法律作为上层建筑由经济基础决定并为经济基础服务。马克思主义法学关于法律与经济关系的基本理论,对于我们更好地理解中国社会主义法律与经济的关系,理解社会主义法律对维护社会主义经济制度、发展社会主义市场经济、推动社会生产力发展方面的作用,具有直接的指导意义。

一、经济对法律的作用

一个国家的法律制度是一定经济社会基础的反映。这集中表现为,法律的内容、性质由经济社会基础决定,并且法律随着经济社会基础的变化而变化。

经济基础决定法律,或者说法律决定于一定的经济基础,有着丰富的内涵。

1. 法律的内容是由一定的经济基础决定的

法律的内容比较复杂,而且随着社会的进步不断丰富。但不管哪一种法律(如民法、刑法等),也不管哪个国家的法律,它的内容都是由一定的经济基础决定的。罗马法之所以被誉为"商品生产者社会的第一个世界性法律",其原因就在于罗马高度发达的商品经济。

法律是不可能超出一定的经济基础的范围之外的。比如说,我们绝不能设想在古代社会就有完整的知识产权法,因为当时经济基础尚未发达到需要全面保护著作权、商标权、专利权的程度。现代社会之所以有知识产权法,不仅是经济基础发展的要求和需要,而且是现实经济生活的反映。因此,知识产权法的内容实际上不是哪个立法机关或集团凭空想象出来的,而是反映、确认现实生活中的著作权、商标权和专利权而已。

经济基础不仅决定法律的内容,与经济基础相结合的经济体制也会对法律的内容产生重大影响。这一点在我国经济体制改革中得到了生动而具体的反映,在计划经济体制下,法律的内容十分简单,因为经济活动主要由行政命令和政策指导,法的作用空间自然就很小;而在市场经济体制下,经济活动主要由法律调整,因此法律的内容便日益丰富,尤其是民商法的内容大大丰富,法律形式也变得越来越完备。当然,影响法律的内容的因素较多,有历史、民族的因素,也有文化、社会的因素,甚至还有地理、气候、人口的因素。但在这诸多因素中,经济因素具有决定性作用。

2. 法律的性质是由一定的经济基础决定的

一般而言,有什么样的经济基础,就会有什么样的法律。迄今为止,人类历史出现过四种生产关系,也相应地产生出四种类型的法律,即奴隶制法、封建制法、资本主义法和社会主义法。但不论哪一种法律,它的性质都是由一定的经济基础决定的。有什么样的经济基础,就会有什么样的法律。例如,由于当时经济基础的核心是奴隶主所有制、封建主土地所有制,因此奴隶制法、封建制法必然是以维护奴隶主、封建主的统治为主要任务,并且其刑罚必然是残酷和公开的不平等的。又如,我国实行的是社会主义市场经济,在所有制结构上以公有制为主体,在分配制度上以按劳分配为主体,这就决定了我国法律的性质必然是社会主义的,并以推进和保障社会主义建设为其根本任务。

3. 法律的变更与发展决定于经济基础的变更与发展

马克思指出:"社会的物质生产力发展到一定阶段,便同它们一直在其中运动的现存生产关系或财产关系(这只是生产关系的法律用语)发生矛盾。于是这些关系便由生产力的发展形式变成生产力的桎梏。那时社会革命的时代就到来了。随着经济基础的变更,全部庞大的上层建筑也或慢或快地发生变革。"① 法律属于上层建筑,当然随着经济基础的变更而变更。

当然,这种变更有时快、有时慢,而且是从量变到质变的过程。立法者必须认识和适应这个过程。经济基础涉及内容很广,既包括所有制结构形式、分配制度,也涉及人们的相互关系和经济体制。一般来讲,经济基础某一部分发生变更,法律也在某些方面产生变更。②

综上所述,虽然经济基础决定法律,但不能认为法律不受其他因素的影响,或与其他社会现象无关。上层建筑中的其他部分,如社会的政治观点、法律观点、宗教观点、道德观点、风俗习惯以及阶级力量对比关系和国际环境等,都会与法律发生相互影响。显然,这是对"经济基础决定法律"观的一种修补。"政治、法、哲学、宗教、文学、艺术等等的发展是以经济发展为基础的。但是,它们又都互相作用并对经济基础发生作用。并非只有经济状况才是原因,才是积极的,其余一切都不过是消极的结果。"③可见,在分析法律的决定性因素时,不能也不应该忽略经济基础以外的其他诸因素,即政治、思想、宗教、道德、文化、历史传统、民族、科技等因素。如果忽略或舍弃这些因素的作用,那就无法解释法律制度之间有时会出现相当大的差异。

---

① 《马克思恩格斯选集(第2卷)》,人民出版社1995年版,第32—33页。
② 参见李龙主编、汪习根执行主编:《法理学》,武汉大学出版社2011年版,第98—99页。
③ 《马克思恩格斯选集(第4卷)》,人民出版社1995年版,第732页。

二、法律对经济的作用

在肯定经济基础决定法律的同时,也必须看到法律对经济基础的反作用。经济生活是人类生活的重要方面,法律有必要对经济活动进行规范。否则,仅依靠人类自发行为会造成经济失序与不安全,甚至危及人类的生存状态。

总体而言,法律对经济基础有着能动的反作用,主要体现在以下三点:

1. 法律对其赖以存在与发展的经济基础(经济关系)起确认、引导、促进和维护作用

所谓确认,是指法律适应生产力和社会的发展状况,创建新的生产关系和改造旧的生产关系。法律的这种确认功能,使社会基本经济关系得以制度形态合法存在。所谓引导,就是指法律规范提供制度和行为模式,引导经济关系和经济行为朝着有利于统治阶级利益要求的方向发展。所谓促进,既包括法律促进经济关系的巩固,更包括法律促进该经济关系的发展,特别是在新的经济基础刚刚形成的时候,这种促进更为明显。如近代史上的《法国民法典》,便对资本主义经济基础的形成和巩固起了重大的促进作用。所谓维护,就是法律对经济关系的维护和保障,保证一定社会的社会秩序稳定、不受侵扰。

2. 法律对经济基础的反作用不仅体现在直接规定经济关系内容的法律规范方面,而且体现在服务于经济活动的法律制度方面

美国法经济学家舒尔茨在广义上列举了四种"为经济提供服务的制度":(1)用于降低交易成本的制度;(2)用于影响生产要素的所有者之间配置风险的制度;(3)用于提供职能组织与个人收入流之间的联系的制度;(4)用于确立公共品和服务的生产和分配的框架的制度。① 通过法经济学的研究,我们知道,许多立法对于经济生活的促进作用是非常巨大的。在市场经济社会,法律成为促进经济发展的"内生变量",法律(制度)环境的好坏在很大程度上影响着经济的发展水平。

3. 法律对与之相矛盾的、旧的经济基础加以改造或摧毁

一种社会形态代替另一种社会形态后,与新法相矛盾的旧经济关系,虽然受到极大的削弱,也已不占统治地位,但往往被暂时保留下来。在这种情况下,作为维护新的掌握国家政权阶级利益的新法,必然要改造旧的经济基础或者予以摧毁。如中华人民共和国成立后颁布《土地改革法》,迅速消灭了在我国历史上延续几千年的封建土地所有制。一般来说,在一种剥削制度代替另一种剥削制度之后,新法对旧的经济基础往往是采用改造的手段,使之符合新的统治阶级的

---

① 参见〔美〕T. W. 舒尔茨:《制度与人的经济价值的不断提高》,载〔美〕R. 科斯、A. 阿尔钦、D. 诺斯等:《财产权利与制度变迁——产权学派与新制度学派译文集》,上海三联书店1991年版,第253页。

要求。如英国资产阶级革命胜利后,便是通过改造,使旧的经济基础符合资产阶级的需要。我国在新民主主义向社会主义过渡时期对生产资料私有制的社会主义改造,也是通过国家和法律改造旧经济关系的例证。

一般来说,法律对经济基础以及通过经济基础对社会生产力发挥的作用,按其性质大致可分为两大类。一类起进步作用,即当法律维护并促进其发展的经济基础是先进生产关系时,必然推动社会生产力的发展,法律的作用无疑是进步的;另一类起反动作用,即当法律保护的经济基础是腐朽的生产关系时,必然阻碍生产力的发展,阻碍社会的进步。

三、当代中国法律与市场经济

"市场经济"一词,是在 19 世纪新古典经济学兴起以后才流行起来的。所谓市场经济,是指以市场机制调节经济运行和资源配置为主要方式的经济形式和经济体制。市场经济由商品经济发展而来,是在社会化大生产条件下的商品经济或发达的商品经济。市场经济具有如下特点:资源配置方式以市场调节为基础;经济主体平等独立、交换自由,法律权利关系清晰;建立了比较完备的市场经济法律体系,经济运行纳入法制的轨道,政府对市场运行实行具有一定价值和目标导向的宏观经济调控和行为监管。[①] 在市场经济中,法治和经济的关系如下:

(一)法治与市场经济的关系

1. 市场经济是法治的经济起点

法律产生于早期人类的经济生活(特别是第三次社会大分工后的商品交换)。虽然商品交换的内在规则最早是以习惯的形式表现出来的,即使在今天商业习惯仍然是调整商品交换的重要法则,但是随着商品交换的发展,特别是从简单交换发展为复杂的交换关系以后,没有法律的规范和保障,商品交换几乎是不可能的。

市场经济是法治的起点,大致包含两个方面的内涵:第一,市场经济的发展要求经济运行必然法制化。现代化大生产导致市场主体结构的多元化和社会经济关系的复杂化,市场联系日益广泛、紧密,经济全球化日渐明显,国际大市场正逐步形成,市场交易灵活、便捷,产品结构更加多样化,等等。这些都对法律的发展和完善提出了更高的要求。如果说从《法国民法典》到《德国民法典》反映了市场经济从自由资本主义阶段发展到垄断资本主义阶段,那么,现代市场经济的迅速发展必然要求现代法制能够更准确地反映客观经济规律,推动经济发展。第二,市场经济的发展必然呼唤经济运行规则法制化。现代市场经济的发展要

---

① 参见冯玉军:《法理学(第二版)》,中国人民大学出版社 2018 年版,第 283 页。

求经济运行规则必须法制化,必须将市场的自发调节同国家的宏观调节相结合,建立一套完善有效的法律约束机制。

2. 法治是市场经济的制度保障

(1) 建立市场经济秩序需要法治

市场经济需要法治,就是要通过法治形成稳定的、积极的经济秩序。市场经济秩序是一种稳定的、进化的自发秩序,它的形成需要在一种普遍、抽象的一般性规则下进行自由选择,需要经济生活主体在法治状态下自由地追求自我利益和自我发展。与西方几百年的市场经济发展路径不同,我国社会主义市场经济刚刚起步,与之相适应的物质与心理准备尚不充分,但为了加快社会主义现代化建设的步伐,我们又不能步履迟缓,否则会错过发展良机。因此,要消除特定时期内存在的种种经济无序现象,应对在市场经济发展过程中出现的负面问题,就必须强化法制建设,推行依法治国。

(2) 市场主体的行为需要法律调整

市场竞争内在要求主体依法行为,遵守各种市场规则,按照这些规则进行竞争。对市场主体行为的法律调整是运用国家权力以法律手段对市场主体行为的调整,它是国家运用国家权力、以法律手段对市场主体行为进行的有组织、有结果的调整,并以国家强制力为保障。其基本内容是:确认经济活动主体平等的法律地位;调整经济活动中的各种关系;规范生产要素的自由流动;解决经济活动中的各种纠纷;维护正常的经济秩序。

(3) 法律是对市场经济进行宏观调控的重要手段

社会主义市场经济要求由国家对经济实行宏观调控。这是因为市场机制本身存在局限性和缺陷,如市场竞争的不完全性导致市场失灵,公共品的供给不能由市场机制来调节,市场本身不能解决宏观总量的均衡问题等。

法律在宏观调控方面的主要作用大致包括:促进政府经济管理职能的转变,把直接干预转变为间接调控,把以行政手段为主的管理转变为以经济和法律手段为主的管理;为经济手段充分发挥作用提供法律保障,使相关宏观调控的决策民主化、科学化以及经济调控手段的运用规范化,且更具协调性;促进解决在经济体制转轨过程中出现的宏观经济领域及相关社会领域中的问题,如收入分配、基本社会服务和公共事业、社会保障体系、地区和部门利益之间的冲突和协调、局部与整体利益的冲突和协调等。

(4) 法律有助于抑制市场经济对基本社会价值和利益的侵害

市场经济的发展有利有弊,它一方面热情地呼唤公正、平等、秩序、民主、自由等社会基本价值,并且确实为这些基本价值的实现奠定了经济基础。但另一方面,它也具有损害这些基本价值的倾向,如对社会共同目标、基本价值等关注不够甚至有所损害,正是市场的自身缺陷之一。法律除了在经济领域中促进克服市场的缺陷,还在社会价值领域中抑制市场经济的负面效应。

法律在阻止市场对自由平等价值的侵犯方面可以发挥广泛的作用。第一,法律确认一些基本的自由和权利并禁止其交换,从而保障人们在享有基本自由和权利方面的平等。第二,促进必要的社会平等,限制不公正的社会不平等。这是对人们体面生活的保障,对社会稳定的维持,也是为市场经济的发展创造良好的社会环境。第三,完善法律机制,努力避免法律成为市场交易和金钱的牺牲品,确认法律作为社会公正裁判者和捍卫者的相对独立的地位和价值。

(二) 当代中国法律对市场经济建设的作用

中共十八大以来,以习近平同志为核心的党中央围绕中国特色社会主义经济建设提出了一系列新的重大战略思想和重要理论观点,创造性地发展了中国特色社会主义政治经济学原理,为法治经济建设培植了更加深厚、更加科学的理论基础,为"社会主义市场经济本质上是法治经济""厉行法治是发展社会主义市场经济的内在要求""认识新常态、适应新常态、引领新常态"等科学命题提供了学理支撑。这些思想阐明了法治与经济的内在联系,说明了法治对经济发展的重大意义。[①]

由于中国的市场经济是自上而下由政府直接启动的,法律的重要经济功能就是安排改革进程并重构社会。在此意义上,中国法律正被赋予创造历史的功能。中国法律的经济功能载体是社会主义市场经济法律体系,它有以下三个特点:第一,社会主义市场经济法律体系,在总体框架上是社会主义法律体系的一个子系统。因而,它以宪法为统帅,与其他部门法和谐一致;同时,它又横跨几个法律部门,这主要是由于它把市场经济作为一个统一的调整对象。第二,在法律渊源上,它与其他部门法一样,以宪法有关规定、有关法律(基本法律与非基本法律)、行政法规、地方性法规以及其他具有法律效力的规范性文件为表现形式。第三,从市场运转机制和过程上看,它主要包括市场主体法、市场行为法、市场管理法、市场体系法、市场宏观调控法和社会保障法等。

中国社会主义市场经济法律体系的功能主要表现在建设市场经济外部法律环境和内部法律环境两个方面:

1. 当代中国法律在建设市场经济外部法律环境方面具有重要功能

市场经济的发展与法律发展同步。市场经济发展的规模和速度无不受到一定社会法治状况的制约。社会关系错综复杂,相对于市场经济关系而言,其外部各种社会关系的秩序性程度深刻影响着市场经济关系的发展。市场经济外部法律环境主要包括以下方面:建设民主政治,维护政治稳定;发展科学教育事业,促

---

① 参见《中共中央关于制定国民经济和社会发展第十三个五年规划的建议》,人民出版社 2015 年版,第 6 页。

进文明建设;加强社会公共事务的管理等。法律对外部环境的作用即为市场经济建设提供良好的外部基础。法律经济功能的实现离不开其政治功能和公共功能的发挥。

2. 当代中国法律在建设市场经济内部法律环境方面具有重要功能

宪法和有关基本法律的经济功能主要在于,确认和维护国家的社会主义经济制度,规定各种经济成分的不同法律地位,明确经济建设的方针和原则,使市场经济建设具有合法性、合理性,从而推进市场经济的健康发展。在这方面,还要特别注意运用法律协调好社会利益关系,保证"共同富裕"这一社会主义经济政策的逐步实现。

法律还确认和维护各种市场主体的法律地位,规范市场主体微观经济行为。市场经济是主体多元、决策分散型经济,必须承认不同利益主体的法律地位,揭示市场主体的不同形态。市场主体主要是企业和公民,在法律上一般表现为法人和自然人。政府一般不再是市场经营主体。当代中国实行的社会主义市场经济,是统一的市场、开放的经济,它以公有制为主体,多种经济成分并存,实行等价交换,倡导公平竞争。

市场经济要求法律对各种所有制经济和公私财产给予平等的保护。市场经济要求不再把企业的所有制形式作为区别主体类型的主要标志,而应把企业的财产责任形式和组织形式作为立法分类的主要标准,市场主体不分中外、公私,法律地位一律平等。市场主体立法,包括依企业的不同法律形态而制定的公司法、合伙法等,摒弃带有身份色彩的法律,维护市场主体在法律面前一律平等的地位。市场主体的行为涉及范围广泛,有关市场行为的规则必然是一个庞大的规范群。依市场行为性质和特征的不同,其立法主要有物权法、知识产权法、合同法、票据法、破产法等。通过这些法律功能的实现,市场主体可以明确自己在市场经营活动中的行为范围,从而自行进入市场交易。

通过法律培育市场体系,维护市场秩序。社会主义市场经济绝不是自由放任经济,不能将政府干预与调节同市场经济对立起来。市场自发运行固然有其优越性,但同时也存在着各种各样的问题。解决问题的最佳方式就是法律。现代市场经济的发展,离不开国家依据公共权力从社会整体的利益出发对市场进行干预和调控。但是,这种干预和调控有别于计划经济条件下的市场行政管理,其目的是维护市场的统一性,创造平等竞争环境,维护公平竞争秩序,保证正当竞争者权益、消费者权益和社会公共利益不被侵犯。这些法律主要包括反垄断法、反不正当竞争法、反倾销法、广告法、消费者权益保护法等。这类法律以公平竞争法为核心,其功能主要是为市场交易行为主体提供公平、公正、自由的经营环境和竞争机会,激励其自主地、创造性地进行经营活动,从而推进市场经济发展。

（三）完善中国社会主义市场法治

党的十九届四中全会就坚持和完善社会主义基本经济制度、推动经济高质量发展作出了新的决策部署。党的十九届五中全会通过的《中共中央关于制定国民经济和社会发展第十四个五年规划和二〇三五年远景目标的建议》（以下简称"十九届五中全会《建议》"）进一步提出，"加快建设现代化经济体系，加快构建以国内大循环为主体、国内国际双循环相互促进的新发展格局，推进国家治理体系和治理能力现代化，实现经济行稳致远、社会安定和谐"[1]，极大地丰富了法治经济的理论、制度和实践。

社会主义市场经济本质上是法治经济。法治经济的本质要求就是把握规律、尊重规律。法治经济建设的基础性工作是坚持社会主义市场经济改革方向，遵循社会主义基本制度与市场经济有机结合的规律，以保护产权、维护契约、统一市场、平等交换、公平竞争、有效监管为基本导向，不断完善社会主义经济法律制度。建设社会主义市场法治的核心内涵和要求主要包括以下几点：

1. 完善社会主义市场经济法律制度，健全市场经济法律体系

法治经济是经济与法治高度融合的经济类型。市场主体的确立及其活动，财产权的界定和财产关系、产权关系的有效保护，市场交易的正常进行和市场秩序的有效维护，政府对市场的调控、监管、引导和服务，市场竞争下的社会保障和社会发展，对外开放和国际经济交往等，都需要完备的法治规范和保障。

在社会主义经济体系的建设过程中，从中华人民共和国第一部《宪法》到现行《宪法》的五次修正，从《民法通则》的制定到《物权法》的出台再到《民法典》的颁布，我国立法机关始终跟进基本经济制度的完善和发展，适时立法、修法，巩固和发展社会主义基本经济制度，确认各类经济主体的法律地位，明确经济建设的方针和原则，使市场经济具有合法性、合理性，从而推进市场经济的健康发展，为法治经济建设铺就了制度基石。要形成充分体现法治精神的经济体系，就要尽快完善和创新市场经济法律体系，培育更加公平的市场经济法治环境；要依法平等保护民营企业产权和企业家权益，破除制约民营企业发展的各种壁垒，完善促进中小微企业和个体工商户发展的法律环境和政策体系。

2. 完善社会主义市场经济法律制度，加快建设和完善现代产权制度

党的十八届四中全会通过的《中共中央关于全面推进依法治国若干重大问题的决定》明确指出："健全以公平为核心原则的产权保护制度，加强对各种所有制经济组织和自然人财产权的保护，清理有违公平的法律法规条款。创新适应公有制多种实现形式的产权保护制度，加强对国有、集体资产所有权、经营权

---

[1] 参见《中共中央关于制定国民经济和社会发展第十四个五年规划和二〇三五年远景目标的建议》，人民出版社2020年版，第6页。

和各类企业法人财产权的保护。"①"十三五"规划纲要提出:"健全归属清晰、权责明确、保护严格、流转顺畅的现代产权制度。推进产权保护法治化,依法保护各种所有制经济权益。"②十九届五中全会《建议》将产权制度改革和要素市场化配置改革取得重大进展列为"十四五"时期经济社会发展主要目标之一。

推进现代产权制度建设,要加强知识产权保护,大幅提高科技成果转移转化成效。要建立数据资源产权、交易流通、跨境传输和安全保护等基础制度和标准规范,推动数据资源开发利用。要健全产权执法司法保护制度。要深化农村集体产权制度改革,发展新型农村集体经济;要确保和维护好广大农民的土地权益,始终把维护好、实现好、发展好农民权益作为土地制度改革的出发点和落脚点;要在坚持农村土地集体所有的前提下,促进承包权和经营权分离,形成所有权、承包权、经营权"三权"分置,经营权合理流转的格局;要让农民成为土地适度规模经营的积极参与者和真正受益者。

3. 完善社会主义市场经济法治,营造公平竞争、规范有序的经济法治环境

党的十八大以来,中国共产党致力于为经济发展营造良好的法治环境。习近平强调:"全面深化改革,关键是要进一步形成公平竞争的发展环境"③;"要积极推进全面依法治国,营造公平有序的经济发展法治环境"④;"持续优化市场化法治化国际化营商环境"⑤。其中,营造良好的经济法治环境的任务包括:

保障各类市场主体享有公平竞争的权利,特别是确认和保障非公有制经济的平等主体地位和平等权利。交换和竞争是市场经济的基本机制,而市场主体地位的平等是自愿交换和公平竞争的前提。公有制经济和非公有制经济都是社会主义市场经济的重要组成部分,都是我国经济社会发展的重要基础。

维护统一市场和公平竞争,建设高标准市场体系。要健全市场体系基础制度,坚持平等准入、公正监管、开放有序、诚信守法,形成高效规范、公平竞争的国内统一市场,实施高标准市场体系建设行动。要健全产权执法、司法保护制度。要实施统一的市场准入负面清单制度,继续放宽准入限制。要健全公平竞争审查机制,加强反垄断和反不正当竞争执法、司法,提升市场综合监管能力,消除所有制歧视和地域歧视,排除特权干扰和身份差异。要深化土地管理制度改革,推

---

① 中共中央文献研究室编:《十八大以来重要文献选编(中)》,中央文献出版社 2016 年版,第 162 页。
② 《中华人民共和国国民经济和社会发展第十三个五年规划纲要》,人民出版社 2016 年版,第 29 页。
③ 中共中央文献研究室编:《习近平关于全面深化改革论述摘编》,中央文献出版社 2014 年版,第 16 页。
④ 同上。
⑤ 《〈中共中央关于制定国民经济和社会发展第十四个五年规划和二〇三五年远景目标的建议〉辅导读本》,人民出版社 2020 年版,第 36 页。

进土地、劳动力、资本、技术、数据等要素市场化改革。要健全要素市场运行机制,完善要素交易规则和服务体系。要毫不动摇鼓励、支持和引导非公有制经济的发展,废除对非公有制经济各种形式的不合理规定,消除各种隐性壁垒,坚持权利、规则和机会平等的原则,为其公平参与市场竞争营造良好的环境。

打造市场化、法治化、国际化、便利化的营商环境。以开放促改革、促发展,是我国改革发展的成功经验。党的十八届三中、四中、五中全会和十九届四中、五中全会为完善平等化、法治化、国际化、便利化的营商环境提出了一系列改革措施,"十三五"规划纲要、《优化营商环境条例》进行了合理的制度安排。

《中华人民共和国外商投资法》(以下简称《外商投资法》)立足于进一步扩大对外开放,积极促进外商投资、保护外商投资合法权益、规范外商投资管理、推动形成全面开放新格局、促进社会主义市场经济健康发展的立法目的,着眼于实行高水平投资自由化便利化政策,建立和完善外商投资促进机制,营造稳定、透明、可预期和公平竞争的市场环境,对外商投资涉及的基本政策和法律问题作出了明确规定。

营造市场化、法治化、国际化的营商环境需要国际关系的法治化保障,促进国际关系民主化和全球治理平等化,创造公平竞争的市场环境,提高我国在全球经济治理中的制度性话语权。要建立公平、开放、透明的市场规则,提高我国服务业国际竞争力。要对在中国注册的企业一视同仁,完善公平竞争环境,反对任何形式的歧视性政策,积极推动建立均衡、共赢、关注发展的多边经贸体制。要破除一切阻碍对外开放的体制机制障碍,形成有利于培育新的比较优势和竞争优势的制度安排。

从制度和规则层面进行改革,完善市场准入和监管、产权保护、信用体系等方面的法律制度。要实施好《民法典》和相关法律法规,依法平等保护国有、民营、外资等各种所有制企业产权和自主经营权,完善各类市场主体公平竞争的法治环境。要依法保护企业家合法权益,加强产权和知识产权保护,形成长期稳定发展预期,鼓励创新、宽容失败,营造激励企业家干事创业的浓厚氛围。要推进简政放权,全面实施市场准入负面清单制度,支持企业更好参与市场合作和竞争。要实施好《外商投资法》,放宽市场准入,推动贸易和投资便利化。要尽快实现养老保险全国统筹,这对维护全国统一大市场、促进企业间公平竞争和劳动力自由流动具有重要意义。

积极推进和完善自贸区和经济法治示范区的建设。自贸区是新时代法治经济的试验田和示范区,为法治经济的形成提供重要的制度创新来源。加快实施自由贸易区战略,是我国新一轮对外开放的重要内容,是适应经济全球化新趋势的客观要求,是全面深化改革、构建开放型经济新体制的必然选择,也是我国积极运筹对外关系、实现对外战略目标的重要手段。截至2020年9月,我国政府先后批准成立了包括上海、广东、天津、浙江、海南等21个自由贸易试验区。①自贸区建设的核心任务就是制度创新,深化完善基本体系,突破瓶颈,聚焦商事制度、贸易监管制度、金融开放创新制度、事中事后监管制度等,率先形成法治化、国际化、便利化的营商环境,形成公平、统一、高效的市场环境。

第二节 法律与政治

一、法律与政治的一般关系

法律与政治具有共生性,同生共长,共同服务于社会目标与价值。虽然在形式上法律表现为政治的产物,从属于政治,依凭政治权力和政治组织而存在,并可能为政治所操控。但实质上,法律与政治是基于社会结构内在需要的不同存在,具有结构性差异,这成为法律超越和规范政治的基础。要了解两者之间的关系,首先要厘清政治、政治文明等相关概念。

(一)政治和政治文明的基本内涵

1. 政治的含义

政治是人类社会普遍存在的极其重要的社会现象。现代化的社会需要有现代化的政治,现代化的政治应当是法治化的政治。关于政治的概念,古今中外众说纷纭。古希腊亚里士多德所使用的"政治"概念,是从"城邦"(Polis)一词衍生而来的,其含义是关于城邦的知识,是研究城邦问题的理论与技术。他在其传世之作《政治学》一书中,提出了"人天生是一种政治动物"②的命题。亚里士多德的政治学理论,对后来的学者影响颇大。

在中国,政治作为一门学问也有悠久的历史。孔子曰:"政者,正也。"③他把政治作为一种理想的社会价值追求,一种规范的道德。韩非子曰:"先王所期者利也,所用者力也。"④直言不讳地认为政治就是用权。近代以来,中国学者有"政治就是统治关系""政治就是国事""政治就是用公共的强制力对众人之事的治理"等说法。孙中山的观点对后世影响较大,他认为:"政治两字的意思,浅而言之,政就是众人的事,治就是管理,管理众人的事便是政治。有管理众人之事的力量,便是政权。今以人民管理政事,便叫做民权。"⑤这种观点把握住了政治的公共性和管理性。

---

① 《我国自贸区再"迎新" 数量增至21个,新设自贸区各自特点逐一盘点》,载央视网,https://news.cctv.com/2020/09/25/ARTIOCngrgQddfKPs3DYterW200925.shtml,访问时间2022年1月6日。
② 〔古希腊〕亚里士多德:《政治学》,颜一、秦典华译,中国人民大学出版社2003年版,第4页。
③ 《论语·尧曰》。
④ 《韩非子·外储说左上》。
⑤ 孙中山:《孙中山选集(下)》,人民出版社1956年版,第661—662页。

马克思主义认为,政治属于历史的范畴,应该包含着以下三层意思:第一,政治是一定经济基础之上的上层建筑。以历史唯物主义的结构分析方法来看,社会构成可分为经济基础和上层建筑两大部分,政治属于上层建筑部分。政治是经济的集中表现,一切政治要求和主张,都直接或间接地表达着经济领域的要求。政治力量的形成和演变,归根到底受到经济领域的社会分工和利益分化的制约。第二,政治以一定的阶级、阶层和社会集团的利益关系为内容。政治是一种社会关系,是一种公共领域中的关系,其内容是一定社会中的阶级、阶层和社会集团的利益。无论是政治对立还是合作,都是这些利益关系的表现。第三,政治的核心是国家政权。政治关系和政治活动,总是直接或间接地以夺取或巩固政权、参与或影响国家政权为中心议题,总表现为直接或间接地运用国家政权来解决各种问题。

概言之,政治是一定经济基础之上的上层建筑部分,是经济的集中体现,是一定阶级、阶层和社会集团围绕国家政权及其运行而发生的社会关系和社会活动。[①] 它是人类社会发展到一定阶段的产物,随着阶级的产生而产生并将随着阶级的消亡而消亡;政治同一定的生产方式相联系,它来源于经济,服务于经济。一切政治变革的终极原因,应该从社会的物质生活条件中去寻找,政治与经济的关系是生产力和生产关系、经济基础和上层建筑之间的关系在现实生活中的反映,而国家政权问题乃是全部政治的核心和根本。

2. 政治文明的概念

政治文明是社会文明的重要组成部分,与物质文明、精神文明一起构成社会文明有机统一的整体,马克思首先提出这一概念。1844年,在《关于现代国家的著作的计划草稿》中,马克思不仅把政治文明看作与集权制相对应的范畴,而且把现代国家与政治文明直接联系在一起。[②] 在这里,虽然马克思没有对"政治文明"进行界定,也没有对这个问题展开论述,但他已经指明:政治文明与现代国家(起源于法国革命)不可分离,甚至可以说是同时代的产物;人权、人民主权、宪法、权力的分开、政党、选举权等,都是现代国家和政治文明不可分割的内容;政治文明本身是一个系统工程,是由多方面要素构成的有机整体。

政治文明是由多种要素构成的有机统一体,包括文明的政治理念、文明的政治制度、文明的政治秩序、文明的政治目的等。尽管这些要素在政治文明中的地位不同,但它们之间相互联系、不可分割、相互作用、相互影响,共同展现政治文明的光彩。

---

① 参见《政治学概论》编写组编:《政治学概论》,高等教育出版社、人民出版社2011年版,第1—5页。
② 参见《马克思恩格斯全集(第42卷)》,人民出版社1979年版,第238页。

(二) 法律与政治的相互关系

法律与政治都属于上层建筑,都受到制约和反作用于一定的经济关系,两者相互影响、相互作用,法律离不开政治,政治离不开法律。法律与政治的关系可以从两个方面认识:法律对政治的作用和政治对法律的影响。

1. 法律对政治的决定性作用

第一,协调政治关系。政治关系是人们在社会生活中,基于特定利益要求而形成的,以政治强制和权利分配为特征的社会关系。政治关系的基础是政治利益,法律通过分配政治利益协调政治关系。

政治关系的重要内容是政治权力关系和政治权利关系。政治权力关系包括执政党权力与社会公共权力的关系、中央权力与地方权力的关系以及立法权、行政权、军事权、司法权之间的关系等。这些权力关系都要经由一定的法律机制加以协调。在不同的国家,协调的方式可能存在差异,因而形成不同的国家结构形式和不同的政权组织形式。宪法的功能主要是协调权力关系,部门法对于权力关系的协调也同样具有重要功能。比如,我国1994年实行的分税制就是税法的一项重要改革。而分税制从政治功能角度来看,乃是走向制度化、规范化与科学化的中央与地方权力关系模式的制度选择,它在宏观意义上规定的中央与地方关系新格局,对中国的现代化发展是一种政治资源。

政治关系的另一个重要内容是政治权利关系。政治权利是公民参与政治活动的一切权利和自由的总称,是社会成员实现利益分配的政治资格,是社会成员实现政治利益的手段,包括自由权、平等权、参政权等。资本主义国家和社会主义国家对于政治权利的范围有不同的界定。根据我国有关法律规定,政治权利包括四个方面的内容:(1) 选举权和被选举权;(2) 言论、出版、集会、结社、游行、示威自由的权利;(3) 担任国家机关职务的权利;(4) 担任国有企业、公司、事业单位和人民团体领导职务的权利。法律把政治权利规范化,保证政治权利落到实处,同时规定剥夺危害国家安全及其他严重刑事犯罪人的政治权利,对他们作出政治上的否定性评价。同时,由于政治权利实际上反映着公民同国家的关系,法律确保政治权利的实现,有利于国家政治生活的良性运行及其民主化发展。

第二,规范政治行为。政治行为是人们在特定利益基础上,围绕着政治权力的获得和运用、政治权利的获得和实现而展开的社会活动。作为政治关系的直接动态表现,政治行为包括政治斗争、政治管理、政治统治和政治参与等多种形式。

从一定意义上说,法律既是政治斗争的产物,又是政治斗争的手段。政治斗争的类型反映着法律的历史类型,体现着法律的本质;反过来,法律的本质规定着政治斗争的程度和方式。暴力政治斗争往往导致法律类型的改变。而非暴力政治斗争一般是指在法律范围内的政治斗争,特别是和平时期,世界上大多数民主国家都对非暴力斗争的性质和活动方式作出明确的法律规定。这方面的法律制定与实施往往成为衡量一个国家政治民主化、法治化程度的重要标尺。在政治斗争中,主体各方都力图居于支配和控制地位,即掌握政治统治权。进行政治统治,离不开法律的运用,尤其是在民主社会,政治统治就是法律统治,即形成一种法治秩序。在人治或专制社会中,统治者往往也要用法律的手段使自己的政治统治合法化,以获得社会的遵从和国际的承认。如果说政治统治是国家政权的前提,那么政治管理就是国家政权的基础。政治管理有多种方法,如行政强制方法和思想教化方法等,但以市场经济为基础的现代政治管理则以法律手段为根本,通过法律使政治权力规范化,把政治领导、政治决策、政治组织、政治协调、政治监督等政治管理方式纳入法律轨道,保证政治法治化的形成和维持。此外,法律还为公民进行政治参与提供必要的途径,使普通公民通过合法途径实现对政府的监督和控制。

第三,解决政治问题。政治的核心是国家政权问题。有的政治问题要靠暴力甚至战争来解决,但同时也有许多政治问题能够用法律手段来解决。托克维尔认为:"在美国,几乎所有政治问题迟早都要变成司法问题。因此,所有的党派在它们的日常论战中,都要借用司法的概念和语言。"[1]

在诸多政治问题中,一个国家民族的政治团结居于突出地位,而法律恰恰能够增强民众的凝聚力。在当代,和平与发展成为世界政治生活之主题,法律正扮演着越来越重要的角色,日益发挥出特有的功能。1987年4月,邓小平在会见香港特别行政区基本法起草委员会委员时指出:"我们的'一国两制'能不能够真正成功,要体现在香港特别行政区基本法里面。这个基本法还要为澳门、台湾作出一个范例。"[2]起草工作完成后,他又说这是"一部具有历史意义和国际意义的法律","是一个具有创造意义的杰作"。[3] 在中国对香港、澳门恢复行使主权的过程中,1990年4月4日通过的《香港特别行政区基本法》和1993年3月31日通过的《澳门特别行政区基本法》无疑都发挥了显著的功能。基本法把"一国两制"的伟大政治构想制度化、条文化,使人民增强信心、打消顾虑,成为政治决策与现实生活的中枢、桥梁。

2. 政治对法律的影响、制约作用

统治者的政治对法律的影响和制约作用主要表现在以下四个方面:

第一,政治关系的基本状况是法律状况的重要依据,政治的先进与落后是法律先进与落后的重要根据,特别是规定国家基本制度的宪法和基本法律,往往是

---

[1] 〔法〕托克维尔:《论美国的民主(上卷)》,董果良译,商务印书馆1988年版,第310页。
[2] 《邓小平文选(第3卷)》,人民出版社1993年版,第215页。
[3] 同上书,第352页。

政治力量对比关系的表现。

第二,政治可以为法律的发展提供条件和环境。无法想象,在政治条件或政治环境十分恶劣的情形下,法律、法治能有较好的发展。

第三,政治可以影响和制约法律、法治的内容。国家、阶级、政党、民族的政治活动的内容及其影响,不可避免地影响和制约法律、法治的有关内容。社会各阶级的关系也必然会反映在法律的权利义务方面。

第四,政治的发展变化往往直接导致法律的发展变化,社会各阶级的力量对比关系不是固定不变的,它随着社会经济的发展而不断地改变。阶级力量对比关系的动态过程,导致反映原有阶级力量对比关系的法律的动态变化过程。政治的发展变化不断提出法律的废、改、立要求。如我国社会主义政治从以前的以阶级斗争为纲到现在的以经济建设为中心转变,这种转变引起我国法律的体系和内容发生很大的转变。

二、法律与国家的关系

法律与国家是两种不同的社会现象。但是,法律与国家的关系比任何别的社会现象和法律的关系都更为密切,中外学者都强调国家与法律密不可分,两者都是在社会出现私有制和分裂为阶级的过程中,为了控制个人之间、阶级之间的利益冲突而产生的。国家和法律在社会结构中都是上层建筑的最重要的组成部分,它们都由社会的经济基础决定并对经济基础发生着最直接、最明显的反作用。国家和法律在阶级本质上是相同的,都具有为统治阶级服务的职能。国家和法律的一致性决定着两者之间内在的、必然的联系。

(一) 国家是法律存在和发展的政治基础

在法律与国家的关系中,国家是法律存在和发展的政治基础。具体体现在两个方面:

1. 法律体现国家意志,依靠国家强制力保障实施

掌握国家政权的统治阶级,从自己的经济利益和政治要求出发,通过国家制定或认可法律的方式,将本阶级的意志转变为国家意志。"市民社会的一切要求(不管当时是哪一个阶级统治着),也一定要通过国家的意志,才能以法律形式取得普遍效力。"[①]统治阶级通过确立每个人都应该遵守的权利和义务,发展有利于实现其统治的社会关系和社会秩序,即规定何种条件下,民众可以做什么、必须做什么、不得做什么的规则。这些调整民众行为规则的总和构成法律的主要内容。法律作为国家意志的体现,因此具有普遍约束力。

法律依靠国家强制力保障实施,国家是法律实施的主要力量。在法律体现

---

① 《马克思恩格斯选集(第4卷)》,人民出版社1995年版,第251页。

国家意志的同时,国家还对法律所确认的社会关系进行保护。国家既通过立法分配具体的权利义务,又通过司法和执法活动保障其落到实处。国家强制力是保障法律有效实施的最后一道防线。作为合法暴力的唯一主体,国家依靠军队、警察、法庭、监狱等有组织的暴力,确保国家权力管辖范围内的所有社会成员普遍遵守法律。缺乏国家强制力的保障,法律将难以有效发挥作用,法律的强制属性和普遍约束力源于国家。

2. 不同的国家性质决定不同的法律性质,不同的国家结构形式决定不同的法律形式

法律的历史类型更替表明,不同性质的国家会产生不同性质的法律,法律的性质只是国家性质的反映。奴隶制国家的法律反映在经济上和政治上占统治地位的奴隶主阶级的意志。在奴隶制法律制度下,奴隶只是"会说话的工具",奴隶主可以任何方式处置奴隶,包括打死奴隶。封建制法律确认和保护地主阶级的利益。资本主义法律反映资产阶级的意志,保护资本家获得劳动者所创造的剩余价值,其法律允许劳动者陷入失业和贫困,陷于破产和饥饿。在社会主义国家,人民在工人阶级的领导下取得国家政权,人民当家作主,人民的意志上升为国家意志。

不同的国家结构形式决定不同的法律形式。国家结构形式是指国家的整体与部分之间、中央与地方之间的关系。目前,世界上主要存在两种不同的国家结构形式:单一制和联邦制。单一制国家由最高国家权力机关行使立法权,形成以宪法为核心的统一立法体制。联邦制国家不仅有联邦最高权力机关制定的宪法和基本法律,各联邦组成部分还有自己的最高权力机关,可以制定在本区域范围内实施的宪法和法律。

(二) 法律是实现国家意志和进行国家治理的必要手段

在法律与国家的关系中,法律是实现国家意志和进行国家治理的必要条件,这主要表现在三个方面:

1. 国家通过法律建立国家机构和国家制度

只有通过法律的形式确立国家机构、国家制度以及公职人员的职责,才能为国家有序运转提供前提条件,并为实现国家职能、开展有效治理提供制度支撑。比如,我国《宪法》作为国家的根本大法,规定国家的阶级本质、基本结构形式、政治制度、公民基本权利以及国家机构的产生、权力范围、具体职能等,指导其他基本法律的制定和实施。宪法和基本法律共同建构的框架,明确了不同国家机构的地位、产生程序、组织形式、职权范围以及各机构之间的相互关系,保证国家机器能够正常运转,实现国家职能和国家所追求的价值。

2. 国家通过法律确立统治权威

统治阶级取得政权之后,通过法律的形式确认和维护符合自己阶级的经济

关系和政治安排。奴隶制国家通过奴隶制法维护奴隶主阶级的利益,确认奴隶作为被统治阶级的地位,将对奴隶的剥削和压迫固化为具有普遍约束力的社会规范。封建制国家通过封建制法确认地主阶级的统治地位,将封建等级特权合法化。资本主义国家通过资本主义法树立资产阶级的统治权威,在强调财产私有制的过程中,将资本主义生产关系神圣化、去阶级化,将劳动者的破产、饥饿、失业、贫困表述为个人行为的不利后果,遮蔽了资本的本性。统治阶级通过法律将阶级意志变为国家意志后,进一步通过警察、法庭、监狱等国家机构的力量,保障法律的实施,树立统治权威。

3. 国家通过法律实现社会治理功能

国家除了通过法律实现阶级统治的职能外,同时还通过法律执行一定的社会公共职能。社会分工的发展,产生了管理的需要,要求法律具有一定的社会公共职能。社会公共职能是指在共同劳动过程中产生的职能,如公共交通的建设、社会基础设施的维护等。类似的公共事务,不仅有利于统治阶级利益,还符合被统治阶级利益,是关乎所有人生存和发展的最基本的问题,是一切社会都存在的事务。通常情况下,依靠独立的个人难以完成如此工程浩大的工作,必须由国家依据法律的规定统一安排、共同部署。

国家和法律是历史现象,两者都是社会上层建筑的重要组成部分,并随着经济基础的变化而变化。当人类社会进入阶级社会,产生不可调和的阶级矛盾后,便有了国家和法律。有什么样性质的国家,就有什么样性质的法律。概言之,国家和法律具有同一性,两者相互依存、相互作用。

三、法律与政策

政策通常是指一定政党或其他政治组织为达到一定时期的政治目标,处理国家事务、社会公共事务而提出并贯彻的路线、方针、规范和措施的总称。政策可以由国家机关、政治团体、组织和政党等不同的主体提出。

(一) 党的政策与党内法规的关系

执政党的政策在国家生活中占有非常重要的地位,它是执政党意志的体现,是执政党行动的指导方针,是为实现特定的政治、经济、文化等任务服务的,是执政党的活动原则和行为准则。

在我国,党的政策与党内法规既有联系也有区别。党内法规是党的制度体系中最基础、最重要的制度规范,对党的思想、路线、方针、组织等方面的基本问题进行规定。党的政策是党的统一意志的规范化体现,是党的路线、方针得以贯彻实施的重要形式,是党的制度体系的重要组成部分。党的政策与党内法规存在明显区别。①

（1）制定主体不同。党内法规的制定主体是特定的,包括党的中央组织,中央纪律检查委员会以及党中央工作机关和省、自治区、直辖市党委;党的政策的制定主体更加宽泛,除党内法规的制定主体之外,还包括其他地方党委。

（2）规范事项不同。党内法规规范的是党的组织、党的领导和党的建设、党组织的工作、党的干部、党员权利义务、党的纪律处分和组织处理等事项;而党的政策的规范事项往往较为具体,更多涉及党和国家事务的具体方面。

（3）名称不同。党内法规一般使用党章、准则、条例、规定、办法、规则、细则等专属名称,党的政策一般使用决议、决定、意见、通知等名称。

（4）表述形式不同。党内法规一般采用条款形式进行表述,党的政策一般采用段落形式进行表述。

（5）审批程序不同。党内法规的制定程序更加严格,一般需要经过特定的会议审议批准;党的政策除了会议审议批准外,还可以采取领导签批、领导转批的形式。②

（二）执政党政策与社会主义法律的关系

执政党政策与国家法律,二者在赖以建立的经济基础、指导思想、基本精神和历史使命等方面,都是相同的。然而,二者毕竟是社会上层建筑中两种不同的现象,各有其自身的特殊性。

1. 执政党政策与社会主义法的不同

（1）所体现意志的属性不同

在我国,国家法律和执政党政策都是工人阶级领导的广大人民意志的体现。但是,法律是由国家制定或认可的,通过国家机关反映的人民的意志,具有国家意志的属性;而执政党的政策本身仅仅是党的主张,不具有国家意志的属性。尽管国家法律的制定必须以执政党的政策为依据,是法律化了的政策,但无论如何,党的代表大会是绝不能制定国家法律的。

党的政策转化为法律的不同形式,如宪法、法律、行政法规和地方性法规等,通过不同层次的国家机关按照法定程序加以制定。这种转化不只是表现在形式上,而且有实质性的内容。这个过程实际上是以经过实践检验、更加成熟的党的政策为基础,再在党的领导下充分发扬民主,集中正确的意见,使党的主张同广大人民的意见达到统一,形成人民的共同意志。所以,党的政策代表了广大人民群众的利益和要求,但要使它具有国家意志的属性,必须通过法定程序,由国家机关制定为法律。

---

① 陈柏峰主编:《法理学》,法律出版社2021年版,第266—267页。
② 参见宋功德、张文显主编:《党内法规学》,高等教育出版社2020年版,第20—21页。

（2）表现的形式不同

党的政策作为党的文件，是以纲领、宣言、声明、指示、建议等形式出现的，它的内容相对来说规定得比较原则，带有号召性和指导性。

法律则以条文形式公开颁布施行，有自己特定的表现形式。法律作为国家的规范性文件，以宪法、法律、行政法规、地方性法规等形式出现。它是一般的规范，具有确定性和规范性的特征；它以国家名义规定人们的权利和义务，便于国家机关和公民对它的普遍遵守和执行，也便于人民群众对执法进行监督。党的政策虽然也具有规范人们行为的属性，但是，它或者比较原则、概括，灵活性太大，或者完全是一种个别的具体指示，而这两种情况都容易为主观任意性大开方便之门。

此外，法律必须是公开的，而执政党政策尤其是具体政策，有时可能是"秘密"甚至是"机密"的。因而，党章往往要求党员必须"保守党的秘密"。

（3）实施的方式不同

国家法律是由国家强制力保证实施的。不论是宪法、法律还是行政法规，一经国家公布施行，一切国家机关、武装力量、各政党、社会团体、公职人员和全体公民都要严格遵守，任何人违法都要承担相应的法律责任，都要受到国家的制裁。执政党政策的贯彻执行，不是依靠国家强制力。党的政策是由党的组织制定的，它对党的组织和党员具有约束力，违反政策的党的组织或党员要受到党的纪律处分。非党人士、党外群众遵守和执行党的政策，一般是基于对党的政策的信任和拥护，党的组织不能强制党外群众去执行这些政策。党的性质决定了党的政策的贯彻执行要靠宣传教育和深入细致的思想工作，以党员干部和广大党员的带头作用，特别是党的领导干部的模范作用来保证执行。

在我国，共产党是执政党，党的许多重要政策已为国家所接受，有的已被制定为法律、法规。这些政策已不单纯是党的政策本身，而是具有了国家法律、法规的形式，从而具有国家意志的属性。它们的贯彻实施，一般也要有国家强制力的保证。但是，这并不是党的政策本身所固有的属性。

（4）调整社会关系的范围不完全相同

由于党对国家、社会的领导作用主要依靠政策来实现，因此，党的政策不断地渗透到社会生活的各个领域并发挥积极作用。

国家法律一般是调整那些对社会整体状况有直接和重大影响的社会关系，如关于国家的经济制度、政治制度，国家机关的组成、职权和相互关系，公民的基本权利和义务，以及严重危害国家制度、统治秩序和公民合法权益的行为、婚姻家庭关系等，都是由宪法、法律、行政法规等调整的。党的政策和国家法律调整的社会关系有交错、重合，同时也有区别。国家在制定法律时，不仅要参照党的政策，还要参照其他因素。党的政策并不都要上升为法律，法律也并非都从党的政策而来。

总之,法律和党的政策的区别,表明二者是不同的社会规范,各有其特殊性和特殊作用。我们既不能以党的政策去代替国家法律,否定法律的特殊作用;也不能用法律去否定党的政策,取消党的政策的指导作用。[①]

2. 执政党政策与社会主义法律的互相促进

在社会主义制度下,执政党政策与法律在本质上的一致性决定了两者之间具有互相促进的作用。

(1) 执政党政策是社会主义法律的核心内容

共产党所提出的主张和措施从根本上说体现了人民群众的共同意志和利益。党本身就是形成和表达人民共同意志的重要组织,能够比较迅速地体察到社会关系的新发展,尽快地制定出相应的对策。社会中的法律需要也往往首先被执政党认知,在一定意义上,我们可以说,执政党政策是人民意志通往法律的道路。但是,法律受党的政策的指导,并不意味着法律只是简单地、被动地把政策"翻译"为法律条文。实际上,立法过程中有大量的创造性工作要做,如有广泛代表性的人民代表对多种意见、利益进行衡量和选择,进一步丰富、完善党的政策,使政策的原则性规定具体化,使政策与法律的整体结构相协调,使政策获得相应的专门法律机制的支持。

(2) 社会主义法律是贯彻执政党政策,完善和加强党的领导不可或缺的基本手段

执政党的政策只有被制定为法律,才能上升为国家意志,获得更有力的实施保障。政策的法律化,使党的政策借助法律调整所特有的方式和机制得到更好的贯彻。这一过程也意味着党的领导方式的转变。

(3) 执政党政策充分发挥作用,能够促进社会主义法的实现

法律对执政党政策的贯彻,能够规范党的领导方式,提高党组织的工作能力,提高党员的素质和水平,尤其会促使各级领导干部带头遵纪守法。由于执政党的特殊地位,它对国家法律采取什么样的态度,是依法治国、依法执政,还是以党代政,甚至采取"法律虚无主义",将决定着党的政策对法律是起积极的促进作用还是消极的阻碍作用。

可见,要正确认识社会主义法律与执政党政策的关系,既不把二者割裂、对立起来,也不把二者简单等同。在倡导法治的名义下,把政策与法对立起来,认为政策是法治化的阻碍,这其实是对过去那种以政策代替法律的观点的矫枉过正,它没有认识到或否认了党的政策对法治化进程的指导作用。而把二者等同起来,认为"党的政策就是法,是我们最好的法"的观点,极易导致的后果便是以

---

① 参见付子堂主编:《法理学进阶(第五版)》,法律出版社2016年版,第260—262页。

政策取代法律,轻视甚至否定法律的作用。要正确认识两者的关系,就要看到两者之间的互补性,它们实际上是在功能上互补的两种社会调整方式。①

问题与思考

1. 试析"经济基础决定法律"这句话的内涵。
2. 试析如何完善中国社会主义市场经济法治。
3. 试析法律与政治的相互关系。
4. 试析法律与国家的关系。
5. 试谈执政党政策与社会主义法律之间的差异与联系。

参考文献

1. 《马克思恩格斯选集(第1—4卷)》,人民出版社1995年版。
2. 〔英〕亚当·斯密:《国富论》,郭大力、王亚南译,上海三联书店2009年版。
3. 中共中央文献研究室编:《习近平关于全面深化改革论述摘编》,中央文献出版社2014年版。
4. 《中共中央关于制定国民经济和社会发展第十三个五年规划的建议》,人民出版社2015年版。
5. 〔古希腊〕亚里士多德:《政治学》,颜一、秦典华译,中国人民大学出版社2003年版。
6. 〔法〕托克维尔:《论美国的民主(上、下卷)》,董果良译,商务印书馆1988年版。
7. 宋功德、张文显主编:《党内法规学》,高等教育出版社2020年版。

---

① 参见冯玉军:《法理学(第二版)》,中国人民大学出版社2018年版,第322页。

第十章 法律与道德、宗教

 引读案例

2006年11月20日早晨,南京一名老太在公交站台被撞倒摔成骨折,后鉴定构成八级伤残。老太指认撞人者是刚下车的小伙彭宇,将彭宇告到法院索赔13万多元。彭宇表示无辜,称自己下车看到老太摔倒后,主动过去扶老太,老太不停地说"谢谢",后来大家一起将她送到医院。彭宇说,接下来事情就来了个180度大转弯,老太及其家属一口咬定自己是"肇事者"。2007年9月4日,南京市鼓楼区法院一审宣判。法院认为,本次事故双方均无过错。按照公平原则,当事人对受害人的损失应当给予适当补偿。因此,判决彭宇给付受害人损失的40%,共45876.6元。当天,老太的代理律师表示:对判决事实感到满意,但40%的赔偿比预期要少。而彭宇则表示不服此判决。最终,在南京市中级人民法院二审即将开庭之际,彭宇与老太达成庭前和解协议,其主要内容是:彭宇一次性补偿老太1万元;双方均不得在媒体(电视、电台、报纸、刊物、网络等)上就本案披露相关信息和发表相关言论;双方撤诉后不再执行一审民事判决。

第一节 法律与道德

一、法律与道德的一般关系

道德是一种靠社会舆论、社会习俗和人们的内心信念来保证实施的社会行为规范。它是关于人们思想和行为善与恶、美与丑、正义与非正义、光荣与耻辱、公正与偏私的感觉、观点和规范的总和。道德并非自然的产物,也不是由抽象的人性先天决定的,它根源于社会的物质生活条件以及在此基础上形成的社会关系。道德是上层建筑的重要组成部分,其内容和形式都来源于社会的物质生活条件。正如恩格斯所说:"一切以往的道德论归根到底都是当时的社会经济状况的产物。"①在任何社会,不同主体(人或人群)的道德之间都既有差异性又有

---

① 《马克思恩格斯选集(第3卷)》,人民出版社2009年版,第435页。

共同性,这种共同性决定了每个社会都有一种占主导地位的道德观念和道德标准。而每个社会的法律与该社会占主导地位的道德之间都有着十分密切的联系,它们在内容上互相渗透,在功能上相辅相成,共同发挥着调整社会关系和维护社会秩序的作用。

在西方法哲学界,法律与道德的关系问题,是一个长期争论不休的热点问题。围绕这一问题,自然法学派和分析实证主义法学派展开了激烈的论战。17、18 世纪的古典自然法学派认为,法律是正义的化身,是理性的体现,它必须符合道德的要求。违背道德的法律是"恶法",它不具备法律的属性。很明显,这是一种"恶法非法"的理论。19 世纪,以英国法学家奥斯丁为代表的分析实证主义法学派则根本否定法律与道德之间的必然联系。奥斯丁认为,法律无所谓善恶之分,只有有用与无用之别。由此,他得出了"恶法亦法"的结论。[①] 第二次世界大战(以下简称"二战")以后兴起的新自然法学派依然认为,法律与道德之间存在着必然的联系,是不可分离的。例如,美国法学家富勒认为,法律是内在道德与外在道德的统一。法律的内在道德是一个真正的法律制度必须遵循的法制原则,包括法律的普遍性、法律的公开性、法律的非溯及力、法律的明确性、法律的一致性、法律的可行性、法律的稳定性、官方行政与法律的一致性八项原则。法律的外在道德是指法律制度所追求的实体目标,它不是单一的,而是多元的,包括效率、正义、自由等。[②] 二战以后兴起的新分析实证主义法学派认为,法律与道德之间有一定的联系,但没有内在的必然联系。例如,英国法学家哈特认为,任何法律都会受到一定社会集团的传统道德的影响,也会受到少数人超过流行道德水平的道德的影响。但不能由此认为,二者在逻辑上和概念上存在着内在的联系。他指出:"法律反映或符合一定道德要求,尽管事实上往往如此,然而不是一个必然的真理。"[③]法律规则不会因违反道德而丧失其法律的性质和效力,对于严重违反道德的法律,"我们应该说:'这是法律;但它们是如此邪恶以至不应遵守和服从'"[④]。

我国法理学界在分析法律与道德的关系时,一般先把道德分为统治阶级的道德和被统治阶级的道德,认为法律与统治阶级的道德在根本上是一致的,它们互相影响,互相作用,而法律与被统治阶级的道德则是根本对立的。

二、法律与道德的异同

每个社会的法律与该社会占主导地位的道德是建立在相同经济基础之上的

---

① 参见严存生主编:《新编西方法律思想史》,陕西人民教育出版社 1989 年版,第 201 页。
② 同上书,第 288—294 页。
③ 〔英〕哈特:《法律的概念》,张文显等译,中国大百科全书出版社 1996 年版, 第 182 页。
④ 同上书,第 203 页。

上层建筑现象,其总体精神和主要内容大体相同。二者都是调整社会关系、维护社会秩序的重要手段。但是,法律与道德毕竟是两种不同的社会规范,具有不同的规定性。二者的主要区别是:

(1) 产生的社会条件不同。法律的产生晚于道德。法律是人类社会发展到一定阶段的产物,是随着原始氏族制度的解体和私有制与阶级的出现而产生的。道德则是人类早期文明的表现,它的产生是与人类社会的形成同步的。在原始氏族公社时期,道德是最主要的社会控制手段。

(2) 形成的方式不同。法律是由国家制定或认可的,是人们通过自觉的方式创制的。道德则是人们在长期的社会生活中自发地形成的,统治者难以像创制法律那样积极地创造出道德。

(3) 表现形式不同。法律是国家意志的体现,具有明确的内容,因此,它通常表现为宪法、法律、法规、条例等规范性法律文件。道德则没有特定的表现形式,其内容一般存在于人们的社会意识之中,并通过人们的言论和行为表现出来。

(4) 调整的范围不同。法律和道德都以社会关系作为调整对象,但是,一般而言,道德的调整范围要比法律广泛得多,法律只调整那些对建立正常社会秩序具有比较重要意义的社会关系,而道德几乎涉及社会关系的各个领域和各个方面。例如,对人们在友谊、爱情等私人生活方面的许多关系,法律都不调整,而道德却会进行调整。

(5) 作用的侧重点不同。法律主要作用于人的外部行为。尽管法律在评价和处理人的行为时,也要考虑行为人的主观动机和心理状态,但其侧重点始终在于客观行为本身及其后果。道德则主要作用于人的内心世界。尽管道德也涉及和管束人的行为,但它一般是通过影响人的思想进而引导或控制人的行为的。

(6) 实施的方式不同。法律在实施上具有国家强制性,它以国家强制力作为实施的后盾。道德在实施上也有一定的强制性,但没有国家强制性,它主要靠社会舆论和内心信念等获得实施。

三、法律与道德的相互作用

在任何社会,法律与该社会占主导地位的道德都是相互影响、相互作用的。这表现在以下两个方面:

(一) 道德对法律的作用

(1) 道德对法律的创制具有指导作用。任何社会的法律都必须顺应该社会流行的道德观念的要求,否则,它就难以有效地发挥作用。因此,立法者在创制法律时,必须以道德的基本原则和基本精神为指导,努力反映道德的基本要求。有时,立法者甚至要把某些重要的道德规范直接上升为法律规范,使之成为法律的组成部分。随着社会的进步和文明的发展,道德的内容往往会发生变化,此时,立法者必须对已经制定的法律进行补充、修改和完善,以顺应道德的发展要求。

(2) 道德对法律的实施具有保障作用。道德是法律正常运转的社会心理基础,是法律顺利实施的有力保障。对于国家官员来说,培养和树立良好的个人道德和职业道德,是其正确执法和司法的先决条件;对于公民个人来说,只有具备良好的道德品质,才能自觉地遵守国家的法律,严格依法办事。

(3) 道德对法律的漏洞具有弥补作用。由于立法技术所限和法律所固有的局限性,任何社会的法律都存在着一定程度的漏洞。这样,对于一些本应由法律加以调整的行为,法律却缺乏相应的规定。在这种情况下,就可以运用道德手段对上述行为进行评价、引导或调控,通过建立良好的道德秩序来弥补法律的空缺。

(二) 法律对道德的作用

(1) 通过立法赋予道德的基本原则和基本要求以法律强制力。道德的基本原则和基本要求对于维护正常的社会秩序至关重要,通过立法手段对其予以确认,就能将人们最基本的道德义务转化为法律义务,这种义务的履行就有了道德强制力和法律强制力的双重保障。由于法律强制是以国家强制力为后盾的,因此它能有效地促使人们遵守道德的基本原则和基本要求,从而起到维护社会基本秩序的作用。不过,值得注意的是,将道德义务法律化只能针对最起码的、最低限度的道德义务,道德义务中要求较高的部分是不宜一律上升为法律义务的,那样的话,法律必然会因为脱离实际而难以执行。

(2) 通过法律实施活动,可以弘扬一定的道德原则和道德观念。在法律实施过程中,人们的合法行为得到保护甚至奖励,违法行为则受到处理甚至制裁,这就从正反两方面促使人们认同符合法律价值取向的道德原则和道德观念。从这一角度看,法律实施的过程,同时也是一个弘扬道德原则和道德观念的过程。

四、社会主义法律与道德

社会主义法律与道德存在着密不可分的联系。社会主义法律与道德在很多方面存在高度的契合。社会主义法律具有广泛的道德基础,社会主义道德需要社会主义法律的有力支持和保障。

第一,社会主义法律与社会主义道德之间可以达到高度统一。社会主义社会为法律与道德的有机结合提供了良法善治的广泛社会基础。一方面,社会主义法治追求的是良法之治、善法之治,法律中已包含了道德的标准,没有道德价值的法律被视为恶法,而恶法非法;另一方面,社会主义道德是代表了最大多数人的、人类历史上最先进的道德,它作为法律的标准,又体现为社会主义法律的精神追求。

第二,社会主义法律对社会主义道德具有积极的促进和保障作用。法律通过对社会基本道德原则的确认,使道德义务转化为法律义务,从而为道德的遵守提供法律支持。社会主义法律对道德的促进作用,最鲜明地体现为法律对社会主义核心价值体系的促进和保障作用,社会主义核心价值体系是社会主义意识形态的本质体现,在所有社会主义价值目标中处于统领和支配的地位,其基本内容包括马克思主义指导思想、中国特色社会主义共同理想、以爱国主义为核心的民族精神和以改革创新为核心的时代精神、社会主义荣辱观以及社会主义公平正义观等。

第三,社会主义道德为法律的制定提供价值导引并促进法律的实施。具体表现为:其一,社会主义道德是社会主义法律制定的价值导引。社会主义道德是社会关系和人的行为的正义与非正义的衡量标准,是社会主义法律正义性与合法性的基础。其二,社会主义道德促进社会主义法律的实施。其三,社会主义道德可弥补社会主义法律在调整社会关系方面的不足。由于法律本身的局限性,对不需要由法律调整的社会关系,可以由社会主义道德加以调整,从而与法律一起促进良好的社会秩序的形成。

第二节 法律与宗教

一、宗教的含义及其法律意义

宗教是一种社会意识形态。马克思主义经典作家认为,宗教与哲学、文学、艺术一样,其产生和发展都是由人类社会的生产力和经济基础决定的。正如恩格斯在《反杜林论》中指出的:"一切宗教都不过是支配着人们日常生活的外部力量在人们头脑中的幻想的反映,在这种反映中,人间的力量采取了超人间的力量的形式。"[①]由于人类认识能力的有限性,不可能对所有自然、社会现象都作出完全客观、科学的解释,这就为宗教的存续提供了基础。在还不能完全认识外部世界和完全主宰自己命运时,人们相信有一种超自然的力量并对之加以崇拜,这就很容易产生宗教。

宗教是自然力量和社会力量在人们意识中的一种虚幻的、歪曲的反映,其特点在于通过对超自然力量的信仰来获得某种精神上的慰藉。宗教作为一种重要的社会现象,它实际上反映了人们对制约其生存和发展的某些自然力量与社会力量的不理解,把这些力量视为某种神秘的、完全异己的东西,因而感到困惑不

---

① 《马克思恩格斯文集(第9卷)》,人民出版社2009年版,第333页。

解。在阶级社会里,宗教常常成为统治阶级实行阶级压迫的重要工具。

每一种宗教类型都有其相应的仪式、信条、组织和规范体系,藉以使人们确立某些基本的价值信念,进而通过人的内心世界和终极信仰来调节、控制人们的行为。宗教的规范作用,使其与法律有着内在的关联。在东西方社会的特定历史发展时期,都曾出现宗教与法律相互贯通的现象,法律往往成为表达一定的宗教观念和宗教要求的重要形式。在古代两河流域,公元前18世纪古巴比伦的《汉穆拉比法典》把国王汉穆拉比称为"诸神的代理人",强调国王对国家的统治权力渊源于诸神的授予。在中国,自从脱离野蛮时代跨入文明的门槛以后,曾经在氏族社会广泛传布的原始宗教开始发生深刻的变化。天被赋予至高无上的神性,天神也就成了宇宙及人间万物的最高主宰,从自然现象到人事行为,莫不受到天帝的统摄,天道秩序被视为终极的最高法则。儒家主张社会典章要与天道自然秩序相谐合,所以几乎历朝历代都把法典视为天道秩序的体现。

在一些国家的历史上,宗教教义本身就具有法律的效力,成为法律的主要渊源。例如,古代印度法来源于婆罗门教法,起初以《吠陀》为经典,后来则以《摩奴法典》为基本的法律渊源,而《摩奴法典》实际上是古印度婆罗门教教义经典的集大成者。又如,公元7世纪开始建立的阿拉伯哈里发封建制国家,实行政教合一的体制。以《古兰经》和《圣训》为代表的伊斯兰教义经典,乃是通行于全国的法律,往往被称为"伊斯兰教法"。再如,在中世纪的西欧,宗教神学一统天下,以基督教教义为本体的教会法具有最高的法律效力,对世俗法律体系具有优先性,并且成为法院司法活动的基本依据和准则。教会也广泛利用宗教裁判所作为镇压宗教异端的工具。

二、法律与宗教的联系和区别

法律与宗教虽然是两种不同的文化现象,但在人类发展的早期及中世纪,法律与宗教曾经合二为一,二者在历史上曾是紧密联系的两种社会现象。在中世纪的个别国家,教会法的地位甚至高于世俗法。近代以来,政教逐步走向分离,美国早于《独立宣言》的《弗吉尼亚权利法案》第一次规定了宗教信仰自由。由此,宗教与法律日趋成为区别明显的两种规则和文化现象。

1. 法律与宗教的联系

第一,法律在起源阶段与宗教有密切联系。每一种法律体系确立之初,总是与宗教典礼和仪式密切相关。第二,在人类早期阶段,公共权力借助神的力量的支撑,君主为了论证自己统治的合法性,往往将其统治的渊源归结于上帝或神。第三,宗教与法律的价值有某些相同之处,两者的出发点和目的都包括"使人向善",使社会和谐有序,甚至使人们精神上有所依靠与寄托。第四,法律与宗教都是实现社会控制的规范体系。

2. 法律与宗教的区别

第一,产生的历史条件不同。宗教的产生远早于法律;法律的产生是社会发展到更高阶段的产物。第二,产生的方式不同。法律的规范是由国家制定和认可的,是国家意志的体现;宗教规范则是由宗教团体制定的,被视为神意的表现。第三,调整范围和方式不同。宗教规范只对宗教团体的成员具有约束力,而法律规范对所有人,无论是教徒还是非教徒,无论是信教还是不信教,都具有约束力;法律只调整那些对稳定社会秩序具有较高价值的社会关系,而宗教规范则覆盖几乎全部的社会关系;法律规范一般只规范人的外部行为,宗教规范不仅规范人的外部行为,而且更注重于规范人们的内心活动。第四,调整方式和实现的方式不同。法律规范最终是以国家强制力保证执行的;宗教规范则主要是通过控制人们的思想,依靠说教和人们的内心感悟来实现的。第五,表现的形式不同。法律规范主要以权利、义务为内容;而宗教规范主要是义务性规范,强调人对神的服从义务。

三、法律与宗教的关系

从历史角度看,法律与宗教的关系表现为宗教起到法律发展的基础作用。美国法学家伯尔曼明确指出:"所有西方国家以及所有处在西方法律影响之下的非西方国家的法律制度都是宗教态度与设想的一种世俗遗留。历史地看,这类态度与设想先是表现在教会的仪式、圣礼以及学说之中,后来则表现在法律的制度、概念和价值中。"[1]伯尔曼详尽论述了西方宗教在发展过程中与法律的依存关系,认为"法律赋予宗教以社会性,宗教则给予法律以其精神、方向和法律获得尊敬所需要的神圣性"[2],深刻揭示了基督教对于塑造西方法律制度所产生的深刻而重大的影响,甚至将西方法治理解成基督教精神的必然产物。

从实践层面看,它们在社会生活中共同担负着维护社会秩序的职能。伯尔曼指出:"法律与宗教都产生于人性的共同情感。它们代表人类生活的两个方面:法律意味着秩序,宗教意味着信仰。没有法律,人类便无法维系社会,失去信仰,人类则无以面对未来的世界。"虽然今天西方国家的科学技术已很发达,但即使在今天的发达国家,宗教信仰的普遍化程度仍然很高,其民众大多数有宗教信仰。宗教与法律的互相影响极为普遍。如美国的证人制度,当证人在法庭作证的时候,首先要举起一只手向上帝宣誓说真话。事实上,确实很少有人在法庭作证的时候说假话,这就与宗教意识及心理有关。在某种意义上,某些宗教精神已经成为法治的一部分。美国人在基督教的指引下,建立了属于自己民族的法

---

[1] 〔美〕哈罗德·J. 伯尔曼:《法律与革命:西方法律传统的形成(第 1 卷)(中文修订版)》,贺卫方等译,法律出版社 2008 年版,第 162 页。
[2] 〔美〕伯尔曼:《法律与宗教》,梁治平译,商务印书馆 2012 年版,第 18 页。

律。"私有财产神圣不可侵犯""人人都由造物主赋予了某些不可让渡的权利"等都体现了法律对个人的基本尊严和价值的承认,买卖法中的"购者自慎"原则、侵权行为法中的"过错责任原则""共同过失规则""自甘冒险理论"等都以尊重人的独立性、自决性为标榜,为劳动者、消费者承担社会经济发展风险提供了依据。西方国家在立法中常常援引基督教的教义,其立法和司法中也处处渗透着宗教仪式,基督教为这些国家法律提供了对人们有一定约束力的行为规则和合理依据。

在现代社会中,法律与宗教作为不同的上层建筑各自发挥其社会职能,与以往有了较大的不同。虽然随着科学的昌明,宗教的影响有所减弱,但其作用仍然极大,在某些地区甚至在相当大的程度上影响着社会的发展和稳定。同时,法律规范和宗教规范之间具有某些共同的要素,均包含着仪式、权利和普遍性等要素。法律规范与宗教规范的执行机制也有相似之处,二者的执行都需要借助解释机制。因此,处理好宗教与法律的关系,不仅关系到社会的稳定和进步,而且关系到宗教与法律本身作用的发挥。

四、社会主义法律与宗教

我国《宪法》第 36 条规定:"中华人民共和国公民有宗教信仰自由。任何国家机关、社会团体和个人不得强制公民信仰宗教或者不信仰宗教,不得歧视信仰宗教的公民和不信仰宗教的公民。国家保护正常的宗教活动,任何人不得利用宗教进行破坏社会秩序、损害公民身体健康、妨碍国家教育制度的活动。宗教团体和宗教事务不受外国势力的支配。"宗教信仰自由属于精神自由的范畴,具有不受强制、不受歧视的特征。是否信仰宗教,信仰何种宗教以及是否改换宗教信仰都属于公民自主决定的事情。

宪法是我国根本大法,我国的宗教事务必须依照宪法的规定来管理,这也是法治的必然要求。依法治国已经写进我国宪法,宗教管理也必须体现依法治国的原则。宗教活动除包含宗教情感、信仰等思想因素外,还有宗教仪式、组织等涉及国家利益和社会公共利益的事务,必须依法进行管理,这既是依法治国、建设社会主义法治国家的需要,也是保障公共利益以及包括信教者在内的全国各族人民的根本利益的需要。一方面,中国境内的宗教活动不得违反国家的政策和法律,作为宗教徒的个人,既是一个宗教信仰者,更是一个公民;宗教组织是许多宗教活动和仪式的组织者,是联系信教群众的重要纽带,也是社会事务的重要组成部分,必须依法进行活动。对于违反国家宗教政策和法律的宗教行为或宗教活动,应当追究其相应的责任。另一方面,政府依法对宗教事务进行管理。"政府对有关宗教的法律、法规和政策的贯彻实施进行行政管理和监督。政府依法保护宗教团体和寺观教堂的合法权益,保护宗教教职人员履行正常的教务活动,保护信教群众正常的宗教活动,防止和制止不法分子利用宗教和宗教活动制造混乱、违法犯罪,抵制境外敌对势力利用宗教进行渗透。"① 当然,依法管理宗教事务,是为了把宗教活动纳入有关宗教的法律、法规和政策范围,而不是去干预宗教团体的内部事务和限制正常的宗教活动。这是中国宗教健康发展和党的宗教工作不断完善的重要保证。

在我国,宗教活动必须守法。《宪法》第 36 条明确规定,任何人不得利用宗教进行破坏社会秩序、损害公民身体健康、妨碍国家教育制度的活动。1991 年 2 月,《中共中央 国务院关于进一步做好宗教工作若干问题的通知》(中共中央 6 号文)指出:"任何人不得利用宗教反对党的领导和社会主义制度,危害国家统一、社会稳定和民族团结,不得损害社会、集体的利益,妨碍其他公民的合法权利。""不得恢复已被废除的宗教封建特权和压迫剥削制度。"反对利用宗教达到不良目的,坚决禁止利用宗教干涉别国内政、挑起地区冲突,以及从事破坏民族团结、分裂祖国的活动。除此之外,我们还必须坚决禁止邪教活动,宪法禁止有人利用宗教从事非法活动,正是为了把他们与广大信教群众严格区分开来,真正保护宗教信仰自由。要保障信教自由就必须反对邪教,邪教经常冒用宗教、气功或其他名义,采用各种非法手段扰乱社会秩序,危害人民群众生命财产安全和经济发展,因此必须依法取缔,坚决惩治。依法取缔邪教组织,惩治邪教活动,有利于保护正常的宗教活动和公民的宗教信仰自由。为此,要在全体公民中深入持久地开展宪法和法律的宣传教育,普及科学文化知识,使广大人民群众充分认识邪教组织严重危害人类、危害社会的实质,自觉反对和抵制邪教组织的影响,进一步增强法治观念,遵守国家法律。

 问题与思考

1. 结合本章"引读案例"和相关知识,谈谈如何处理法律与道德之间的矛盾和冲突。
2. 如何理解法律与道德之间的关系?两者之间有何不同?
3. 法律与道德是如何相互影响、相互作用的?
4. 我国宪法规定的宗教信仰自由的基本内涵什么?
5. 如何理解法律与宗教之间的关系?两者之间有哪些区别?

---

① 中共中央文献研究室综合研究组、国务院宗教事务局政策法规司编:《新时期宗教工作文献选编》,宗教文化出版社 1995 年版,第 216 页。

参考文献

1. 《马克思恩格斯选集(第1—4卷)》,人民出版社1995年版。
2. 〔英〕哈特:《法律的概念》,张文显等译,中国大百科全书出版社1996年版。
3. 严存生主编:《新编西方法律思想史》,陕西人民教育出版社1989年版。

第十一章 法律与人权

法律故事

2020年9月,"人物"微信公众号推送了一篇题为《外卖骑手,困在系统里》的深度报道:在外卖平台异常苛刻的派单系统算法的控制与规训之下,外卖骑手处于艰难生存状态,引起社会广泛关注和讨论。这表明,当今数字平台企业对劳动者的控制和对利润的追逐,已经不再是工业时代那种赤裸裸的暴力形式,而是通过大数据和算法并以非常精细化的数字管理方式,将劳动者的全部时间加以"充分"利用,从而将劳动效率以畸形"内卷"的方式提升到新的高度。文章刊出之后,一外卖平台迅速作出公关反应,在其外卖APP上设置"多等五分钟"按钮,但很快遭到舆论批评,认为这无非将平台的责任无端转嫁给消费者。另一外卖平台则承认,算法背后依然是人,因此宣布调整系统算法,为骑手松绑。

这并不是个案,而是一种类现象,是从工业时代迈向数字时代的重要变革的后果。它意味着,在网络化、数字化、智能化加速融合发展的背景下,算法秩序逐渐成为生活现实,既有的人权保护体系面临着全新的严峻挑战。

第一节 人权的概念与基本形态

人权问题是人类社会广受关注的核心问题之一,它是对人的尊严与价值的捍卫和弘扬,同时也常常面临着重大的严峻挑战。1948年12月10日,联合国大会(以下简称"联大")通过第217A(Ⅱ)号决议并颁布《世界人权宣言》。这样,尊重和保护人权就成为一项基本的国际准则,得到全世界的认同和维护。

一、人权的概念

早在古希腊、古罗马时期,人权的思想就已经开始萌芽。进入中世纪后,人权的思想伴随着欧洲文艺复兴运动而获得发展,进而形成明确的"人权"概念。意大利诗人但丁(1265—1321)在其《论世界帝国》中宣称:"帝国的基石是人权","帝国也不能做任何违反人权的事"。由此,一般认为但丁是第一个提出"人权"概念的人。然而,基于人权的复杂性和价值立场的不同,人们对人权的认识和理解无疑会多种多样。在我们看来,人权的根基在于人性、在于人道,它是区别于动物的那种作为人的或者使之成为人的权利表达,因此,人权就应该是作为一个人所应该享有的得以维持其生存、从事社会生活所不可缺少的最基本权利。其权利主体既包括个人,也包括群体,即个人人权和集体人权;其权利客体是人在自然界和社会中生存、活动与发展所必需的、基本的物质及精神条件、需要和利益;其权利内容包括生命安全、人格尊严、自由平等、劳动就业、最低社会保障、环境保护等方面的诸多权益。它具有以下基本特征:

(1) 基本道德性。人权的重要价值渊源是启蒙思想家的"天赋人权"观,这种"天赋"无疑是一种理论预设,而其本质则是人的自然性和道德性。也就是说,人都是天然进化的平等造物,自古就形成了符合人性的道德生活,因此,人类与弱肉强食、适者生存的动物界不同,每一生命、每一个体都应得到善待和尊重;扼制侵犯人权行为,就是要保证每个人都能过上自己的体面生活。可见,人权是基本的人性伦理要求,是人道良知的具体呈现,是人类文明的发展动力和秩序基石。

(2) 不可或缺性。人权旨在保证每一个人不依附于他人,保证每一个主体具有一个人应该有的基本生存条件、人格尊严和发展空间。为此,《世界人权宣言》第 1 条规定,"人人生而自由,在尊严和权利上一律平等。他们赋有理性和良心,并应以兄弟关系的精神相对待。"第 3 条规定:"人人有权享有生命、自由和人身安全。"这些权利无疑是维持和保障人之生存发展的最低限度的权利,具有不可或缺性,否则,人就很难成为一个真正意义上的人。

(3) 不可取代性。由于人权关乎人的基本生存和发展,是一个人获得社会承认、尊重和保护的必要基础,也是一个人参与国家和社会生活的起码条件,因此,人权是不可换用其他权利或者利益来取代的,其中的每一个单项也不可以用另一个单项来取代。既不能用生命权来取代自由权,也不能用平等权来取代自由权;既不能用发展权来取代自由权,也不能用生存权来取代发展权等。

(4) 世界共通性。人权观念最早诞生于西方,但其本质上是人类文明进步的重要成果,是人类社会秩序得以维持的基本底线。无论哪个国家、哪个民族,都要尊重生命、自由、平等、财产等权利,否则,人类就会退回到野蛮状态中去,甚至会导致文明的泯灭,就更谈不上现代化了,这也是联合国通过并颁布《世界人权宣言》的根本所在。人权作为一项世界通行的基本道德和法律准则,早已超出了一个国家、一个区域的时空范围,变成了具有世界共通性的基本权利,获得了全世界的共同倡导和维护。

二、人权的基本形态

人权的实体内容十分重要,也十分丰富,主要包括生存权利、人身人格权利、政治权利和自由以及经济、社会和文化权利等。其中,生存权利和人身人格权利是首要权利,也是最低限度的权利,是人权的逻辑起点;政治权利和自由是核心权利;经济、社会和文化权利是基础权利。从类型上来说,人权呈现出以下三种形态:

一是道德上的人权。人权首先是一种应有的道德权利,也就是人基于人的属性和本质而应当享有的权利。如果失去这些权利,也就会失去做人的尊严和资格,因此,人权是人的本性和本质的体现,是一种基本人类道德要求。

二是法律上的人权。没有法律的确认和保护,人权就没有可靠的保障。因此,国际法、各国法律,尤其是各国宪法,大多都记载和反映了人权的要求和基本原则,这些都是人民的法定权利,它使得道德上的人权具有了现实性和保障性。

三是实有的人权。法律规定人权无疑为人权的实现提供了依据和保障,但是,这还只是一种可能性,把法律规定的人权转化成人所实际享有的实实在在的权利,仍是一个复杂艰巨的过程,需通过各种条件和努力才能更好地完成。①

三、人权的属性和价值

在人权保护历史上,有一个重大事件,即卢旺达内战中的部族大屠杀:

1994年4月6日,卢旺达的胡图族总统哈比亚利马纳因飞机失事遇难身亡,许多胡图族人认为这是一次图西族策划的谋杀行动,内战因此再度爆发,并引发图西族与胡图族间的部族大屠杀。历时3个月的种族大屠杀共造成100多万人死亡,这个数字相当于卢旺达总人口的1/7,其中94%的受害者是图西族人。1994年11月,联合国在坦桑尼亚北部城市阿鲁沙成立卢旺达国际刑事法庭,专门调查审判这起大屠杀事件的策划者、组织者、鼓动者及参与者。截至2004年3月底,有约3000名嫌疑人受到了审判,其中500多人被判处死刑;仍有大约12万人被关在监狱中,等待接受与屠杀有关的各项审判。

尽管这次部族屠杀事件的肇事凶手大多受到应有的惩罚,但是,人的生命只有一次,人死不能复活,无论是什么样的惩罚或者是什么样的赔偿,都无法挽回这些鲜活的、无辜的生命。由此可以看到,人权具有独特的属性和重要的价值。

(1)人权的属性。主要表现为:首先,人权的权利主体和义务主体通常是分离的。即人权的权利主体往往是个体的人,而其义务主体则是公权力,或者说是国家。个体的人有权向国家提出尊重和保障人权的具体要求;公权力则无权否定、拒绝或者在履行其义务时附加任何条件。其次,人权的权利内容是神圣不可侵犯的。人权的核心内容是独立、自由、平等的人格尊严和价值,是不可放弃和转让的,作为人权义务主体的公权力,不可以任何理由进行侵犯,也不可懈怠其

---

① 参见付子堂主编:《法理学进阶(第二版)》,法律出版社2006年版,第151页。

义务履行。最后,人权义务主体负有积极作为义务。公权力须按国际人权公约和国内法律规定,以积极行动切实、充分尊重人权,保障和大力促进人权发展,同时还要以积极行动来排除各种社会因素对人权的妨碍和侵害,履行积极救济的义务。

(2)人权的价值。主要表现在:首先,人权是人的利益追求的界标。人权的本质属性是利益,包括物质利益和精神利益,它是一个人实现自己利益的根本途径、方式和手段。同时,人权又具有普遍性,要符合一般的道德标准,既主张自己的人权,又对别人无害,尊重别人的人权,这样才不至于使人权转换成特权。这样看来,人权就是人的相关利益的界标。其次,人权是评价公权力的道德标准。人权的实现离不开公权力的消极作为(不可侵犯人权)和积极作为(尊重、保障、救济和促进人权),人权的主流精神就是要防止和抵抗公权力走向"恶政",促使其实施"善政",也就是以人权的有无、保障的好坏来作为评价一个政府的道德标准,以人权来制约国家权力,迫使其善待它的国民,促进社会正义。最后,人权是和谐秩序的动力。化解冲突、创造和谐是人权精神的内在要求。人权的政治表现是民主,法律表现是法治,每个人都按照独立、平等、自由的精神有序地安排生活,尊重他人同等的人权,就会实现和平秩序,保持和谐与安全。①

第二节 "三代人权"的历史演进

从古到今,人权观念经历了长期的发展演变,逐渐形成了体系化的理论和实践。

一、文艺复兴与人权观念的萌发

虽然古希腊、古罗马时期就出现了"人权"观念的萌芽,但真正形成"人权"观念和理论则是在中世纪。中世纪一直被称为"黑暗的千年",其间欧洲大陆处在封建王权和宗教神权统治之下,民众毫无人权可言。到了14、15世纪,随着城市商品经济的发展,资产阶级逐渐以新的面目出现,并提出自己的利益要求,于是就兴起了一场反对封建主义和基督教神学体系的伟大革命运动——文艺复兴运动。正是在这个运动中,"人文主义"成了核心思潮,并首次明确提出"人权"概念。人文主义思潮的世界观基础是个人主义,强调人的需要和理性。其代表人物除了意大利诗人但丁之外,还有意大利文学奠基人和文艺复兴运动先驱之一的薄伽丘(1313—1375),以及后来的意大利政治思想家马基雅维利(1468—1527)等。正是在这些代表人物与封建专制及神权的斗争中,逐渐形成了14—

---

① 参见张文显主编:《法理学(第五版)》,高等教育出版社2018年版,第347页。

16 世纪萌芽状态的人权观念。

二、启蒙运动与"第一代人权"

16 世纪末期,资本主义生产方式在欧洲广泛兴起,及至 17、18 世纪,新兴的资产阶级更强烈地要求摆脱封建统治和宗教势力的束缚。因而,继文艺复兴运动之后,在欧洲又展开了一场反对教会神权和封建专制的思想启蒙运动,提出人的生命、自由、财产的权利是不可剥夺、不可转让的"天赋人权"学说等。其代表人物有荷兰的政治思想家格劳秀斯,英国哲学家、政治思想家霍布斯,荷兰思想家斯宾诺莎,英国哲学家洛克,法国思想家卢梭,以及美国独立战争时期的著名政治思想家潘恩和杰斐逊等。这些思想理论在 1776 年美国《独立宣言》中得到了集中体现。该宣言由杰斐逊执笔,其前言部分宣告:"我们认为这些真理是不言而喻的:人人生而平等,他们都从造物主那里被赋予了某些不可转让的权利,其中包括生命权、自由权和追求幸福的权利……为了保证这些权利,所以才在人们中间成立政府,而政府的正当权利则系得自被统治者的同意。如果遇有任何一种形式的政府变成损害这些目的者,那么,人民就有权利来改变它或废除它,以建立新的政府。"

1789 年法国大革命时期制定的《人权和公民权利宣言》最先使用了"人权"这一表达方式。该宣言将基本人权界定为"自由、财产、安全和反抗压迫",认为这是"自然的、不可剥夺的",是人生来就有的。政府和社会的根本职责就是保障人权,为此要建立法制。而"法律是公共意志的体现",没有比法律更高的权力。此外,该宣言还规定了私有财产不可侵犯的原则。基于此,人权、法制、保护私有财产成为法国最基本的立国原则。

可见,这一时期的人权,主要表现为"人人生而平等""自由"等权利,被称为"第一代人权"。

三、社会主义运动与"第二代人权"

19 世纪末 20 世纪初,出现了声势浩大的社会主义思潮、社会主义革命运动和反殖民主义运动等,对"第二代人权"的形成和发展做出了很大贡献。"第二代人权"观念在 1918 年 1 月苏俄通过的《被剥削劳动人民权利宣言》中已经有所体现,在 1936 年《苏联宪法》中得到更为完善的表达。《苏联宪法》不仅规定了公民的政治权利,还规定了公民的经济、社会、文化权利,对宪法的历史性进步是一个很大的贡献,对"第二代人权"观念的发展产生了积极的促进作用。当然,由于苏联共产党领导人的错误,导致《苏联宪法》的许多规定未能完全实现,有时甚至遭到践踏。

经过争取,"第二代人权"观念在一些重要国际文书中得到反映。1945 年联合国成立时,维护人权作为宗旨之一被列入《联合国宪章》,其中第13条、第55条都有直接涉及经济、社会、文化权利的内容。1948年联合国讨论和通过了《世界人权宣言》,一系列经济、社会、文化权利被写进宣言。1966年联合国第21届大会通过了《公民权利和政治权利国际公约》和《经济、社会和文化权利国际公约》,将《世界人权宣言》的内容以法律义务的形式肯定下来。

"第二代人权"是对资本主义弊端和不加批判的个人自由概念的否定,突破了传统人权观,从主张"公民自由和个人政治权利"的以个人目的为主的狭隘人权观,发展到还要讲究个人经济、政治、社会和文化权利的第二代人权观,扩大了人权的范畴。

四、第三世界兴起与"第三代人权"

二战后,一系列国家取得民族独立并形成第三世界,强调集体人权,为"第三代人权"的发展做出了特殊的贡献。所谓集体人权,主要指国家、人民、民族在国际社会中应当享有的各项权利,如国家主权、民族自决权、发展权等。集体人权被广泛接受经历了一个过程。

在联合国1948年制定和通过《世界人权宣言》时,虽然尚无"集体人权"的概念,但该宣言第28条对此有所预示。该条指出:"人人有权要求一种社会的和国际的秩序,在这种秩序中,本宣言所载的权利和自由能获得充分实现。"此后,"集体人权"逐渐成为国际人权的基本概念之一,其中最重要的是民族自决权、发展权和人民参与权。

民族自决权即国家在国际社会中所应享有的平等权利,包括不同国家间应互相尊重,互不侵犯,互不干涉内政,大小国家一律平等等,之后又衍生出发展权和对自然资源的充分主权。1952年12月,联大通过《关于人民和民族自决权的决议》,要求各成员国"支持一切人民和民族的自决原则",明确"人民和民族应享有自决权,然后才保证充分享有一切其他人权",使民族自决权上升为一项法律权利。1960年12月,联大通过《给予殖民地国家和人民独立宣言》,宣布"所有的人民都享有自决权",加速前殖民地转变为独立主权国家的进程。1966年《公民权利和政治权利国际公约》和《经济、社会和文化权利国际公约》规定,各国有权按国情自由选择其政治、经济、社会、文化和法律制度,有权确定并适时调整适合于本国的发展模式。联大1979年11月通过《关于发展权的决议》,强调发展权利是一项人权,平等的发展机会既是各个国家的特权,也是各国国内个人的特权。1986年,第41届联大通过《发展权利宣言》,进一步强调"发展权利是一项不可剥夺的权利,所有的个人和民族均有资格参与、从事和享有经济、社会、文化的发展,从而能够充分实现一切人权和基本自由";"确认发展权利是一项不可剥夺的人权,发展机会均等是国家和组成国家的个人一项特有权利";"各国应在国家一级采取一切必要措施实现发展权利,并确保除其他事项外所有人在获得其基本资源、教育、保健服务、粮食、住房、就业、收入公平分配等方面机会均等"。这就突破了第一、二代人权观的相对狭隘性,将人权提升到个人与社会,民族与民族,经济与社会、文化、政治,人与自然等方面的和谐、一致发展。

第三节 数字社会的"第四代人权"

人类历史表明,任何一次巨大的技术革命,都会带来总体性的制度变迁。曾经的农业革命、工业革命深刻地改变了人类生活和文化制度,如今的以网络化、数字化、智能化为牵引的新兴信息革命,其能量远超农业革命和工业革命,它"已经深远地、不可逆转地改变了世界,其步调惊心动魄,其范围前所未有"①。基此,新时代的人权变革也势在必然。

一、信息革命与法治变革

当代信息革命的重大意义在于,它重新定义了生产力和生产关系,演绎着数字化发展的新式逻辑,人类也从此由工业社会迈进了数字社会。与工业社会相比,数字社会具有三大革命性变化:

(1) 双层空间、虚实同构。传统工业社会的生产生活都是在物理时空中展开的,劳动力、生产资料、资本等生产要素也都是物理性的。如今,信息革命创造了全新的虚拟空间,人们的日常生产生活中很难找到纯粹的物理时空行为,更多的则是虚实交互、虚实同构的,无论是网上购物、叫外卖、微信聊天,还是人脸识别、手机银行、滴滴打车等,均是如此。

(2) 两种属性、数字人格。人类是从生物界中高级进化而来的,同时形成了文明社会,因此,人类自古就具有生物性和社会性。这也是现代法律把人定义为"自然人"的重要根据。然而,随着信息革命的到来,不仅生产生活关系开始全面数字化,人类自身也开始数字化。也就是说,除了原有生物性之外,每个人都越来越多地被赋予数字性,包括身份数据、行为数据、关系数据、言语数据、情感数据等,汇聚成为一个个可以分析预测和互动交往的"数字人",并在虚实同构的双重空间之中拓展数字生活。"我们正在经历一场大规模的人类革命,而不仅仅是一场技术革命或变革。这场革命非同以往,数字人类要比人类复杂得多。"②这样,每个人都具有生物性和数字性的两种面向,具有自然人格和数字人格。

---

① 〔英〕卢恰诺·弗洛里迪:《信息伦理学》,薛平译,上海译文出版社2018年版,序言,第1页。
② 〔英〕克里斯·斯金纳:《数字人类——第四次人类革命的未来图谱》,李亚星译,中信出版集团2019年版,第283页。

(3) 人机共处、智慧互动。从漫长的人类发展史来看,农业革命让人类摆脱了动物界,人类不再像动物那样去采摘和狩猎,而是能够种植和养殖,过上文明的生活。工业革命让人类摆脱了体力劳动,汽车、火车、飞机和各类机器成为重要的"劳动者",从而大大提升了人类的活动能力和生活水平。不过,人类不断发明制造的这些工具都是"死"的,只会为人类所任意使用,不具有交互性。如今的信息革命则是完全不同的情形,特别是人工智能技术的发展,各种软件让设备、机器及其他工具都智慧起来,都变"活"了,可以跟人进行互动,甚至代替人进行决策,如人脸识别、自动驾驶、电子交警、犯罪预测系统等。可见,信息革命已不再是对人的体力劳动的替代,而是脑力劳动的替代,人类将从大量简单的、日常的脑力劳动中解放出来。这样,人机共处、人机交互的生产生活场景将成为一种常态,智能机器人也不再是单纯的人类的工具,而是具有人类"伙伴"的意义。

信息革命这种颠覆性的巨大变革,既给人类创造了空前的发展机遇,也带来了严峻的时代挑战。世界主要国家纷纷进行战略规划,努力在信息革命中实现转型升级。对我国而言,如果说上次我们错过了工业革命的重大机会,以至于给中华民族留下了太多屈辱的历史的话,那么,面对今天信息革命的巨大机会,我们必须迎难而上、勇赶潮头。为此,我国在 2015 年提出了"数字中国"发展战略,先后发布了《国家信息化发展战略纲要》(2016)、《"十三五"国家信息化规划》(2016)、《数字乡村发展战略纲要》(2019)、《"十四五"规划和 2035 年远景目标纲要》(2021)、《"十四五"数字经济发展规划》(2022)等,提出了数字经济、数字社会、数字政府、数字生态的建设目标和任务。同时,《法治政府建设实施纲要(2021—2025 年)》(2021)、《提升全民数字素养与技能行动纲要》(2021)、《人民法院在线诉讼规则》(2021)、《人民法院在线调解规则》(2021)、《人民法院在线运行规则》(2022),以及《关于全面推进上海城市数字化转型的意见》(2020)、"浙江省数字法治系统建设"(2021)等国家和地方战略规划和制度设计,提出了数字法治政府、数字公民、数字法治等重要的发展指标。这意味着,数字中国、数字法治已经成为未来变革发展的主导方向。

在这一时代背景下,"很多旧有的习惯将被颠覆,很多旧有的制度将面临挑战"[1]。而基于工商业生产生活规律的现代法律,必然会在数字生产生活规律面前遭遇严峻的挑战,从现代法学转向数字法学将成为一种必然趋势。具体而言,数字法学包括现代法学的迁移部分(仍然有效)、现代法学的更新部分(转型重塑)和数字法学新生部分(理论创新),涉及范畴体系、规范体系、价值体系、知识

---

[1] 〔英〕维克托·迈尔-舍恩伯格、肯尼思·库克耶:《大数据时代:生活、工作与思维的大变革》,盛杨燕等译,浙江人民出版社 2013 年版,第 94 页。

体系、方法体系的一系列变革,法治理论和人权理论也会随之发生转型。

二、数字人权构成"第四代人权"

如前所述,当今信息革命具有空前的颠覆性,它使得人类突破了"上帝"给人类设定的物理围栏和生物性边界,可以像"上帝"一样创造元宇宙。但是,一旦人类变成了制定规则的"上帝",所有伴随人类进化历程的既定经验与认知沉淀将遭遇颠覆性挑战。① 对于人权而言,也会突破前三代人权的发展框架,迈进"第四代人权"。

1. 在发展动因上,源于信息革命

在人权研究领域,法国法学家卡雷尔·瓦萨克的"三代人权"理论颇具影响力和代表性,也为多数人所接受。从他的代际分类来看,每一代人权产生的背后都是一场革命。"第一代人权"是18世纪欧洲人权运动所主张的公民政治权利,其背后是反封建、反专制的资产阶级革命;"第二代人权"是19世纪末20世纪初社会主义运动提出的经济、社会和文化权利,其背后是反对资本剥削、消灭贫富分化的社会主义革命;"第三代人权"是二战后全世界反殖民化中出现的民族自决权和生存发展权,其背后是争取解放和独立的民族革命。每一次革命,都是人类的一次解放,也都出现了重大的制度转型。如今智慧社会的背后是一场信息革命,它带来的同样是人类的一次解放和制度转型,只是它并非通过武装斗争的形式,而是以技术革命的方式来颠覆传统工商业时代的生产生活关系,塑造空前的人类信息化生存状态和智慧化生活,因此,它必然会引发迈向网络化、数字化、智能化发展的重大制度变革,造就新一代的人权形态。

2. 在内涵逻辑上,发生了根本转向

纵观前三代人权的变革与发展,其内涵逻辑是:从个体人权到集体人权;从政治权利到经济、社会、文化权利,再到生存发展权利;从通过国家"无为而治"来加以保障的"消极权利"到需要国家积极采取干预措施来予以实现的"积极权利",再到人类生存条件的集体"连带关系权利";等等。从中可以看出,其场景是"上帝"(大自然)所给定的物理空间,其基础是工商业时代的生产生活,因此,从政治参与到经济保障,再到基本生存的人权拓展,基本上都是在物理空间的逻辑框架内展开,是沿着人的生物属性来表达诉求的。而在当今智慧发展时代,人类凭借信息技术第一次走出了"上帝"给定的物理空间,开始了物理\电子(现实\虚拟)的双重空间生活,人类的物质生产、商业贸易和日常交往都需要在双重空间中交错进行;人们的角色身份、社会关系、交往行为甚至言语交流,不再仅

---

① 参见王天一:《人工智能革命——历史、当下与未来》,北京时代华文书局2017年版,第192—193页。

仅是千百年来惯常的生物性存在方式,而是越来越多以信息化、数字化方式来构成和呈现。这样,作为万灵之主的人,史无前例地具有了现实和虚拟、生物和信息的双重属性,人权和各种权利也必然嵌入大量的信息要素,而信息会改变甚至决定这些权利的性质和方向。当下人权所面临的很多挑战与困境,也正是由此而生。换句话说,传统单一物理空间中人的价值尊严、自由平等、政治参与、经济保障、公平机会、劳动就业、生存条件等,必然会面临网络化、数字化、智能化的巨大冲击和深刻重塑。人们不难看到,"我们或许会生活在一个没有隐私的环境里,或许会被一些超级权力在无形中控制,甚至很多人因为没有掌握未来生存的技能而找不到工作,财富可能会更加集中在少数人手里"[1]。因此,当下人权的客观发展与变革诉求,并非期待权利种类和数量的增长,也不是对传统工商业时代的人权拓展,而是信息时代人权的根本性转向。这就是智慧社会的"第四代人权"——"数字人权",它以数据和信息为载体,是展现智慧社会中人的数字化生存样态和发展需求的基本权利,具体包括数据信息自主权、数据信息知情权、数据信息表达权、数据信息公平利用权、数据信息隐私权、数据信息财产权等。其目标不再局限于以往的反压迫、反特权、反权力控制,而是旨在反技术霸权、反数据信息控制,努力消解和应对信息鸿沟、侵犯隐私、算法歧视、监控扩张、知情权障碍等诸多人权难题与挑战。

3. 在价值内核上,实现了品质升级

作为人而应享有的权利,且每个人都应该受到合乎人权的对待——这不仅是人权的普适性和道义性所在,也是人权的价值内核。每个阶段的人权变革与发展,都会形成对既有人权价值内核的超越和升级。"第二代人权"超越了"第一代人权"那种形式上自由、平等观的局限,走向了更具实质意义的经济、社会、文化权利观;"第三代人权"又超越了"第二代人权"那种个体权利观,走向了关注生存与发展的集体权利观。"第四代人权"的超越和升级主要体现在:

(1)它大幅拓展了人的自主性。在人权理论看来,人格价值及社会、平等诸因素是人权的重要根据,而自主性、福利和自由则"构成了最高层次的人权的一个三元组合"[2]。每一代新的人权诞生,都大幅拓展、推进了这些最高层次人权的实现。在当今时代,数据和信息成为具有重大价值的"石油",人们的家庭身份、社会关系、生活行为等都会自觉或不自觉地在虚实同构中以数据和信息的方式呈现出来,进而演进为新时代的"数字人类"。这样,数据和信息就成为每个人在世界上独立完整、个性自主地进行人性构建与表达的要素、资源和媒介,因此,"任何人拥有了我们的信息也就拥有了我们自己的一部分,因而败坏了环境

---

[1] 吴军:《智能时代——大数据与智能革命重新定义未来》,中信出版集团2016年版,第331页。
[2] 〔英〕詹姆斯·格里芬:《论人权》,徐向东等译,译林出版社2015年版,第179页。

也就损害了我们对于世界的独特性与自主性"①。而将"数字人权"视为"第四代人权",其实质是智慧社会建设的需求创立了人权,大大提升了信息时代的人的自主性,可强化对"数字人类"的人权保护。

（2）它实现了新时代的人权价值加持。在这场信息革命中,"人们在将自然逻辑输入机器的同时,也把技术逻辑带到了生命之中"②。国家、社会和民众的衣食住行都在日益数字化、智能化,突破了物理空间的利益逻辑和权利逻辑(包括侵权和维权方式),形成了虚实交错、场景互动的数据信息逻辑,直接关系到个人的人格尊严和人身自由。因此,将"数字人权"提升为"第四代人权",就与时俱进地赋予了数据信息对人的价值和尊严这一人权核心价值的构造意义和维护效能,从而对人权进行信息时代的价值加持,否则,人权将失去社会根基。

（3）它实现了人权的品质升级。如前所述,每一次人权的重大发展,都带有明显的解放性质,其终极目标是趋向于人的全面发展。但是,自由平等权—经济社会文化权—生存发展权的三代发展变革,都是在物理空间和生物维度上的演进,也限定了人权作为道德权利、普遍权利、反抗权利的属性和场域。如今信息时代的到来,人类在生物属性之外获得了数据信息属性,在物理(现实)空间之外拓展成了电子(虚拟)空间,导致前三代人权的理论逻辑和内涵价值已经无法涵盖这些信息革命成果,因此,走向"第四代人权"已成为一种必然。而且,与前三代人权相比,它面对的是更加复杂多变、挑战与机遇并存的技术革命,需要抑制网络化、数字化和智能化发展的负面风险,最大限度地将其进步成果转换为人的自主性;它打破了"上帝"划定的生活界限,从而更接近人的尊严和价值,也打造了以前无法想象的人性空间。可见,"第四代人权"并不是对前三代人权的拓展,而是信息革命和智慧社会带来的人权品质升级。

4. 在关系构架上,呈现关联义务的社会延展

自近代诞生以来,人权一直是在以公民与国家为主线的关系构架中展开的,无论是自由平等、生命尊严等权利,还是经济、社会、文化、生存发展等权利,都是由国家(政府)或国际社会来承担主要人权保护义务的。但在当今信息时代,出现了前述从二元结构向三元结构的转型和双重权力生态,以往那种以公民与国家为主线的关系构架暴露出更多的局限,技术公司、商业平台等主体的关联义务延展势在必行。

（1）社会权力成为新的人权威胁力量。信息时代新业态的一个突出特点,就是去中心化与再中心化并存,呈现分散的大众、集中的平台、监控的社会之势,

---

① 〔英〕卢恰诺·弗洛里迪:《信息伦理学》,薛平译,上海译文出版社2018年版,第379—380页。
② 〔美〕凯文·凯利:《失控——全人类的最终命运和结局》,张行舟等译,电子工业出版社2016年版,第5页。

特别是信息鸿沟、数据挖掘、算法歧视、算法黑箱等问题不断出现。基于此,在个人隐私、自由平等、社会公平、劳动就业等方面给人权带来威胁的,已不仅仅是国家(政府),很多时候是拥有"准立法权""准行政权""准司法权"的技术公司和商业平台,仅靠国家(政府)义务已不足以更好地保护人权,需要这些社会权力者承担起必要的自律责任和避免侵犯人权的义务。

(2)侵犯人权的方式更加技术化。随着网络技术、数字技术和智能技术的加速发展,人类的生产生活和日常交往都变得日益数字化、信息化,人权遭遇侵犯的方式和途径也更加技术化、自动化。虽然数据收集挖掘、建模算法、软件嵌入等更多地呈现着技术的中立性、客观性和进步性,但在这种外观之下,往往隐蔽着自由平等、人格尊严、个人隐私、自主选择、教育就业等人权遭遇侵犯的事实。此时,无论是政府还是公众,对这些先进技术而言都是"门外汉",这就加大了国家对人权保护的成本和难度,传统的国家(政府)人权保护义务更是难以有效应对,因此亟须对技术优势地位者课以不得侵犯人权的最低限度义务。

(3)信息全球化的无缝链接已超出主权疆域。苹果、亚马逊、谷歌、阿里巴巴、百度、京东等超级互联网公司和商业平台,都拥有跨国的全球业务,而且网络化、数字化、智能化本身创造并活跃于无边无垠的虚拟世界,远远超出国家主权的涵摄范围和力量所及,这样,它们所带来的人权问题,就会给地理上的主权国家造成一定的规制困境。因此,就需要针对这些社会权力主体,设定一些必要的国际性的人权保护义务,如保护数据隐私、控制算法歧视、消减信息鸿沟等。总之,在关联义务的社会延展过程中,国家(政府)不仅自身要积极作为,履行其人权保护义务,还需要监督和规制社会权力主体,尽最大努力抑制侵犯人权的现象的发生,使智慧社会沿着更加符合人性的方向行进,从而建立良法善治的法治秩序。

三、数字人权的主要内容

数字人权是数字时代的核心问题之一,反映着数字人类的基本属性,代表着数字生活的必然要求。其主要内容包括:

1. 数字生存权

数字生存权是指数字社会中每个人应该获得保障的生存条件、生存空间、生存能力等基本权利。主要体现在以下三方面:

(1)数字分化。随着人工智能的大量应用,大量体力性、重复性的工作岗位将被取代,而新兴的工作岗位往往具有更高的脑力劳动要求。于是,只有一少部分人的工作足以创造巨大的价值,而大部分人将会失去工作机会和创造价值的能力。甚至有人预测,未来90%的人将失去工作,99%的人会变得毫无用处,①出现所谓的"无用阶级"。这样,"现有的社会体系需要被升级,否则会带来人类内部的剧烈冲突"②,从而产生严重的生存危机和秩序风险。可见,在加快数字经济发展的同时,也必须警惕数字分化,以确保普通民众的最低数字生存空间。

(2) 数字鸿沟。即数字化抹平了某些不平等,但同时又造就了一些新的不平等,出现了老年数字鸿沟、中西部数字鸿沟和城乡数字鸿沟,具体表现为接入鸿沟、使用鸿沟、知识鸿沟和能力鸿沟,直接涉及人的生存发展状态和社会参与能力。这些问题的存在,不仅使得社会自主性、人性尊严受到严重的数字化侵蚀,也会使相当一部分人群被排斥在数字社会外,沦落为"数字遗民"和"数字难民",严重侵蚀困难群体的生存权和发展权。

(3) 沉浸/躺平。随着数字技术的飞速发展,元宇宙时代已经来临。它带给人们空前的沉浸式体验和无限性编码想象,参与者也获得了上帝般的"创世纪"能力。然而,在戴上VR眼镜的那种超凡脱俗境界与摘下VR眼镜的惨淡现实之间,参与者会形成极大的心理落差。这很容易导致那些不能自抑的人们花费大量的时间和金钱去戴上VR眼镜沉浸,借以逃避现实、实现梦想;而在摘下VR眼镜面对现实时又会怨声载道、愤愤不平。这会形成一种恶性循环,导致巨额资本的隐形数字控制、沉浸诱惑、利润攫取与底层民众的单向度接受、盲目快乐、任性躺平之间的巨大断裂,进而出现严重的生存权危机,甚至会激发阶层仇恨和社会冲突。

总体来看,数字分化、数字鸿沟和沉浸\躺平都是数字化变革发展的副产品,防范和抑制它们所带来的生存发展问题,既是数字人权保护的重要任务,也是弘扬数字人权价值的必然要求,从而促进数字法治的良性发展。

2. 免受数字歧视权

基于数据和算法的自动定价、犯罪预测、数据画像、情感计算等领域的算法歧视问题日渐突出,而一旦嵌入歧视因素,就会变成对人的无形化、自动化、机制化的不公平对待,后果十分严重。因此,免受数字歧视权已成为数字时代的正义诉求。

3. 免受数字控制权

智能化的商业交易或者行政管理机制在带来高效率的同时,也会带来数字化的劳动控制。就外卖骑手而言,数字控制不仅削弱着他们的反抗意愿,蚕食着他们发挥自主性的空间,还使他们在不知不觉中参与到对自身的管理过程中,且

---

① 参见《人工智能时代的到来,90%的人将失业?教育将走向何方?》,搜狐网,2020年1月9日,https://www.sohu.com/a/400727180_120449547,2022年2月8日访问。

② 李智勇:《终极复制:人工智能将如何推动社会巨变》,机械工业出版社2016年版,第118页。

"资本控制手段不仅正从专制转向霸权,而且正从实体转向虚拟"①。更为严重的是,对外卖骑手的数字控制并非个案,而是一种类现象,平等、自由、公正和民主原则都将遭遇重大挑战和贬损危险。② 这是数字时代的新型人权威胁,对政治、经济和社会生活都会产生系统而深刻的影响。可见,保护数字人权,已成为数字时代的一项重要任务和使命。

第四节 人权的法律保护

人权与法律具有不可分割的关系,两者相互作用、相互影响、相辅相成。

一、人权对法律的作用

人权对法律具有重要的作用和影响,主要表现在:

1. 人权是法律的价值源泉

事实上,动物界和人类社会都是有规则的,但狼群、狮群等的等级、领地、食物分配规则,是没有人文价值的生物本能;而人类社会的法律,则是人类有意识、有价值预设的秩序规则。其目的在于维护社会秩序的稳定,保证饮食男女的日常生活,因此,社会正义从古至今都是法律的价值目标。近代以来,随着社会的发展进步,法律开始反映生活中的平等、自由诉求,其核心是保障人权,让每一个人都能有自己作为人的尊严和价值,这是法律应该体现的最基本的社会正义。如果法律不能体现和保障最起码的人权价值,那么它存在的必要性也会受到质疑。可见,人权是法律的重要价值源泉和目标指引,是法律正当性的深层基础。

2. 人权是法律善恶的根本标准

不同时代的法律,固然反映着不同时代的价值要求。自人类社会确立现代制度文明以来,"政治生活只是人权、个人权利的保证,因此,它一旦和自己的目的即这些人权发生矛盾,就必须被抛弃。"③因此,"法典就是人民自由的圣经"④。事实上,在当今社会,维护和保障人权已经成为一种人类共识,这不仅是出于对过去不尊重人权悲剧的沉痛反思,也是出于和平发展、尊重人性的时代诉求。那些不尊重人、侵犯人权的法律,如纳粹政权的种族灭绝律令,就是不人道的、反人类的,就是恶法,必然会遭到人们的反对和抵抗;而只有那些保障生命尊

---

① 陈龙:《"数字控制"下的劳动秩序——外卖骑手的劳动控制研究》,载《社会学研究》2020 年第 6 期。
② 参见〔德〕克里斯多夫·库克里克:《微粒社会:数字化时代的社会模式》,黄昆等译,中信出版社 2018 年版,前言,第 VII—VIII 页。
③ 《马克思恩格斯全集(第 1 卷)》,人民出版社 1956 年版,第 440 页。
④ 同上书,第 71 页。

严、维护自由平等的法律,才是真正的良法,才能得到人们发自内心的拥护和服从。可见,能否反映人权价值,能否体现人权要求,能否保障人权,是评价一部法律好与坏、善与恶的根本标准。

3. 人权是法律时效的重要条件

法律是表达国家意志并由国家制定和认可的行为规范。但是,法律并不是立法者的主观恣意,而是要反映社会发展的客观规律和社会成员的基本需求,这样才能获得人们的认同,产生应有的实际效果。在当今和平发展的文明时代,尊重人、保护人、平等对待、友善自由都是基本的道义准则,也是社会和谐的重要基础。如果法律未能很好地反映人权价值、对人权保护不力,就势必会导致人与人之间的对立冲突。这表明,法律只有尊重和保护人权,才能获得更好的遵行效果,这也是获得法律时效的重要条件。

二、法律对人权的保护

法律对人权的保护,主要体现为国内法保护和国际法保护。

1. 人权的国内法保护

国内法保护是在一个国家主权范围内,通过其宪法和相关法律对人权的体系化保护。主要包括:

一是宪法对人权的确认和保护。宪法是一国之内具有最高效力的法律,它规定国家的基本原则和指导精神,因此,只有宪法宣布、确认并保障人权,人权保障才有可能,民主法治也才有可能。

二是法律法规对人权的保障。这主要是宪法确认的人权保护原则的规范化、具体化,如民法(包括侵权法、物权法、合同法、婚姻法等)对财产权、人身权、人格权的规定和保护;刑法对生命权、健康权和财产权等自由和权利的保护;刑事诉讼法、民事诉讼法、行政诉讼法等相关的人权保护规定。

三是人权的司法保护。主要是指在司法活动中,通过贯彻司法平等、罪刑法定、无罪推定、严禁刑讯逼供等原则来确保在整个司法过程中的人权获得可靠的保障。

2. 人权的国际法保护

二战前,人权基本上属于国内问题。二战后,鉴于法西斯政权侵害各国人民人权的暴行,国际社会加强了对人权普遍关注、保护和救济,并形成了国际人权法。其中,国际人权条约性质的有40余件,大致可分为五大类:

一是人权宪章。即《联合国宪章》(1945)、《世界人权宣言》(1948)、《经济、社会和文化权利国际公约》(1966)、《公民权利和政治权利国际公约》(1966)和世界人权大会通过的《维也纳宣言和行动纲领》(1993)等全球性公约中有关人权的条款,以及区域性人权宪章,如《欧洲人权公约》(1950)、《美洲人权公约》

(1969)、《非洲人权和民权宪章》(1981)等。

二是防止和反对种族歧视方面的国际公约。其基本原则是确认与保障种族平等权利，反对大规模破坏人权的行为。主要有《防止并惩罚灭绝种族罪公约》(1948)、《禁止并惩治种族隔离罪行的国际公约》(1973)、《消除一切形式种族歧视国际宣言》(1963)、《禁止酷刑和其他残忍、不人道或有辱人格的待遇或处罚公约》(1984)等。

三是特殊主体(弱者)的人权保护公约。此类文件数量最多，包括对妇女、儿童、难民和无国籍人权利的国际保护。

四是国际人道主义保护公约。此类国际文件数量虽然不多，但影响面大。例如，针对战俘问题，各国先后签署了包括《关于战俘待遇的日内瓦公约》(1949)在内的几个国际公约；针对战时平民保护，各国政府签署了《关于战时保护平民之日内瓦公约》(1949)。

五是国际司法上的人权保护公约，如《国际刑事法院规约》(《罗马规约》，1998)。还有一些国际惯例，在国际人权法中也占有重要地位。

此外，需注意人权与主权的关系问题。如果人权大于主权，就会面临以"人权"为借口进行肆意武力"干预"的危险；如果说主权大于人权，那就会面临无视国际准则而在一国内肆意践踏人权的危险。一般认为，人权基于人的本质和社会需要，因此人权要大于主权，但只能在《联合国宪章》第七章基础上，即联合国安理会认定出现了威胁和破坏和平的国际局势或者侵略行为时，人道主义干涉才具有合法性，这是国际人权保护的基本原则。

三、中国的人权发展

虽然"人权"的概念产生于西方，但不表明中国没有"人权"观念。众所周知，中国是世界四大文明古国之一，中华文明一直延续至今，从未中断。中华文明素有尊重人、爱护人的人道主义精神，古代思想家提出的"己所不欲，勿施于人""仁者爱人，有礼者敬人"就是以人为本的思想萌芽。近代以来，中国开启了积极追赶现代化的进程，对人权形成了明确的期盼和追求。当然，这个过程无疑是复杂、曲折的。

中国共产党从诞生之日起就背负起民族解放和进步的重任，并把"人权"写在革命的旗帜上。1923年7月中国共产党在《第二次对于时局的主张》中就明确提出，要实现人民的各项自由权利，包括普遍选举权、集会、结社、言论、出版、罢工的自由权等。1935年8月，中国共产党驻共产国际代表团发布《为抗日救国告全体同胞书》，号召全国人民"为人权自由而战"；同时，抗战时期各个根据地的施政纲领中，几乎都载有保障人权的内容。中华人民共和国成立后，由于种种原因，人权问题逐渐淡出人们的视野，特别是在受极左思想影响的"文革"时期,"人权"被斥为资产阶级口号而遭大力批判,造成了严重的不良后果。改革开放后,政治、经济和文化生活重回正轨,人权问题才开始再次受到关注。1991年11月1日,我国正式发布《中国的人权状况》白皮书,系统阐明了中国关于人权的基本观点、政策和中国人权的实际状况,是新时代中国的人权宣言,在国内外均获得了良好反响。从此,我国人权理论研究和人权保护实践也进入新时期。

2004年3月14日,十届全国人大二次会议通过《宪法修正案》,将"国家尊重和保障人权"庄严地载入宪法。人权入宪为中国的人权保护提供了宪法基础,对于推动人权保障具有极其重要的历史意义和现实意义,是中国人权保护事业发展的里程碑。

自1991年以来,国务院新闻办每年都定期发布《中国的人权状况》白皮书,展示中国在人权保障上的成就。随着经济的逐步崛起,中国在生存权、发展权、公民政治权利、少数民族权利、残疾人权益保障等方面,都取得了长足进步。同时,中国也积极支持和参与联合国人权领域的活动,为世界人权事业的发展做出自己的贡献。①

经过几十年的人权保护实践,中国形成了自己独特的人权理念和制度体系,推进了人权保护的中国化。这主要表现在:一是人权道路的独特性,将人权普遍性原则与中国实际相结合;二是人权主体的复合性,人权享有者既包括个人主体,也包括集体主体;三是人权内容的广泛性,全方位保障全体公民享有全面发展的自由权利,不仅包括人身自由、政治自由权利,还包括经济、文化和社会等各方面的权利;四是人权重心的现实性,基于中国改革发展的现实情况,重在保护生存权和发展权,让发展成果更多更公平地惠及全体人民;五是人权基点的人民性,以人民为主体,以人民为中心,把人民作为人权的立足点和出发点;六是人权享有的普遍性,基于我国的制度性质,人权为全体人民所普遍享有、共同享有,尤其是对困难群体加强人权保护;七是人权保障的有效性,通过相应的制度体系和保障机制,把人权保障变成实际行动、落到实处;八是人权发展的包容性,积极构建"人类命运共同体",积极参与全球治理,维护包容性的人权,促进世界的包容性发展。② 当然,中国的人权事业仍是一个发展中的事业,还有很多的难题和挑战需要克服和应对,需要我们付出更多、更切实的努力,从而促进中国的人权进步,为世界人权事业做出更多的中国贡献。

---

① 参见付子堂主编:《法理学进阶(第二版)》,法律出版社2006年版,第158—161页。
② 参见张文显主编:《法理学(第五版)》,高等教育出版社2018年版,第348—349页。

问题与思考

1. 什么是人权?
2. 人权有哪些特征?
3. 如何看待数字人权?
4. 如何保障人权?

 参考文献

1. 〔英〕詹姆斯·格里芬:《论人权》,徐向东等译,译林出版社2015年版。
2. 〔英〕克里斯·斯金纳:《数字人类——第四次人类革命的未来图谱》,李亚星译,中信出版集团2019年版。
3. 李步云:《论人权的三种存在形态》,载《法学研究》1991年第4期。
4. 徐显明:《人权的体系与分类》,载《中国社会科学》2000年第6期。
5. 马长山:《智慧社会背景下的"第四代人权"及其保障》,载《中国法学》2019年第5期。

第十二章 法律与科学技术

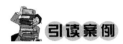

2018年11月26日,来自中国深圳的科学家贺建奎在第二届国际人类基因组编辑峰会召开前一天宣布,一对名为"露露"和"娜娜"的基因编辑婴儿于11月在中国健康诞生。这对双胞胎的一个基因经过修改,她们出生后即能天然抵抗艾滋病。这是世界首例免疫艾滋病的基因编辑婴儿。

上述消息迅速激起轩然大波,震动了中国和世界。中国和世界多个国家的科学家陆续发声,对贺建奎所做的实验进行谴责或者表达保留意见。他们的理由大体可以总结为:一是艾滋病的防范已有多种成熟办法,而这次基因修改使两个孩子面临巨大的不确定性。二是这次实验使人类面临风险,因为被修改的基因将通过两个孩子最终融入人类的基因池。三是这次实验粗暴突破了科学应有的伦理程序,在程序上无法接受。

据广东省"基因编辑婴儿事件"调查组介绍,2016年6月开始,贺建奎私自组织包括境外人员参加的项目团队,蓄意逃避监管,使用安全性、有效性不确切的技术,实施国家明令禁止的以生殖为目的的人类胚胎基因编辑活动。2017年3月至2018年11月,贺建奎通过他人伪造伦理审查书,招募8对夫妇志愿者(艾滋病病毒抗体男方阳性、女方阴性)参与实验。为规避艾滋病病毒携带者不得实施辅助生殖的相关规定,贺建奎还策划他人顶替志愿者验血,指使个别从业人员违规在人类胚胎上进行基因编辑并植入母体。最终,有2名志愿者怀孕,其中1名已生下双胞胎女婴"露露""娜娜",另1名在怀孕中;其余6对志愿者中有1对中途退出实验,另外5对未受孕。

2019年12月30日,深圳市南山区人民法院一审公开宣判,认定贺建奎等3名被告人因共同非法实施以生殖为目的的人类胚胎基因编辑和生殖医疗活动,构成非法行医罪,分别被依法追究刑事责任。

第一节 科学技术概述

在现代社会,科学技术是一把"双刃剑"。科学技术可以实现人类文明发展和社会进步,如蒸汽机的使用推动了人类第一次工业革命,解剖技术和显微镜的应用带来了医学发展和进步,印刷术促进了知识传播和法律进步,等等。不过,科学技术发展也可能给人类文明带来风险和副作用,如工业污染可能破坏生态环境,核武器可能导致人类毁灭,转基因食品可能危害公众健康,等等。因此,如何利用好科学技术,为人类福祉释放出它最大的"利",并控制和减少它可能带来的"害",就成为全社会必须面对的重大课题。而处理好法律与科学技术的关系是这项课题的一个重要维度和环节。在讨论这个关系问题之前,我们需要厘清科学技术的概念问题。

一、科学技术的概念

科学技术简称"科技",是一个复合概念。在汉语里,"科学"一词对应英文"science"的译语,"技术"对应英文"technology"的译语。明末,士大夫用"格致"一词来指涉西方科学知识,至清末梁启超发表《格致学沿革考略》一文,中国人用"格致"一词指涉"科学"概念,约有三百年的历史。"格致"一词来自《礼记·大学》:"致知在格物,物格而后致至。"所谓"格物致知",就是探究事物背后原理以求知识。明治维新时期,日本学者接受法国哲学家孔德关于"分科之学"的观点,将"science"翻译为"科学"。康有为最早将日文"科学"引入汉语,他在1898年《戊戌奏稿》中提出"外求各国科学"。20世纪初以来,随着"赛先生"和"德先生"的流行,"科学"一词成为汉语里的基本和常用词汇。[①] "科学"是一种求知活动,以知识为目的。而"技术"的词根"tech"是指个人的技能和技艺,所以"技术"指向人的实践活动,以满足人类需求为目的。在古代社会,"科学"与"技术"是两个分开的概念,因为科学是贵族阶级才能从事的活动,而技术则是平民工匠掌握的工艺和方法。在现代社会,由于工业革命,科学的技术化和技术的科学化相互交织,以致科学和技术交叉融合,并形成一个复合的概念。

"科学"是一个十分复杂的概念。人们对"科学"边界的认识随着语境而变,人们很难对"科学"下一个十分清楚的定义。不过,我们对于"科学"概念的理解,主要有以下四个方面的认识:(1)科学以知识为目的。科学是人类认识和把握世界的一种活动。因此,科学以人类的好奇心为前提,以人类认知能力为基础。(2)科学以真理为标准。真理是有条件的,如可以验证或证伪、符合逻辑、合乎理性等,不是所有的人类知识都是科学,只有运用科学理论和方法获得的知识才被视为真理。(3)科学以世界为认识对象。人类世界分为三个基本部分,即自然、社会和思维,所以,科学主要分为自然科学、社会科学和思维科学。自然科学主要以自然世界为研究对象,如物理学、化学、生物学等;社会科学主要以社

---

① 参见张文显主编:《法理学(第五版)》,高等教育出版社2018年版,第383—384页。

会世界为研究对象,如社会学、经济学、政治学、法学、传播学等;思维科学主要以思维世界为研究对象,如心理学、逻辑学等。(4)科学以社会为母体。人们常常以为科学尤其自然科学是人类智力活动的认识产物,而意识不到科学本身是一项社会活动。科学实践是在社会活动环境中进行的,尤其是在工业革命后,科学技术实践已经变成一种社会体制和社会事业。因此,科学是一种社会建构的事物,它的运作离不开社会环境的制约和支持,如经济上对科学的资助,政治上对科学的政策,法律上对科学的监管,媒体上对科学的传播,等等。

"技术"同样也是一个复杂概念。尽管我们可能没法给它下一个精准的定义,不过,我们对"技术"概念有以下四个方面的认识:(1)技术以需求为导向。技术往往是为了满足社会生产和生活需求而采取的方法和手段,如种植、畜牧、酿酒、纺织、印刷等技术发明,都是为解决社会需求。(2)技术以效用为标准。效用指向社会需求的满足和实现,因此,效益和实用往往是衡量技术先进水平的价值标准。(3)技术以世界为操作对象。世界通过技术来呈现自身。世界在抽象意义上是可能性与现实性的总体,并分为自然、社会和思维三大领域。因此,技术实践因应具体领域对象而形成不同的技术座架,如物质生产技术、社会治理技术、思维认识技术等,不同技术座架包含不同的实践流程、装置工具、工艺方法和操作技能。(4)技术以社会为母体。与科学一样,技术也是社会建构的事物,技术发展离不开社会环境的制约和支持。

综上所述,"科学"与"技术"是两个不同概念,二者构成一个复合概念,实质上是反映了现代社会中科学与技术的紧密联系,即科学的技术化与技术的科学化是一个相互交织和共同发展的社会过程。尽管科学、技术因应具体领域对象而有所差异,但是,在本质上科学、技术都是社会建构的产物。

二、科学与技术的关系

科学与技术在历史上长期分离。在古代社会,科学涉及对世界的认识和解释,属于哲学范畴,往往是有闲的贵族阶级才能从事的活动,而技术则是作为一种劳作工艺和技能而存在,属于实践范畴,往往表现为工匠从事活动的技艺。尽管古代社会的技术实践包含一定的科学原理,如钻木取火的摩擦生热原理、阿基米德称量皇冠黄金含量的浮力原理等,但是,在实践中人们并未能够将二者直接联系起来。因此,科学认识与技术实践长期分离。究其原因,一是古代科学不发达,科学从属于哲学,甚至是从属于神学,以致人们难以认识科学对技术发展的作用。二是二元对立的劳动分工,即脑力劳动与体力劳动的分离,导致科学认识与技术实践无法充分结合起来。三是科学、技术活动都是个体化的,尤其技术工艺"秘不外传",以致难以形成科学与技术融合发展的社会环境。

工业革命带来了科学与技术的融合发展。18世纪工业革命对机器的使用,让人类认识到可以将自然的科学原理转化为巨大的技术力量,以促进社会生产发展和财富积累。此后,在工业大生产条件下,科学与技术不再是个人兴趣活动,而是成为一种有组织的社会事业和社会活动。这不仅形成了"科学—技术—生产"之间的有机循环,而且还加速了科学技术成果向生产力转化。如此,在社会生产发展过程中,科学与技术交叉融合,科学引领技术发展,技术发明和进步日益依赖科学发达程度;同时,技术进步又反过来促进科学发展,并为科学成果的生产和生活应用提供媒介和架构。20世纪以来,一方面科学与技术的独立性和自主性增强,另一方面科学与技术相互渗透、依赖和支撑,出现了科学技术化和技术科学化现象,而且,随着大生产的社会化和全球化,科学和技术日益结合为一项庞大的社会事业和全球性的社会行动网络。

尽管现代科学与技术发展呈现出交叉融合趋势,但是,这种趋势并未消解科学与技术的区别。具言之,一是科学与技术属于不同领域。科学以系统认识和解释世界为任务,属于认知领域。而技术以干预、控制和改变世界为任务,属于实践领域。二是科学与技术的动力和评价标准不同。科学研究动力主要源自人类好奇心和求知欲,因此,人们对科学研究的评价标准主要包括客观性、中立性、逻辑性、因果性、自洽性和体系性等。技术实践动力则源自社会需求和利益,如基于商业、媒体、政治、军事的目的和利益,因此,人们对于技术实践的评价标准主要是功利性的,如效率、效益、实用、便利、合理等。三是科学与技术具有不同的预测可能性。科学研究(尤其基础科学研究)往往面临失败和挫折的风险,因此,科学研究在内容和结果上具有不确定性和难以预测性。技术应用则具有规划性,并在很大程度上具有可预测性和预知性。四是科学与技术的发展速率不尽相同。尽管现代科学与技术发展的总体趋势是大体一致的,但是这不意味着二者在发展速率上始终是同步的。因此,一国重大的科学理论成就并不必然导致该国技术上的进步,反之,一国技术发展的程度也并不标志着该国科学尤其基础科学发展的水平。①

综上所述,科学与技术既有区别,又有联系。在这个基础上,现代科学技术发展总体趋势是一体化、社会化甚至全球化的。因为伴随着生产、贸易、资本和信息的全球化,科学技术发展也呈现出全球化趋势,如全球数字互联网崛起就是典型例子。

三、科技与社会的互动

在科技与社会的关系上,既不是科技决定社会,也不是社会决定科技,二者是一种相互建构的互动关系。

---

① 参见孙莉:《在法律与科学技术之间》,载《科学学研究》2007第4期。

首先,科技发展是一个社会建构过程,离不开各种社会环境的制约和支持。在古代社会,科学研究和技术发明都只是个人业余爱好,得不到社会力量的支持,也不可能对社会产生巨大的价值和影响。工业革命之后,科学技术释放出巨大的生产力,这反过来促进社会对科学技术发展的投入、支持和组织。科学技术日益发展成为一项社会体制和社会事业,尤其是20世纪中期以来,以计算机和互联网技术为基础的信息革命使科技逐渐替代权力和资本成为重要的社会力量,并对全社会产生直接的、广泛的和深刻的影响。它不仅带来物质层面的经济繁荣和社会的变革与进步,而且深刻地影响国家政治体制和社会治理结构,改变着人们的思维方式、行为方式和生活方式。

其次,科技发展既推动社会巨大进步,也带来一系列严峻的社会问题和挑战。这些挑战和问题包括但不限于以下方面:(1)工业技术造成环境污染以及物种灭绝、臭氧层洞扩大、酸雨、干旱、荒漠化、海平面升高等生态危机;(2)大规模资源开发引致的资源匮乏和能源短缺;(3)原子能技术利用带来的大规模杀伤武器和核战争威胁;(4)数字信息技术带来的隐私泄露、大数据杀熟、数字版权侵害、算法歧视、人肉搜索等问题;(5)基因编辑技术带来的人类基因库污染和破坏;(6)生殖辅助技术和克隆技术引发的社会伦理与法律问题;等等。可见,科技发展深刻影响和塑造着现代社会,它既带来巨大的物质财富和社会进步,同时又造成了严重的社会风险和危机。

最后,面对科技发展所呈现的两面性,我们既要从道德和伦理角度去反思科技发展带来的挑战,尤其是要对20世纪以来科学主义和技治主义的泛滥进行反思,重建科技发展的人文价值和人文关怀;[①]更要从政治和法律角度去反思科技发展带来的问题,尤其是要充分释放科技发展的动能和有效控制科技发展的风险,使科技发展在自主性与外部性之间形成动态平衡。[②] 现代科技发展不是外在于全社会,而是嵌入全社会的方方面面,科技与社会中的经济、政治、法律、道德、媒体、宗教、教育、艺术等领域相互建构和相互渗透。如何释放科技发展最大的"善",以及如何防止科技发展最大的"恶",不仅需要科技发展本身的努力,更需要其他领域社会力量的参与,对科技发展进行规制,使之纠正自身发展方向的偏离。在这个方面,法律发挥着十分重要的作用。

[①] 参见张文显主编:《法理学(第二版)》,高等教育出版社2003年版,第483—484页。
[②] 参见〔德〕贡塔·托依布纳:《宪法的碎片:全球社会宪治》,陆宇峰译,中央编译出版社2016年版,第88—92页。

第二节 法律与科技的关系

法律与科技的关系是一个重要的法理学问题。① 这不仅是因为科技对现代社会有着十分巨大的价值和影响,也不仅是因为科技法成为一个重要的法律部门,或者科技法学成为法学的一个重要分支,更重要的是因为科技已经渗透了法律领域的方方面面甚至形成法律科技,如人工智能审判辅助系统、数字法律服务和法律大数据等。这些意味着,法律与现代科技高度的融合甚至深刻改变了法律的运作模式,以致法律与科技的界限成了问题。因为一旦法律与科技的界限被消解,那么,法律就可能被科技替代甚至"死亡"。② 为了更好地讨论法律与科技的关系问题,我们打算"分而治之",分别探讨法律与科学的关系以及法律与技术的关系,然后从总体上把握和处理法律与科技的互动关系。

一、法律与科学的关系

在前现代的西方社会,法律对社会的影响比科学大得多。科学更多是哲学家个人的兴趣爱好,科学知识尚未能直接影响社会的法律体系和法律运作。相较于科学,传统社会的法律更多是与宗教、道德、习俗等社会规范联系在一起的。因为社会秩序是建立在各种社会规范的基础上,所以,法律规范、宗教戒律、道德伦理和习俗惯例在传统社会总是紧密交织在一起。另外,传统社会的科学知识尚不发达,人们对世界的认识和解释往往从属于神学和法律。如果对世界的观察与神学、法律信条不一致,科学家还可能被视为"宗教异端",遭到宗教裁判所审判。譬如,西方科学史上的布鲁诺和伽利略都曾经因为捍卫哥白尼的"日心说"而遭到宗教裁判所迫害。可见,在前现代社会,法律对科学的干预和作用更甚于科学对法律的影响。

文艺复兴之后,西方社会经历了科学革命、启蒙运动和工业革命,科学发展日益与商业贸易、国家治理和法律实践紧密联系在一起。科学不再是少数人的业余爱好,而是日益发展成了一个庞大的社会事业和社会制度,与社会的经济、政治、法律、教育、媒体、医疗等领域相互渗透。科学理性之光普照整个世界。人们不仅利用科学知识征服自然,如利用自然规律和开采自然资源,而且还通过科学原理来设计社会秩序,如大多数西方国家都根据三权分立原理来设计国家政治体制和法律秩序,甚至构建出科学的思维原理和方法,如归纳法、演绎法、归谬

---

① 参见苏力:《法律与科技问题的法理学重构》,载《中国社会科学》1999年第5期。
② 参见余成峰:《法律的"死亡":人工智能时代的法律功能危机》,载《华东政法大学学报》2018年第2期。

法等。随着科学力量崛起,科学对现代法律产生了极为深刻的影响。这种影响包括但不限于以下四个方面:第一,法律的实证性。现代科学构建了法律的实证性,使法律能够适应现代社会变迁的挑战。现代科学强调实证研究,这种观念深刻影响了法学理论,使得对法律的本质之认识和把握从自然法转向实证法。这种转向的一个重要背景是现代国家立法增加,实证法成为法律体系的主要规范。法的实证性意味着法律可以改变,而不是像自然法那样永恒不变。正是通过立法,法律才可以迅速回应现代社会出现的问题和挑战。因此,法律的实证性是现代法律的基本特征。第二,法律的因果性。现代科学构建了法律的因果性,使现代法律运作更加客观和公平。现代科学强调因果关系,且这种因果关系具有可验证性。不同于巫术、神明裁判,现代科学对事物因果关系的认识符合人类的经验和理性,同时这种因果关系是建立在一定客观技术条件基础上的,如DNA鉴定、指纹鉴定、笔迹鉴定等,因此,法律采纳科学认定的因果关系,可以防止冤假错案。第三,法律的体系性。现代科学构建了法律的体系性,使现代法律更具秩序感和权威感。现代科学强调理论体系,这种观念也影响了法学理论对于法律的体系性追求,如法典编纂、法律规范的一致性,法律分类的合理性,等等。法律的体系性不仅有利于人们检索法律,而且也强化了人们对于法律内在秩序和外在权威之感受。第四,法律的专业性。现代科学构建了法律的专业性,使法律实践更加专门化和职业化。现代科学强调专业分工,并形成不同学科。随着法学研究和法学教育的专业化,法律实践也形成自身专门的职业理念、职业话语、职业技能和职业伦理,并在这个基础上形成一个法律职业共同体。法律的专业性不仅使法律实践专门化和职业化,而且还会增强人们对法律职业的认同和信任。

尽管科学对现代法律产生深刻的影响,但是,法律与科学仍具有深刻的差别。第一,法律与科学观察世界的角度不同。法律根据法与非法的区分来观察世界。在法律世界,一切事物要么是合法的,要么是非法的。科学则是根据真理与谬误的区分来观察世界。在科学世界里,一切事物要么是真理的,要么是谬误的。第二,法律与科学的社会功能不同。法律的功能是稳定社会规范性预期。[1]每个人的行为预期都是不同的,为了防止和避免行为预期不一致带来的矛盾和冲突,社会需要法律来稳定人们的行为预期,从而建立起社会秩序。科学的功能是生产新知识。[2] 世界充满了复杂性,为了化约这种复杂性,社会需要科学来发现世界的结构和规律,使人们能够反复利用这些结构和规律来解决问题。因此,科学旨在认识和解释世界,它对世界的认识成果就是知识。第三,法律与科学的运作机制不同。法律实践是建立在既有规则基础上的,如遵循先例、尊重立法

---

[1] 参见〔德〕尼可拉斯·鲁曼:《社会中的法》,李君韬译,五南图书出版公司2009年版,第151—184页。

[2] 参见〔德〕尼可拉斯·鲁曼:《社会的宗教》,周君怡等译,商周出版社2004年版,第28页。

等,因此,法律运作具有"向后看"的特点。科学实践则强调突破前人的研究成果,提出新的发现,因此,科学运作往往具有"向前看"的特点。这意味着,法律具有明显的保守性,科学则显示出强大的创新性。第四,法律与科学的价值立场不同。法律裁判总是有胜败之分,因此,法律对利益和负担的分配总是带有价值判断,公平正义往往是法律价值判断的基准。科学研究则不问成败,不计较利害,只服从真理。因此,价值中立往往是科学研究的基本准则。第五,法律与科学对事实的处理不同。法律对事实的认定是有限的,它只能建立在一定证据和相关的因果关系基础上,因为法律必须解决当下的纠纷。因此,法律裁判对事实的认定是有条件的,并可能与客观真实情况有差别。科学对事实的认识则是无限的,它可以无穷探究和反复试错,直到客观真实情况被充分揭示出来。因此,科学对世界事实的认识是永无止境的。

二、法律与技术的关系

在传统社会,法律与技术的关联是松散的。一方面,传统社会技术不是很发达,某些技术对社会关系和法律关系的影响不大。譬如,种植技术、狩猎技术、建筑技术等很大程度上只是个人的技能和技艺,即便它被社会化,也不会形成法律规则和制度。另一方面,法律发展出自身处理问题的技术,如占卜、决斗、巫术魔法、神明裁判、决疑术等。在科学不发达时代,人们对世界的认识和解释不仅有限,而且充满了神秘主义,因此,在一些疑难案件中,法律根本无法求助科学知识来处理难题,而必须诉诸上述法律技术来作出决定,从而解决纠纷。譬如,占卜、神明裁判等技术就是将法律决定转移到命运或者神明身上,从而避免暴露法律决定的恣意,为纠纷解决提供正当性基础。尽管古代法律与技术只存在松散的关联,但是技术对于法律发展仍然具有特殊的影响和作用,这一点在语言技术上十分明显。譬如,口语与书面语的分化,刺激了法律的成文化,让法律不再依赖人的记忆,而是变得更准确和稳定。又如,印刷术对于法律发展更是至关重要,因为有了印刷术,成文法才能作为主要法律形式而运作,以及为法律的内部分化和再生产提供基础。总之,技术是呈现法律的重要媒介。

工业革命之后,随着科学技术发展的一体化和社会化,法律与技术的关联变得紧密。首先,产业技术发展使法律调整范围扩大。大量产业技术要求专利保护,围绕着技术转让和保护,专利法逐步形成和发展。不仅如此,为了促进科技发展和技术广泛应用,围绕科技研发、投入、转化和管理,各国逐步发展出一个庞大的科技法律部门,其成熟的标志就是各国陆续出台科技基本法,如英国1965年《科学技术法》、美国1976年《国家科技政策、组织和重点法》、法国1982年

《科学研究与技术发展指导与规划法》、中国1993年《科学技术进步法》等。① 其次,科技发展和应用带来了各种伦理挑战和法律问题,各国纷纷出台管制相关科技应用的法律法规,以致大量技术规范成为法律体系的重要内容。以中国核电技术立法为例,大量技术标准和技术管理程序成为法律规范的主要内容,如《民用核设施安全监督管理条例》《中华人民共和国核材料管制条例》《核电厂核事故应急管理条例》《放射性同位素与射线装置安全和防护条例》等。最后,大量现代技术被应用到法律领域,如DNA检测、指纹鉴定、声纹鉴定、心理测谎等,这些现代技术大大提高了法律对事实和因果关系认定的准确性。不仅如此,随着数字信息技术在法律领域的广泛应用,法律科技深刻着影响法律运作,如法律大数据对立法和司法的影响,人工智能审判辅助系统对司法裁判的影响,数字法律服务对公民权利救济的影响,等等。此外,随着数字信息技术对法律的渗透和影响,一种以代码和算法为运作方式的新型法律已经初露端倪,它被称为"数字法"。可见,现代技术不仅深刻影响法律内容和体系,而且深刻影响法律的发展和运作方式。②

现代法律与技术的相互渗透和相互依赖是建立在二者的区别和差异基础上的。首先,二者的理性特质不同。虽然法律和技术都是人类理性的表现,但是二者具有不同的特质。技术理性是属于工具理性,以目的—手段协调为导向,强调技术工具使用的高效和便捷。法律理性属于价值理性,以利益—价值判断为导向,强调法律价值判断的合理和正当。其次,二者的控制精确性不同。虽然法律和技术都具有控制力,但是二者控制的精确性却不同。技术控制的精确性比法律控制高,因为现代技术要求高度精确的计算,以防止计算错误或误差带来的技术失控问题。一般来讲,法律控制强调规则确定性,这种确定性是建立在抽象规则基础上的,并允许有解释空间。因此,法律控制具有一定的灵活性和例外性。最后,二者的发展速率不同。虽然法律和技术都随着社会变迁而动态发展,但是二者的发展速度并不完全一致。一般来讲,技术发展速度远远超过法律,因为技术强调创新和变革,而法律则强调保守和稳定。因此,技术发展是刺激法律变革的重要因素。

三、法律与科技的互动

经由前述对法律与科学的关系、法律与技术的关系之探讨,我们认为,法律与科技的互动是一个十分复杂的动态过程。在这个过程中,法律与科技是相互渗透、相互依赖和相互建构的关系。

---

① 参见付子堂主编:《法理学进阶(第三版)》,法律出版社2010年版,第285页。
② 参见马长山:《智能互联网时代的法律变革》,载《法学研究》2018年第4期。

1. 从科技角度来看,现代科技对法律的影响是全方位的

无论是法律规范和法律体系还是法律发展和法律运作,抑或是法律意识和法律文化,以及法学教育和法学研究,都受到现代科技深刻的、广泛的和直接的影响。

第一,现代科技极大地拓展了法律规范和法律体系的范围。(1)随着科学的进步,旧的法律规范被新的法律规范替代。譬如,传统法律允许直系血亲和旁系血亲结婚,但是,现代法律根据医学、遗传学和生物学原理则禁止直系血亲和三代以内旁系血亲结婚。(2)随着科技的发展,社会产生新的权利和义务关系,并形成新的法律规范。譬如,工业技术带来环境污染,为了保障公众环境利益,立法者制定了环境保护法,以保障公众环境权。(3)为了应对科技风险,立法将大量的技术规范规定为法律规范,如技术标准、风险评估程序等。(4)随着大量科技法律规范被创制,法律体系分化出更多新的法律部门,如知识产权法律部门、环境法律部门、科技法律部门和信息法律部门等。

第二,现代科技深刻塑造了法律发展和法律运作的模式。(1)现代科技深刻影响立法体制、过程和方法,促进立法的专门化、民主化、科学化和高效率。其一,现代科技的专业性和技术性使立法机关难以处理大量高度复杂的科技议题,因此,立法机关就要授权行政机关或者其他专门组织或机构来处理有关议题,从而形成"授权立法"体制。其二,现代通信和大众传播技术的兴起,为公开立法和民主立法提供了技术手段,为公众参与、监督和影响国家立法活动和过程提供了便利。其三,以计算机和互联网为基础的数字信息技术不仅使立法操作过程更加便捷高效,而且为立法提供精准的数据支撑和论证支持,从而提升科学立法水平。(2)现代科技深刻影响执法和司法的技术和机制,提升执法和司法运作的合理性、客观性和效率。其一,电子信息系统、自动监控技术、现代通信设施等科技极大地提高了执法的客观性、准确性和效率,如高速公路的电子警察可以自动监控车辆的违章行为。其二,物理、化学、医学、生物学技术被应用到司法领域,使司法机关对事实和因果关系的认定更客观、合理,如DNA检测对亲子关系的认定。其三,数字信息技术与法律融合,形成法律科技,如法律大数据、人工智能审判辅助系统等,使司法运作和法律服务更便捷高效。(3)随着数字信息互联网发展,劳动力、贸易、技术和资本日益全球化,并使法律发展日益突破民族国家的领土,形成跨国家、超国家的法律,如新商人法、数字法、人权法等世界法。可见,在信息科技革命背景下,法律全球化成为法律发展新模式,并深刻影响地方法、国家法、国际法和世界法的互动和发展。①

第三,现代科技直接推动了法律意识和法律文化的发展。(1)现代科技发

---

① 参见高鸿钧:《法律全球化的理论与实践:挑战与机会》,载《求是学刊》2014年第3期。

展促进了新的法律意识产生。其一,科技发展带来了新的权利意识。随着工业技术、生物技术和信息技术等科技的发展,法律逐步构建了各种新型法律权利来保障公众利益,如知识产权、环境权、个人信息权利等。其二,科技发展带来了新的责任意识。科技发展也会带来各种各样的技术风险和社会风险,法律除了赋予公众新的权利和救济手段外,还必须构建相应的风险监管责任,如环境污染监管、公共卫生监管、个人信息保护等责任。其三,科技发展带来了新的规范意识。随着大量科技知识和技术标准成为法律规范的内容,科技法律规范也成为人们社会行为的规范理由和根据。如《中华人民共和国传染病防治法》第29条第1款规定:"用于传染病防治的消毒产品、饮用水供水单位供应的饮用水和涉及饮用水卫生安全的产品,应当符合国家卫生标准和卫生规范。"(2)现代科技发展推动了法律文化观念的更新。其一,随着科技的发展,人类的法律文化观念从信仰走向理性,从神权走向人权,从专制走向民主,人们日益运用科学理性来认识社会和法律,并运用科技知识来构建社会的法治秩序,从而形成自由民主的法治文化观念。其二,现代科技为法律文化传播提供了新的形式和媒介,如大众媒体、社交媒体等,使不同国家的法律文化得以相互碰撞和交流,从而带来法律文化观念的更新,如美国的宪政文化、英国的法治精神、法国的民主观念、德国的科学理念、中国的调解观念等。此外,科技发展还带来社会和法律的变革,从而推动法律文化观念的更新,如工业技术发展形成风险规制的法律文化,数字科技发展则推动数字法治文化的兴起,等等。

第四,现代科技广泛促进了法学教育和法学研究的变革。(1)现代科技推动了法学教育的变革。其一,科技发展使法学教育内容和形式都发生了深刻的变化。无论是古罗马法学、伊斯兰教法学还是中国律学,都无法适应现代社会的法律实践。因此,法学教育必须现代化。科学是现代法学教育的基础。现代法学就是运用科学理论和方法来研究现代法律。如此,现代法学的发展就要不断更新法学教育的内容和原理。譬如,随着科技发展,大量科技议题成为法学研究的内容和对象,科技法律规范就相应地成为法学研究和法学教育的一个重要领域。此外,随着法律诊所教育技术的发展,法律职业教育方式也更接地气,使法学教育与法律实践形成良好互动,改变了传统法学教育与实践脱节的状况。其二,科技发展为法学教育提供新的技术和手段。譬如,现代通信设施、电子信息系统、大数据、云计算、区块链等现代技术极大地推动了法学教育的信息化和数字化变革。(2)现代科技推动了法学研究理论和方法的变革。其一,科技发展刺激了法学研究的理论革新。面对科技革命对法律制度和实践的挑战,如工业污染、基因伦理、数字鸿沟等问题,法学研究必须提出新的理论来解决这些新问题。其二,科技发展为法学研究提供新的技术和方法,如大数据、云计算、人工智能算法等,使法学研究更加精密化和科学化。

2. 从法律角度来看,现代法律对科技的作用是双重的

科技发展既可能给社会带来财富和进步,也可能对社会造成危害和风险。因此,法律一方面要促进和保障科技发展,充分释放科技发展的动能,另一方面要规制和监管科技发展,合理控制科技发展的风险。可见,法律必须平衡科技发展带来的"善"与"恶"。

第一,法律对科技发展的促进和保障。(1)法律为科技发展提供良好的社会环境。科技发展需要良好的经济、政治和法律环境。法律可以为科技与经济、政治的协调发展提供制度保障。其一,法律可以确立国家科技发展战略,以保障科技发展的经济和政治需求。其二,法律可以通过分配权利义务来合理调整科技发展产生的利益冲突,为科技发展提供一个和谐的社会环境。其三,法律可以通过构建知识产权制度、发明奖励制度来鼓励和促进科技发展。其四,法律可以保护思想自由、言论自由和科学研究自由,为科技发展提供一个宽松的、自由的社会政治环境。(2)法律为科技管理和科技运行提供良好的体制和机制。科技管理和运行有其自身的规律。法律应当尊重科技发展规律,为科技管理和运行提供科学合理的体制和机制。其一,建立多元的科技组织制度,如国家实验室、高等院校和科研院所、科技企业等。其二,建立科学的科技管理制度,如职称评审制度、经费管理制度、科技保密制度、科技发展规划制度等。其三,建立合理的科技奖励制度,如科研成果奖励、科研项目资助等。其四,建立科技风险监管制度,如科技伦理审查、科技风险评估程序等。(3)法律为科技成果的应用和推广提供良好的法治环境。譬如,法律通过建立和完善知识产权制度和科技成果转让交易制度,合理分配科技成果带来的社会利益和价值。(4)法律可以推动和促进科技国际交流合作。大量的科技问题是难以依靠单个国家来处理的,如全球气候变暖、臭氧层空洞等问题,都需要全球各国合作,而法律可以为各国科技交流合作建立机制和平台。

第二,法律对科技发展的规制和监管。(1)法律为科技风险规制提供制度框架。其一,法律要确立风险预防原则。因为现代科技发展的副作用具有复杂性和不确定性,风险预防可以将潜在的危险和风险最小化。其二,法律要建立风险评估机制。虽然科技发展具有风险,但是社会不可能在一个零风险世界里运行,因此,为了平衡科技发展的利益与风险,法律要建立起科技风险评估机制,避免科技发展失控带来的高风险。其三,法律要建立风险损失补偿机制。当风险发生时,科技发展就会给社会和人类带来损害,建立风险损失补偿机制,可以保护公众利益,并稳定社会对科技发展的预期。① (2)法律为科技发展的冲突和

---

① 参见马长山:《人工智能的社会风险及其法律规制》,载《法律科学(西北政法大学学报)》2018年第6期。

纠纷提供解决机制。其一,建立科技发展的法律服务机制。通过建立和完善科技发展的法律服务机制,如知识产权的法律服务、科技规划的法律服务、科技风险评估的法律服务、科技投资的法律服务等,人们可以预防和减少科技发展可能带来的利益冲突和矛盾。其二,建立科技纠纷的多元解纷机制。随着科技广泛应用到社会各个领域,大量的社会纠纷不可避免,如工业污染、专利争议、版权侵害、个人信息泄露、网络犯罪、人类基因编辑等。面对科技纠纷的大规模涌现,法律只有建立和完善多元解纷机制,如调解、仲裁、行政复议和司法裁判等,才能有利于降低公众权利救济成本,促进科技纠纷化解,从而推动科技与社会的和谐发展。

第三节 新科技革命与现代法治

科技与法律的互动,为我们理解法律与科技的关系提供了基本语境和总体框架。在这个基础上,我们要进一步探讨科技革命与现代法治的关联,尤其是新科技革命对现代法治的深刻影响。这种影响对于我们理解和把握法律与科技的关系之根本问题,即法的自主性问题,具有十分重要的意义和价值。

一、新科技革命对现代法治的挑战

人类历史上发生过三次重要的科技革命。第一次科技革命发生在18世纪下半叶,以实验科学为基础,以蒸汽机发明和应用为标志。第二次科技革命发生在19世纪下半叶,以电磁学、热力学、化学、生物学为基础,以电力技术广泛应用为标志。第三次科技革命发生在20世纪中叶,以量子力学、电子学、分子生物学、系统科学、软科学等为基础,以原子能技术、空间技术、计算机技术和通信技术的广泛应用为标志。第三次科技革命一直持续到现在,与以物质和能量为中心的前两次科技革命不同,它以信息为中心,因此,它又被称为"信息革命"。信息革命不仅推动了自然科学、社会科学和思维科学的交叉融合,而且推动了科技与社会的深度融合,深刻改变了现代社会的运作结构和逻辑,形成信息社会、智慧社会和数字社会。因此,本节是在信息革命意义上探讨新科技革命与现代法治的关系。

"法治"是一个古老的概念。亚里士多德认为,法治有两层含义:一是法律被人们制定得良好,二是良法得到人们普遍地遵守。在亚里士多德看来,法治优于人治,因为法治不掺杂人的情感和欲望,是一种理性统治。人类社会在经历了神治和德治之后,普遍选择了法治作为治道。不过,这种选择不是偶然的,而是与人类的理性认识和科学进步紧密联系在一起的。正是科学对人类"神性"和"兽性"的除魅,使人类认识到法治的必要性和重要性。因为人类既不是天使,也不是野兽,而天使和野兽都不需要法治。在这个意义上,法治是建立在人性的基础上的。根据人的理性,法治是一种服从规则治理的事业,即人理性地接受法律的统治。法律的统治意味着法律具有自身运作的结构和逻辑,并因此不受其他社会因素的不当干预之影响。简言之,法律统治就是法律自治,即法律具有自主性。

从法的自主性角度,我们认为现代法治具有三个方面的内涵:首先,它是一种规则之治。法律形成统一的规则和制度,并使人们接受预先制定的法律规则和制度之约束和指导。其次,它是一种司法之治。法律运作分化成为立法与司法,同时,立法与司法可以相互观察,从而使立法可以改正司法的错误决定、司法可以填补立法的法律漏洞。不过,法与非法的决定是由司法作出的,因此,什么是合法、什么是法律最终由司法说了算。最后,它是一种正义之治。因为法律的功能是稳定社会的规范性预期。这个功能迫令司法必须作出决断,以平息社会的纠纷和矛盾。为了有效调节冲突的规范性预期,法律必须公正裁判。这有两个前提:一是正义的法律,二是法律的正义。前者通过立法实现,主要表现为科学、民主、依法立法的要求;后者通过司法实现,并表现为"同案同判、异案异判"的要求。①

现代法治与科技革命具有深刻的联系,不仅是因为科技革命深刻塑造了现代法治的社会环境,如第一、第二次科技革命推动了经济发展、政治进步和法律改革,为现代法治的形成和发展奠定基础;更是因为科技革命深刻改变了现代法治的功能运作方式,如第三次科技革命促进了现代法治的信息化、智能化和数字化。

然而,现代法治的信息化、智能化和数字化转型却面临着深刻的挑战。这是因为新科技革命(即信息革命)深刻改变了现代社会的生产方式、生活方式和治理方式,并产生了革命性的影响。这种革命性影响主要表现为三个方面:第一,信息化的虚拟世界。信息革命不仅极大提升了人类在物理空间的活动能力和范围,而且还构建了一个虚拟电子空间,使人类打破了物理空间的束缚,在这个虚拟世界中自由创造和交往,如在网络上交友、娱乐、购物、祈祷、学习、创作、发表意见、就医等,并形成一个虚拟网络社会。随着物质世界—数字世界、现实生活—虚拟生活、物理空间—电子空间之间相互渗透和相互影响,形成了虚实同构的经济、政治、文化和日常生活,从而深刻改变了人类的生产、生活和治理方式。第二,智能化的人机协同。信息革命推动了人工智能的发展,随着人工智能的广泛应用,不仅大量的人类工作会由人工智能机器承担,而且人工智能机器还会变成人类伙伴,与人类协同参与社会运作。一旦人工智能机器的"自主"能力提

---

① 参见张文龙:《捍卫"法的自主性":语境、意义和悖论》,载《浙江社会科学》2021年第6期。

升,人机协同的责任分配就会成为需要迫切解决的问题。例如,如果人工智能机器作出错误的决策,谁来为错误的决定承担责任?这个问题涉及对法律主体的重构,甚至影响整个法律秩序的基础。第三,数字化的算法治理。信息革命形成了一个以算法为核心、以信息数据为资源、以网络平台为基础的全球数字治理秩序。在这个全球数字治理秩序中,海量的数据被收集、整理、分析和挖掘加工,进而被用于对人类行为的预测和控制。随着信息数据成为"新石油",算法也从"提炼自这个世界、来自这个世界"变成"开始塑造这个世界",并形成深刻塑造社会的经济、政治、法律和文化发展的数字生态,进而对人类社会秩序造成深度的变革和重构。[①]

综上所述,我们认为新科技革命将在以下三个方面对现代法治构成重大的挑战:

首先,在基本制度上,现代法律制度难以涵盖和处理信息革命产生的新法律问题。其一,随着信息数据成为一种新型"资产",现代法律的物权、债权、隐私权等制度难以涵盖和处理信息数据应用产生的新型法律问题,如虚拟财产、数字货币、智能合约、数字画像、元宇宙等。其二,随着人工智能的广泛应用,人工智能机器日益深度参与社会运作决策,但是现代法律人格制度难以涵盖和处理人工智能机器的主体地位,无法赋予其权利能力和责任能力。其三,随着算法治理日益支配社会运作,现代法律难以约束和控制平台的算法治理权力,因为现代法律约束和控制的权力对象主要是国家。在日益发展壮大后,平台拥有准立法、准执法和准司法的权力,甚至能完全绕开国家法律的控制。

其次,在运作原理上,信息革命严重削弱了现代法治的运作架构和权力基础。现代法律制度建立在工业社会和物理空间基础上,同时,现代法律规制对象主要是人与人、人与物的关系和行为。也就是说,现代法律运作架构是以自然规律和社会法则为基础的。同时,现代法律与政治国家是紧密结合的,国家是法律运行的权力基础,如立法、执法和司法的权力分立和制衡奠定了现代法治基础。然而,信息革命一方面打破了自然规律和社会法则的约束和限制,如数字人就不受物理的、社会的限制和约束,另一方面又创造了新的游戏规则和权力基础,如算法权力、平台权力等。这意味着信息革命将带来人类现代法治秩序原理的重构。

最后,在价值基础上,信息革命深刻挑战了现代法治的价值理念和伦理基础。自由、平等、正义和人权等观念都是现代法治的价值理念。但是,随着信息革命带来的信息操控、数字鸿沟、算法歧视、数字画像、数据垄断等问题,这些现代法治的价值理念都面临着信息革命的解构和否定。同时,现代法治规制科技

[①] 参见马长山:《智能互联网时代的法律变革》,载《法学研究》2018年第4期。

风险的伦理基础建立在自由主义三大伦理原则之上,即康德的自主原则、密尔的伤害原则和洛克的个人原则。具言之,"相关技术应用如已事先告知并得到相关当事人同意,不会对个人造成明确伤害,就属于合法与正当的范围。"①然而,大数据和算法等数字科技应用具有大规模的复杂性、风险性和匿名性,以致上述自由主义三大伦理原则的法律应用面临困境。譬如,复杂性致使个人选择难以作出是否同意技术的决定,风险性致使技术对个人的明确伤害模糊化,匿名性导致个人无法被识别。

二、新科技革命时代的法治转型

面对新科技革命带来的挑战,人类现代法治秩序必将发生深刻的历史转型,从18世纪工业革命以来围绕物质和能量构建的法治秩序向围绕信息构建的法治秩序的全面转型。具言之,第一,法律规则和法律制度的转型。现代立法必须针对信息革命的新技术、新情势、新问题作出积极回应,如制定"网络安全法""个人信息保护法"等,使现代法律能够对物理空间—电子空间形成一个统一的规制体系。第二,法律职业和法律运作的转型。现代法律运作应该加速信息化、智能化和数字化建设,如数字法院建设、数字公共法律服务体系建设等,使法律职业能够更加高效回应信息革命带来的法律挑战和问题。第三,法律理念和法律价值的转型。面对信息革命带来的高度复杂性、风险性和黑箱性,现代法律应当建立技术设计伦理、风险预防、算法透明等原则,并将其嵌入法律的具体制度。同时,现代法律应当在信息革命基础上重建其法律价值,如数字正义、数字人权、数字民主、数字法治等。第四,法学理论和法学教育的转型。现代法学理论应当立足双层空间、虚实同构、人机协同、智慧交互、算法主导、数字生态等信息革命的运作逻辑来推动法学教育和法学研究的数字化转型,使数字法学能够引领数字社会的法治实践,进而为数字法治实践提供人才和理论支撑。

随着现代法治的深度历史转型,法律与科技将高度融合发展,这是否意味着数字法律科技有一天会完全取代法律呢?譬如,数字法律就完全以代码和算法作为运作基础,"代码即法律"甚至成为数字法律的变革标语。这样的问题不完全是杞人忧天,因为一旦数字科技完全取代法律,则意味着法律功能的丧失,也就意味着法律的"死亡"。在这个意义上,现代法治的数字化转型应当不是为了有一天终结"法治",相反,而是为更好促进法律与科技的互动,充分发挥二者的社会功能。因此,面对数字法律科技的扩张及其可能带来的风险问题,现代法律实践和法学理论应当重视法律的自主性问题,应当在捍卫法律自治的前提下构建数字法治秩序,并积极探索数字科技时代法律的自主性之条件。

---

① 余成峰:《法律与自由主义技术伦理的嬗变》,载《读书》2021年第3期。

问题与思考

1. 科学与技术是什么关系?
2. 科学技术对法律的影响有哪些方面?
3. 法律对科学技术的作用有哪些?
4. 新科技革命对现代法治的挑战有哪些?
5. 现代法治如何回应新科技革命?

参考文献

1. 马长山:《智能互联网时代的法律变革》,载《法学研究》2018年第4期。
2. 马长山:《数字社会的治理逻辑及其法治化展开》,载《法律科学(西北政法大学学报)》2020年第5期。
3. 季卫东:《人工智能开发的理念、法律以及政策》,载《东方法学》2019年第5期。
4. 季卫东:《法律与概率——不确定的世界与决策风险》,载《地方立法研究》2021年第1期。
5. 苏力:《法律与科技问题的法理学重构》,载《中国社会科学》1999年第5期。
6. 孙莉:《在法律与科学技术之间》,载《科学学研究》2007年第4期。
7. 余成峰:《法律的"死亡":人工智能时代的法律功能危机》,载《华东政法大学学报》2018年第2期。
8. 余盛峰:《全球信息化秩序下的法律革命》,载《环球法律评论》2013年第5期。
9. 余成峰:《法律与自由主义技术伦理的嬗变》,载《读书》2021年第3期。
10. 郑玉双:《破解技术中立难题——法律与科技之关系的法理学再思》,载《华东政法大学学报》2018年第1期。

第四编 价值论

第十三章 法律的作用

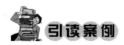

1994年,前美式橄榄球运动员辛普森杀妻一案成为当时美国最为轰动的事件。此案审理一波三折,辛普森在用刀杀死前妻及餐馆服务生郎·高曼两项一级谋杀罪的指控中以无罪获释,仅被民事判定为对两人的死亡负有责任。本案也成为美国历史上疑罪从无的最大案件。在法庭审判时,检方若要指控被告有罪,一定要提出确凿可信的证据来证明被告的罪行。由于检方呈庭证据破绽百出和福尔曼警官做伪证,辛普森最终无罪获释。

第一节 法律的规范作用

法律的作用有规范作用和社会作用之分,这是由法律的调整对象决定的。法律的调整对象有直接对象和间接对象两个层次,其中直接调整对象是人的行为,间接调整对象是社会关系。所谓法律的调整对象,实际上就是法律发生作用的对象。法律首先是一种行为规范,它直接作用于人的行为;同时,法律又是社会关系的"调整器",它间接作用于社会关系。因此,法律的作用客观上也有两个层次:一是法律的规范作用,即法律作为调整人的行为的规范,对人的行为所产生的影响;二是法律的社会作用,即法律作为社会关系的"调整器",对社会关系所产生的影响。

实际上,不少思想家、法学家都是从规范作用和社会作用这两个层次来剖析法律的作用的。例如,我国古代思想家管仲曾说过:"夫法者所以兴功惧暴也,律者所以定分止争也,令者所以令人知事也,法律政令者,吏民规矩绳墨也。"① 从字面上看,管仲是在论述法、律、令之间的不同点和相同点,并没有划分法律的规范作用和社会作用。但是,我们不妨根据他对法律的作用的这种认识,把这句话解释为:法律是通过"令人知事""规矩绳墨"的手段(规范作用),来达到"兴功惧暴""定分止争"的目的(社会作用)。当代英国新分析实证主义法学家拉兹

---

① 《管子·七臣七主》。

明确提出,在分析法律的作用时,应注意区分法律的规范作用和社会作用。他认为,法律因有规范性而具有规范作用,因有或想有社会影响而具有社会作用。①可见,法律的规范作用和社会作用的区分是客观存在的,法律的规范作用是法律的社会作用的手段,法律的社会作用是法律的规范作用的目的。

一、评价作用

法律作为一种行为准则,是判断、衡量人们的行为是否合法的标准和尺度。法律的预测作用发生于人们作出一定的行为之前,是人们在事前对某一行为的性质和后果的推测;而法律的评价作用则发生于人们作出一定的行为之后,是人们在事后对某一行为的合法性、有效性所作的判断。运用法律对人们的行为进行评价,会得出以下三种结论:第一种是被评价的行为系合法行为,即该行为符合法律的规定,是法律所允许的行为;第二种是被评价的行为系违法行为,即该行为违反法律的规定,是法律禁止的行为;第三种是被评价的行为系中性行为,即该行为没有被纳入法律的调整范围之内,法律既未允许也未禁止,因而该行为在法律上是中性的,人们日常生活中的许多行为,就属于此类。

事实上,任何社会规范都是评价人的行为的标准,但它们各自所包含的评价标准以及评价的侧重点是不一样的,因此,依据不同的社会规范对同一行为进行评价,得出的结论有可能不一致。拿法律和道德来说,它们的评价标准以及各自所包含的价值取向就不一样,法律的核心价值取向是"正义",道德的核心价值取向是"和谐"。法律评价是评价某一行为是否合法,其主要衡量标准是看行为是否符合正义的要求;而道德评价是评价某一行为是否合乎道德,其主要衡量标准是看行为是否符合伦理关系的要求。这样,法律评价和道德评价之间的分歧就在所难免,合法的行为不一定就符合道德,反过来,违法的行为也不一定就违反道德。同时,法律评价和道德评价的着重点也不一样。前者的着重点在于主体的外部行为及其结果,后者的着重点在于主体的思想动机和情感状态。这就进一步加剧了两者的分歧,因为主体的行为在客观上合法,并不意味着其主观动机就是道德的;反之,主体的行为在客观上是违法的,也不意味着其主观动机就一定不道德。可见,对同一行为,法律评价和其他社会规范的评价之间存在着一定的矛盾和冲突,这就提醒立法者在制定法律时要尽量保持法律和其他社会规范之间的协调。当然,在任何时候,法律都不可能也不应该和其他社会规范完全一致,法律评价总是有其独特之处。在法治社会中,出于法律至上的要求,必须维护法律评价的权威性,反对用其他社会规范的评价排挤法律评价。

---

① 参见沈宗灵:《现代西方法理学》,北京大学出版社1992年版,第211页。

二、指引作用

法律在其对人们的行为进行指引、预测、评价、保护和强制的过程中,直接或间接地影响着人们的思想,并进而影响到人们未来的行为选择。法律作为国家创制的行为规则,是国家所认可的价值观念的载体。因此,法律调整人的行为的过程,就是法律价值观作用于人的思想的过程。在此过程中,人们了解到法律的内容,同时也体会到其中所包含的价值取向。这样,人们自身的价值观念自然会受到潜移默化的影响,而这无疑又会进一步影响到人们未来的行为选择。

法律的实施不仅对人们的行为造成非常现实的影响,而且也会影响人们的思维方式和习惯。法律的实施包括两种形式:一是法律的遵守,即人们自觉按照法律的规定办事;二是法律的适用,即有关国家机关运用法律管理社会或处理案件。在法律的遵守中,不仅行为人本人的守法观念会得到加强,而且,其守法行为也会对其他人产生示范作用。同样,在法律的适用中,不仅行为人本人的思想受到洗刷,其他人也会从中吸取教训。可见,在法律的实施过程中,法律总是作为一种精神力量对人们的思想和以后的行为发挥着巨大影响力。

三、预测作用

人们根据法律的规定可以预先推测出,在特定情况下别人将会如何行为以及自己应如何行为。一般而言,人们总是在某种动机的推动下,为追求一定的目标才选择某一行为。行为目标能否实现,在很大程度上要取决于法律是否允许人们作出这种行为,以及作出这种行为会产生什么法律后果。因此,作为一个"理性人",在作出行为选择之前,法律的规定是一个不得不考虑的因素。正因如此,人们依据法律就可预测别人在某种情况下会选择何种行为方式,也可预测自己在某种情况下应该选择何种行为方式。无论是对别人的行为还是对自己的行为进行预测,对行为主体最终的行为选择都至关重要。人们的行为总是互相影响的,因此,主体只有在对别人可能选择的行为方式有所预测的基础上,才能相应地选择自己的行为方式。例如,一个人在决定是否与另一人签订一份合同前,往往要考虑对方是否愿意签订这份合同,对方在签约时会提出什么条件,对方将来是否会履行合同等。同时,为了实现一定的目标,主体往往有多种行为方式可供选择,因此他需要根据法律规定对各种方案的可行性及其法律后果作比较,从中选择一种在其本人看来最为可行、效果最好的行为方式。例如,当某人的正当权益受到他人非法行为侵犯时,他至少面临着"公了"和"私了"两种选择,最终选择何者,就取决于他对这两种行为方式的可行性及法律后果的预测。

法律的预测作用,是法律秩序得以建立的前提。正因为根据法律的规定可以预测到一定的行为是否合法,会产生什么样的法律后果,人们才会努力选择合法行为。在古代奴隶制、封建制国家,统治者出于"刑不可知,则威不可测"的考虑,把法律束之高阁,不让民众了解法律的内容,这实际上是一种野蛮、愚蠢的做法。不了解法律的内容,法律的预测作用就无以发挥,人们的行为必然陷入无序状态。在现代国家,法律必须向社会公开,这样,人们在作出一定的行为选择之前,就有机会事先预测其行为的性质及后果。这不仅是发挥法律预测作用的需要,也是法律文明化的必然要求。

四、强制作用

法律的强制作用体现为法律对违法行为的惩罚。惩罚是法律基于国家强制力的特性而产生的,是法律这种社会调整方式特有的属性。同时,对违法犯罪行为进行惩罚,维护社会秩序,是社会管理所必需的。通过对违法犯罪行为的惩罚,明确社会行为的界限和后果,可以给公民和组织以明确的信号,从而防止违法犯罪行为的发生。

法律的强制作用是任何法律都不可或缺的一种规范作用。一个成熟的法治国家,法律是能够被人们普遍遵守的,法律的强制作用在法律运行良好的状态下是没有必要出现的。当没有出现违法犯罪行为时,法律的强制作用隐藏在法律背后,而一旦出现违法犯罪行为,有关的国家机器就会运转起来,借助国家强制力对违法犯罪行为人进行惩罚。所以,法律的强制作用属于法律实施的最后保障,不是必然会出现,但却是必要的,也是必需的。

第二节 法律的社会作用

一、法律对政治统治的作用

尽管阶级性并非法律本质的唯一属性,但不可否认的是,在阶级社会里,法律在一定程度上是有阶级性的,所以,它自然要在维护阶级统治方面发挥作用。法律对政治统治的作用是指,法律通过对各种社会关系的调整来维护统治阶级的统治地位。首先,法律通过对政治关系的调整维护统治阶级在政治上的统治地位。法律调整政治关系,就是运用法律手段对不同的阶级、阶层、社会集团之间的矛盾和冲突进行协调和解决,以维护社会的政治稳定。其次,法律通过对经济关系的调整维护统治阶级在经济上的统治地位。法律调整经济关系,就是运用法律手段推行一定的生产资料所有制形式和经济体制,并组织经济建设,促进经济发展。最后,法律通过对政治关系、经济关系和其他社会关系的调整维护统治阶级在思想上的统治地位。法律对各种社会关系进行调整,保护合法行为,制裁违法行为,实际上就是在推行统治阶级所奉行的思想观念,迫使人们接受统治阶级的道德观、价值观和世界观。

中国社会主义法律对确立和维护中国共产党领导的人民民主专政发挥了十分重要的作用。

第一，宪法是国家的根本法，是治国安邦的总章程。我国现行《宪法》第1条第2款明确规定："社会主义制度是中华人民共和国的根本制度。中国共产党领导是中国特色社会主义最本质的特征。禁止任何组织或者个人破坏社会主义制度。"党领导人民制定宪法、法律，也领导人民执行宪法、法律，党自身必须在宪法、法律范围内活动。在政党政治中，执政党的政策通过立法程序转化为法律是实现其执政目标的重要手段。实践表明，现代国家立法的绝大部分是以执政党的主张为基点或是由执政党动议的。在我国政治制度中，中国共产党的治国主张集中了全体人民的意志和智慧，通过立法程序以及进一步吸收社会各方面的意见，党的主张上升为国家意志，实现党的领导、人民当家作主和依法治国的有机统一。

第二，统治阶级通过法定程序把自己的意志上升为国家意志，形成法律，从而实现对社会的调整。国家性质不同，法律的性质也不同。我国是工人阶级领导的、以工农联盟为基础的人民民主专政的社会主义国家。我国社会主义法律是广大人民的共同意志和根本利益的体现。我国《宪法》序言规定："国家的根本任务是，沿着中国特色社会主义道路，集中力量进行社会主义现代化建设。中国各族人民将继续在中国共产党领导下，在马克思列宁主义、毛泽东思想、邓小平理论、'三个代表'重要思想、科学发展观、习近平新时代中国特色社会主义思想指引下，坚持人民民主专政，坚持社会主义道路，坚持改革开放，不断完善社会主义的各项制度，发展社会主义市场经济，发展社会主义民主，健全社会主义法治，贯彻新发展理念，自力更生，艰苦奋斗，逐步实现工业、农业、国防和科学技术的现代化，推动物质文明、政治文明、精神文明、社会文明、生态文明协调发展，把我国建设成为富强民主文明和谐美丽的社会主义现代化强国，实现中华民族伟大复兴。"《宪法》规定的国家的根本任务就是以根本法形式表达的全体中国人民的共同意志和根本利益。

第三，国家性质问题，即实质上是哪个阶级在国家中居于统治地位的问题。它是一个国家的本质所在，国家的其他制度都是由国家性质所决定的。我国《宪法》第2条第1、2款规定："中华人民共和国的一切权力属于人民。人民行使国家权力的机关是全国人民代表大会和地方各级人民代表大会。"在人民代表大会制度下，人大代表由人民选举产生，对人民负责，受人民监督；党的主张和人民意志通过立法程序上升为国家意志，由国家强制力来保障实施，实现人民当家作主。

二、法律在构建和谐社会中的作用

构建社会主义和谐社会,把提高构建社会主义和谐社会的能力作为加强党的执政能力建设的重要内容,是党的十六大和十六届三中、四中全会提出的重大任务。所谓社会主义和谐社会,就是民主法治、公平正义、诚信友爱、充满活力、安定有序、人与自然和谐相处的社会。

要想实现社会的公平和正义,离开法治是不行的,法治是实现社会和谐的最重要的保障机制。法律在构建和谐社会中的作用主要表现为:

1. 保障人民的权利,维护社会安全

保障权利是维护和谐稳定的社会秩序的根本。我国《宪法》第33条第3款明确规定:"国家尊重和保障人权。"人民当家作主的权利是我国人民最根本的人权。人民依照法律的规定,通过各种途径和形式,管理国家事务,管理经济、文化事业,管理社会事务。广大人民群众通过民主程序直接或间接参与国家政治、社会生活的管理,对国家重大事务享有知情权并表达自己的意见,对国家立法和公共政策制定表达自己的要求和愿望,使国家的立法和公共政策制定能够反映广大人民群众的意志和利益。

人身安全、财产安全、公共安全和国家安全等都属于社会基本安全,它们是人类社会生活正常进行的基本条件。社会基本安全如果得不到保障,社会关系的稳定性将被打破,社会将陷入混乱,秩序将不复存在。因此,任何国家都必须高度重视对社会安全的维护,而法律恰恰是维护社会安全的最有效手段,法律通过民事制裁、行政制裁和刑事制裁严厉打击各种违法行为和犯罪行为,从而有效地保障社会安全。

2. 协调社会利益关系,有效解决矛盾和纠纷

利益关系和谐是和谐社会的基础。民主权利和经济权益是紧密联系的。主权在民的价值在于,人民在民主制度下共同享有社会发展的成果。我国社会的利益关系基本上是和谐的,广大人民群众从改革开放带来的经济社会发展中获得了利益。但是,我们也必须看到,城乡发展不平衡、地区发展不平衡、经济社会发展不平衡的问题依然存在,在有些领域还有扩大的趋势;城乡居民收入分配差距过大,垄断行业和其他行业收入分配差距过大,资本和劳动的收入分配差距过大,部分社会成员为改革所付出的代价和获得的补偿不对称等问题在有些地方成为影响政治稳定和经济社会发展的主要因素。为了从制度上解决这些问题,近年来,我国制定了一大批保障民生的法律和政策,逐步建立和完善与社会经济发展水平相适应的社会保障制度,并通过专门立法保障社会弱势群体如妇女、未成年人、老年人、残疾人的权利,通过法律制度的力量协调利益分配,保障社会弱势群体的权益,维护社会公平。

社会的转型、价值的多元和利益的重新调整等导致纠纷的多发,有效地解决纠纷是从法律角度构建和谐社会的主要任务。要想有效地解决纠纷,首先应该强化司法的权威。目前在我国司法的权威性不够,司法在解决纠纷方面的主导地位尚未确立,极大地延缓了对纠纷的有效解决,我们必须对此给予高度重视。实践证明,形成纠纷主要通过法律来解决的习惯和机制,是维护社会和谐的有效手段。其次,要确保司法公正。司法是维护社会公正的最后一道防线,因而,只有司法公正,才能真正实现公民的权利,才能有效地消除威胁社会和谐的负面影响。最后,要平等地对待所有社会主体,依法维护一切社会主体的合法权益。

3. 推动社会变革和进步

我国改革的实践证明,通过法律推动社会变革与进步是实现社会改革和进步的有效途径。法律不是静止不变的,它必须随着社会的发展而发展,以适应社会发展的需求。改革在历史上被称为"变法",其含义就是对现有法律中阻碍改革和社会进步的法律制度予以修改或废除,把改革的成功经验及时地用法律的形式固定下来。

三、法律对经济发展的作用

在自然经济条件下,自给自足的农业经济居主导地位,交换的规模很小,所以,法律也主要集中对农业生产方面的关系进行调整。在进入商品经济阶段之后,社会生产力飞速发展,交换成为商品实现价值的必经途径,经济形态日趋复杂,经济秩序对法律的依赖性得到前所未有的增强。

现代法律对经济的调整越来越深入,已经形成完备的体系,主要包括:第一,法律保护财产所有权。只有明确了谁是财产的合法所有人这一问题,商品生产才能有足够的动力,商品交换才能有合法的起点。否则,商品经济秩序的建立就失去了最根本的前提和保障。第二,对经济主体资格加以必要的限制。对经济主体若不加限制,则必然会产生无限多样性的经济主体,不合格的经济主体将会大量出现,这必将危及交易安全,造成经济秩序的混乱。所以,法律必须对经济主体进行资格限制和管理,设置经济主体成立的条件,明确经济主体经营的权限。第三,调控经济活动。在商品经济社会,各类经济主体被赋予很大的自由活动空间,但这种自由绝不能危及基本秩序,对此法律是通过调控经济活动来维护经济秩序的。第四,保障劳动者的生存条件。现代立法规定了最低工资标准、基本劳动条件等劳动者的权益,禁止用人单位以任何形式加以剥夺。此外,现代社会立法大多建立了完善的失业、养老和医疗保险制度,以更好地保护劳动者的生存和发展的权利。

我国社会主义法律在调整与经济制度相关的社会关系,实现从计划经济向市场经济的转型中发挥了不可替代的作用。主要体现在:(1) 自改革开放以来,我国相继制定和完善了一大批有关资源配置、财产权保护、市场主体权利义务的法律,为生产力的发展开辟了广阔的空间。(2)市场经济必然是法治经济。从生产要素的配置到商品的生产、交换和分配的有序、安全、公正和效率,都需要用法律来规范。(3)社会主义市场经济除具有市场经济的一般特征外,还具有社会主义制度所要求的其他特征,如公有制和按劳分配。国家通过法律手段对市场经济进行调控,以达到市场机制本身不能够实现的社会目标。(4)国家通过法律维护社会主义市场经济中的自由竞争、维护交易安全、限制行政权力对市场的干预、推动市场的开放、保护市场主体的法律地位及权利,有效促进了社会主义市场经济的发展。(5)国家通过严厉惩治违反和破坏法定经济制度的行为,严厉打击经济领域中的违法犯罪活动,为社会主义市场经济的发展创造良好的法律环境。

第三节 法律的局限性

一、法律发生作用的条件

"徒法不足以自行。"法律的正常运行需要一定的辅助条件。如果这些必要的辅助条件不具备,法律的作用就无法正常发挥。例如,法律的运行离不开高素质的执法和司法人员,离不开良好的执法和司法体制,否则,执法和司法必然走向腐败,法律正义将化为泡影。又如,法治社会的建立是以雄厚的物质条件和优良的文化氛围为基础的,在一个经济、文化条件十分落后的国度,民主和法治建设必然举步维艰。

二、法律作用的有限性

法律的作用不是无限的,事实上法律在很多方面的作用都是非常有限的,主要体现在以下几个方面:

第一,法律只能涉及人的外部行为,而不应涉及人的思想。人的思想如果没有表达出来,就与社会无关,就不应受制于法律。惩罚人的思想的法律是专制主义的法律,是一个党派对付另一党派、一个利益集团对付另一利益集团的工具。在这种法律面前,公民权利和自由将荡然无存。中国封建法律中曾有"腹诽罪"和"思想犯"之类的规定,其后果自然是导致司法专横和随意出入人罪。毛泽东也认为,不能用法律手段对人的思想进行强制,否则只能是适得其反。他指出:"企图用行政命令的方法,用强制的方法解决思想问题,是非问题,不但没有效力,而且是有害的。"①可见,法律应该视人的思想为"禁区",不能随意介入。

第二,法律只能调整人的某些行为,而非全部行为。法律对人的行为的调整并非无所不能,企图把人的一切行为都纳入法律的调整范围之中,最终只能碰壁。这方面的典型是1794年《普鲁士普通邦法》,它雄心勃勃地要预见一切可能的偶然情况,甚至将法律的触角延伸到琐碎的家庭生活领域,结果妨碍了自身的正常运行,以至于被戏称为"法律自大的纪念物"。1804年《法国民法典》较好地避免了规定和预见一切的毛病,但还没有完全放弃这种奢望,其第4条不允许法官自由裁量的规定便是一例,后来不得不作出修正。应该看到,人的一些行为客观上是不宜由法律来进行调整的,如有关个人私生活方面的行为往往就不宜由法律强行进行干预。对人的另一些行为,如习惯行为,如果运用法律进行干预,可能难以起到应有的作用。在这方面,美国《禁酒法》的失败就很有代表性。1919年1月29日,美国国会公布了《美国宪法》第十八条修正案宣布"禁酒",规定:"本条经批准1年后,凡在合众国及其管辖领地境内制造、售卖或转运足以致醉的酒类饮料,均应禁止。"美国各州制定的刑法规定,对违反上述规定的行为可处1万美元罚金、3年监禁。根据这些规定,各地先后逮捕75万人,没收财产205亿美元,罚款7500万美元。但由于《禁酒法》与大多数人的习惯相抵触,无法达到"禁酒"的目的,最终不得不于1933年废止。

第三,法律有其固有的不周延性,不可能对人们千差万别的行为作出详尽的规定。任何社会的法律都不可能面面俱到,把一切应该规定的行为尽收其中。这一方面是因为立法者认识能力和立法水平相对有限,导致立法出现"真空"和"漏洞",一些应该由法律加以规定的行为却没有被纳入法律的调整范围之中。毕竟,立法者并非"圣贤",不可能不犯错误。另一方面是由立法技术固有的缺陷造成的。例如,采用列举式立法体例对某类违法行为作出规定,就很难把各种可能出现的具体违法行为一一穷尽而没有遗漏。

第四,法律不可能平等地保护每一种利益。人们之间的一切法律冲突,实质上都是不同利益之间的冲突。在两种相互冲突的利益中,法律往往难以"两全其美",而只能保护其中的一种利益,牺牲另一种利益。美国经济学家科斯在分析侵权行为问题时曾指出:"人们一般将该问题视为甲给乙造成损害,因而所要决定的是:如何制止甲?但这是错误的。我们正在分析的问题具有相互性,即避免对乙的损害将会使甲遭受损害,必须决定的真正问题是:允许甲损害乙,还是允许乙损害甲?关键在于避免较严重的损害。"②科斯的这一见解具有普遍的应用价值。事实上,一切立法活动和司法活动都是对发生冲突的不同利益进行权

---

① 《毛泽东文集(第七卷)》,人民出版社1999年版,第209页。
② 〔美〕罗纳德·哈里·科斯:《论生产的制度结构》,盛洪、陈郁等译,上海三联书店1994年版,第142页。

衡,以决定何者应该受到优先保护,其他的利益则只能被舍弃。有时,即使是某种正当利益,只要它与另一种更重要的利益发生了冲突,也无法受到法律的保护。

三、法律方法的有限性

法律追求形式合理性,有可能因此而牺牲一定的实质合理性。法律的重要特征之一在于其形式化、程序化,而且,越是现代的、发达的法律制度,往往越重视这种形式正义,因此,它并不总是能够实现实质正义。例如,在审判活动中,法律要求以证据作为处理案件的依据,这里的证据是"法律证据",它的取得和运用都必须符合法律的规定,以这种证据作为认定事实的依据,就未必能够发现案件的"客观真实"。尽管如此,审判依然会被人们认为是公正的,因为它符合形式正义的要求。又如,在处理某些类型的案件中,法律规定"谁主张,谁举证"。在这种举证制度下,当事人如果因为某种缘故无法举证或举证不足,那么他所主张的事实就不能成立,其合法权利可能因此而得不到保护。但是,从客观事实的角度来看,他的主张或许是成立的。这同样说明,法律特有的操作技术并不能保证就每一个案件都能实现实质正义。

问题与思考

1. 结合本章的"引读案例"和相关知识,思考为何辛普森被判无罪。
2. 法律通过哪些途径来调整和规范人的行为?
3. 为什么有人说市场经济也是法治经济?法律是如何作用于市场经济的?
4. 如何理解"法律不是万能的,没有法律是万万不能的"这句话?

参考文献

1. 《管子·七臣七主》。
2. 《荀子·论礼》。
3. 沈宗灵:《现代西方法理学》,北京大学出版社1992年版。
4. [美]罗纳德·哈里·科斯:《论生产的制度结构》,盛洪、陈郁等译,上海三联书店1994年版。

第十四章 法律价值

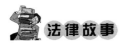

新冠疫情防控期间,某小区根据上级指示,对小区进行封控管理。李某是某公司在核酸筛查封闭管理期间的留守人员,也是一名长跑爱好者,平时有晨跑的习惯。2022年4月2日5时50分许,李某在明知疫情防控要求"足不出户"的情况下,仍然坚持外出晨跑,并在跑步途中自拍,将跑步轨迹和自拍照片发在某长跑爱好者群内炫耀。这一行为经他人举报后,违法行为人李某因拒不执行疫情防控下的决定、命令被警方依法行政处罚。

警方表示:疫情当前,需要你我共同努力。广大市民都应积极遵守疫情防控规定,支持和配合防疫工作,合力打赢这场疫情防控战。对违反疫情防控政策和危害群众生命安全行为的,警方将依法处罚。

李某对此决定不服,其所持理由是:长跑是其健康的生活习惯,而足不出户的规定本来就是对其自由的不当限制。自由是社会主义核心价值观,也是法律的基本价值。警察对其长跑行为的处罚,既是对社会主义价值核心观的违反,也是对法律基本价值的无视。

第一节 法律价值概述

一、价值的概念

"价值"原为经济学上的语汇,如"交换价值""使用价值"等,用以表示产品对人而言的需求、有用和相对稀缺。据国外学者考证,将这一范畴引入哲学、人文科学之中,始于19世纪下半叶赫尔曼·洛采所创立的价值哲学。① 自此之后,"价值"成为一个伦理性的概念,用以表达人们的某种需求或对事物的相关评价。

---

① 参见〔德〕乔治·恩德勒等主编:《经济伦理学大辞典》,李兆雄、陈泽环译,上海人民出版社2001年版,第573—574页。

然而，如何在概念上对"价值"进行精确的界定，不仅会因人们的认识程度不同而产生差异，同时也与人们对价值所指涉的范围的理解差异有关。本书不介入哲学上的争论，而是引进较为通行的价值定义，用以作为分析的基础。按照孙伟平的界定，所谓价值，就是在人的实践——认识活动中建立起来的，以主体尺度为尺度的一种客观的主客体关系，是客体的存在、性质及其运动是否与主体本性、目的和需要等相一致、相适合、相接近的关系。① 据此，可以对"价值"进行如下分析：

首先，"价值"表示的是一种主客体之间的关系。这意味着，价值是一种关系范围的界定，但它不代表主体之间的关系，也不表示客体之间的关系，而是存在于主体、客体之中。简单地说，价值离不开主体，没有主体，价值本身即不复存在；同样，价值也离不开客体，离开了客体，价值就失去了指称的对象。因而，"价值"在某种程度上是与"价值关系"分不开的，只有在主体与客体的实践——认识活动中，才能够使价值的确定及其评价有一个实在的立足点。

其次，"价值"表征着一种主体性意识。"价值"虽然来源于对客观事物的认识，但是，这种客观事物是否符合主体的本性、目的及需要，又是以主体的尺度作为尺度的。"价值"虽然以客体作为载体，但是它并不是客体的物理的、化学的或生物的纯自然属性，而是一种特殊的社会现象。② 马克思曾对此有过清楚的表述，他认为："'Value, Valuer'这两个词表示物的一种属性。的确，它们最初远非表示物对于人的使用价值，表示物的对人有用或使人愉快等等的属性。……实际上是表示物为人而存在。"③这深刻地说明了，价值之所以存在，是因为作为主体的人认识、评价的结果，同时也表明，价值是依主体的不同而不同、依主体的变化而变化的，具有明显的主体性。

最后，"价值"体现了客体与主体的契合程度。也就是说，价值之所以存在，是因为客体的存在、性质及其运动与主体的本性、目的和需要等相一致、相适合、相接近。具体而言，价值的标准可以根据客体满足主体需要的程度来加以确定。正因如此，"价值"与"评价"又紧密地结合在一起。当然，价值是评价的对象，评价是对价值的能动反映，而且这种反映也有恰当与否、正确与否的问题，④两者并不是同一个概念。但价值往往通过评价反映出来，也正因如此，才会有价值冲突问题的存在。

由此可见，对于价值问题的认识，关键仍然在于对人的主体性的关注。正如

---

① 参见孙伟平:《事实与价值——休谟问题及其解决尝试》，中国社会科学出版社2000年版，第99页。
② 参见袁贵仁:《价值学引论》，北京师范大学出版社1991年版，第42页。
③ 《马克思恩格斯全集(第26卷·Ⅲ)》，人民出版社1972年版，第326页。
④ 参见孙伟平:《事实与价值——休谟问题及其解决尝试》，中国社会科学出版社2000年版，第99页。

爱因·兰德所言,"'价值'的概念还不是基本的;它预先假设了对一个问题的回答,即是对谁的价值和什么价值?它假定一种实在,人在面临选择时,通过行动可追求到的目标。没有选择,也就没有目标和价值的可能性。"① 这就意味着,如果缺乏人这一主体,价值本身就成为毫无意义的命题。因而,对于价值问题的认识,必须从人的本性、目的、需要等方面进行界定,否则,价值仅仅是一种物的属性,而无法与人的心理需求与美好追求联系在一起。

二、法律价值的概念

人们对于法律问题的认识与审视,大致可以包括两个基本的方面:一是对法律问题进行符合其本来面目的反映和描述,这种认识也可以称为"事实性认识";二是人们必须从自身的需要出发,衡量法律的存在与人的关系以及对人的价值和意义,这就是价值性认识。② 由此可见,将价值问题引入法学领域,不仅是人们对法律认识的深化,更为重要的则是,以人作为价值的主体来对法律制度进行批判性的认识,从而有利于提高法律与人们生存、需要的关联度。正如庞德所言,价值问题虽然是一个困难的问题,但它是法律科学所不能回避的。"即使是最粗糙的、最草率的或最反复无常的关系调整或行为安排,在其背后总有对各种互相冲突和互相重迭的利益进行评价的某种准则",因而,"在法律史的各个经典时期,无论在古代和近代世界里,对价值准则的论证、批判或合乎逻辑的适用,都曾是法学家们的主要活动"。③ 我国台湾地区学者林文雄认为,在学理上对法律价值进行探讨,可以实现两种任务:"第一种任务在于探讨达成特定法的目的的适当的方法",即通过立法政策的确定来明确特定法所应达成的社会目的;"第二种任务在于探讨法目的本身",即从价值上研究法的目的所需要的前提要件。④ 由此而言,对法律价值的研究,是法学中必不可少的重要任务。

有关法律价值的概念,在国内法理学教科书中都有界定。简单地说,法律价值是指法这种规范体系(客体)有哪些为人(主体)所重视、珍视的性状、属性和作用。⑤ 具体而言,法律价值这一范畴包含如下意义:(1)同"价值"概念一样,"法律价值"也体现了一种主客体之间的关系。也就是说,它是由人对作为客体的法律的认识。从这个意义上而言,法律价值不是以人受制于法律,而是以人作为法律的本体这一关系得以存在的。法律无论其内容抑或目的,都必须符合人

---

① 〔美〕爱因·兰德:《新个体主义伦理观——爱因·兰德文选》,秦裕译,上海三联书店1993年版,第5页。
② 参见陈金钊主编:《法理学——本体与方法》,法律出版社1996年版,第263页。
③ 参见〔美〕罗·庞德:《通过法律的社会控制:法律的任务》,沈宗灵、董世忠译,商务印书馆1984年版,第55页。
④ 参见林文雄:《法实证主义(增订3版)》,三民书局1982年版,第152—153页。
⑤ 参见李步云主编:《法理学》,经济科学出版社2000年版,第58页。

的需要,这是"法律价值"概念存立的基础。(2)法律价值表明了法律对于人们而言所拥有的正面意义,体现了法律属性中为人们所重视、珍惜的部分。日本学者川岛武宜也是这样理解法律价值的,他指出,在社会领域、社会集团、阶级等层次中,各种价值相互关联并形成一定的体系,也即价值体系。"在这些价值之中,法律所保障的或值得法律保障的(存在着这种必要性)的价值,我们将其称之为'法律价值'。"[①](3)法律价值既包括对实然法的认识,更包括对应然法的追求。也就是说,对法律价值的研究不能以现行的实在法为限,还必须采用价值分析、价值判断的方法来追寻什么样的法律才是最符合人的需要这一问题。正因如此,学者将"法律价值"的概念概括成三种含义:第一,指的是法律促进哪些价值。这实际上就是法律的本质与目的的问题。第二,指法律本身有哪些价值。这实际上是指法律不仅是实现一定目的的手段,同时它本身也有特定的价值。第三,在不同类价值之间或同类价值之间发生矛盾时,法律根据什么标准来对它们进行评价。[②]

还必须注意的是,"法律价值"的概念并不等于"法律作用"或"法律效用"等概念,法律本身所具有的各种属性,如法律的各种作用、法律的阶级意志性和强制性等,只是法律价值得以形成的基础和条件。法律价值反映了主体与法律之间的特定关系,其目的在于使法律更好地服从和服务于人。

三、法律上的价值判断与事实判断

人们对于法律问题的认识与审视,大致可以包括两个基本的方面:一是人们必须从自身的需要出发来衡量法律的存在与人的关系以及对人的价值和意义,这就是价值性认识;二是对法律问题进行符合其本来面目的反应和描述,这种认识也可以称为"事实性认识"。由此种认识出发,对于法律问题的判断也可以分为两类:一是价值判断;二是事实判断。

所谓价值判断,即关于价值的判断,是指某一特定的客体对特定的主体有无价值、有什么价值、有多大价值的判断。将之引入法学领域,则意味着就法律所拟定的原则、规则、制度等客观存在(客体),人们必须从它们能否体现和满足人的需要以及是否有更为理想的原则、规则、制度存在等角度来予以分析,这些涉及法律的应然状态和理想追求问题。由此可见,将价值问题引入法学领域,不仅是人们对法律认识的深化,更为重要的则是,以人作为价值的主体来对法律制度进行批判性的认识,有利于提高法律与人们生存、需要的关联度。

所谓事实判断,在法学上被用来指称对客观存在的法律原则、规则、制度等

---

① 〔日〕川岛武宜:《现代化与法》,申政武等译,中国政法大学出版社1994年版,第246页。
② 参见沈宗灵主编:《法理学》,高等教育出版社1994年版,第46页。

所进行的客观分析与判断。换句话说,与价值判断不同的是,法律中的事实判断主要解决客观存在的法律究竟是怎样的这一问题,它并不主张或者说根本抵制从应然的角度追问法律应当怎样的问题。在法学思潮上,代表事实判断的研究方法主要是三类:一是规范分析方法,强调研究法律规范本身存在的机制、蕴涵的意义、解决的问题等。这尤以凯尔森的纯粹分析法学作为代表。二是社会实证方法,认为对法律问题的研究应当将之置于社会存在的具体环境中,用社会需求、社会效果等标准来判断法律的正当性。法社会学所采用的正是这种方法。三是历史实证方法,认为只有对历史上法律资料进行挖掘,才能证成法律沿革的脉络。历史法学派正是通过这种方法来研究现行法律的制定问题。

那么,法学上使用的这样两种判断,究竟有何差异呢?大致说来,有关法学上价值判断与事实判断的区别,主要表现在以下几个方面:[①]

第一,判断的取向不同。法律的价值判断由于是作为主体的人所进行的相关判断,因而它以主体为取向尺度,随主体的不同而呈现出相应的差异。例如,法律制度上是公平优先还是效率优先的问题,不同的主体会根据自己的认识或者处境作出不同的回答。但事实判断则不然,它以现存的法律制度作为判断的取向。简单地说,事实判断是为了得出法律制度的真实情况,如果该种判断是正确的话,那么它的结论就是不以人的意志为转移的。例如,"法律的强制性是法律的基本属性"这一事实判断,就可以为法律生活中的具体事实所证明。

第二,判断的维度不同。法律上的价值判断,明显地带有个人的印记,具有很强的主观性。甚至可以说,与主体的情绪、情感、态度以及利益、需要等无关或中立的判断,并不能称之为"价值判断"。相反,就法律上的事实判断而言,其目的在于达到对现实法律的客观认识,因而无论是认识的过程抑或是认识的结果,都应当尽可能地排除自己的情绪、情感、态度等主观性因素对认识问题的介入,而尽可能地做到"情感中立"或"价值中立"。只有这样的研究结果,在科学上才是可信的。

第三,判断的方法不同。法律上的价值判断是一种规范性判断的方式,它关注法律应当是怎样的、什么样的法律才符合人性和社会的终极理想等。换句话说,在进行法律价值判断时,虽然并不排除对现实法律问题的分析,然而,现实的法律只是价值判断的"靶子",其基本目的在于引申出应然的法律状态和法律理想。但是,法律事实判断则是一种描述性判断,其任务主要在于客观地确定现实法律制度的本来面目,是典型的实然判断。

第四,判断的真伪不同。法律价值判断的真伪,取决于主、客体之间价值关

[①] 有关事实判断与价值判断的区别,参见孙伟平:《事实与价值——休谟问题及其解决尝试》,中国社会科学出版社 2000 年版,第 154—156 页。

系的契合程度。换句话说,就法律价值而言,它必须经历"历时性"的考验,由社会来取舍、选择。例如,中国古代的儒家认为"物之不齐,物之情也"①,因而将"等级"作为稳定社会的主要价值看待。然而在今天的社会,"平等"业已成为人们的基本追求和良性社会的标志,所以,"等级"作为一种价值即明显为假。但事实判断不同,事实判断的真伪主要在于其与客体的真实情况是否符合。

  区分价值判断与事实判断的意义主要在于:第一,有利于明确认识、评价法律的多维角度,从而拓宽法学研究与法律分析的视野。具体说来,如果法律分析缺乏事实判断,则可能使得理论研究仅成为一种向壁虚构,无法指导具体的法律实践;同样,如果法律分析缺乏价值判断,则无法形成主导意识,从而使法学欠缺必要的人文精神与终极关怀。第二,有利于协调事实与价值之间的固有张力,从而使得法学研究能寻求到事实与价值之间的固有平衡。有关这一问题,科特威尔明确指出:"科学与价值的分离——更不用说把法律简化为明显无动机的行为——在任何严格意义上说都是不可能的。法律既包括事实也包括价值。法律包含的或者投射出来的理念影响着人们的行为和态度,不能不加以考虑。同样,研究者的价值观念也必然会影响他们的研究。"②因而,人为地割裂价值判断与事实判断的关联在方法论上不仅不可取,实际上也是行不通的;将事实判断纳入科学的范围,而将价值判断置于科学的范围之外,则更可能造成"恶法亦法"观念的泛滥。

第二节　法律的主要价值

一、自由

（一）自由的概念及其分类

  从哲学上而言,自由是指在没有外在强制的情况下,能够按照自己的意志进行活动的能力。这正如霍布斯将"自由"定义为"没有阻碍"一样,③它表明主体可以根据自己的意志、目的行动,而不是按照外界的强制或限制来行动。考虑到"自由"概念的不确定性,学者多从反面角度来对"自由"下定义,如将"自由"界定为"个人可以无拘无束地进行一桩活动,只要他或她不是受其他某些人(不管

---

① 《孟子·滕文公上》。
② 〔英〕罗杰·科特威尔:《法律社会学导论(第2版)》,彭小龙译,中国政法大学出版社2015年版,第14页。
③ 霍布斯的原话是:"自由一词就其本义说来,指的是没有阻碍的状况,我所谓的阻碍,指的是运动的外界障碍,对无理性与无生命的造物和对于有理性的造物同样可以适用。"参见〔英〕霍布斯:《利维坦》,黎思复、黎廷弼译,商务印书馆1985年版,第162页。

是个人还是团体)强制做这桩活动"①。法律价值中的"自由",即意味着法律以确认、保障人的这种独立、自主的地位、身份、能力为己任,从而使主体(人)与客体(法律)之间能够达到一种和谐的状态。在政治学和法学上,有关自由的分类,以下两个较为著名:

一种是法国思想家贡斯当有关"古代人的自由"与"现代人的自由"之划分。在贡斯当看来,古代人的自由"在于以集体的方式直接行使完整主权的若干部分",人们活跃在政坛上,行使决定战争与和平、表决法律、审查执政官的财务等重大国家事务的权力,但是,享有这种自由的公民又是以完整地服从社群或国家的权威为前提的,个人不具有独立性,甚至于可以说在私生活中皆为奴隶,"人仅仅是机器,它的齿轮与传动装置由法律来规制"。其实质,就是个人自由与政治自由完全糅合在一起。相比较而言,现代人的自由则偏重于个人自由,政治自由只是用于保障个人自由的实现而存在。就此而言,"个人独立是现代人的第一需要:因此,任何人决不能要求现代人作出任何牺牲,以实现政治自由"。但必须注意的是,贡斯当并不认为现代人的自由就是完美无缺的自由。如果说古代人的自由的危险在于人们只能行使公共权力而忽视个人权利与享受的价值的话,那么现代人的自由的危险则在于,"沉湎于享有个人的独立以及追求各自的利益,我们可能过分容易地放弃分享政治权力的权利"。因而在现代社会中,如何将两种自由的精神结合在一起,就成为至关重要的问题。按照贡斯当的理解,这就是一方面保持个人的独立,另一方面积极地行使政治自由:"我们的使命要求我们的不仅仅是快乐,而且还有自我发展:政治自由是上帝赋予我们的最有力、最有效的自我发展的手段"。②

另一种有关自由的分类,当推英国著名思想家伯林的"积极自由"与"消极自由"的划分。在伯林看来,"消极自由"回答的是这样一个问题:"主体(一个人或人的群体)被允许或必须被允许不受别人干涉地做他有能力做的事,成为他愿意成为的人的那个领域是什么?"而"积极自由"则是要回答另外一个问题:"什么东西或什么人,是决定某人做这个、成为这样而不是做那个、成为那样的那种控制或干涉的根源?"前者是不受阻碍地尽自己的意志去做某事的自由,即"免于……的自由";后者代表着个体成为自己的主人的一种愿意,是"去做……的自由"。由此,法律上的自由可以分为积极自由和消极自由。伯林认为,积极自由由于伴随着太多的国家干预,因而往往会"导致一种规定好了的生活,并常常成为残酷暴政的华丽伪装",因而,他用了较大篇幅来论述积极自由可能产生

---

① [美]詹姆斯·M.布坎南:《自由、市场和国家——20世纪80年代的政治经济学》,吴良健等译,北京经济学院出版社1988年版,第173页。
② 以上贡斯当的论述,参见[法]邦雅曼·贡斯当:《古代人的自由与现代人的自由》,阎克文、刘满贵译,上海人民出版社2003年版,第47—67页。

的危害。伯林的主张是:"对'自由'这个词的每一种解释,不管多么不同寻常,都必须包含我所说的最低限度的'消极'自由。必须存在一个在其中我不受挫折的领域"。① 简单地说,必须划定一个专属公民个人自治的空间,在那里,国家和他人不得对权利人的权利与自由进行干涉和强制。也就是说,消极自由需要国家权力的容忍与退让。当然,两种自由是否真如伯林所预想的那样,能够进行如此清晰而明白的界分,以及消极自由的价值是否一定要高于积极自由,在公民权利、公民自由理论上引起了较大的争议。②

(二) 作为价值的自由与法律的关系

法学上的相近概念往往具有语义上的含混性,"自由"也是如此。例如,它可以相当于权利,如我国《宪法》"公民的基本权利和义务"章中就既有权利的规定,也有自由的表述。我们在此仅从法律价值的角度谈论自由与法律之间的关系。大致说来,自由与法律的关系可从几个方面加以理解:

第一,自由是法律最基本的价值追求,所有法律制度均应将维护和保障人的自由作为其根本使命。法律虽然是可以承载多种价值的规范综合体,但其最本质的价值是"自由"——"法典就是人民自由的圣经"③。因而,法律必须体现自由、保障自由,只有这样,才能使"个别公民服从国家的法律也就是服从他自己的理性即人类理性的自然规律"④,从而达到国家、法律与个人之间的完满统一。换句话说,法典是用来保卫、维护人民自由的,而不是用来限制、践踏人民的自由的;如果法律限制了自由,就是对人性的一种践踏。

第二,自由是法律最根本的评价标准,是衡量国家的法律是否是"真正的法律"的准据。如马克思所言:"法律只是在自由的无意识的自然规律变成有意识的国家法律时,才成为真正的法律。哪里法律成为实际的法律,即成为自由的存在,哪里法律就成为人的实际的自由存在。"⑤"法律—自由—人"的这样一种关联,说明法律本身只是对人格的一种外在维护,也是人们评价、批判甚至推翻专制法律的工具。专制制度下的法律虽然由国家制定,形式上具有合法权威,然而由于其在本质上背离了自由的要求,因而只能是一种徒具形式的"恶法"。从这个意义上而言,任何不符合自由意蕴的法律,都不是真正意义上的法律。

第三,自由与法律可以有着内在的统一性。表面上看,法律上的诸多规定都

---

① 以上伯林的论述,参见〔英〕以赛亚·伯林:《自由论(修订版)》,胡传胜译,译林出版社 2011 年版,第 170、179、210 页。
② 读者可参见达巍等编:《消极自由有什么错》,文化艺术出版社 2001 年版;应奇、刘训练编:《第三种自由》,东方出版社 2006 年版。这两本论文集所选内容均是围绕"消极自由"与"积极自由"概念划分的学术争论。
③ 《马克思恩格斯全集(第 1 卷)》,人民出版社 1995 年版,第 176 页。
④ 同上书,第 228 页。
⑤ 同上书,第 176 页。

是对人们行为的抑制甚至禁止,如在法律文本中常见的"不得""禁止"等,但如果法律本身就是良法,那么人们对法律的遵守和服从也就是本着自己的良心、意志从事正当的行为。当然,这只是从应然的意义上来说的,如有学者认为,"当我在某种条件下服从法律时,我也是自由的"必须具备两个基本的条件:一是"我生活中的法律是我所赞成的法律,是经我同意制定的",二是"当我赞成这一法律,而且我有实实在在的发言权时"。① 上述两个条件告诉我们,只有在人们有权参与法律的制定、有机会表达自己的意见时,这样的法律才是公共意志的体现,也才不至于与自由相悖。

(三) 自由在法律价值中的位阶

法律的价值名目繁多,那么,在法律价值的谱系中,有没有一种最高的价值呢?阿克顿勋爵认为:"自由的理念是最宝贵的价值理想——它是人类社会生活中至高无上的法律。"②依此而论,自由相当于凯尔森所言的"基础规范",制约着法律的内容与运作。当代思想家霍耐特也指出:"所有在现代社会中上升到主导地位,并且自那以后又相互争夺统治权的伦理价值中,只有唯一的一种伦理价值确实做到了对现代社会的机制性秩序发生着持久的影响,即在个人意义上的自由。……今天,在21世纪的开端,要想阐明任何一种现代价值,几乎不可能不同时把这种现代价值作为个人自主基本思想的一个方面去理解。"③自由的核心即为自主,它寄寓着人们最高的价值理想,因而自由、自主也就是法律的最高价值。

当然,说自由是法律的最高价值,也是可以从理论上加以证明的。首先,"自由确实是人的本质"④,"爱自由是人类一种最强烈的情欲"⑤,体现了人性中最为深刻的需要。人类活动的基本目的之一,便是为了满足自由需要,实现自由欲望,达成自由目的。这体现在法律上,必须确认、尊重、维护人的自由权利,以主体的自由行为作为联结主体之间关系的纽带,如民法上常言的"意思自治"。可以说,没有自由,法律就仅仅是一种限制人们行为的强制性规则,而无法真正体现它在提升人的价值、维护人的尊严上的伟大意义。其次,自由赋予了人们对抗专制统治最为坚固的盾牌。在社会生活中,人们要想自主地支配个人的生活,规划自己的行动,最大的障碍就来自权力的非法干预,所以,"自由就在于把国家由一个高踞社会之上的机关变成完全服从这个社会的机关;而且就在今天,各

---

① 参见〔美〕莫提默·J.艾德勒:《大观念:如何思考西方思想的基本主题》,安佳、李业慧译,花城出版社2008年版,第160页。
② 〔英〕阿克顿:《自由与权力——阿克顿勋爵论说文集》,侯健、范亚峰译,商务印书馆2001年版,第307页。
③ 〔德〕阿克塞尔·霍耐特:《自由的权利》,王旭译,社会科学文献出版社2013年版,第27页。
④ 《马克思恩格斯全集(第1卷)》,人民出版社1995年版,第167页。
⑤ 〔法〕霍尔巴赫:《自然政治论》,陈太先、眭茂译,商务印书馆1994年版,第237页。

种国家形式比较自由或比较不自由,也取决于这些国家形式把'国家的自由'限制到什么程度"①。当权力主体超越职权、滥用权力时,人们的自由必定会受到损害。正因如此,习近平总书记一再强调要"把权力关进制度的笼子里",依法设定权力、规范权力、制约权力、监督权力。② 最后,自由和解放是人类社会发展的极致,如马克思主义者所设想的共产主义社会,就是每个人都能获致身心的解放,达到自由、自为的理想状态:"代替那存在着阶级和阶级对立的资产阶级旧社会的,将是这样一个联合体,在那里,每个人的自由发展是一切人的自由发展的条件。"③以自由为根本价值,尊重人的尊严,升华人类本性,充分发挥人的主观能动性,人类社会的前景必定会更加美好,④并最终促成共产主义的实现。

二、正义

"正义"既是人们所不懈追求的价值评判目标,同时也是一个变幻不定、歧义丛生的哲学、法学概念。正如博登海默所言:"正义有着一张普洛透斯似的脸,变幻无常,随时可呈不同形状并具有极不相同的面貌。"⑤当然必须注意的是,"正义"本身是个关系范畴,它存在于人与人之间的相互交往之中,可以说,没有人与人之间的关系存在,就不会有正义问题的产生。换言之,所谓"不正义"绝对不会存在于孤立的个人之上,正义只是一种在涉及利害关系的场合要求平等地对待他人的观念形态。正因如此,阿奎那在《神学大全》中将正义问题作为一种外部效果来论述,"因为正义或者我们根据正义而使用的东西都与其他通过正义使我们与之相连的人成比例。而每个人自己都是按照比例相等应归于他的。"⑥这一原则,也就是我们通常所言的"把各人应得的东西归予各人"。从实质内容上而言,正义又体现为平等、公正等具体形态。恩格斯指出,"平等是正义的表现,是完善的政治制度或社会制度的原则"⑦。这就是说,正义不仅

---

① 《马克思恩格斯选集(第 3 卷)》,人民出版社 1995 年版,第 313 页。
② 习近平:《领导干部要做尊法学法守法用法的模范》(2015 年 2 月 2 日),载《习近平谈治国理政(第二卷)》,外文出版社 2017 年版,第 129 页。
③ 《马克思恩格斯选集(第 1 卷)》,人民出版社 1995 年版,第 294 页。
④ 托克维尔曾以一段相似的语言讴歌了自由的社会功能:"事实上,唯有自由才能使公民摆脱孤立,促使他们彼此接近,因为公民地位的独立性使他们生活在孤立状态中,只有自由才能使他们感到温暖,并一天天联合起来,因为在公共事务中,必须相互理解,说服对方,与人为善。只有自由才能使他们摆脱金钱崇拜,摆脱日常私人琐事的烦恼,使他们每时每刻都意识到、感觉到祖国高于一切,祖国近在咫尺;只有自由能够随时以更热烈、更高尚的激情取代对幸福的沉溺,使人们具有比发财致富更伟大的事业心,并且创造知识,使人们能够识别和判断人类的善恶。"参见〔法〕托克维尔:《旧制度与大革命》,冯棠译,商务印书馆 1992 年版,第 35—36 页。
⑤ 〔美〕E.博登海默:《法理学:法律哲学与法律方法》,邓正来译,中国政法大学出版社 1999 年版,第 252 页。
⑥ 转引自〔美〕莫蒂斯·艾德勒、查尔斯·范多伦编:《西方思想宝库》,《西方思想宝库》编委会译编,吉林人民出版社 1988 年版,第 945 页。
⑦ 《马克思恩格斯全集(第 20 卷)》,人民出版社 1971 年版,第 668 页。

是人类的一种"理想",同时还表现在使这种理想与现实社会条件的结合。

在法律思想的发展史上,法律与正义的关联一直是人们探讨的问题。古希腊时期的柏拉图就已研究了法律与正义的关系,将正义分为道德正义与法律正义两类。前者是个人和国家的最高美德,是社会行为的普遍道德标准:"正义是智慧与善,不正义是愚昧和恶。"①法律正义则是诉讼正义,它体现为通过法律机器的正常运转而获得的后果或判决。柏拉图的弟子亚里士多德继承了乃师的传统,也从法律与正义的关系上进行法学问题的追问。在亚里士多德看来,正义可分为分配正义和矫正正义两种:分配正义是指根据个人的功绩价值来分配财富、官职、荣誉等。谁的功绩和价值大,谁被分配的也就多。矫正正义是指对任何人都一样看待,仅计算双方利益与损害的平等。这类正义既适用于双方自愿、平等的交换关系,也适用于法官对民事、刑事案件的审理。② 现代法学家庞德则将正义视为心理满足、制度建构以及理想关系的组合:"在伦理上,我们可以把它看成是一种个人美德或是对人类的需要或要求的一种合理、公平的满足。在经济和政治上,我们可以把社会正义说成是一种与社会理想相符合,足以保证人们的利益与愿望的制度。在法学上,我们所讲的执行正义(执行法律)是指在政治上有组织的社会中,通过这一社会的法院来调整人与人之间的关系及安排人们的行为;现代法哲学的著作家们也一直把它解释为人与人之间的理想关系。"③总之,无论对正义作何种界定与分类,可以肯定的是,法律如果离开正义的德性,那么将丧失法律的品格。

在法律上如何实现正义这一价值标准呢?大致说来,包括以下数端:第一,正义是法律的基本标准。也就是说,法律只有合乎正义的准则,才是真正的法律;如果法律充斥着不正义的内容,则意味着法律只不过是推行专制的工具。如学者所言:"法律可以说是代表了普遍的秩序。而良好秩序乃是这样的法律,它与正义或者道德的要求相适应,或者与人们关于应然的观念相适应。"④因此,在制定法律时,立法者必须以一定的正义观念为指导,并将这些观念体现在具体的法律规定之中,维系正义的制度形态,同时引导广大民众崇尚正义、追求正义。第二,正义是法律的评价基准。这就是说,正义担当着两方面的角色:其一,它是法律必须着力弘扬与实现的价值;其二,它可以成为独立于法律之外的价值评判标准,用以衡量法律是"良法"抑或"恶法"。这是正义观念固有的影响力,也是

---

① 〔古希腊〕柏拉图:《理想国》,郭斌和、张竹明译,商务印书馆1986年版,第36页。
② 参见〔古希腊〕亚里士多德:《尼各马可伦理学(注释导读本)》,邓安庆译,人民出版社2010年版,第174—179页。
③ 〔美〕罗·庞德:《通过法律的社会控制:法律的任务》,沈宗灵、董世忠译,商务印书馆1984年版,第73页。
④ 〔美〕朗·L.富勒:《实证主义与忠于法律:答哈特教授》,支振锋译,载许章润组织编译:《哈佛法律评论:法理学精粹》,法律出版社2011年版,第334页。

法学研究本身的任务使然。拉德布鲁赫对此明言道:"在所有正义从未被诉求的地方,在所有于实证法制定过程中有意否认构成正义之核心平等的地方,法律不仅是'不正当法',而且尤其缺乏法律本性。"①第三,正义也极大地推动着法律的进化。正义形成了法律精神上进化的观念源头,使自由、民主、平等、人权等价值观念深入人心;正义促进了法律地位的提高,它使得依法治国作为正义所必需的制度建构而存在于现代民主政体之中,从而突出了法律在现代社会生活中的位置;正义推动了法律内部结构的完善,它使得权力控制、权利保障等制度应运而生;正义也提高了法律的实效。法律的执行不仅要有利于秩序的维持,更重要的是要实现社会正义。②

还必须注意的是,不少人认为,正义没有绝对的标准,因而有关正义与法律的关联,也应当随各国的情况不同而采取不同的标准。应当说,这一观念是值得商榷的。诚然,正义作为一种观念形态、社会理想,其内涵在不断地演化之中,但是,变化的只是正义的枝节问题,其实质内涵在人类生活历程中并无太大的变化。这就意味着,任何国家的法律都不能借口特殊国情而背弃正义的一般要求。例如,联合国《经济、社会和文化权利国际公约》第 2.1 条明确规定:"凡未经现行立法或其他措施予以规定者,本公约每一缔约国承担按照其宪法程序和本公约的规定采取必要步骤,以采纳为实施本公约所承认的权利所需的立法或其他措施。"显然,该公约规定的内容,实际上就是一个普适性的正义标准,凡缔约国都必须保证其得以落实。

三、秩序

"秩序"是社会科学中常见的名词。据英国学者科亨的概括,西方学者有关"秩序"这一范畴的界定大体有如下说法:(1) 社会的可控性,即存在于社会体系中的各种调控因素,包括限制和禁止性因素等;(2) 社会生活的稳定性,如某一社会持续地维持某种状态的过程;(3) 行为的互动性,是指人们的行为具有相互引起、相互补充和配合的特点,因而不是偶然的、无序的;(4) 社会活动中的可预测因素,因为在无序状态中,人们便无法预测社会活动的发展变化,难以进行各种活动。③ 由此可见,"秩序"反映了事物的一种有条不紊的常态,表明了社会生活的规律性与稳定性。与"秩序"相对的反义词是"无序",意指一种纷扰不定的社会反常态度。

在法学上,博登海默对"秩序"进行了定位,认为秩序"意指在自然进程和社

---

① 〔德〕G. 拉德布鲁赫:《法哲学》,王朴译,法律出版社 2005 年版,第 232—233 页。
② 参见周永坤:《法理学——全球视野》,法律出版社 2000 年版,第 231—232 页。
③ 参见邢建国等编:《秩序论》,人民出版社 1993 年版,第 2 页。

会进程中都存在着某种程度的一致性、连续性和稳定性"①。按照博氏的意见，秩序可分为自然秩序与社会秩序两类。当然，法学上所言"秩序"，主要是指社会秩序，是通过法律机构、法律规范、法律权威所形成的一种法律状态。由不同的人所组成的社会要维系其存在与发展，就必须确立基本的秩序形式，而在其中，法律在促成人类秩序的形成方面发挥着重要的作用，任何一种法律都是要追求并保持一定社会的有序状态。正如拉德布鲁赫所言："所有秩序，无论是我们在混沌的客观存在中发现的，还是我们致力于促成的，都可以从法律(Recht)引申出它们的名称。"②因此，法律总是为一定秩序服务的。也就是说，在秩序问题上，根本就不存在法律是否服务于秩序的问题，所存在的问题仅在于法律服务于谁的秩序、怎样的秩序。

"秩序"之所以成为法律的基本价值，是因为：首先，任何社会统治的建立都意味着一定统治秩序的形成。没有秩序的统治，根本就不是统治。因为在一片混乱之中，统治者的权力根本就无法行使，自然也就无法建立有效的社会管理模式。法律的根本而首要的任务就是确保统治秩序的建立，因而秩序对于法律来说，无疑是基本的价值。其次，秩序本身的性质决定了它是法律的基本价值。秩序是人们社会生活中相互作用的正常结构、过程或变化模式，它是人们相互作用的状态和结果。在任何时代的社会，人们都期望行为安全与行为的相互调适，这就要求通过法律确立惯常的行为规则模式，"因为只有在规则明确、恰当的条件下，才不至于陷入各行其是或无所适从的困境，才能避免各种行为关系间的磨擦和碰撞，使社会或集体进入有序状态"③。正是从这个意义上说，"法律""规则""秩序"可以成为同义词。最后，秩序是法律的其他价值的基础。诸如自由、平等、效率等法律价值表现，同样也需要以秩序为基础。因为如果没有秩序，这些价值的存在就会受到威胁或缺乏必要的保障，其存在也就没有现实意义了。正如庞德所说："当法律秩序已经认定和规定了它自己要设法加以保障的某些利益，并授予或承认了某些权利、权力、自由和特权作为保障这些利益的手段以后，现在它就必须为使那些权利、权力、自由和特权得以生效而提供手段。"④没有秩序的存在，其他法律上的价值就无法得以体现。

然而，必须注意的是，虽然秩序是法律的基础价值，是维护社会安全和社会和平所必要的制度安排，但秩序必须以合乎人性、符合常理作为其目标。也就是

---

① 〔美〕E. 博登海默：《法理学：法律哲学与法律方法》，邓正来译，中国政法大学出版社1999年版，第219页。
② 〔德〕拉德布鲁赫：《法学导论(修订译本)》，米健译，商务印书馆2013年版，第1页。
③ 邢建国等编：《秩序论》，人民出版社1993年版，第33页。
④ 〔美〕罗·庞德：《通过法律的社会控制：法律的任务》，沈宗灵、董世忠译，商务印书馆1984年版，第114页。

说,如果秩序以牺牲人们的自由、平等为代价,那么这种秩序就不是可欲的秩序。正是从这个意义上而言,现代社会所言的"秩序"还必须接受"自由""正义"等法律价值的规制。以正义和秩序的关系为例,由于秩序主要关系社会生活的形式方面,难以涉及社会生活的实质方面,所以博登海默认为:"秩序……所注重的乃是社会制度和法律制度的形式结构,而正义则关注的却是法律规范和制度性安排的内容、它们对人类的影响以及它们在增进人类幸福与文明建设的价值。"①从个意义上说,秩序的价值不仅低于自由,也必须服从正义的规制。

第三节 法律价值的冲突及调适

以上所言自由、正义、秩序等,都可以说是法律最基本的价值,但除此之外,实际上尚有效率、利益等其他价值形式存在。这样我们要面对的问题就是,法律各种价值之间有时会发生矛盾,从而导致价值之间的相互牴牾。例如,要保证社会正义的实现,在很大程度上就必须以牺牲效率作为代价;同样,在自由与正义、自由与秩序、正义与秩序之间也常会出现矛盾,某些情况下甚至还会导致"舍一择一"局面的出现,这就产生了法律价值的冲突与调适问题。

从主体而言,法律价值的冲突常常出现于三种场合:一是个体之间对于法律所承认的价值上发生认识上的冲突,如行使个人自由可能导致他人利益的损失。二是共同体之间价值发生冲突,如国际人权与一国主权之间可能产生的矛盾。三是个体与共同体之间的价值冲突,典型的如个人自由与社会秩序之间常见的矛盾情形。就理想的社会状态而言,最好能够形成一种涵盖、平衡各种价值冲突的机制,而立法作为一种确立普遍规则的活动,也会着力在这个方面协调、平衡各种法律价值之间可能有的矛盾。例如,我国《宪法》第 51 条规定:"中华人民共和国公民在行使自由和权利的时候,不得损害国家的、社会的、集体的利益和其他公民的合法的自由和权利。"然而,由于立法不可能穷尽社会生活的一切形态,在个别事例、个别案件中更可能因为特殊情形的存在而使得价值冲突难以避免,因而必须确立相关的平衡价值冲突的规则。在这个方面,学者普遍认为,可以采纳以下原则解决价值之间的冲突:

第一,价值位阶原则。这是指在不同位阶的法律价值发生冲突时,在先的价值优于在后的价值。正如拉伦茨所言:在利益衡量中,首先就必须考虑基本法中所包含的价值秩序,"个案中涉及的一种法益相对于其他法益是否有明显的价

---

① 〔美〕E. 博登海默:《法理学:法律哲学与法律方法》,邓正来译,中国政法大学出版社 1999 年版,第 252 页。

值优先性"①。就法律的基本价值而言,主要是以上所言的自由、正义与秩序,其他的则属于基本价值以外的一般价值(如效率、利益等)。但是,即使同样属于基本价值,其位阶顺序也不是并列的。一般而言,自由代表了人的最本质的人性需要,处于法律价值的顶端;正义是自由的价值外化,是自由之下制约其他价值的法律标准;而秩序则表现为实现自由、正义的社会状态,必须接受自由、正义标准的约束。因而,在以上价值之间发生冲突时,可以按照其位阶顺序来确定何者应优先适用。

第二,个案平衡原则。这是指在处于同一位阶上的法律价值之间发生冲突时,必须综合考虑主体之间的特定情形、需求和利益,以使得个案的解决能够适当兼顾双方的利益。例如,在"马修诉埃尔德雷奇"一案中,美国最高法院申明,在决定正当程序于特定的情况下所要求的具体内容时,它将审视三个因素:首先,"因官方行动将受到影响的私人利益";其次,"通过所诉诸的程序而错误剥夺此类利益的风险";最后,"政府的利益,包括牵扯的职能和其他的或替代的程序要求将需要的财政及行政方面的负担"。② 由此可以看出,在有关该案的处理上,最高法院并不以公共利益作为高于个人利益的价值标准来看待,而是结合具体情形寻找两者之间的平衡点。

第三,比例原则。解决法律价值之间冲突中的比例原则是指,"如果为保护某种更为优先的法价值而必须侵害另一种法益时,不得超过此目的所必要的程度,或者至少是'合理的'"③。例如,为维护公共秩序,必要时可能实行交通管制,但应尽可能达到"最小损害"或"最少限制",以保障社会上人们的出行自由。换句话说,即使某种价值的实现必然会以其他价值的损害为代价,也应当使被损害的价值减低到最小限度。

问题与思考

1. 什么是法律价值?怎样认识法律价值中的主体、客体及其关系?
2. 法律上的价值判断与事实判断有着怎样的关联?
3. 法律上主要的价值有哪些?这些价值对于法律的进步有着怎样的意义?
4. 调适法律价值冲突应遵循哪些基本原则?

---

① 〔德〕卡尔·拉伦茨:《法学方法论(全本·第六版)》,黄家镇译,商务印书馆2020年版,第517页。

② 参见〔美〕欧内斯特·盖尔霍恩、罗纳德·M.利文:《行政法和行政程序概要》,黄列译,中国社会科学出版社1996年版,第132页。

③ 〔德〕卡尔·拉伦茨:《法学方法论(全本·第六版)》,黄家镇译,商务印书馆2020年版,第518页。

参考文献

1. 卓泽渊:《法的价值论(第三版)》,法律出版社2018年版。
2. 严存生:《法的价值问题研究》,法律出版社2011年版。
3. 〔英〕彼得·斯坦、约翰·香德:《西方社会的法律价值》,王献平译,中国法制出版社2004年版。
4. 〔美〕E.博登海默:《法理学:法律哲学与法律方法》,邓正来译,中国政法大学出版社1999年版。
5. 〔英〕H. L. A. 哈特:《法律、自由与道德》,钱一栋译,商务印书馆2021年版。

第五编 运行论

第十五章 法律创制

在我国革命、建设、改革各个历史时期,我们党都高度重视民事法律的制定、实施。我们党还于1954年、1962年、1979年、2001年4次启动制定和编纂民法典相关工作,但由于条件所限没有完成。改革开放以来,我国民事商事法制建设步伐不断加快,先后制定、修订了《中外合资经营企业法》《婚姻法》《商标法》《专利法》《继承法》《民法通则》《土地管理法》《企业破产法》《外资企业法》《中外合作经营企业法》《著作权法》《收养法》《公司法》《担保法》《保险法》《票据法》《拍卖法》《合伙企业法》《证券法》《合同法》《农村土地承包法》《物权法》《侵权责任法》等一大批民事商事法律,为编纂民法典奠定了基础、积累了经验。

编纂民法典是党的十八届四中全会提出的重大立法任务,是以习近平同志为核心的党中央作出的重大法治建设部署。2015年3月,全国人大常委会法制工作委员会启动民法典编纂工作。2017年3月,十二届全国人大五次会议审议通过《民法总则》。2019年12月,全国人大常委会审议了由《民法总则》与经过常委会审议和修改完善的《民法典各分编(草案)》合并形成的《民法典(草案)》,并决定将《民法典(草案)》提请十三届全国人大三次会议审议。在《民法典(草案)》编纂过程中,先后十次通过中国人大网公开征求意见,累计收到42.5万人提出的102万条意见和建议。2020年5月28日,十三届全国人大三次会议高票通过了《中华人民共和国民法典》,这标志着新中国第一部以法典命名的法律编纂任务顺利完成,在新中国法治建设史上具有里程碑意义。

第一节 法律创制的基本原理

一、立法的概念

法律创制,又称"法的制定",即"立法",是由特定主体依据一定职权和程序,运用一定技术制定、认可和变动法律这种特定的社会规范的活动。"立法"既可以作为名词使用,也可以作为动词使用。作为名词,立法既指民事、刑事、行政、政治、经济、社会、文化等的立法形式或立法结果,也指国际法的立法形式或立法结果,在特定情况下还包括宪制立法。作为动词,立法既指制定和认可法律,也指法律解释、法律修改、法律编纂、法律清理和法律废止等。立法是作为代议机关的议会所进行的立法活动,在一定条件下也包括行政机关的授权立法、行政立法和司法机关的"法官造法"。①

立法有广义和狭义两种含义。广义的立法是指特定的国家机关依据法定职权并通过法定程序创制法律规范的过程。狭义的立法是指最高国家权力机关制定法律的专门活动。《中华人民共和国立法法》(以下简称《立法法》)第 2 条第 1 款规定:"法律、行政法规、地方性法规、自治条例和单行条例的制定、修改和废止,适用本法。"由此规定可以看出,《立法法》是在广义上使用"立法"一词。本书所述及的"立法"是广义的立法。

二、立法的特征

立法是历史的范畴,是国情的产物,立法的种类具有多样化。立法具有如下特征:

(一) 立法是由特定主体进行的活动

立法是以国家的名义进行的。国家机关由许多不同职能、不同层次和不同级别的专门机关组成,不是这个体系中的所有专门机关都有权立法,只有其中有立法权的特定机关才能立法。这些特定机关被称为"有权立法的主体"。在不同历史时期、不同国情之下,一国之内哪个或哪些主体有权立法不尽相同。在君主独掌立法权的专制制度下,专制君主是有权立法的主体;在现代各国,议会或代表机关是有权立法的主体。一个国家究竟由哪个或哪些主体享有立法权,主要取决于国家的性质、组织形式、立法体制和具体国情因素。立法之所以要由特定的主体进行,根本原因在于立法是国家活动中最重要的活动之一。立法既是重要的政治活动,又是法律运行的起点。立法指向法律的形成空间,影响整个法律体系和法律制度的建构,对一国的治理体系具有深远影响。"小智治事,中智治人,大智立法。治理一个国家、一个社会,关键是要立规矩、讲规矩、守规矩。法律是治国理政最大最重要的规矩。"②立法必须交由特定主体,才能保障法律权威和立法质量。

(二) 立法是根据一定职权进行的活动

立法既是政治权利的彰显,又是巩固政治权力的方式。有权立法的主体不

---

① 参见夏勇主编:《法理讲义——关于法律的道理与学问(下册)》,北京大学出版社 2010 年版,第 489—490 页。
② 习近平:《在中共十八届四中全会第二次全体会议上的讲话》(2014 年 10 月 23 日),载中共中央文献研究室编:《习近平关于协调推进"四个全面"战略布局论述摘编》,中央文献出版社 2015 年版,第 100 页。

能随便立法,要根据其职权立法:(1)就自己享有的特定级别或层次的立法权进行立法。例如,只享有地方立法权的主体不能行使国家立法权。(2)就自己享有的特定种类的立法权进行立法。例如,只享有政府立法权的主体不能行使议会或代表机关的立法权。(3)就自己有权采取特定法的形式进行立法。例如,只能制定行政法规的主体,不能制定法律。(4)就自己所行使的立法权的完整性、独立性进行立法。例如,只有在特定主体授权下才能制定某种法的机关,不能未经授权就制定该种法。(5)就自己能调整和应调整的事项进行立法。例如,只能就一般事项立法的主体,不能就重大事项立法。立法主体之所以必须依据职权立法,原因在于立法是国家政治中最重要的活动之一,如果立法主体不依立法职权立法,超越或滥用职权,就无法尽职尽责行使相应职权,无法实现既定的立法目标。

(三)立法是根据一定程序进行的活动

立法是根据一定程序进行的活动,必须严格遵循法定的立法程序。立法程序是有关的国家机关在制定、修改和废止规范性法律文件时必须遵循的法定步骤和方法。立法严格遵守合理、法定的立法程序是立法法治化、科学化和民主化的标志,也是法律合法性、科学性和民主性的重要保证。立法程序的内容在不同时代、不同国情下有较大差别。现代立法一般经过立法准备阶段、由法律案到法阶段和立法完善阶段。我国《立法法》和相关法律为了提高立法质量,专门规定全国人大及其常委会的立法程序,对行政法规、地方性法规、自治条例和单行条例的制定程序也作了相应规定。良法是善治的前提,立法依据一定程序进行,才能保证立法活动具有严肃性、权威性和稳定性,才能为善治提供良好的制度设计。

(四)立法是运用一定技术进行的活动

立法是一门技术性活动。"现代立法应是科学的活动。立法本身就是一门科学。"[①]作为科学的立法活动,对于立法者的法律技艺和立法素养提出了严格的要求。立法技术是立法活动中所遵循的用以促进立法臻于科学化的方法和操作技巧的总称。立法技术是在一定的社会制度中历史形成的,在现代立法实践中,立法者越来越重视立法技术。立法技术对于立法活动、法治建设和社会进步都具有弥足珍贵的作用,立法技术的提升是实现科学立法、发挥立法引领和推动作用的重要保证。立法技术在不同的国家有一定的差异,但是立法的基本技术,如立法语言技术、法的构造技术等具有一定的共性。伴随着法学的理论发展,尤其是立法法理学的发展,立法技术已经成为立法主体和法学家更加重视的问题。

---

① 封丽霞:《面向实践的中国立法学——改革开放四十年与中国立法学的成长》,载《地方立法研究》2018年第6期。

(五) 立法是制定、认可和变动法的活动

作为产生和变动法的活动,立法是一项系统工程,包括制定法、认可法、修改法、解释法、废止法和编纂法等一系列活动。制定法是指立法主体进行的直接立法活动,如全国人大及其常委会制定法律,国务院制定行政法规,地方人大及其常委会制定地方性法规等。认可法是指立法主体进行的旨在赋予某些习惯、判例、法理以法的效力的活动。修改法、解释法和废止法,分别是指立法主体变更或解释现行法的活动,宣布规范性法律文件废止、失效,对相应的行政法规、部门规章和地方性法规等进行清理的活动。编纂法是指有权的国家机关在法的清理和汇编的基础上,对现存同类法或同一部门法加以研究审查,从统一的原则出发,对其进行修改补充,最终形成统一集中、系统的法,如编纂法典。编纂法有利于实现法的科学化、系统化,能够促进法体系的完善,推进法治统一。

三、立法原则

在立法过程中我们要遵守特定的立法原则。立法原则是立法主体据以进行立法活动的重要准绳,是立法指导思想在立法实践中的重要体现。就中国而言,立法活动遵循的立法原则主要包括宪法原则、法治原则、科学立法原则、民主立法原则和依法立法原则。具体如下:

宪法原则是立法应该遵循的首要原则,立法活动应该以宪法为依据,不得与宪法相冲突或者相抵触。立法的宪法原则同时也是立法遵循法治原则的重要体现。立法活动应该遵循宪法的基本原则,以经济建设为中心,坚持四项基本原则,坚持改革开放。

法治原则包括三个层次:一切立法权的存在和行使都应该有法律依据,立法活动的各个环节都依法而行,立法主体行使法定职权、履行法定职责。同时,良法需要得到普遍的服从和遵守。规范立法制度和立法活动的法律应该是良法,方能有利于立法发展、社会进步和保障权利实现。

科学立法原则要求立法从实际出发,适应当时经济社会发展需要。立法者要扎实细致地做好调研工作,准确把握不同时期、不同地域的不同特点,研判立法需求,突出重点,使每一项立法符合客观实际。要科学合理地规定国家机关的权力与责任,公民、法人和其他组织的权利与义务,特别是宪法规定的公民基本权利,任何法律法规规章和规范性文件都不得加以限制和剥夺。同时,在立法过程中要遵循立法技术规范,包括结构规范、修改规范、解释规范、废止规范、授权立法规范和法典编纂规范等。

民主立法原则要求立法全面体现人民的意志,立法必须确保人民当家作主、管理国家和社会事务,必须真正反映最广大人民的共同意志和利益。要坚持立法公开:立法公开是衡量一国立法民主化程度的重要标尺;立法公开能够便于人

民行使监督权,有利于弥补代议制立法的缺点,保障人民对立法过程和内容的知情权。因此,立法的各个过程和环节除了涉及国家秘密等不宜公开的事项外应最大限度的向社会公开。要扩大公众有序参与立法;立法过程是政治决策过程,充分而有序的立法参与有助于增强公众对于国家的政治认同;公众参与立法可以增加立法决策的合法性和公正性;公开透明、规范有序的立法参与还利于引导社会公众以法治思维和法治方式思考问题、行使权利,合理表达诉求,能够提升公民守法的积极性,增强法律实施的效果。

依法立法原则主要是指依宪立法,依法定权限立法,依法定程序立法。依宪立法是从法律的产生渊源上分析的,宪法是一切法律的制定依据;从法律的内容上分析,所有法律法规的立改废释都必须符合宪法的原则和要求,不得与宪法相抵触。依照法定权限立法必须遵循法无授权不可为的公权力行使原则,按照法定的立法职权进行;各立法主体应该准确把握各层次立法的权限安排和功能定位,依法行使立法权。依照法定程序立法要求程序先于权力,立法程序在法律的起草、审议、公布等立法过程中起着桥梁和支撑作用,能够确保立法活动在法治轨道上运行。

第二节 法律创制的基本制度

一、立法体制

一个国家的立法制度是立法活动、立法过程所需遵循的各种实体性准则的总称,是国家法制的重要组成部分,而且是国家法制前提性、基础性的组成部分。立法制度一般由关于立法体制的制度、关于立法主体的制度、关于立法权的制度、关于立法运作的制度、关于立法监督的制度、立法与相关方面关系的制度等六个方面构成,其中立法体制是一国立法制度最重要的组成部分。

立法体制是由立法权限、立法权运行以及立法权载体诸方面的体系和制度构成的有机整体,其核心是有关立法权限的体制和制度。立法体制是静态和动态的统一,立法权限的划分是立法体制中的静态内容,立法权力的行使是立法体制中的动态内容。与立法制度的范围有所不同,立法体制主要由立法权限的体系和制度、立法权的运行体系和制度以及立法权的载体体系和制度构成。

立法体制是多样化的,综观当今世界各国家及地区的立法体制,主要类型有单一的立法体制、复合的立法体制和制衡的立法体制。单一的立法体制是指由一个政权机关行使立法权的立法体制,通常由中央一级的政权机关行使立法权。复合的立法体制是指立法权由两个或者两个以上的政权机关共同行使。而制衡的立法体制是指建立在立法、行政、司法三种权力分立又制约的原则基础之上的立法体制。

我国现行立法体制是独具中国特色的,是中央统一领导和一定程度分权的多级并存、多类结合的立法权限划分体制。具体来说,最高国家权力机关及其常设机构统一领导、国务院行使相当大的立法权力、地方行使一定的立法权力是中国现行立法权限划分体制的突出特征。多级并存是指全国人大及其常委会制定国家法律,国务院及其所属部门分别制定行政法规和部门规章,一般地方制定地方性法规和地方政府规章。多类结合是指,我国现行立法包括国家立法及其产生的规范性文件、民族自治地方立法及其产生的自治法规、经济特区和特别行政区立法及其产生的规范性文件。我国立法体制的特点是统一而又分层次。具体来说,统一就是单一制的立法体制,在"人大—行政"的关系中,以人大为中心;在"中央—地方"的关系中,以中央为中心。而分层次是在保证法制统一的前提下,在"人大—行政"和"中央—地方"这两条主轴上分别依据一定的原则分配立法权限,进而形成一定的层次。

需要特别指出的是,在我国,立法权不是由一个政权机关甚至一个人行使的,因而我国不是单一制的立法权限划分体制。我国存在多种立法权,立法权由两个以上的政权机关行使,如国家立法权、地方立法权和行政机关立法权分别由不同的政权机关行使,也不是复合制的立法权限划分体制,并且我国立法体制内存在着从属关系、统一关系和监督关系,而不是制衡关系。所以,我国的立法体制是独具中国特色的。

二、立法过程

立法过程是一个动态系统,包括从立法文本到立法实践的每个环节,立法过程是立法中实践理性的具体体现。立法程序是有权的国家机关在制定、认可、修改、补充和废止法的活动中所需遵循的步骤和方法。一方面,现代社会的立法程序,作为立法活动中特定主体须遵循的法定步骤和方法,是贯穿于整个立法过程中的,因此立法程序与立法活动过程紧密相连。另一方面,立法过程强调立法的阶段性、关联性、完整性,而立法程序强调立法运作的规则性、严肃性,立法是一个遵守制度或者受限制的过程。具体来说,立法过程包括立法准备阶段、正式立法程序阶段和立法完善阶段。

立法准备阶段,是在提出法律案前进行的立法活动,为正式立法提供条件或奠定基础。这一阶段的主要内容,在宏观上,包括立法预测、立法规划、立法创议、立法决策;在中观上,包括确立立法目标,落实起草事宜,做好物质准备;在微观上,包括起草法律草稿、征求意见、形成草案。立法准备阶段涵盖确定立法项目、采纳立法建议、接受立法创议、作出立法决策、确定法律案起草机关、决定委托起草、起草法律案等方面的程序。

正式立法程序阶段,也就是从法律案到法的阶段,是指从法律案提出到法的公布这一系列的立法活动所构成的立法阶段。提出法律案是从法律案到法的第一道程序,是由有立法提案权的机关、组织或者人员依据法定程序,向有立法权的机关提出关于制定、认可、修改、补充和废止规范性法律文件的提议的专门活动,提出法律案是从法律案到法得以进行的前提性基础性的程序。在法律案提出之后,立法程序便进入一个新的阶段——审议法律案阶段。审议法律案,是由有权机关对法律案行使审议权,决定是否将其列入议事日程、是否修改以及对其进行修改的专门活动。这一阶段是立法程序中至关重要的阶段。

在我国,根据《宪法》和宪法相关法的规定,审议向全国人大提交的法律案的程序是,全国人大主席团向全国人大提出的议案,由全国人大大会审议。列入全国人大大会议程的法律案,在大会审议过程中,先由提案人作说明;如果有必要,主席团常务主席可以召开各代表团团长会议,就法律案中的重大问题听取各方审议意见,进行讨论。向全国人大提交并被列入全国人大会议议程的法律案,在交付大会表决前,提案人要求撤回的,应当说明理由,经主席团同意,并向大会报告,对该法律案的审议即行终止。审议向全国人大常委会提交的法律案,由委员长会议向常委会提出,由常委会会议审议。列入全国人大常委会会议议程的法律案一般应当经过三次常委会会议审议。其中,全国人大常委会分组审议法律案时,提案人应当派人听取意见,回答询问。向全国人大常委会提交并被列入常委会会议议程的法律案,在交付表决前,提案人要求撤回的,应当说明理由,经委员长会议同意,并向常委会报告,对该法律案的审议即行终止。

表决法律案,即有权机关和人员对法律案表示最终的、具有决定意见的态度,也就是表示赞同或者不赞同,表决的结果直接关系到法律案能否成为法这样核心关键的问题。表决法律案基本上实行少数服从多数,法律案获得法定多数的赞同,才能通过成为法。公布法律是由法案到法的最后一道程序,由有权机关或人员,在特定的时间内,采用特定的方式将法公之于众。根据我国《宪法》第80条,国家主席根据全国人大的决定和全国人大常委会的决定公布法律。至此,上述四个阶段构成了从法律案到法的整个过程。

立法完善阶段是在法律案变成法之后,为使其进一步臻于科学化、更宜于体现立法目的和社会变化而进行的立法活动和立法辅助工作阶段。这一阶段对于立法技术提出了较高的要求。立法完善阶段的工作主要包括立法解释、法律修改、法律废止、法律清理、法律汇编和法律编纂等。

理解立法的整个过程,就要重视立法的阶段性,针对各阶段的立法任务、特点和客观要求等做好立法工作。同时,要重视立法活动的关联性和完整性。

三、立法权限

在法治国家中,立法权问题通常是极其重要的问题。立法权是由国家特定机关行使的,在国家权力体系中占据特殊地位的,用来制定、认可和变动法的综合性权力体系。立法权是国家权力体系中特别重要的权力,是国家权力体系的重要组成部分,同时也是国家权力这个大系统中的一个子系统。立法权是一种综合性权力体系,它由多种级别、多种种类、多种结构和多种形式的具体立法权构成,而不是单一的权力结构。

在近代中国,孙中山先生从中国的国情出发,曾把国家权力体系分成五权模式,主张中国的国家权力体系应当由立法、司法、行政、监察和考试五权构成。立法权是一个综合性权力体系,就立法权的级别和层次来说,有国家立法权和地方立法权。在我国,全国人大及其常委会行使国家立法权,并且具有最高性、主权性和独立性的特点。我们研究和阐释立法权在国家权力体系中的地位,需要结合历史、国情等因素,中国是社会主义国家,一切权力来源于人民,在这种权力体系中,立法权居于最高地位。

在时间上,立法权能在多大的时间跨度上有效行使?空间上,立法权可以对哪些领域、事项和方面加以调整?这就是立法权限范围问题,是立法主体行使立法权的界限。可以说,立法权限范围是否确定,立法权是否受到限制,是衡量一个国家及其政体是否符合民主制的重要标志。在实行民主共和制度的国家,立法主体的立法权限范围由宪法、法律确定,或者由宪法、法律以及特定历史时期形成的习惯等因素加以确认。在构建中国特色社会主义法治体系的征程中,《立法法》的出台划定了我国立法主体的立法权限范围。

在我国,全国人大及其常委会享有专属立法权,专属立法权只能由全国人大及其常委会行使,国务院、地方权力机关等都不得干涉。根据《立法法》第8条的规定,专属立法权涉及的事项包括:(1)国家主权的事项;(2)各级人民代表大会、人民政府、人民法院和人民检察院的产生、组织和职权;(3)民族区域自治制度、特别行政区制度、基层群众自治制度;(4)犯罪与刑罚;(5)对公民政治权利的剥夺、限制人身自由权利的强制措施和处罚;(6)税种的设立、税率的确定和税收征收管理等税收基本制度;(7)对非国有财产的征收、征用;(8)民事基本制度;(9)基本经济制度以及财政、税收、海关、金融和外贸的基本制度;(10)诉讼和仲裁制度;(11)必须是由全国人民代表大会及其常务委员会制定法律的其他事项。

在我国,专属立法权是国家立法权的重要组成部分,国家立法权、地方立法权和政府立法权构筑起了独具中国特色的立法体系。国家立法权是由最高国家立法机关以国家名义行使的,用来调整基本的、全局性的社会关系的,在立法权体系中居于最高地位的一种立法权。国家立法权的范围边界一般由宪法加以确定。地方立法权存在于中央和地方实行分权的国家,地位低于国家立法权,所立之法的形式和立法范围均有别于国家立法权,具有多层次、多类别和多元化的特征。我国的地方法权主要通过一般地方法、民族自治地方立法、经济特区和特别行政区立法等来行使。行政机关立法权,也叫政府立法权,是有关行政机关行使的用以调整行政关系的立法权限。行政机关立法权的来源主要有三种,即宪法确定的立法权,宪法性法律和其他法律、法规确定的立法权以及立法机关或者上位有权立法的行政机关依法授予的立法权。

授权立法是国家权力机关行使立法权的重要表现形式。授权立法既包括立法权的授予,也包括权力的授予。例如,我国《立法法》第9条规定:"本法第八条规定的事项尚未制定法律的,全国人民代表大会及其常务委员会有权作出决定,授权国务院可以根据实际需要,对其中的部分事项先制定行政法规,但是有关犯罪和刑罚、对公民政治权利的剥夺和限制人身自由的强制措施和处罚、司法制度等事项除外。"《立法法》第74条规定:"经济特区所在地的省、市的人民代表大会及其常务委员会根据全国人民代表大会的授权决定,制定法规,在经济特区范围内实施。"在严格的意义上,授权立法所授之"权",应当是原本专属于授权主体的立法权。

2015年《立法法》修改对授权立法作出了限制。《立法法》第10条规定:"授权决定应当明确授权的目的、事项、范围、期限以及被授权机关实施授权决定应当遵循的原则等。授权的期限不得超过五年,但是授权决定另有规定的除外。被授权机关应当在授权期限届满的六个月以前,向授权机关报告授权决定实施的情况,并提出是否需要制定有关法律的意见;需要继续授权的,可以提出相关意见,由全国人民代表大会及其常务委员会决定。"《立法法》第11条规定:"授权立法事项,经过实践检验,制定法律的条件成熟时,由全国人民代表大会及其常务委员会及时制定法律。法律制定后,相应立法事项的授权终止。"

第三节 法律创制的中国图景

中华人民共和国成立以来,我国的立法始终坚持党的领导、人民当家作主和依法治国的有机统一,从摸着石头过河到加强顶层设计,始终坚持立法决策与改革决策相结合,立法主动适应改革和经济社会发展的需要,在法治下推进改革,在改革中完善法治。以宪法为核心的中国特色社会主义法律体系形成并不断发展完善,大智立法,良法善治,不断推进法治中国的建设。

中华人民共和国成立以来的立法历程在不同时期有着不同的时代面向。在建国之后的前三十年,先是关于建设社会主义理论的探索,而后建立起社会主义民主制度,包括人民代表大会制度、中国共产党领导的多党合作和政治协商制度以及民族区域自治制度,这三大政治制度为国家的长治久安奠定了久远的政治制度基础。这个阶段的经济建设以完成生产资料的社会主义改造为标志,逐步建立起社会主义经济制度。曲折的实践探索和积极的理论总结,为改革开放的顺利进行奠定了思想准备,提供了物质准备。从1949年到1966年间,共制定法律、法令、决定、决议等127件,新中国对于立法工作的重视开启了中国社会主义法制建设的曲折探索。

改革开放开启了中国特色社会主义事业建设的崭新篇章。以建立和发展中国特色社会主义经济制度为基础,丰富和发展中国特色社会主义制度的理论与实践,为中国法治事业建设提供丰富的理论和实践基础。党的十一届三中全会强调,立法工作要摆到全国人大及其常委会的重要议程上来。立法先行,以立法推动改革。1982年《宪法》及其修正案,为改革开放和现代化建设稳步推进奠定了基石,引领了改革开放和社会主义现代化建设实践的前进方向。1982年《宪法》及其修正案扩大了全国人大及其常委会的职权,完善了地方国家政权建设,为坚持好、发展好、完善好人民代表大会制度提供了可靠的宪法保障,对于巩固、坚持、完善和发展社会主义制度发挥了重要作用,有力推进了我国社会主义法治国家建设的进程。同时,坚持和完善人民代表大会制度,为完善和发展中国特色社会主义制度、推进国家治理体系和治理能力现代化提供了根本政治制度保障。

以构建中国特色社会主义法律体系推进国家治理体系和治理能力现代化。党的十一届三中全会的召开,使中国法治建设迈上了健康有序、稳步发展的轨道。从1979年到1989年期间,立法工作的重点是抓紧制定有关恢复国家制度和开启改革开放的法律。从1990年到2002年期间,立法工作的重点是适应建立社会主义市场经济的需要,大力加强经济领域立法,完善国家宏观调控,积极构建社会主义市场经济法律体系,为形成中国特色社会主义法律体系进行布局。2003年到2012年期间,立法工作的重点是围绕全面建设小康社会的目标任务,积极推进和谐社会建设,确保中国特色社会主义法律体系如期形成。2013年至今,立法工作的重点是适应中国特色社会主义进入新时代的新形势,加强重点领域立法,不断完善以宪法为核心的社会主义法律体系,进一步发展完善中国特色社会主义制度,稳步推进国家治理体系和治理能力的现代化。

法律是国之重器,法治是国家治理体系和治理能力的重要依托。立法是国家重要的政治活动,是法治的前提和基础。立法工作的根本出发点和归宿,必须坚持党的路线方针政策,体现党和国家事业的发展要求,反映广大人民的根本利益。全面深化改革总目标再为立法举旗定向,立法工作要正确处理好"完善和发展社会主义制度与推进国家治理体系和治理能力现代化"的辩证关系,完善和发展中国特色社会主义制度是立法的出发点和归宿,能否推进国家治理体系和治理能力现代化是检验立法质量的现实标准。

贯彻中国特色社会主义法治理论,形成完备的法律规范体系、高效的法治实施体系、严密的法制监督体系、有力的法治保障体系,形成完善的党内法规体系、坚持科学立法、民主立法和依法立法。立法要从实际出发,适应当前经济社会发展需要,科学合理地规定国家机关的权力与责任,公民、法人和其他组织的权利与义务,遵循立法技术规范。立法要全面体现人民的意志,坚持立法公开,扩大公众有序参与立法。依宪立法,依法定权限立法,依法定程序立法。

"立善法于天下,则天下治;立善法于一国,则一国治。"[1]坚持立法先行,树立正确的立法理念,把提高立法技术和立法质量放在首要位置。恪守以民为本、立法为民的理念,贯彻社会主义核心价值观,使每一项立法都符合宪法精神。新时代法治中国建设的新目标对立法工作提出了新任务和新要求,全国人大常委会的立法工作包括一类项目、二类项目和三类项目:条件比较成熟、任期内拟提请审议的为一类项目,需要抓紧工作、条件成熟时审议的项目为二类项目,立法条件尚不完全具备、需要继续研究论证的立法项目为三类项目。全国人大常委会要顺利完成这些立法项目,就需要继续运用立改废释、清理等立法形式综合推进,以良法促进善治,切实为改革开放提供法治支持和保障。

新中国70多年走过的立法进程充分彰显了社会主义核心价值观融入法律的形式和样态,立法原则和立法目的都彰显社会主义核心价值观的内容。把社会主义核心价值观融入立法体制,从源头上确保鲜明的价值导向。把社会主义核心价值观融入立法过程,是社会主义核心价值观融入整个法律运行过程的基础和前提,是社会主义核心价值观融入法治建设最为关键的一环。从立法规划、立法起草和立法论证开始,提取社会主义核心价值观的精华要义,在提出、审议、表决、通过法律案和公布法的正式立法程序中,将社会主义核心价值观的内容融入法律案的起草和草案条款之中,将其转化成法言法语,符合法律规范的表述方式。

中华人民共和国成立至今,特别是改革开放以来的立法工作充分彰显了中国特色社会主义建设事业的实践特色。坚持科学立法、民主立法、依法立法,坚持立改废释,作出授权决定和改革决定等多种立法方式并用,在法治中推进改革,在改革中完善法治,使法律成为改革开放的助推器、开道车,积极推进国家治理体系和治理能力现代化。

---

[1] (北宋)王安石:《周公》。

问题与思考

1. 分析"引读案例"所体现的立法程序。
2. 试述立法的基本原则。
3. 分析法典编纂的含义、意义和条件。
4. 试述当代中国立法体制的特点与配置结构。

 参考文献

1. 周旺生:《立法学(第二版)》,法律出版社2009年版。
2. 张文显主编:《法理学(第五版)》,高等教育出版社2018年版。
3. 夏勇主编:《法理讲义——关于法律的道理与学问》,北京大学出版社2010年版。
4. 习近平:《论坚持全面依法治国》,中央文献出版社2020年版。
5. 沈春耀、许安标主编:《大智立法:新中国成立70年立法历程》,法律出版社2019年版。

第十六章 法律实施

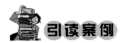 引读案例

2001年毕业于武汉科技学院艺术设计专业的孙志刚,于2003年来到广州,应聘于一家服装公司。2003年3月17日晚10点,孙志刚在前往网吧的路上因未携带任何证件被广州市公安局天河分局黄村街派出所民警李耀辉带回派出所。孙辩解自己有正当职业、固定住所和身份证,并打电话叫朋友把他的身份证带到派出所来,但李耀辉不理睬孙的说法,不同意孙的朋友"保领"孙志刚,也没有将情况向派出所值班领导报告,导致孙被错误地作为拟收容人员送至广州市收容遣送中转站。3月18日晚10时许,孙志刚自报有心脏病,被送至广州市收容人员救治站诊治。19日晚,被安置在该站一区201室的孙志刚向被收容救治人员的亲属喊叫求助,引起救治站护工乔燕琴的不满。乔燕琴将孙志刚调至206室,并到206室窗边指使被收治在该室的李海婴等人殴打孙。20日上午10时许,孙志刚被发现昏迷不醒,被送至该救治站医疗室抢救,后经抢救无效死亡。

2003年6月9日,广州市中级人民法院作出一审判决,以故意伤害罪判处乔燕琴死刑;判处李海婴死刑,缓期2年执行;另有10名责任人分别被判刑。同日,李耀辉等6人被广州市天河区人民法院和白云区人民法院以玩忽职守罪分别判处有期徒刑2至3年。6月27日,广东省高院对孙志刚案作出终审裁定,依法驳回乔海燕、李海婴等12名被告人上诉,维持原判。同日,广州市中级人民法院对孙志刚案涉及的李耀辉等5名提起上诉的渎职犯罪被告人作出终审裁定,依法驳回上诉,维持原判。

孙志刚案经媒体报道后,引起人们对收容遣送制度的反思。2003年5月14日,三名法学博士以公民个人身份向全国人大常委会递交审查《城市流浪乞讨人员收容遣送办法》的建议书,认为该办法中限制公民人身自由的规定与宪法和有关法律相抵触,应予以撤销。6月20日,国务院公布《城市生活无着的流浪乞讨人员救助管理办法》,该办法自2003年8月1日实施,1982年5月12日国务院发布的《城市流浪乞讨人员收容遣送办法》随之废止。

第一节　法律实施概述

一、法律实施的概念

法律实施指法律在社会生活中得到贯彻施行的过程和活动。法律实施是法律运行中的重要环节，主要有三种方式，即法律执行（执法）、法律适用（司法）、法律遵守（守法）。法律实施的过程，就是法律内容的实现过程，是将文字中的"法律"转变成行动中的"法律"，将抽象的法条运用于具体的事实，将规范上的应然转化成现实中的实然的过程。

法律运行包括法律制定和法律实施两个层次。通过立法过程产生的法律，具有普遍性和抽象性，但难免会有法律漏洞，因此，将法律运用于具体事实的过程往往不是一种简单机械的活动，而是一种与自由裁量相伴随的活动，需要实施主体发挥能动作用。当然，自由裁量不同于主观擅断，它仍然是一种受到许多因素制约的活动，这些因素包括法律标准、法律原则、法律程序、法律制度、法律职业共同体等。

二、法律实施与法律实效

经过长期努力，我国立法工作取得了巨大成就，国家和社会生活各方面总体上实现了有法可依。截至2021年8月底，我国现行有效法律286件、行政法规613件、地方性法规1.2万余件。然而，有法不依、执法不严、违法不究的现象依然存在。这就涉及法律实效的问题。所谓法律实效，是指法律在社会生活中被执行、适用和遵守的实际状况，是法律在实际生活中的实然状态，即法律在多大程度上为行政人员所执行、为司法人员所适用、为普通公民所遵守。法律实效不同于法律效力。法律效力表示法律自身的存在及其约束力，属于应然的范畴；法律实效表示法律在实际生活中的状况，属于实然的范畴。

法律实施与法律实效是两个既有联系又有区别的概念。法律实施描述的是法律在社会生活中怎样被贯彻和施行，强调的是法律内容实现的过程和活动。法律实效描述的是法律在社会生活中多大程度上被贯彻和施行，强调的是法律内容实现的状态和程度。二者的联系表现为：一方面，法律实效以法律实施为前提条件，只有先存在法律实施行为，存在将法律贯彻于现实生活中的活动，才可能产生法律内容实现的某种状态；另一方面，法律实施以产生法律实效为目标，只有当法律作用于社会，发挥实际效果，才能表明法律得到了实施。如果法律仅仅停留在文本中，在实际生活中没有得到贯彻和施行，那么，法律就没有实效，法律的权威就没有真正确立起来。因此，法律实施是法律产生实效的手段，法律实效是法律得到实施的结果。

三、法律实施与法律实现

法律实施的最终目的是法律的实现,即通过法律作用的发挥,将法律规范所包含的权利义务内容及其所反映的目的、价值和理想付诸现实。法律作用得到发挥,意味着法律具有实效。这归根结底依赖于法律实施。立法是人类有目的性的活动。在一定价值目标和理想的指引下,立法者试图通过法律规范人们的行为,进而调整社会关系。法律一旦被制定出来,人们就期望其得到实施。在法律的运作过程中,法律制定是前提,法律实施是手段,法律实现是目标。就法律实现与法律实效的关系而言,法律实效是前提,而法律实现是结果。

法律的生命在于实施,法律的权威也在于实施。在我国法律体系已经形成的当下,如何使已经制定的法律得到有效实施,全面推进"严格执法、公正司法、全民守法",使法律的作用得以充分发挥,使法律规范的权利义务内容以及背后的价值和理想得到实现,是当前法理学研究的一项重要课题。

第二节 执 法

一、执法的概念和特征

(一) 执法的概念

"执法"是法律执行的简称,有广义和狭义两种含义。广义的执法是指一切国家机关贯彻和实施法律的活动,主要指行政机关、司法机关及其公职人员按照法定职权和程序贯彻和实施法律的活动。这种意义上的执法,既包括行政机关的执法活动,也包括司法机关的司法活动。各级人大常委会进行的"执法检查"活动,也是在广义上理解和运用"执法"概念的。狭义的执法仅指行政机关及其公职人员按照法定职权和程序贯彻和实施法律的活动。本章在狭义上使用"执法"这一概念,即仅指行政执法。在宽泛的意义上,行政执法也包括行政机关制定具有普遍约束力的规范性文件的行政立法活动。本章在严格意义上使用"行政执法"这一概念,将行政立法活动排除在外。综上,本章所说的"执法",一般是指行政机关及其公职人员按照法定职权和程序运用法律处理具体问题的法律实施活动。

执法作为国家行政机关的独立权力,是近代民主政治的产物。在古代专制社会,君主往往独揽大权,集立法权、行政权和司法权于一身。近代民主政体确立后,行政执法才从国家总体权力中分化出来,成为一项独立的权力。在现代国家,执法机构比司法机构大得多,执法领域十分广泛,对社会的影响直接而又重大。从运用法律处理具体问题的数量上看,行政机关显然远远超过了司法机关,这是由执法区别于司法的特征所决定的。因此,就我国法律实施而言,不能简单地说要从"立法中心主义"转向"司法中心主义"。与司法相比,执法在法律实施中并非处于次要地位。

(二) 执法的特征

执法作为法律实施的特殊形式,是行政机关最主要的行为,它有别于法律实施的其他形式,具有下列特征:

1. 执法主体的特定性

执法主体必须是行政机关及其公职人员或依法被授权或受委托的社会组织及其工作人员。在我国,执法主体可以分为三类:第一类是中央和地方各级政府,包括国务院和地方各级人民政府;第二类是各级政府中的职能部门,如公安行政部门、工商行政部门、教育行政部门;第三类是经法律授权或受行政机关委托的社会组织,如企事业单位、社会团体。可见,执法主体既具有广泛性,又具有严格的法定性。广泛性是相较于司法主体而言的,执法主体可基于委托产生,司法主体则不可以。法定性是指除法律规定、依法授权或合法委托外,其他任何途径都不能产生合法的执法主体。

2. 执法内容的广泛性

执法是行政机关代表国家对社会实行全方位的组织、管理的活动。它涉及的社会生活领域十分广泛,内容纷繁复杂。在我国,执法活动领域已不限于公安、工商、税收和海关管理等方面,而是扩展到政治、经济、外交、国防、财政、科学、文化、教育、体育、卫生、社会福利、公用事业等社会生活的各个方面。在这些广泛的社会领域内发生的社会关系均需要通过行政执法活动加以调整。随着现代社会生活变得越来越复杂,执法范围日益扩大,行政机构编制越来越庞大,行政部门也越来越多,执法内容的广泛性特征越来越突出。

3. 执法活动的主动性和单方性

行政机关在执法活动中一般处于积极主动而不是消极被动的状态,这是执法权不同于司法权的典型特征。对社会依法进行全面组织和管理,既是行政机关的权力,也是行政机关的职责。履行该职责,靠消极被动的执法是不行的。大量的执法行为不需要相对人的请求和同意,仅以行政机关单方面的决定就可以成立,否则就是执法主体的失职,如行政机关依法要求企业加强安全生产,依法要求某些单位或个人纳税,命令司机或行人遵守交通规则。因此,行政机关在进行社会管理时,应当积极主动地执行法律、履行职责,应当提高效率,主动及时解决纠纷,维护社会秩序。

所谓执法活动的单方性,是指在行政法律关系中,行政机关虽是关系的一方,但同时又是执法者,在这种关系中处于积极主动甚至支配的地位,其单方面的意志和行为对这种法律关系具有决定性的意义。因此,执法活动与以第三方身份居间裁判的司法机关的活动截然不同。

4. 执法活动的灵活性

执法活动涉及的社会关系纷繁复杂,且处在不断变化之中,为了适应这种状况,执法活动必须具有较大的灵活性,以满足社会对执法活动的要求。行政机关在执法过程中的自由裁量权就是执法活动灵活性的体现。据此,行政机关在法律规定的范围内,基于合理性原则,享有较大的选择和判断的权力。比如,为了及时救治即将临产的孕妇,根据紧急避险原则,交通警察不严格执行一般的交通规则,给救助的司机开辟特殊的行车通道,从而有效保护了妇女的生命权和胎儿的利益。自由裁量权给行政机关快捷有效的执法创造了条件,但也要防止自由裁量权的滥用。我们既要赋予行政机关充分的执法权,加强执法力度;又要求行政机关依法合理地行使执法权,防止执法权的滥用。

5. 执法活动的国家强制性

为了使行政机关有效地管理社会、调整社会关系,执法活动直接以国家强制力为后盾。这种国家强制力是行政机关代表国家为了维护社会公众的利益而强制他人服从的力量。这种强制力也是执行权的一部分,体现在对基于行使执法权而产生的行政命令、行政决定等,行政相对人有服从的义务,如果行政相对人不服从,行政机关可以依法直接采取行政强制措施迫使行政相对人履行义务。

二、执法的体系和种类

(一) 执法体系

执法体系是指具有不同职权的行政机关或行政机关授权的执法组织,为执行法律而构成的相互配合、相互分工的有机联系的系统。研究执法体系的意义在于区分不同行政机关执法职权的范围,了解不同执法主体执法活动的地位与效力。在执法体系中,有的执法主体存在着上下级的纵向层次的划分,有的执法主体存在着并列地位的横向层次的划分,不同层次的执法主体和行使不同职能的执法部门各得其位,各司其职,共同行使对社会的行政管理职能。根据执法主体的类别划分,我国执法体系可分为以下几部分:

1. 人民政府的执法

国务院即中央人民政府,是最高国家行政机关,享有管理全国行政事务的职权,在我国执法体系中处于最高地位。根据《宪法》第 89 条的规定,国务院除享有制定行政法规的行政立法权之外,还享有如下较为具体的执法权:(1) 统一领导各部和各委员会的工作,并且领导不属于各部和各委员会的全国性的行政工作;(2) 统一领导全国地方各级国家行政机关的工作,规定中央和省、自治区、直辖市的国家行政机关的职权的具体划分;(3) 编制和执行国民经济和社会发展计划和国家预算;(4) 领导和管理经济工作和城乡建设、生态文明建设;(5) 领导和管理教育、科学、文化、卫生、体育和计划生育工作;(6) 领导和管理民政、公安、司法行政等工作;(7) 管理对外事务,同外国缔结条约和协定;(8) 领导和管理国防建设事业;(9) 领导和管理民族事务;(10) 批准省、自治区、直辖市的区域划分,批准自治州、县、自治县、市的建置和区域划分;(11) 依照法律规定决定省、自治区、直辖市的范围内部分地区进入紧急状态;(12) 依照法律规定任免、培训、考核和奖惩行政人员;等等。

地方各级人民政府是国务院统一领导下的国家行政机关,也是地方各级国家权力机关的执行机关。在我国,地方人民政府一般分为四级:省、自治区、直辖市人民政府;自治州、设区的市人民政府;县、自治县、县级市人民政府;乡、民族乡、镇人民政府。我国《宪法》第107条规定:"县级以上地方各级人民政府依照法律规定的权限,管理本行政区域内的经济、教育、科学、文化、卫生、体育事业、城乡建设事业和财政、民政、公安、民族事务、司法行政、计划生育等行政工作,发布决定和命令,任免、培训、考核和奖惩行政工作人员。乡、民族乡、镇的人民政府执行本级人民代表大会的决议和上级国家行政机关的决定和命令,管理本行政区域内的行政工作。省、直辖市的人民政府决定乡、民族乡、镇的建置和区域划分。"

2. 政府职能部门的执法

政府职能部门是指各级人民政府中享有执法权的下属机构——行政部门,既包括中央人民政府下属的行政部门,也包括地方各级人民政府下属的行政部门。根据法律规定,可以成为执法主体的行政部门主要有:工商、税务、物价、金融、公安、铁路、民航、海关、交通、林业、农业、外汇管理、城建、土地管理、房屋管理、技术监督、医疗卫生、烟草专管、劳动安全、环境保护、商标、专利、人事、教育、文化、新闻、广电、统计等。这些部门按照法律规定,在自己的职权范围内行使执法权。政府职能部门的执法活动对社会生活的影响最直接,也最具体。比如,公安局对公民所作的治安管理处罚、专利局对专利权的授予,都直接涉及公民、法人和其他组织的具体权利义务。因此,规范政府职能部门的执法活动,是执法研究最核心的内容。

3. 法律授权的社会组织的执法

行政机关以外的社会组织,经法律授权而具有管理社会公共事务职能的,也可以成为执法主体,在法定授权的范围内享有执法权。授予某些社会组织特定的执法权,主要是为了满足社会公共事务管理的需要,同时也是为了发挥社会组织的专业优势,减轻行政机关的工作负担。与行政机关的执法相比,法律授权的社会组织的执法具有以下两个特点:第一,被授权组织的执法权是特定的行政职权,而非一般行政职权;第二,只有经过具体的法律和法规的特别授权,被授权组织才可以在被授权范围内以自己的名义行使执法权,在从事其他活动时,被授权组织并不具有行政主体地位,只是普通的组织。

我国目前法律法规授权的社会组织的执法主要有以下几类:

(1) 社会团体的执法。社会团体本身不是执法主体,但法律可以赋予其某些特定的执法权。例如,中国足协是一个行业协会性质的社会团体,但它可以对行业内部事务依法进行管理,并对违反行业规则的行为加以处罚。

(2) 企事业组织的执法。有的企事业组织由于经营或管理的是社会公共事务,法律也授予其一定的行政执法权。例如,商业银行作为金融企业法人,可以对违反银行结算制度和货币管理规则的行为人进行处罚;城市公共交通企业可以对违反公共交通客运规则的行为人进行处罚。

(3) 技术检验、鉴定机构的执法。法律规定技术检验、鉴定机构在技术检验、鉴定事务方面行使一定的执法权。例如,《中华人民共和国计量法》规定,县级以上人民政府计量行政部门可以根据需要设置计量检定机构,或者授权其他单位的计量检定机构执行强制检定和其他检定、测试任务。

(二) 执法种类

根据执法行为的性质和内容的不同,可以把执法分为如下几种类型:

1. 行政监督

行政监督是指国家行政机关依照法定的权限、程序和方式,对行政机关本身以及对社会组织、企事业单位和公民个人,就其是否严格遵守和执行国家法律法规以及行政机关的决议、命令所进行的监督。行政监督有两种:一是行政机关内部上下级之间以及专设的审计机关对行政机关及其公务人员的监督;二是行政机关对有义务遵守和执行有关行政法律法规、行政决定和命令的组织和个人实施察看、了解和掌握其义务履行情况,以督促其履行义务的执法行为。

2. 行政处理

行政处理是行政主体为实现法律法规所确定的行政管理目标和任务,依法处理涉及行政相对人某种权益的事项的执法行为。行政处理包括行政许可、行政征收、行政给付、行政确认、行政处罚等,是一种内容最广泛、形式最多样的执法。

(1) 行政许可。行政许可是指行政机关应行政相对人申请,经依法审查,准予其从事特定活动、认可其资格资质或者确立其特定主体资格的执法行为。行政许可是一种采用颁发许可证、执照等形式的要式行政行为。

(2) 行政征收。行政征收是指行政主体根据国家和社会公共利益的需要,依法向行政相对人征收税款、征集兵役、征用财产等执法行为。行政征收的目的必须是实现公共利益。

(3) 行政给付。行政给付是指行政主体在特定情况下,依法向符合条件的申请人提供物质利益或赋予其与物质利益有关的权益的执法行为。行政给付的类型主要有：抚恤金、社会救济、福利金、最低生活保障、自然灾害救济金等。

(4) 行政确认。行政确认是指行政机关和法律授权的组织，依照法定权限和程序对有关法律事实进行甄别，通过确定、证明等方式决定相对人某种法律地位的执法行为。例如，道路交通事故责任认定、医疗事故责任认定、伤残等级确定、产品质量确认。

(5) 行政处罚。行政处罚是指行政机关依法对违反行政法实施了某种违法行为、尚未构成犯罪的行政相对人处以制裁措施的执法行为。行政处罚的类型主要有：警告、罚款、没收违法所得和非法财物、责令停产停业、暂扣或者吊销许可证和执照、行政拘留等。

3. 行政强制

行政强制是指行政机关对行政相对人课以义务后行政相对人逾期既不起诉又不履行义务或行政相对人不主动履行法定义务而依法采取强制措施，迫使其履行相应义务的执法行为。按照《中华人民共和国行政强制法》的规定，行政强制包括两种类型：一是行政强制措施，二是行政强制执行。行政强制措施，是指行政机关在行政管理过程中，为制止违法行为、防止证据损毁、避免危害发生、控制危险扩大等情形，依法对公民的人身自由实施暂时性限制，或者对公民、法人或者其他组织的财物实施暂时性控制的行为。行政强制执行，是指行政机关或者行政机关申请人民法院，对不履行行政决定的公民、法人或者其他组织，依法强制其履行义务的行为。

4. 行政复议

行政复议是指当事人对行政机关的行政处理决定有不同意见而向行政机关提出要求重新处理，行政机关对先前的处理决定进行复审的一种制度。这是公民、法人或其他组织通过行政救济途径解决行政争议的一种方法。

5. 行政裁决

行政裁决是指行政机关根据法律授权，主持解决当事人之间发生的与行政管理事项密切相关的特定的民事纠纷的活动。行政裁决是一种行政行为，不同于司法机关或社会团体解决纠纷所作的司法裁决和民间仲裁。

6. 行政调解

行政调解是指国家行政机关依照法律规定，在其行使行政管理的职权范围内对特定的民事纠纷及轻微刑事案件进行的调解。与法院调解相比，行政调解同人民调解一样，属于诉讼外调解，所达成的协议不具有法律上强制执行的效力，但对当事人具有约束力。

三、执法的基本原则

执法的基本原则是指行政机关及其工作人员在执法活动中应遵循的、贯穿于整个执法过程中的、对执法起着指导作用的基本方针与核心准则。

（一）合法性原则

执法的合法性原则，又称为"依法行政原则"，是指行政机关的一切执法活动必须以法律为依据，严格按照法定权限和法定程序行使执法权；违法的行政机关和责任人员必须承担相应的法律责任。这是法治原则在执法活动中的具体体现。行政权具有强制他人服从、支配他人的性质，对权力主体具有一定的腐蚀作用。贯彻依法行政原则可以防止行政机关滥用权力，克服执法活动容易产生的任意性和偶然性，保护公民、法人和其他社会组织的合法权益，保证国家稳定和社会发展。依法行政原则具体包括以下几方面：

1. 执法权必须有法律依据

未经法律授权，行政机关不得行使执法权。对于可能影响公民、法人和其他组织合法权益的权力，更要有法律明确规定；没有法律明确授权，行政机关不得剥夺或限制公民的权利，也不能为公民增设义务。行政机关的执法活动与公民、法人的活动的最大区别在于：对于公民、法人而言，在未违反法律的情况下，可以从事一切活动，而不需要法律的特别授权，即"法无禁止即可为"。对于行政执法而言，要在法律授权的情况下，行政机关才能从事执法活动，各项执法活动都必须有法律依据，并应依据法律为之。法律没有授权的，行政机关就不可为，即"法无授权不可为"。对执法机关和公民、法人有不同的要求，是基于限制行政权力、保障公民自由的价值立场。

2. 执法权的行使必须在法定权限范围内

执法权的界限范围是由法律设定的。行政机关在行使执法权时不得超越法定界限，否则就构成越权。越权行政属于违法行政行为。实践中对执法权的权限划分是多种多样的，可以是地区性的，也可以是时间上的，还可以是主体对象方面的。例如，公安行政执法权的范围是维护社会秩序，打击各类违法犯罪活动，保持社会稳定；工商行政执法权的范围是维护市场经济秩序，建立公平的市场竞争机制，制止不正当的市场竞争行为，保护市场主体的合法经营活动。此类执法权限的划分既是行政机关的职能分工，也是对行政机关执法权的限制。

3. 执法权的行使必须符合法定程序

执法活动往往要经过一定的步骤和过程。为保证执法的正确和有效，就要用法律设定与执法活动相适应的程序规则。执法活动符合法定程序，是依法行政的必然要求。执法权的行使即使未超越权限范围，但若未遵循法定程序，那也是一种违法行为。现代行政法越来越强调程序的作用，这主要是为了控制执法过程中的自由裁量。① 执法活动所应遵循的程序规则主要包括:(1) 执法者不能成为处理涉及自身利益纠纷的裁决者;(2) 裁决纠纷不能显失公平,应给予双方当事人同等的辩论权利;(3) 执法者在作出不利于当事人的行政决定前,应事先通知当事人并给予听证的机会。

(二) 合理性原则

执法的合理性原则,是指行政机关在执法活动中,特别在行使自由裁量权时,必须客观、适度,应在法律规定的范围内体现公平正义的要求。执法行为除了必须满足合法性的要求外,还必须满足合理性的要求,即执法行为不但要符合法律的文字规定,而且要符合法律的精神和目的,符合社会生活常理的要求,在执法过程中实现法律与理性的统一。

法律实施必定与自由裁量相伴而行。相对于其他国家权力,执法权的运用可能带有更多的自由裁量。因为法律规定不一定尽善尽美,而执法者面对的社会事务是全方位的,且纷繁复杂、变动不居,执法者需要站在社会生活的最前沿,尽快解决日新月异的社会生活所提出的各种问题。合理性原则很大程度上就是针对执法者的自由裁量权提出的。执法中的自由裁量,是指执法者在法律条文无明确、具体规定的情况下,有权自行确定适当范围,或选择适当的方式和手段来执行法律。需要明确的是,执法中的自由裁量是以法律规定为前提的,执法者不能任意扩大自由裁量权的范围。自由裁量的执法行为不但要受法律的约束,而且要符合理性的要求,不能与社会中大多数人的公平正义观念相违背。执法的合理性原则包括以下几方面内容:

1. 执法行为必须符合法律的精神和目的

执法权的设置是为了实现社会管理和维护公共秩序,因此执法权的行使必须要考虑法律的精神和目的。从事任何执法行为,都要首先考虑法律对该行为的要求是什么。法律赋予行政机关一定的自由裁量权,其目的是为了使执法者能更好地实现立法者的根本意图。凡是不符合法律目的和宗旨或违反立法者根本意图的行为,都是与合理性原则相背的。

2. 执法行为必须有合理的动机

执法的动机必须正当,不得违背公共利益、社会公平观念和法律精神。所谓正当的动机,是指在作出某一执法行为时,其最初的出发点和动机起因不得违背法律的基本精神和社会公平观念。动机正当要求执法活动必须出于保护公共利益的动机,不得存有偏见、歧视,应平等对待所有的行政相对人。执法者也不得以执法的名义,把自己部门和小团体的私利和偏见强加于公民、法人和其他社会

---

① 参见孙笑侠:《法律对行政的控制——现代行政法的法理解释》,山东人民出版社 1999 年版,第186 页。

组织。动机不良的执法行为是违背合理性原则的。

3. 执法行为必须建立在正当考虑的基础上

每一项行政执法行为都会涉及许多相关因素。执法的合理性原则要求执法机关在执法过程中应全面考虑行为所涉及或影响的各种相关因素,反复斟酌、选择;尤其要考虑与执法行为有关的正当因素,而不应考虑与执法行为无关的因素,使执法行为有充分、合理的依据。

4. 执法的过程和结果必须公正

实现执法合理的前提是做到执法公正。一般而言,凡是公正的执法行为都是合理的;反之,不公正的执法行为则缺乏合理的基础。执法公正的标准主要有:(1) 平等原则。在行政相对人的基本条件、基本情况相同的情况下,执法者应给予相同的对待,而不应该区别对待,存在偏见、歧视。(2) 比例原则。执法的处理结果要与相对人的行为性质相适应,如行政处罚方式的选择必须与行政相对人的行为结果及危害性成比例。(3) 一致原则。在同样的情况下,先前的执法行为和以后的执法行为存在连续一致性。

(三) 效率性原则

执法的效率性原则是指执法主体在遵循合法性、合理性原则的前提下,应以"低成本、高产出""低投入、高收益"为原则执行法律。也就是说,执法既要合法、合理,又要迅速、高效。与司法相比,执法尤其强调效率。因为司法作为一种判断活动,贵在准确和公正,而执法作为一种管理活动,贵在迅速和有效。当然,执法的效率性原则必须以执法的合法性、合理性原则为前提,一味追求效率而无视依法行政、执法合理,这样的效率不是现代法治所要求的。

为了提高执法效率,实行执法程序化是必要的要求。首先,法律对每一项执法活动的各个环节都应规定严格的时间要求,这样可以防止出现敷衍拖拉、相互推诿的无效率行为。其次,要使执法程序尽量简便易行,把执法步骤简化到最低限度。这样可以节约执法的人力、财力、物力和时间。再次,设定执法程序时要全面分析该程序耗用的资源与成本,要符合经济效益原则,避免发生执法效率低下但执法成本昂贵的情况。最后,执法程序各环节应规范有序,使执法顺序的各个步骤依一定次序前后衔接,正常有序。

第三节 司 法

一、司法的概念和特征

(一) 司法的概念

今日,汉语"司法"一词使用得越来越多,不过常有不同所指。最狭义的"司法",仅指法院的审判活动。较广义些的"司法",则指审判活动和检察活动。最广义的"司法",还包括侦查、司法行政、法律服务、公证、仲裁、司法鉴定、调解等活动。

古时,"司法"一词是官名,如唐代的州、县分设"司法参军"。"司法",意指掌管刑法的官吏。清末以来,西学东渐,在三权分立思想的影响下,"司法"逐渐成为与"立法""行政"相并立的一个概念,法院的审判活动成为司法的核心含义。南京国民政府时期,按照孙中山的政制设计,实行"五权分立",即立法、行政、司法、考试、监察五权分立,不过,"司法"仍以审判为核心。中华人民共和国成立后,政权组织形式没有采行分权体制,而是实行人民代表大会制度。由此,作为一种分立的国家权力的"司法"概念趋于衰落。

1949年以后,我国颁布过四部《宪法》,前三部《宪法》都没有使用"司法""司法权""司法制度"等概念,1982年颁行的现行《宪法》,在两处使用了"司法行政"概念,用以指称一种行政职权。在1954年《宪法》制定过程中,对于是否采用"司法"或"司法权"概念,还曾有过争论。1954年《宪法(草案)》第66条规定:"中华人民共和国的司法权由最高人民法院、地方各级人民法院和依法设立的专门法院行使。最高人民法院和地方各级人民法院的组织由法律规定。"当时的争论焦点为:是否需要把"司法"改为"审判",是否需要加"权"字,当时有些人担心加"权"字容易混淆法院与权力机关之间的界限。[1] 最后通过的1954年《宪法》第73条规定:"中华人民共和国最高人民法院、地方各级人民法院和专门人民法院行使审判权。"在法律界、学术界和日常生活中,人们仍使用"司法(机关)""人民司法""司法工作"等概念,但更经常使用的是"政法"(政法机关、政法部门、政法工作等)、"公检法"等概念。这种状况一直到20世纪90年代末,我国大张旗鼓开展司法改革时,才有较大的改观。

1997年党的十五大报告提出,"推进司法改革,从制度上保证司法机关依法独立公正地行使审判权和检察权"。根据这个文件,"司法机关"包括审判机关和检察机关。1999年,在九届全国人大二次会议上,全国人大批准最高人民法院和最高人民检察院的工作报告,并要求它们"继续努力推进司法改革",完善审判和检察工作的各项制度,发挥人民法院和人民检察院在依法治国、建设社会主义法治国家中的重要作用。2000年颁行的《立法法》,使用了"司法制度"一词,强调有关"司法制度"的事项,属于全国人大及其常委会的专属立法权,不得授权国务院立法。但是,《立法法》并未明确界定"司法制度"的概念和范围。2001年修改《中华人民共和国法官法》(以下简称《法官法》)和《中华人民共和国检察官法》(以下简称《检察官法》),在立法目的条款中增加规定"保障司法公正"。

---

[1] 参见韩大元:《1954年宪法制定过程》,法律出版社2014年版,第248—249页。

从我国现行《宪法》看,在第三章"国家机构"中专门设有一节"人民法院和人民检察院",与"全国人民代表大会""国务院"等其他小节并列。着眼于我国的宪法语境和制度安排,本章对"司法"取较为严格的定义,即指审判活动和检察活动,相应地,司法机关是指审判机关和检察机关,司法人员是指法官和检察官。具体地说,司法就是司法机关根据法定职权和程序,具体应用法律处理案件的专门活动。同样,本章也在狭义上理解法律适用,即仅指司法机关运用法律解决具体问题的活动。也就是把法律适用等同于司法活动,而将执法活动排除在外。

(二) 司法的特征

尽管在我国语境中,目前通常认为,司法活动包括人民法院的审判活动和人民检察院的检察活动,司法权包括审判权和检察权。但是,我们不能忽视二者的区别。首先,我国宪法对二者的定性明显不同。人民法院是国家的审判机关,而检察院是国家的法律监督机关。其次,我国宪法对二者的运作原则有不同规定。上下级人民法院之间是监督与被监督的关系,但上下级人民检察院之间是领导和被领导的关系。最后,在《人民法院组织法》、《中华人民共和国人民检察院组织法》(以下简称《人民检察院组织法》)、三大诉讼法等有关法律规定中,人民法院和人民检察院的具体职能和运作方式存在更多具体的不同。总体上看,人民检察院的检察权,与行政机关的执法权较为接近,甚至有若干重叠之处,如人民检察院享有针对部分刑事案件的侦查权。因此,为了突出司法与其他公权力活动的区别,下文在阐述司法的特征时,将以法院的审判权和审判活动为中心。

1. 中立性

司法的中立性是指法院和法官为了实现司法公正,在当事人之间保持不偏不倚的中立态度,不受其他因素,包括政党、政府、媒体、个人等方面因素的干涉,至少在个案的判断过程中不应当受这些非法律因素的影响。司法的中立性蕴含着司法的独立性,因为只有独立的、不受其他非法律力量支配的司法,才是真正中立的司法。因此,我国《宪法》第131条规定:"人民法院依照法律规定独立行使审判权,不受行政机关、社会团体和个人的干涉。"具体而言,司法的中立性至少包含四层含义:(1) 法官与案件当事人没有任何利益牵连。我国三大诉讼法的回避制度体现了这一点。(2) 法官对案件当事人不能有偏见或偏袒。(3) 法官不可对案件有先入为主的判断。(4) 法院和法官能做到外观上的中立,从而使当事人和民众对司法产生"直观公正"的印象。

2. 被动性

司法的被动性是指司法以"不告不理"为原则,非因当事人的请求不主动介入。与此不同,行政执法具有主动性,总是积极干预社会生活的方方面面。司法与行政的这种区别,是由司法权和行政权的不同性质决定的。司法权主要是一种判断权;行政权主要是一种管理权。① 司法被设定为解决纠纷和提供救济的最后手段,其被动性主要表现为:(1)司法程序的启动,必须以当事人的申请为前提。司法机关不能主动去承揽案件。(2)司法裁判的范围,原则上局限于已提起控告或起诉的诉讼请求。(3)在庭审方式上,法官往往扮演着倾听者的角色,这在当事人主义诉讼模式中更是明显。

3. 专属性

司法权是一种专属性的权力。行使司法权的机构必须由宪法和法律设定,司法机构中的人员必须满足法律规定的资格要求。司法权只能由这些机构和人员来行使,不得移交给其他机构和人员。这就体现了司法权的专属性。与此不同,行政机关在管理活动中为了实现效率,可以将相关事项授权或委托其他社会组织或个人。因为司法是一项专门性、技术性的法律判断活动,只有经过长期法律学习和训练的专业人士,才能使这种判断具有可信性。普通人则难以具备司法所要求的特殊的技术理性。

4. 程序性

司法的基本功能是通过诉讼程序审理案件,解决纠纷,伸张正义。因此,程序性是司法的基本特征。目前,我国根据案件的不同性质,把司法所要解决的案件主要分为三类,即刑事案件、民事案件和行政案件。这三类案件分别通过与之相适应的专门程序法解决。司法机关在处理具体案件时,必须根据案件的不同性质适用相应的程序,这是保证司法公正的必要手段。行政是管理,有一定的绩效目标,因此强调效率、效果和效益,注重权力运行的实质结果。与此不同,司法不直接以经济增长、政治稳定、风俗良善等实质结果为目标,而是通过诉讼程序,在与社会生活相对隔离的空间中依法作出公正裁判。

5. 终局性

司法作为正义的最后一道防线,其裁判被设定为是最终的,也是最权威的。行政执法虽具有强大的管理能力,但它是否合法、合理,不能由自己进行判断,而需要由行使裁判权的司法机关进行判断。司法的终局性意味着司法享有最终的判断权。换言之,司法机关一旦作出终审结论,它将是不可变更的。司法裁判被赋予终局性,这既是社会对确定性的需求,更是人们对中立、被动、专业且有程序保障的司法的期许和信任。

二、司法制度

司法制度既是政治制度的重要组成部分,也是司法机关实施法律的制度形

---

① 参见孙笑侠:《司法权的本质是判断权——司法权与行政权的十大区别》,载《法学》1998年第8期。

式。在我国,司法制度就是关于审判机关和检察机关的性质、地位、职权、任务、组织、人员以及活动原则和工作制度的总称。我国实行"一国两制",香港、澳门特别行政区的司法制度与内地的司法制度有较大的不同,如香港、澳门特别行政区都奉行分权制衡、司法独立的原则。这里讨论的是内地的司法制度。

(一)当代中国司法制度的特点

当代中国的司法制度,与西方国家的司法制度相比,至少有以下三方面特点:

首先,在政治上坚持党对司法工作的领导。传统上,中国共产党从中央到地方均设有政法工作委员会,组织领导法院、检察院、公安局、国家安全局、司法行政各部门的工作。因此,我国的"司法"与"政法"之间有着难以割舍的关系。我国各级司法组织机构中均设有由主要领导干部组成的党组,负责具体贯彻落实党的各项方针、政策与指示。在实践中,各级人民法院院长、人民检察院检察长候选人选往往由相应层级党委推荐,并经人大选举产生。这些组织上的安排,保证了中国共产党对司法工作的领导。西方国家通常实行多党轮流执政和权力分立制度,司法独立是西方国家司法制度最大的特点。尽管西方国家的政党与司法之间也有着千丝万缕的关系,但因为司法权享有制约立法权和行政权的宪法地位以及司法人员职务和待遇上的保障机制,其政党与司法并不存在领导与被领导的关系。

其次,司法机关的宪法地位特殊。我国《宪法》第2条第1、2款规定:"中华人民共和国的一切权力属于人民。人民行使国家权力的机关是全国人民代表大会和地方各级人民代表大会。"第3条第3款规定:"国家行政机关、监察机关、审判机关、检察机关都由人民代表大会产生,对它负责,受它监督。"可见,我国的司法权是统一的国家权力的一部分,是由人民代表大会产生的,从属于人民代表大会,是受人民代表大会监督的一项权力。在西方国家,司法权通常与立法权、行政权并列,是一项独立的权力,司法权主要指审判权。在我国,不存在单独行使的与立法权、行政权互相独立的司法权。我国的法院和检察院应遵循的分别是独立行使审判权和检察权的原则,而不是西方意义上的司法独立原则。按照西方的司法独立原则,司法机关是独立的,只服从法律,不受外界干涉。同时,法官是独立的,不受其他法官和院长的干涉,法官只依法律、良心和内心确信而审判。此外,我国的司法机关也不享有西方国家针对立法行为的司法审查权。

最后,司法机关的运行比较特殊,这分别表现在外部运行和内部运行上。我国《宪法》第140条规定:"人民法院、人民检察院和公安机关办理刑事案件,应当分工负责,互相配合,互相制约,以保证准确有效地执行法律。"我国《刑事诉讼法》第7条也作了类似规定。这在某个层面说明,我国的公安机关、检察机关和审判机关(即"公检法机关")是平行的,没有地位高低之分,只有分工之不同;

而强调各部门之间的互相配合与制约,其意图在于确保办案的质量和效率,以有效打击犯罪,保护人民权益。此外,检察机关作为法律监督机关,还被赋予对刑事、民事及行政诉讼活动的监督权,有权对审判机关的判决或裁定提起抗诉。这与西方国家以审判为中心的诉讼体制存在着结构性的差异。

在司法机关内部运行上,体现了民主集中制原则。我国《宪法》第 3 条第 1 款规定:"中华人民共和国的国家机构实行民主集中制的原则。"据此,《人民法院组织法》和《人民检察院组织法》规定,各级人民法院设立审判委员会,各级人民检察院设立检察委员会,实行民主集中制;审判委员会的任务是总结审判经验,讨论重大的或者疑难的案件和其他有关审判工作的问题;检察委员会则是在检察长的主持下,讨论决定重大案件和其他重大问题。这种带有集体决策性质的司法运行机制,在新民主主义革命时期即已诞生,而后在新中国成立初期借鉴苏联司法体制过程中依然灵活变通地保留了下来,并延续至今,几乎为我国所独有。

(二)审判制度

审判制度是关于国家审判机关的性质、组织、职权和审判活动等方面的法律制度。这里简略介绍人民法院的地位、组织和职权。

人民法院是国家的审判机关,其任务是依法审判刑事、民事、行政等案件。即通过审判活动惩罚犯罪,保障无罪的人不受刑事追究;解决民事、行政纠纷,保护个人和组织的合法权益,监督行政机关依法行使职权;维护国家安全和社会秩序,维护社会公平正义,维护国家法制统一、尊严和权威,保障中国特色社会主义建设的顺利进行。在国家政权组织结构中,人民法院是依法独立行使审判权的机关。

我国人民法院的组织体系包括:全国设立最高人民法院、地方各级人民法院和专门人民法院;地方各级人民法院分为高级人民法院、中级人民法院、基层人民法院;专门人民法院有军事法院、海事法院、知识产权法院、金融法院等。最高人民法院是国家最高审判机关,设于首都北京。最高人民法院可以设巡回法庭,巡回法庭是最高人民法院的组成部分。地方各级人民法院根据行政区划设置:基层人民法院包括县人民法院和不设区的市人民法院、自治县人民法院、市辖区人民法院;中级人民法院包括在省、自治区内按地区设立的中级人民法院,在直辖市内设立的中级人民法院,设区的市的中级人民法院,自治州中级人民法院;高级人民法院包括省、自治区、直辖市高级人民法院。专门人民法院是人民法院组织体系中的一个特殊组成部分,是设在特定部门或者针对特定案件而设立的法院。

最高人民法院的职权主要包括:一审管辖权、上诉管辖权、审判监督权、司法解释权和死刑复核权。高级人民法院的职权主要包括:一审管辖权、上诉管辖权和审判监督权。中级人民法院的职权主要包括：一审管辖权、上诉管辖权和审判监督权。基层人民法院的职权主要包括：一审管辖权、庭外处理权和调解指导权。人民法庭是基层人民法院的组成部分和派出机构，其职权主要是审理一般民事案件和轻微刑事案件，以及指导人民调解委员会的工作。军事法院负责审判军事人员犯罪的刑事案件。海事法院管辖第一审海事案件和海商案件；对海事法院判决和裁定的上诉案件，由海事法院所在地的高级人民法院管辖。我国于2014年在北京、上海、广州设立知识产权法院，专门审理知识产权民事和行政案件。2018年以来，我国于上海、北京等地设立金融法院，专门审理金融民商事和行政案件。

（三）检察制度

检察制度就是关于国家检察机关的性质、任务、组织、职权和检察活动等方面的法律制度。这里简略介绍人民检察院的地位、组织和职权。

我国《宪法》第134条规定："中华人民共和国人民检察院是国家的法律监督机关。"法律监督是指对法律的执行、遵守情况实行监督。法律监督权即检察权，它是国家为维护法制统一和法律的正确实施而赋予检察机关的一项特定权力。

我国人民检察院的组织体系包括：全国设立最高人民检察院、地方各级人民检察院和专门人民检察院。地方各级人民检察院分为：（1）省、自治区、直辖市人民检察院；（2）省、自治区、直辖市人民检察院分院，自治州和设区的市人民检察院；（3）县、不设区的市、自治县和市辖区人民检察院。专门人民检察院包括军事检察院等。省级人民检察院和设区的市级人民检察院，根据工作需要，经法定程序可在工矿区、农垦区、林区等特定区域设置人民检察院，作为派出机构。

人民检察院实行双重领导制，既要对同级国家权力机关负责，又要对上级人民检察院负责。国家权力机关对人民检察院的领导，主要表现在人大及其常委会选举、罢免或者任免人民检察院主要成员、审议工作报告和各种形式的监督上。人民检察院上下级之间的垂直领导体制主要表现在两方面：（1）人事任免。省、自治区、直辖市人民检察院检察长的任免，须报最高人民检察院检察长提请全国人大常委会批准。自治州、设区的市、县、不设区的市、市辖区人民检察院检察长的任免，须报上一级人民检察院检察长提请该级人大常委会批准。（2）业务领导。对于下级人民检察院的决定，上级人民检察院有权复核、改变；上级人民检察院的决定，下级人民检察院应予执行。当下级人民检察院在办理案件中遇到自己不能解决的困难时，上级人民检察院应及时给予支持和指示，必要时可派人协助工作，也可以将案件调上来由自己办理。

人民检察院主要行使下列职权：立案侦查权、批准逮捕权、提起公诉权、提起公益诉讼权、侦查监督权、审判监督权和执行监督权。

(四) 当代中国的司法改革

当代中国的司法改革是政治体制改革的重要组成部分。早在 20 世纪 80 年代末，中国就开始了以强化庭审功能、加强律师辩护等为重点内容的审判方式改革。1997 年，党的十五大确立了"依法治国"的治国方略，并首次在党的报告中提出"推进司法改革"，从此"司法改革"成为国家战略发展的重要内容。2001 年，全国人大常委会修订《法官法》《检察官法》，提高了法官、检察官的任职条件，并建立统一的国家司法考试制度。2003 年 5 月，为落实十六大关于"推进司法体制改革"的部署，中共中央决定成立由中央政法委员会、全国人大内务司法委员会、政法各部门、国务院法制办及中央编制办的负责人组成的中央司法体制改革领导小组，全面领导司法体制改革工作。中央司法体制改革领导小组于 2004 年年底形成了《中央司法体制改革领导小组关于司法体制和工作机制改革的初步意见》，提出了改革和完善诉讼制度，改革和完善诉讼收费制度等一系列改革任务。根据十七大关于"深化司法体制改革"的决策，2008 年年底，中共中央又转发了《中央政法委关于深化司法体制和工作机制改革若干问题的意见》，该文件围绕优化司法职权配置、落实宽严相济刑事政策、加强政法队伍建设、加强政法经费保障等四个方面，提出了多项改革任务。

自 1999 年以来，最高人民法院先后出台了五个"五年改革纲要"。2012 年 10 月，国务院新闻办公室发布《中国的司法改革》白皮书，历数几年来司法改革所取得的成果。不过，其中的成果主要是属于司法机制方面的，司法的地方化、行政化等体制性弊端并未从根本上得到消除。司法机关和人员缺少独立性，难以独立办案，司法的权威和公信力不强等问题，仍然备受关注。为此，十八大报告要求"进一步深化司法体制改革，坚持和完善中国特色社会主义司法制度，确保审判机关、检察机关依法独立公正行使审判权、检察权"。2013 年 11 月，党的十八届三中全会审议通过的《中共中央关于全面深化改革若干重大问题的决定》把司法体制改革作为全面推进法治建设的重要内容，这标志着我国司法改革进入了一个新阶段。中央陆续出台了一系列重大改革举措，包括优化司法职权配置，改革司法管理体制，完善司法责任制以及健全司法人员职业保障制度，完善人权司法保障制度和机制，推进以审判为中心的诉讼制度改革，建立检察公益诉讼制度，等等。① 譬如，为了推进法治工作队伍正规化、专业化、职业化，中共中央办公厅、国务院办公厅 2015 年 12 月印发《关于完善国家统一法律职业资格制度的意见》，全国人大常委会于 2017 年 9 月通过《全国人民代表大会常务委员会关于修改〈中华人民共和国法官法〉等八部法律的决定》，正式将国家司法考试制度调整为国家统一法律职业资格考试制度。

---

① 参见卞建林:《习近平法治思想中的司法改革理论要义》，载《法商研究》2022 年第 1 期，第 5 页。

三、司法的基本原则

司法的基本原则,是指司法机关在行使司法权的过程中必须遵循的基本准则。在我国,司法必须坚持以下基本原则:

1. 司法公正原则

司法公正原则是指司法机关必须公正地处理每一个案件,以维护社会正义。司法公正既是对司法的最高要求,也是对司法的总体要求。司法所应遵循的另外三项原则,即"司法机关依法独立行使职权原则""公民在法律适用上一律平等原则""以事实为依据、以法律为准绳原则",可以说是对司法更具体的要求。司法公正包括实体公正和程序公正。实体公正主要是指司法裁判的结果公正,程序公正主要是指司法过程的公正。

司法的中立与不偏不倚是司法公正的前提。联合国《公民权利和政治权利国际公约》第14.1条规定,"在判定对任何人提出的任何刑事指控或确定他在一件诉讼案件中的权利和义务时,人人有资格由一个依法设立的、合格的、独立的和无偏倚的法庭进行公正的和公开的审讯"。据此,司法公正至少包含下列内容:(1)与案件有关的人不能成为裁判者;裁判的结果应该与裁判者利益无关。(2)裁判者不应存在偏见,要公平地关注诉讼双方当事人的诉讼请求,听取双方当事人的论据和证据。(3)裁判者应在一方当事人在场的情况下听取另一方当事人的意见,双方当事人应有公平的机会反驳另一方提出的论据和证据。(4)裁判者应当以公开的方式进行审判,充分展示司法过程的公正。

在现代社会,司法机关的核心功能就是适用法律和裁断纠纷。司法机关不同于立法机关和行政机关,它没有被赋予权力去创设公民的权利和义务,也没有被赋予权力去动用、分配国家的财富,更没有被赋予权力去调动国家的武装力量。司法机关只有通过公正的程序,不偏不倚地适用法律和依法裁判,才能取得社会公众的信任和认同,才能树立法律的权威性。

2. 司法机关依法独立行使职权原则

司法机关依法独立行使职权,是我国宪法规定的一项重要原则,也是《人民法院组织法》《人民检察院组织法》和《刑事诉讼法》《民事诉讼法》、《中华人民共和国行政诉讼法》(以下简称《行政诉讼法》)规定的一项基本原则。这项原则的基本含义包括:(1)司法权只能由司法机关统一行使,其他任何组织或个人都无权行使。(2)司法机关依法独立行使职权,不受行政机关、社会团体或个人的干涉。(3)司法机关审理案件时,必须严格依照法律规定办事。

司法机关依法独立行使职权,有利于保护公民的基本权利,同时也是正确适用法律、维护司法公正的重要前提。此项原则与坚持党对司法工作的领导在目标取向上并不矛盾:党的领导主要是政治上的领导,而不是党委审批具体案件,包揽司法机关的具体业务工作。此项原则也不意味着司法机关不受监督和约束：司法机关由国家权力机关产生，对其负责，受其监督。与此同时，按照法治原则，国家权力机关不能直接干涉个案的处理和裁判。

3. 公民在适用法律上一律平等原则

公民在适用法律上一律平等，是"公民在法律面前一律平等"的宪法原则在司法中的具体体现。其基本含义包括：(1) 对于任何公民，不论其民族、种族、性别、职业、社会出身、宗教信仰、教育程度、财产状况、居住期限有何不同，我国法律都是平等适用的。(2) 任何公民的合法权益都平等地受到法律保护，不能以任何理由歧视任何公民，任何公民都平等地享有权利和承担义务。(3) 任何公民的违法犯罪行为，都要依法平等地受到追究和制裁，不允许有超越于法律之上的特权存在。(4) 任何公民都享有平等的诉讼权利。

在司法实践中要充分贯彻这项原则，就要反对形形色色的特权思想，同时更要从政治体制改革入手，大力加强制度建设，把权力关进制度的笼子里，彻底铲除特权思想存在的土壤。

4. 以事实为根据、以法律为准绳原则

"以事实为根据、以法律为准绳"是我国长期司法实践的经验总结，有关诉讼法对此作了明确规定。以事实为根据，是指司法机关对案件作出处理决定必须以法律事实为基础。法律事实特指经法律程序确认的事实，而非人们一般意义上所说的事实。法律事实的确定，主要通过两种途径：一是通过合法证据证明的事实，这是确定法律事实的一般途径；二是依法推定的法律事实，这是确定法律事实的特殊途径。以法律为准绳，是指司法机关裁判案件必须严格按照法律规定，将法律作为处理案件的唯一标准和判断尺度。"以事实为根据、以法律为准绳"是司法过程中司法人员避免主观臆断，确保司法客观、公正的重要指导准则。

第四节　守　　法

一、守法的概念和构成

"守法"是法律遵守的简称。守法有广义和狭义两种含义。广义的守法是指公民、社会组织和国家机关以法律为自己的行为准则，依照法律行使权利、履行义务的活动。我国《宪法》第5条第4款规定："一切国家机关和武装力量、各政党和社会团体、各企事业组织都必须遵守宪法和法律。一切违反宪法和法律的行为,必须予以追究。"《宪法》第 53 条规定:"中华人民共和国公民必须遵守宪法和法律,保守国家秘密,爱护公共财产,遵守劳动纪律,遵守公共秩序,尊重社会公德。"这表明,在我国所有的公民和组织都是守法主体,各政党包括共产党都要遵守宪法和法律,在宪法和法律的范围内活动。另外,在我国领域内的外国组织、外国人和无国籍人,也应在我国法律允许的范围内活动,因此也是广义守法的一部分。

广义的守法可以包括所有的法律实施活动,但狭义的守法则将依职权的执法、司法行为等活动排除在外,仅指公民个人和社会组织依照法律规定行使权利和履行义务的活动,当然也包括国家机关非以公权力主体身份的法律实施活动,如某法院根据合同法规定从事商品买卖的活动。本节所说的守法是狭义上的,是与执法、司法并称的守法。此外,由于社会组织的守法行为归根结底取决于作为社会组织成员的公民个人的守法行为,因此,本节主要探讨公民守法,即公民在法律范围内行使权利、履行义务的法律实施活动。

守法的构成是指守法作为一种法律实施活动所应具备的基本要素,它主要由守法主体、守法对象和守法内容组成。其中,"守法"概念的广义和狭义,分别对应着不同范围的守法主体。无论如何,公民是所有守法主体中最广泛、最普遍的主体。公民守法是法律实施的基本要求,也是法律实施的最基本、最普遍的形式。

守法对象是指守法主体应遵循的"法律"的具体构成。守法对象取决于一个国家的法律渊源。在我国,守法的对象主要是各种制定法,包括宪法、法律、行政法规、行政规章、军事法规、地方性法规、自治条例和单行条例、特别行政区基本法,以及我国参加的或同外国缔结的国际条约等属于广义法律范畴的规范性法律文件。此外,执法机关、司法机关制作的非规范性法律文件,如法院的判决书、裁定书、调解书,行政机关的罚没通知书、罚款单等,是国家机关在执行和适用法律过程中依照法律规定对个别人或个别事项制作的,虽不具有普遍约束力,但对当事人而言是具有法律效力的,因此也属于守法的对象。

守法内容是指守法主体依法行为的具体内容,具体包含两层含义:一是依照法律承担义务并履行义务;二是依照法律享有权利并行使权利。我们不能只将守法内容理解为承担义务和履行义务,守法内容是享有权利和履行义务的有机统一。我国《宪法》第 33 条第 4 款规定:"任何公民享有宪法和法律规定的权利,同时必须履行宪法和法律规定的义务。"我们不能只将守法看作公民被迫作出的消极行为,更要看到公民自觉守法的积极行为。因为正是自觉的守法行为,才能使法律得到有效的实施。自觉守法的人就是对规则持内在观点的人,他们接受规则并愿意维持规则;被迫守法的人,是从外在观点来看待规则,将规则看作惩罚可能发生的征兆。① 现代法以权利为本位,那些遵循权利规范、为权利而斗争的公民,显然属于持内在观点的人,他们的这些行为也是守法行为,属于重要的法律实施活动,含有公民守护法律的意蕴。

二、守法的理由

古希腊的苏格拉底被判死刑后,尽管有机会逃避惩罚,但他最后还是自愿接受了雅典人民的判决,坦然地饮下毒酒而死。这就向我们提出了一个至关重要的问题:公民为什么守法? 关于守法的理由或原因,不同学说有不同的回答。概括起来,公民守法主要有以下三种理由或原因:

(一) 公民守法是出于道德要求

有一类理论认为,人们之所以守法,是出于道德上的理由。这类理论都是从内在观点看待人们的守法行为。不过,关于守法作为公民的道德义务的具体理论根据,存在不同的解说。社会契约论认为,每个公民之所以有守法的道德义务,是因为公民是社会契约的当事人。既然公民是自愿通过社会契约建立起社会和政府的,那就意味着他已经同意了政府的权力和治理,因此他就有义务遵守政府制定的各种法律。苏格拉底之死,就隐含着社会契约论的观念。因为苏格拉底认为,如果一个人自愿生活在一个城邦国家,并享受城邦国家为其带来的好处,那就意味着他与城邦国家之间有一个契约。作为城邦国家的公民,就有义务服从法律;不服从法律就是毁约,是不道德的行为。公平论认为,在一个基本上公正的社会中,某个社会成员违法,必然会使其他守法的人遭受损失,这对于其他守法成员来说是不公平的。② 功利主义学说认为,公民守法要比不守法更容易建立秩序,因而也更容易给社会带来最大多数人的最大幸福这一结果,因此公民有守法的普遍道德义务。对不良的法律,公民尽管有批判的自由,但也必须严格地服从。

(二) 公民守法是出于惧怕法律惩罚

分析法学的奠基人奥斯丁认为,法律是主权者的命令,命令就是以制裁为后盾的义务。③ 这种理论从外在观点看待公民的守法行为,认为法律制裁和惩罚的这种威慑作用,迫使人们在选择自己的行为方式时不得不选择符合法律规定

---

① 关于"内在观点"和"外在观点"的区分,参见〔英〕哈特:《法律的概念(第三版)》,许家馨、李冠宜译,法律出版社 2018 年版,第 146—148 页。
② 参见张文显:《二十世纪西方法哲学思潮研究》,法律出版社 1996 年版,第 452 页。
③ 参见〔英〕约翰·奥斯丁:《法理学的范围》,刘星译,中国法制出版社 2002 年版,第 17—20 页。

的行为模式。与此类似,中国古代法家强调"以刑去刑",也是主张用刑罚抑制刑罚,通过用重刑使百姓不敢犯法,以取得不用刑的效果。这种观点的背后有一个假设,即人们之所以遵守法律,是出于惧怕法律惩罚。这种理论能够解释公民守法的部分现象,但是没有能够解释公民自觉守法这种重要的法律现象。更值得注意的是,这种理论可能过于迷信国家强制力对法律实施的作用,蕴含着国家暴政的危险。我们要认识到"民不畏死,奈何以死惧之"所蕴含的道理。倘若公民守法主要是靠强力来实现的,那么,公民在这种状态下的守法必定是暂时的、消极的、靠不住的。

（三）公民守法是出于社会压力和心理习惯

法社会学家把法律看作一种社会规范,认为公民守法主要不是靠国家的强制作用,而是靠社会的压力以及在此基础上所形成的心理习惯。法社会学代表人物埃利希认为：将强制执行看作法律秩序的基础,是对国家强制力的夸大;法律规范与其他社会规范,如伦理规范、习俗规范、礼仪规范、礼节规范和时尚规范等,有着亲缘关系;驱逐出团体、撤销信用、丧失地位和客户,至今仍是抑制违规者最有效的手段。对很多人而言,遵守规范不是自己有意识的思想活动的结果,而是对周围人的感情和思想的一种无意识的适应;规范是通过教化的方式为人所遵循,服从规范使人省却了自己思考的繁重工作,省却了自己作决定的重负;长此以往,人们就基于信念和习惯服从规范。[①] 这种理论解释了公民守法背后的社会和心理机制,对于我们正确看待国家强制力的作用,探寻促使公民守法的手段有着积极意义。不过,这种理论主要是描述性的,对于法律的品性与守法的关系以及如何面对不良的法律等问题,并未给予充分的关注。

三、守法与公民不服从

在法治社会中,如果部分社会群体认为某部或某些法律是不正义的或邪恶的,那么就会产生一种困境：一方面,他们被要求遵守该法律;另一方面,他们无法认同该法律,不愿自觉遵守该法律,甚至觉得没有道德义务去服从该法律。这样,当他们通过一般的途径难以使得该法律被废止或修正时,就可能诉诸极端的手段,比如通过集会、游行、示威、静坐甚至不服从该法律的方式来表达自己对该法律的不满。这种形式的公民活动被称为"公民不服从"或"恶法抵抗"。

公民不服从运动,与一般的违法行为有所不同。因为在民主社会中,公民有

[①] 参见〔奥〕欧根·埃利希：《法社会学原理》,舒国滢译,中国大百科全书出版社2009年版,第72—81页。

权利批判不正义的法律,并把自己认为合理的诉求理性地表达出来。从行使权利的角度而言,这种公民活动也具有守法的性质。民主社会通常都在一定范围内以某种方式承认公民不服从的权利。现代各国宪法所保障的言论、出版、集会、结社、游行和示威的自由,可被看作公民不服从的权利的内在组成部分。例如,《德国基本法》甚至明确规定:对于企图废除民主和宪法秩序的任何人,如果没有其他对抗措施时,所有的德国人均有抵抗权。当然,对于不正义的法律或恶法的认定,无疑具有主观性和不确定性,公民不服从的运动往往伴随着道德和社会秩序风险。因此,行使公民不服从的权利至少有以下四个限制条件:第一,它以不打破既有法律秩序、不推翻整个法律体系为限,而仅仅针对某部或某些法律;第二,它诉诸的是更高的法律或整个法律体系所包含的法治精神和正义观念;第三,它以公开、理性、和平、非暴力的方式进行;第四,即使违反了特定的法律,也愿意承担违法的后果。上述四个限制条件,表明了公民不服从运动与革命运动的区别。公民不服从运动,尽管游走在法律的边缘,但总体上还是在法律范围内活动,可以看作忠诚于法律的一种特殊守法形式,是维护宪法秩序、消除不公、保护人权、匡扶正义的最终手段。

问题与思考

1. 在本章"引读案例"中,孙志刚因民警李耀辉在执法过程中的违法行为被错误收容,被转到收容人员救治站后,又在护工乔燕琴的指使下被其他收容人员殴打致死。通过司法程序,有关责任人最后都受到应有的惩罚。在有识之士的呼吁下,有违法和违宪嫌疑的《城市流浪乞讨人员收容遣送办法》最后也被废止。请结合本章内容思考:

(1) 案例描述中有哪些行为分别属于执法行为和司法行为?
(2) 三名法学博士递交审查建议书的行为是否属于守法行为?
(3) 你如何看待国务院废止《城市流浪乞讨人员收容遣送办法》行为?

2. 法律实施与法律实效有何关系?
3. 执法与司法有何不同?
4. 我国司法改革有何成就?
5. 公民守法的原因是什么?

参考文献

1. 孙笑侠:《法律对行政的控制——现代行政法的法理解释》,山东人民出版社1999年版。

2. 张文显:《二十世纪西方法哲学思潮研究》,法律出版社1996年版。

3. 〔英〕哈特:《法律的概念(第三版)》,许家馨、李冠宜译,法律出版社2018年版。

4. 〔英〕约翰·奥斯丁:《法理学的范围》,刘星译,中国法制出版社2002年版。

5. 〔奥〕欧根·埃利希:《法社会学原理》,舒国滢译,中国大百科全书出版社2009年版。

第十七章 法律程序

 引读案例

1963年3月,美国亚利桑那州女营业员芭芭拉·约翰逊在下班回家途中被一个男人捆绑劫持并强奸。根据芭芭拉的事后描述,警方逮捕了犯罪嫌疑人欧内斯脱·米兰达。从警方提供的一批犯罪嫌疑人中,芭芭拉亲自指认了米兰达。米兰达随即在警方审讯时亲笔写下供词,承认了罪行。米兰达在供词中还特别提到自己是主动交代,并且充分了解自己所享有的权利。在初审法院,法院为米兰达指定了一名辩护律师,这名辩护律师迫使警方承认,讯问时没有告知米兰达有权聘请律师,当时也无律师在场。但法官认为米兰达的供词可以作为认定犯罪的证据,陪审团也认定米兰达强奸和绑架罪名成立,初审法官对两项罪行分别判处了20年和30年有期徒刑。米兰达不服,委托律师上诉至亚利桑那州最高法院,失败后又诉至美国联邦最高法院。

1966年6月,美国联邦最高法院以5:4的表决结果推翻了之前对米兰达的有罪判决。联邦最高法院的多数意见认为,由于被警方强制性关押,且审讯环境肯定会对被告产生胁迫性的效果,因此除非犯罪嫌疑人清楚地知道自己的权利并且主动放弃这些权利,否则根据《美国宪法》第五条修正案中的"不得自证其罪"条款和第六条修正案中的"律师帮助权"条款,其所作的任何供词都将无效。联邦最高法院特别指出,在审讯之前,警察必须明确告诉被讯问者:(1)你有权保持沉默。(2)你所说的一切,都能够而且将会在法庭上作为指控你的不利证据。(3)审问之前,你有权与律师谈话,得到律师的帮助和建议;你有权请律师在你受审问时在场。(4)如果你希望聘请律师但雇不起,法庭将为你指定一名律师。这就是著名的"米兰达警告"。如果警察在审讯时没有预先给出这些警告,则被讯问人的供词不得作为证据进入司法程序。由此,美国联邦最高法院推翻了对米兰达的定罪,将该案发回重审,米兰达之前的供词不再作为证据使用。

第一节 法律程序概述

法律的运行需要一定的程序作为保证,程序性是法律的重要特征。无论是

法律的制定和修改,还是法律的执行和适用,都要严格遵循相应的法律程序。在现代法治条件下,法律程序是对法律活动具体展开过程的制度性安排,它不仅规定了法律创制和实施的一系列流程或方法,也是人们从事法律行为应当依循的先后顺序或具有法律意义的步骤。法律程序使我们能够清楚地认识法律活动的不同阶段或法律运行过程的不同环节,以及法律决定的作出者和参加者在每个阶段或环节应该具有的行为方式及其效果。

一、法律程序的概念与特征

就中文的意思来看,"程序"一词指的是"事情进行的先后次序",如工作程序、会议程序。[①] 关于人们做事情的方式、时间和空间上的步骤、手续、安排、设置等都可以被称为"程序",它蕴含着有关时空、过程、进度、方法等一系列的条件。从法学角度看,程序是法律的基本属性和内在要素,是法律制度的存在形态和法律运行的基本方式。法律程序是指由程序法规范所设定的、在一定时空下进行的、指向法律活动参与者交互行为的、旨在形成法律决定的程序。也可以说,"法律程序是为作出法律决定而预设的过程、方式和相互关系的系统"[②]。不同于一般的程序,法律程序具有以下重要特征:

1. **法律程序具有规范构成性**

作为一种特殊的程序,法律程序依赖于构成它的法律规范,即程序法规范。换言之,法律程序是具有法律性的程序,这是因为程序法规范是法律程序的构成性规则。构成性规则是创立行为方式的规范,其构成性结构为:X 在情境 C 中构成 Y。[③] 法律程序就是由程序法规范所创立的程序。例如,张某对公安机关的行政处罚提出陈述和申辩的程序,依赖于《中华人民共和国行政处罚法》第 7 条第 1 款的规定,即"公民、法人或者其他组织对行政机关所给予的行政处罚,享有陈述权、申辩权"。正是这个法律规范,创设了张某在行政处罚程序中享有陈述和申辩的权利以及公安机关听取张某陈述和申辩的义务。相反,社会习惯、社团仪式等其他类型社会实践中的程序往往独立于其规范而存在,有时候一个程序会在没有预先的构成性规则存在的情况下被非正式地创造出来。法律程序是一种具有规范构成性的程序,它是由一定的法律规范创设出来的,而其本身又成为人们在法律上从事行为或开展活动的规程,体现了相应的秩序要求。

2. **法律程序具有时空性**

法律程序规定法律主体作出法律行为和参与法律决定等方面的时间要求和

[①] 参见中国社会科学院语言研究所词典编辑室编:《现代汉语词典(第 7 版)》,商务印书馆 2016 年版,第 170 页。
[②] 张文显主编:《法理学(第五版)》,高等教育出版社 2018 年版,第 262 页。
[③] See John R. Searle, Constitutive Rules, *Argumenta*, Vol. 4, No. 1, 2018, pp. 51-54.

空间要求。第一，法律程序对人们的法律行为或参与、作出法律决定的过程提出了时间上的要求，包括时序和时限。前者强调展开行为的先后顺序，例如，《刑事诉讼法》第 211 条第 2 款规定，"自诉人经两次依法传唤，无正当理由拒不到庭的"，按撤诉处理；后者强调实施行为所占用的时间的长短。又如，《刑事诉讼法》第 230 条规定，"不服判决的上诉和抗诉的期限为十日，不服裁定的上诉和抗诉的期限为五日"。① 第二，法律程序对人们的法律行为或参与、作出法律决定的过程提出了空间上的要求，包括主体要求（如法律只能由全国人大及其常委会制定）、分工要求（如审判权只能由人民法院行使）和行为方式要求（如公开审理和不公开审理各自所适用的情形）。

3. 法律程序具有参与性

法律程序指向法律活动参与者的交互行为，参与者需要在程序中互动和博弈，而后形成法律决定。在立法程序中，一部法律从起草到最终通过期间需要进行多轮次、多主体的互动和对话。以我国全国人大及其常委会的立法为例，从最开始的"部门稿"或"试拟搞"到"室内稿"，再到经法工委有关机构讨论变成"征求意见稿"，后经讨论修改形成"草案"，最后成为"表决稿"提交全体大会或常委会会议表决通过。② 在行政程序中，虽然行政主体与行政相对人之间是管理型关系，但是行政相对人要有充分的机会并富有意义地参与作出行政决定的过程，对行政决定的形成发挥其有效的影响和作用，如陈述和申辩等。此外，在行政决定作出之后，不服行政决定的当事人能够向有关机关请求权利救济。在司法程序中，尤其是在法院庭审中，参与人不仅包括原告和被告及其代理人，时常还包括证人、鉴定人、勘验人、翻译人员等诉讼参与人。这些诉讼参与人在法庭中以言语的方式对待决问题或待证假设主张差异，促使对话者（interlocutor）——主要是法官和陪审员接受某一立场，或克服对某一立场的怀疑。③

4. 法律程序的目的在于形成法律上的决定

季卫东认为："程序的目的和功能是形成决定。"④法律程序就是旨在作出法律上决定的一种程序，且其关键不在于所作出的决定的内容如何，恰在于要作出的决定是基于法律上的何种步骤、过程、方式和关系而形成。无论是立法程序、行政程序还是司法程序，都旨在形成相应的法律决定，而法律决定的内容是独立于程序本身的，既可以是实体性的，也可以是程序性的。例如，经由立法程序通过的规范性法律文件，既有实体法，也有程序法；经由司法程序作出的决定，既有

---

① 参见张文显主编：《法理学（第五版）》，高等教育出版社 2018 年版，第 263 页。
② 参见肖峋：《立法往事：我在法工委那些年》，法律出版社 2020 年版，第 25—26 页。
③ See Douglas Walton, Fabrizio Macagno and Giovanni Sartor, *Statutory Interpretation: Pragmatics and Argumentation*, Cambridge University Press, 2021, p. 9.
④ 季卫东：《法治秩序的建构（增补版）》，商务印书馆 2019 年版，第 26 页。

有关当事人实体权利和义务内容的判决,也有依据程序法规范作出的有关程序性事项的裁决。当然,现代政治和公共决策愈加趋向于借助法律程序类型,如公司章程所规定的决策程序,来形成决策,表明经由法律程序形成的法律性决定也可以是政治决策或公共决策。①

5. 法律程序具有形式性和独立价值

与实体法对人们实体性权利与义务进行规定不同,程序法规定的是法律决定经由何种步骤、过程、方式和关系作出,即法律运行的形式。然而,形式不能被简单地等同于手段,它不是目的的附庸,而是具有独立的价值。法律程序也包含着实体性内容,我们不仅要把法律程序作为实现法律上实体内容的重要程式和方法,还应该"把程序看作一个具有独立价值的要素"②。一方面,对程序的评价可以独立于对实体的评价,"程序的正当过程的最低标准是:公民的权利义务将因为决定而受到影响时,在决定之前他必须有行使陈述权和知情权的公正的机会";另一方面,存在着不同于强求统一的特定价值判断的程序性价值,如通过平等对话和商谈的正当过程达成合意以及共识、确保判断和决定不偏不倚、容许各种不同信仰和世界观的并存。③

6. 法律程序体现一定的价值取向

相对于经由法律程序所形成的法律决定的内容,法律程序本身是价值中立的。程序的价值中立性体现了它通过严格的行为模式来控制作出一定决定的过程,从而尽可能地限制决定作出者的个人恣意。但是,这并不是说法律程序就不具有价值倾向性,相反,任何法律程序都体现着一定的价值取向。既然法律程序是程序法规范的要求或展现,而程序法规范又是经由专门的立法活动而被确定的,那么法律程序必然蕴含了程序法规范在立法时所被赋予的诸多体现价值取向的因素,如公共政策、社会效用、成本收益考量等。即使是最极端的法律实证主义者也不得不承认这一点。不仅如此,正是因为法律程序是体现了一定的价值取向的程序,才由此产生了正当程序和非正当程序的区分。

二、法律程序调整法律行为的方式

实体法规范规定了人们的实体性权利和义务,为人们提供了获取实体性利益的行为模式,当人们违反这种行为模式时即构成实体性违法。法律程序的引入对人们的法律行为产生了重要的甚至根本性的影响。程序法规范的出现使人们对实体性权利的追求和义务的落实具有了程序性的维度,即人们作为法律行

---

① 参见张文显主编:《法理学(第五版)》,高等教育出版社 2018 年版,第 262 页。
② 季卫东:《法治秩序的建构(增补版)》,商务印书馆 2019 年版,第 10 页。
③ 参见季卫东:《法律程序的形式性与实质性——以对程序理论的批判和批判理论的程序化为线索》,载《北京大学学报(哲学社会科学版)》2006 年第 1 期,第 111 页。

为主体时不仅要正确地行使实体性权利和履行义务,而且要按照一定的时间、空间、方式等要求来行使自己的实体性权利,并履行相应的义务。对法律活动而言,这就是人们常说的,正义不仅要实现,而且要以看得见的方式实现。质言之,法律行为要依循程序来进行,违反法律程序所设定的要求即构成程序性违法。分析来说,法律程序通过分配角色、抑制恣意、引导进程、隔离时空、营造气氛等方式对法律行为起到调整作用,这也是法律程序能够产生的具体作用或功能。

1. 分配角色

法律程序能够以其时空等构成性要素对法律活动的参与者进行角色分配。例如,在刑事案件庭审中,法官行使审判权,公诉人出庭支持公诉,辩护人为被告人进行辩护,公诉人和辩护人在法官引导下进行论辩以支持己方论点、反驳对方论点。有学者曾以"司法的剧场化"来描述庭审活动:剧场严格地规划出"舞台"与"看台"(旁听席)之间的距离界限和区域界限,"演员"与"观众"的角色与活动也完全地分离;法庭既阻隔了庭审活动与庭外活动,也限定了"诉讼参与人"与"旁听人"之间的角色及活动的界限,以防止法庭之内和之外的各种"嘈杂的声音"对庭审活动可能造成的干扰;此外,庭审活动也是由法官、检察官、律师和当事人等参与角色表演的活动,这种表演也是按照一定的程序(程式)进行的,由"序幕""高潮"和"尾声"诸部组成;不过,他们所演绎的不是虚构的情节,而是案件"事实"发生的真实过程。① 由此就可以看出,缺乏角色分配或者角色分配不充分的法律程序在功能上是有缺失的。

2. 抑制恣意

有法谚云:"程序是法治和恣意而治的分水岭。"法律程序能够抑制决定者的恣意,这种作用通常可以两种途径达到:一是通过程序进行纵向的权力分配,如审级制度;二是通过程序进行横向的权利分配,如辩论制度。② 例如,司法审级制度的一个主要功能是统一法律的适用,减少因法官恣意而导致同案不同判现象的发生。如果把司法程序放置在其所处的社会空间来看,司法裁判就是一种以履行公共职能为取向的、专业地解决社会纠纷的活动,虽然这个活动的结果形成的是针对特定案件的具体裁决,以案件当事人为直接和主要的指向对象,但是它更是一种具有国家权威性的公共行为。③ 司法裁判作为公共活动的性质意味着,司法判决及其形成过程所涉及的评价或判断是有别于私人领域的公共性判断。审级制度使得法律判断的公共性得到保障,从而抑制了决定者的恣意。

---

① 参见舒国滢:《从司法的广场化到司法的剧场化——一个符号学的视角》,载《政法论坛》1999 年第 3 期,第 16 页。

② 参见孙笑侠:《程序的法理》,商务印书馆 2005 年版,第 18 页。

③ 参见张志铭:《法律解释学》,中国人民大学出版社 2015 年版,第 130 页。

再以辩论制度为例,在法官的主持下,当事人有权就案件事实和争议问题各自陈述自己的主张和根据,互相进行反驳和辩解,以促使法官作出有利于己方的法律判断。在这其中,法官并非诉诸直觉或是情感而对争议问题作出判断,而是基于双方在论辩中所提交的证据认定案件事实,依据相关法律渊源对争议问题作出法律判断,从而使得裁判产生公正的结果,并具有可接受性。

3. 引导进程

法律程序能够通过设定一定的行为模式和活动方式来牵引法律决定的作出。一方面,法律程序为人们实施行为提供了统一的程式,进入该程序就应当按照给定的程式行事;另一方面,法律程序引导着人们的行为在时间和空间上有秩序地连接,避免行为随意中断。① 例如,庭审活动总是按照庭审准备、法庭调查、法庭辩论和宣告判决(或调解结案)顺序进行。不仅如此,每个环节或阶段的内部也存在着顺序,如在刑事案件庭审的法庭辩论阶段,控辩双方应当在审判长的主持下按照下列顺序进行:公诉人发言→被害人及其诉讼代理人发言→被告人自行辩护→辩护人辩护→控辩双方进行辩论。这就引导着诉讼两造只能在特定的序列中完成自己特定的行为,并承担相应的后果。

4. 隔离时空

法律程序还可以通过"以时间换空间"等方式来发挥缓和矛盾冲突的作用。在法律纠纷的处理过程中,当冲突各方陷入激烈的对立之时,直接依据实体法规范分配权利义务或许难以平息情绪并化解矛盾。而通过将纠纷当事人纳入相对中立的法律程序,使之按照法律规定的方式进行论辩,则可以有效缓和情绪化的非理性表达。其一,法律程序造成了"时间拖延",使得纠纷各方的激动情绪以及紧张气氛能够得到有效缓解,从而为冲突的解决创造出平和的秩序。其二,法律程序能够隔离当事人因其社会角色而在社会冲突中所占据的有利或不利地位。其三,在法律程序中,作为生活事实的冲突需要接受法律的评价,筛去不具有法律意义的事实,保留具有法律意义的事实,从而将复杂的冲突简化为具有法律意义的事实的集合。换言之,在法律程序这一场景中,真正有意义的是法律事实,真正有意义的表达是基于法律的论辩。这就使原本在社会生活中出现并起作用的许多法外因素被过滤或悬置起来,保证了社会冲突能够以法律的方式获得解决;这也意味着法律活动是区隔于一般社会生活的场域。

5. 营造氛围

法律程序还能够发挥营造氛围的作用,这对法律调整功能的实现也至关重要。伯尔曼认为,仪式是法律的基本要素(或至少是法律程序的基本要素),是法律本身的一部分,"法律的各项仪式(包括立法、适用法律、协商以及判决的各

---

① 参见张文显主编:《法理学(第五版)》,高等教育出版社2018年版,第263页。

种仪式),也像宗教的各种仪式一样,乃是被深刻体验到的价值之庄严的戏剧化"①。从古罗马人诉讼时手中握着的木棍到现代法官头上的假发(主要存在于英美法系)、身披的法袍以及手中的法槌,都体现了这种为营造某种仪式感而作出的器物层面的准备。在现代司法条件下,法官、陪审员、当事人、律师、证人等诉讼参与者都会因为开庭仪式严格的出场顺序、宣誓、致辞,以及表明场景的其他许多仪式而被赋予各自的使命和职责。正是在法律程序所营造的氛围中,仪式参与者的心态和情绪受到浸润,产生对法律的下意识的服从,从而遵循着相应的行为模式。

第二节 法律程序的类型

根据法律决定的内容和性质不同,法律程序一般可以分为立法程序、司法程序、行政程序、选举程序、调解程序、仲裁程序、侦查程序等。其中,立法程序、司法程序和行政程序是以近代以来国家权力的相对分立或分工为前提而进行的区分,选举程序、调解程序、仲裁程序和侦查程序等是对有关法律活动具体事项所应遵循的程序的专门指称。可以说,不同的法律程序之间既有共性又有差异,它们在制度设计原理及其运作方式等方面共享着一些理念,同时又各自表现出明显的特性。以下着重对法律程序的三种主要类型(立法程序、司法程序和行政程序)进行介绍。

一、立法程序

立法程序是指享有立法权的国家机关在制定、认可、修改、补充和废止法律、法规时应当遵循的法定步骤和方法。现代世界各国一般都在宪法或宪法性法律(如立法法)中规定立法权,同时也规定相应的立法程序。立法权的规定通常包括哪些机关有制定、修改和废除法律的权力,而关于立法程序的规定则包括各级立法机关的构成及其组织方式,以及法律草案的提出,法律案的审查、讨论、表决、通过、公布、修正等立法过程中各种必要的程序等。在我国,立法程序是指中央与地方的国家权力机关和行政机关制定宪法、法律、行政法规、地方性法规、部门规章和政府规章等规范性法律文件的程序。就总体的性质而言,我国立法程序的基本意义是指中央立法机关行使其立法权的程序,即中央立法机关在制定、修改或废除法律方面的活动程序。②

---

① 〔美〕伯尔曼:《法律与宗教》,梁治平译,商务印书馆2012年版,第24页。
② 参见夏勇主编:《法理讲义——关于法律的道理与学问(下册)》,北京大学出版社2010年版,第595页。

立法程序的作用在于保障立法过程的合理性和正当性,正当的立法程序有利于保障立法科学性和民主性的实现。在现代社会,立法程序能够使立法机关的活动按照规范化的程式运行,能够使法律的制定和修改得以公开、公正和民主地进行,以最终获得科学可行的立法决定。由于立法机关在行使立法权时要实施多个连续的行为,因此立法程序又可以分为不同的阶段。虽然各国的立法程序不尽相同,但大致上都可以分为四个阶段:一是提出法律议案;二是讨论法律草案;三是通过法律案;第四是公布法律。我国现阶段立法的基本程序也是如此,具体的步骤及其要求在我国《立法法》中均有详细的规定。

二、司法程序

司法程序又称"诉讼程序",规定了司法机关行使司法权、开展诉讼活动的法定方式和顺序,是司法人员、诉讼当事人以及诉讼参与人参加司法活动、处理和解决案件纠纷所应当遵循的程序。按照所要解决的案件纠纷的性质不同,司法程序又可分为刑事诉讼程序、民事诉讼程序和行政诉讼程序等基本类型,不同类型的程序各自又包括起诉程序、受理程序、庭审程序、判决程序、执行程序等基本环节。在民事诉讼和行政诉讼中,法院作为司法机关履行审判职能,法官作为司法人员行使案件审判权,它们所从事的活动属于司法活动。在刑事诉讼中,诉讼活动又被区分为侦查、起诉、审判、执行四个不同的阶段,由公安机关、检察机关、审判机关和执行机关分别履行相关的职能,它们所从事的活动也属于司法活动,这些活动所遵循的程序也都被称为"司法程序"。

从传统上看,不同国家或地区的司法程序在运作模式上有所差异,这主要体现在普通法系和大陆法系之间诉讼程序的不同上。以刑事诉讼为例,普通法系采用"对抗制"程序,法官秉持中立、消极的姿态,被告人与检察官地位平等,依靠律师争锋相对地提出证据、询问证人和展开辩论;大陆法系采用"纠问式"程序,法官集侦查、控诉、审判职能于一身,根据职权主动追究犯罪。当然,自近代以来,无论哪种司法程序都已然强调程序要素的正当性,正当程序原则在司法活动中的作用彰显了更富有成效的价值和力量。从最低限度的标准看,正当的司法程序一般包含当事人平等、司法人员中立、诉讼公开、审判公正和程序参与等方面的要素。这正如《公民权利和政治权利国际公约》第 14.1 条所规定的,"所有的人在法庭和裁判所前一律平等。在判定对任何人提出的任何刑事指控或确定他在一件诉讼案中的权利和义务时,人人有资格由一个依法设立的合格的、独立的和无偏倚的法庭进行公正的和公开的审讯"。我国的司法程序受大陆法系传统影响很大,但经过多年的司法改革,我国借鉴和吸收了普通法系以及国际上正当程序的合理因素。例如,2012 年把"非法证据排除"规则写进了《刑事诉讼法》,要求公诉人在特定情况下证明证据收集的合法性,极大增加了被告及其辩护律师与公诉人在庭审过程中的对抗因素。随着《刑事诉讼法》《行政诉讼法》《民事诉讼法》三大诉讼法的不断修订和完善,我国的司法程序愈加合理和健全,不仅有效保护了当事人的诉讼权利和其他合法权益,也将不断保障司法机关和司法人员及时、合理、正确地实施法律。

三、行政程序

行政程序是指行政机关及其工作人员在行使行政权力以及作出行政管理决定时应当遵守的程序。行政程序是规范行政权力运行的法律程序,行政程序如何设置既取决于行政权自身的性质及其运行规律,更取决于一定条件下人们对行政权合法行使的合理期待。一方面,行政权是国家行政机关执行法律、管理国家行政事务的权力,与公民的关系更为直接,其运作过程具有自己的显著特点。与司法权等其他国家权力相比,行政权行使的机构和人员更为庞大,涉及的领域更为广泛和复杂。行政权的运行往往既涉及上下级行政机关和不同地域、不同部门的同级行政机关,也涉及行政机关与行政相对人。与此相应,前者应遵循内部行政程序,后者应遵循外部行政程序,而其中以处理行政机关与行政相对人之间关系的外部程序为主要内容。[1] 另一方面,现代法治以制约权力和保障权利为要义,对行政权的限制有着更高的期求,行政权力的运行都要通过一定的程序来实现。可以说,通过法律设定行政程序是规范政府权力运行的最为重要的方式。作为行政权运行的方式和步骤,行政程序的法律化和法治化是当代社会发展的必然趋势。

行政程序不同于司法程序,它们之间既有关联又有差异。二者的关联表现为:(1)为了体现公平性,行政程序吸收了司法程序的部分内容。比如,当代西方的行政复议程序就吸收了司法程序的回避制度、公开审理制度、言词辩论制度和说明决定理由等制度,有的国家还建立专门的行政法院主持行政复议。(2)为了保障合法性,行政程序应受到行政诉讼程序的审查,法院应行政相对人的请求须审查行政决定的程序合法性,并可对行政机关的程序违法行为以及由此产生的行政实体决定予以撤销。(3)为了保障正当性,法院甚至会在司法程序中审查行政程序是否符合"最低限度的程序公正",以防止行政权的滥用和显失公正。[2] 二者的差异表现为:(1)一般而言,司法程序遵循"不告不理"的原则,行政程序由行政机关主动启动。(2)司法程序的双方当事人是平等主体,行政程序的双方当事人是管理与被管理的关系。(3)司法程序的运行结果(判决和裁定)仅仅约束特定当事人,行政程序的运行结果(此处主要指抽象行政行

---

[1] 参见夏勇主编:《法理讲义——关于法律的道理与学问(下册)》,北京大学出版社 2010 年版,第 599 页。
[2] 参见江必新:《行政程序正当性的司法审查》,载《中国社会科学》2012 年第 7 期,第 123—137 页。

为,如颁布行政规章,作出一般决定或命令)往往约束行政区域内的不特定多数人。(4) 司法程序更加重视公平,行政程序更加追求效率。

第三节 正当法律程序

"法律程序"概念表明了法律运行的特性,即法律不仅从实体上规范人们的行为,还要求人们的行为遵循相应的程序。尽管如此,并不是说一切法律程序都是恰当的、合理的。现代意义的法律程序是一种内含了正当性价值诉求的程序,即正当法律程序,这是现代法治的重要构成要素。在现代社会,正当法律程序有一定的构成要件或判断标准,它区别于古代的法律程序和其他一切非正当的程序。正当法律程序不仅能够保障法律上实体正义的实现,而且其本身作为程序正义的体现也具有相对独立的价值。

一、正当法律程序的起源与演进

在人类法律史上,从源头上看,正当法律程序成为法律的原则与英国古老的"自然正义"观念有着密切的关系。"自然正义"观念包含了两项最基本的规则,这两项规则都是关于程序要求的:(1) 任何人不能审理自己的或与自己有利害关系的案件,即任何人不能作为自己案件的法官;(2) 任何一方的诉词都要被听取。对此,英国法学家彼得·斯坦指出:"自然公平的第一个原则是:任何人都不得在与自己有关的案件中担任法官。如果负有司法职责的人与审判程序的结果有利害关系,那么他必然会被认为有偏袒一方的嫌疑。"①早在古罗马的《学说汇纂》中已出现过类似的格言,即"在涉及自我利益的案件中自任法官是不公之举"。与此相应,古罗马人也曾用另一句话表达人们对自然正义的期望,即"任何审案法官不得偏听任何一方"。②

一般认为,近现代意义上的正当法律程序是伴随着英国普通法的产生而不断发展起来的。11世纪诺曼人在英国建立了政权之后,国王经常派员到各地巡回审理案件,并逐渐建立了一些王座法庭。王座法庭的裁判以令状制度为基础,每种令状都有相应的既定程序,如"确定应采取的一系列步骤,处理某些附带诉讼的方式,当事人委托代理人的各种可能性,证据的接受条件以及提出方法,判决执行的方法。……这种制度也适用于特种案件之诉,它们的审判根据某某命

---

① 〔英〕彼得·斯坦、约翰·香德:《西方社会的法律价值》,王献平译,中国法制出版社2004年版,第112页。
② 参见史彤彪:《自然法思想对西方法律文明的影响》,中国人民大学出版社2011年版,第94页。

令状所规定的被认为是最合适的程序进行"①。这种只有根据令状及其规定的程序才能获得审判的做法,逐渐形成了普通法"程序先于实体"的传统。后来,在贵族与王权斗争的过程中,英国国王约翰 1215 年被迫签署了《大宪章》,其中第 39 条规定:"任何自由人非经贵族院依法判决或者遵照王国的法律之规定外,不得加以拘留、监禁、没收其财产、剥夺其公权,或对其放逐,或受到任何伤害、搜查或者逮捕。"②这通常被看作近现代正当法律程序的开端。

　　1354 年,英国正式出现了正当法律程序条款,议会迫使国王爱德华三世签署了约束其言行的法律,其中明确规定"任何人非经正当法律程序之审判,不问该人阶层与社会地位如何,皆不得将其驱逐出国,或强迫其离开所居住之采邑,亦不得予以逮捕、拘禁,或取消其继承权,或剥夺其生命"③。后经过历代国王的反复确认,到 14 世纪末期正当法律程序已经成为英国立宪体制的基本标志。作为一种原则在司法中的适用,正当法律程序较早出现在 1723 年"国王诉剑桥大学"一案中。在该案中,英国王座法庭的裁决恢复了本特利先生的神学博士学位,这个学位曾在剑桥大学副校长主持的一次校务会上被取消,对此,本特利本人没有获得任何申辩的机会。担任本案首席法官的普拉特在起草该案件的判决书时指出:"学校的会议在对本特利进行与之不利的指控、降低其资格的时候拒绝听取他的申辩,与自然公正是不相容的。"④

　　正当程序原则对世界各国的近现代法律制度产生了广泛影响。在美国,正当法律程序被联邦宪法确立为一项基本要求。《美国宪法》第五条修正案规定,"非经正当法律程序,不得剥夺任何人的生命、自由或财产"。后来,第十四条修正案对各州也提出了相同的要求。作为一种具有技术上精确含义的概念,美国的"正当法律程序"具有以下三个特征:(1) 有权向不偏听不偏信的裁判所和正式法院陈述案情;(2) 有权知道被指控的事实和理由;(3) 有权对控告进行辩解。⑤ 同时,在当今许多国际性文件中也有关于正当法律程序的要求及其保障标准。例如,联合国《公民权利和政治权利国际公约》第 9 条作了如下规定:"一、……任何人不得加以任意逮捕或拘禁。除非依照法律所确定的根据和程序,任何人不得被剥夺自由。二、任何被逮捕的人,在被逮捕时应被告知逮捕他的理由,并应被迅速告知对他提出的任何指控。三、任何因刑事指控被逮捕或拘

---

① 〔法〕勒内·达维德:《当代主要法律体系》,漆竹生译,上海译文出版社 1984 年版,第 299 页。
② 〔美〕约翰·V. 奥尔特:《正当法律程序简史》,杨明成、陈霜玲译,商务印书馆 2006 年版,第 5 页。
③ 樊崇义、史立梅、张中、朱拥政:《正当法律程序研究——以刑事诉讼程序为视角》,中国人民公安大学出版社 2005 年版,第 10 页。
④ 〔英〕彼得·斯坦、约翰·香德:《西方社会的法律价值》,王献平译,中国法制出版社 2004 年版,第 113 页。
⑤ 参见龚祥瑞:《西方国家司法制度》,北京大学出版社 1993 年版,第 128 页。

禁的人,应被迅速带见审判官或其他经法律授权行使司法权力的官员,并有权在合理的时间内受审判或被释放。……四、任何因逮捕或拘禁被剥夺自由的人,有资格向法庭提起诉讼,以便法庭能不拖延地决定拘禁他是否合法以及如果拘禁不合法时命令予以释放。五、任何遭受非法逮捕或拘禁的受害者,有得到赔偿的权利。"《世界人权宣言》第9条至第11条,《欧洲人权宣言》第6条第3项以及《美洲人权宣言》第8条也分别规定了"最低程度保障"或"最低限度程序权利",它们都体现了正当法律程序的基本观念和一些标准。可以说,现代各国诉讼法所确立的回避、审判公开、辩护等制度也都是正当法律程序贯彻应用的重要体现。

二、正当法律程序的构成要件(判断标准)

对于正当法律程序应具有哪些构成要件问题,法学家们有过不同的观点。例如,富勒曾提出法治的八项原则,即法律的八个内在道德,包括普遍性、公开性、禁止溯及既往、明晰性、不得自相矛盾、不得颁布超出人们能力之要求的规则、稳定性、官方行为与公布的规则之间的一致性,这些也被称为"程序自然法"。① 拉兹提出过法治的八要素,其中也包含了有关正当程序的一些标准:(1)所有法律应该是不溯及既往、公开的和明确的;(2)法律应该相对稳定;(3)特别法应服从公开的、稳定的、明确的、一般的规则的指引;(4)保障司法独立;(5)必须遵守公平审判、不偏不倚等自然正义原则;(6)法院应对下级法院、议会立法以及行政活动等具有审查权;(7)法院是容易接近的;(8)不容许执法机构利用自由裁量权歪曲法律。②

应当说,一个国家正当法律程序的完善程度与这个国家的程序法运行状况、民众对程序正义观念的信守程度、国家的良法善治水平、人权保护水平以及社会文明水平等都息息相关。通过对各种理论学说的分析和总结,并参照当今法治国家的法律实践经验,我们认为,现代社会的正当法律程序至少应该具有以下构成要件,它们是法律程序正当与否的判断标准。

1. 程序分化

正当法律程序首先要求细化过程与分配角色。程序本身即指一系列步骤、流程、方式、方法,法律程序的存在意味着法律行为和法律决定的作出绝不能是一蹴而就、无迹可寻的,而必须严格遵照程序预先设置的时空条件和先后次序。法律程序的参与者在每一个阶段中也都是作为独立的程序角色行使程序分配的权利、负担程序规定的义务的。例如,刑事诉讼程序一般被细化为一套完整的侦

---

① 参见〔美〕朗·富勒:《法律的道德性》,郑戈译,商务印书馆2014年版,第46页及以下。
② 参见〔英〕约瑟夫·拉兹:《法律的权威:法律与道德论文集》,朱峰译,法律出版社2005年版,第187—190页。

查、起诉、审判和执行程序,即便单就审判这个程序的分化来说,控辩审各方也都有着程序分配给自身的不同的程序权利和程序义务,不同角色的诉讼参与人各就其位、各司其职,共同维持着整个程序的有效运转。

2. 利益对立

法律程序是一种各方主体参与其中的交涉程序,只有存在主体间的利益对立和冲突,法律程序才有其用武之地;否则,当人们的生活平静无扰时,一般是不会进入法律程序之中的,也意识不到法律程序的运行。法律程序为了实现定分止争或解决纠纷的既定目标,必须事先安排好对立双方的角色设定,如民事诉讼中的原告与被告、刑事诉讼中的控方与辩方、行政诉讼中的行政机关与行政相对人,以便对立的主体之间能够展开充分的沟通和交锋,从而使得最终的妥协和让步成为可能。

3. 程序中立

"中立性是程序正义的基础。"[1]尤其是对司法程序而言。法律程序是为了公正地解决对立双方的利益冲突而设置的,"公正"目标的实现所必不可少的一环即中立裁判者的预先设立。如前所述,构成普通法中的自然正义的两项程序规则,即任何人都不得充当自己案件的法官,任何人为自己的辩护都应当被公平地听取,都有赖于一种利益无涉和排除偏见的中立裁判者的存在。在司法程序中,中立性表明法官与双方当事人保持同等的司法距离,对案件保持超然和客观的态度。夏皮罗指出,法院的模型就是要努力构造一个三方对等的结构,它要使双方当事人都认为审判是一个三方的而不是二对一的模式,任何一方当事人都渴望司法体制本身能够保证法官不是他的对手的同盟。[2] 显然,法官做不到中立就是偏私,其结果的不公正将是不可避免的。也正因此,回避制度才被广泛地应用在司法程序等各类纠纷解决程序之中。

4. 主体参与

法律程序必须保障法律主体自由、平等、实质性地参与其中,如此方能真正发挥正当程序的独特价值,而不至于让其沦为形式主义或走过场。就诉讼程序而言,一般来说,主体参与有两项基本的要求:(1) 当事人对诉讼程序的参与必须是自主、自愿的,而非受强制的、被迫的行为;(2) 当事人必须具有影响诉讼过程和裁判结果的充分的参与机会。[3] 在英美法中,主体参与要求被称为"获得法庭审判机会"原则。其含义就是,那些利益或权利可能受到裁判过程或诉讼结局直接影响的人应当有充分的机会富有意义地参与诉讼的过程,并对裁判结果

---

[1] 季卫东:《法治秩序的建构(增补版)》,商务印书馆2019年版,第37页。
[2] 参见〔美〕马丁·夏皮罗:《法院:比较法上和政治学上的分析》,张生、李彤译,中国政法大学出版社2005年版,第11—12页。
[3] 参见肖建国:《司法公正的理念与制度研究》,中国人民公安大学出版社2006年版,第114页。

的形成发挥其有效的影响和作用。① 也就是说，主体参与意味着与裁判结果有利害关系或权益可能受到裁判影响的主体应该有充分的机会并有效地参与到审判程序中，使他们有充分发表自己的意见、观点，提出自己的主张和证据以及反对对方观点和证据的机会，能够拥有为进行自己的诉讼活动所必需的便利和保障措施，从而以自己的行为对裁判结果的形成发挥积极作用和产生实质影响。对此，应该尊重诉讼当事人的意志和人格，不能把当事人当作实现某种目的的工具。如果当事人仅仅是被动地出席或陈述自己的观点和意见等，这在许多情况下并不能成为真正意义上的主体参与。

5. 信息对等

信息对等是程序参与者有效进行沟通和交流的重要前提或条件。法律程序旨在为参与法律活动的各方主体提供一个可以平等对话和充分交涉的场域，在这个具体过程中，各方信息资源的对等交互是十分关键的。尤其是对纠纷解决程序来说，信息的不对称不仅会使当事人之间产生误解或分歧，也会使交流和对话停留在原地。而随着法律程序对证据等信息对等交换与共享的保障，当事双方可以在知己知彼的情况下作出灵活的应对策略，从而有利于实现误解的澄清和纠纷的调停。同时，对于最终的实体处理结果，纠纷双方也能更加心悦诚服地接受。

6. 程序公开

程序公开是指法律程序的每一阶段和步骤都应当以当事人和社会公众能够看得见的方式进行。程序公开作为现代法治的一项原则，是在抨击传统社会法律的严刑拷问与秘密审判制度的基础上发展而来的。现代社会反对法律活动的秘密进行，要求任何法律决定的作出都应当接受公众的广泛监督，以避免"暗箱操作"情形的发生。"阳光是最好的防腐剂"，这句谚语所昭示的道理就是这个意思。从实践中看，随着现代法治原则的确立，程序公开作为一项法律原则已先后为各国法律和许多国际性的法律文件所确认。从内容上看，程序公开既包括过程公开也包括结果公开，还包括作出决定的理由公开，这些都有助于增强法律决定的可接受性。当然，在一些涉及国家秘密、商业秘密或个人隐私的特殊情形下，程序公开可能要让步于其他价值，以避免对这些优先价值的过度损害。

7. 及时结束

正当法律程序还往往意味着，所有的法律活动过程都应当及时完结，必须有一个明确的结局。通常来说，程序都是不可逆的，程序的重启和回流都有着一系列特殊的严苛条件。以司法裁判为例，司法程序进展到最后环节所获得的结论就是冲突纠纷的最终解决结果，裁判者负有在程序结束时及时作出终局裁决的

---

① 参见陈瑞华：《刑事审判原理论（第三版）》，法律出版社2020年版，第80页。

强制性义务,矛盾双方也必须在行为上接受这一结果。否则,纠纷没完没了地延续会让当事人长期处于不确定状态,旷日持久的程序也会耗散许多的社会公共资源。这其实就是现代司法的终局性原理所在,即法院的合法判决一经生效就产生法律上的拘束力和执行力,标志着案件已经终结和纠纷解决结果的尘埃落定,除了法定的特殊情形外,任何机关和个人都不能随意推翻。正因如此,法院一旦对争讼案件作出生效的判决,当事人就不能再以同一事实和理由请求法院进行重新处理,法院自身也不能对其再行审判,此即通常所说的"一事不再理"。

三、正当法律程序的价值与程序正义

(一) 正当法律程序的工具性价值

正当法律程序对实体正义具有促进和实现价值,即工具性价值。如果把程序法与实体法看作形式与内容的关系,那么程序法作为形式就是服务于实体法内容的;如果把二者看作手段与目的的关系,那么程序法作为手段就是为了实现实体法的目的而存在的。① 正当程序的工具性价值就在于保障当事人实体权利义务的恰当分配,确保涉及当事人实体利益的案件结果符合正义的要求。具体来说,正当法律程序的工具性价值主要表现为:

首先,防止恣意,限制权力。正当程序对于权力的行使预设了特定的流程、步骤、时限、顺序,法律决定者必须在这种形式化、一般化的制度框架和结构中按部就班地完成整个程序,而不能偏离程序的限制任意妄为、滥用权力。同时,程序的限定条件也可以将特殊身份、舆论压力、政治压制、道德偏见等无关信息阻隔在程序之外,确保决定者严格依照法律的要求行使权力、作出决定。在现代法治之下,正当法律程序正是通过划定权力行使的步骤、方式,从而有效避免权力的恣意行使和不当膨胀,推动实体正义的实现。

其次,维护平等,保障权利。在正当程序分派的角色中,各方的法律地位是平等的。法律程序不会因人们的身份、财产、性别、职业、种族、宗教等因素而给予差别对待,它要求决定者应当仅以原告、被告或控方、辩方等抽象角色来看待他们,忽略这些标准化面具背后的真实面孔。如此,方有助于真正实现"同等情况同等对待"的平等要求,以具有统一性的方式适用法律,保障当事人能够平等地享有实体权利、承担实体义务。

再次,定分止争,提升效率。法律程序一般有其自身的启动条件和结束标志,程序启动条件的设置可以将一些标的额较小或是足以私下协商解决的纠纷

---

① 参见孙笑侠、应永宏:《程序与法律形式化——兼论现代法律程序的特征与要素》,载《现代法学》2002年第1期,第76—78页。

阻挡在法律程序之外,从而节省程序运行所耗费的资源成本;法律程序终结时限的设置可以及时地为纠纷画上句号,避免纠纷和混乱一直停留在原地,从而及早恢复社会秩序。同时,现代法律程序的设置还可以消解对立双方可能发生的直接暴力冲突,防止无法控制的人员损伤及财产损失所带来的巨额成本,以进一步保证纠纷解决的安全和高效。这些显然都有利于促进法律上实体正义的落实。

最后,寻求真相,实现正义。在法律活动中,正当程序的科学性为参与者提供了充分交换信息的制度性平台,有助于法律决策者充分掌握有关案件事实,保证法律决定作出过程的客观性和真实性,进而促使最后获得的法律结论具有正确性。尤其是在司法程序中,正当程序的设置使案件事实的证明更容易达到客观真实,从而保证了裁决结果是在客观真实的情形下审慎得出,而非在偏听偏信之下的盲目决策。同时,正当程序平台还有助于当事人之间进行深入全面的磋商谈判,便于对立双方尽可能地消解误解和分歧,从而在最终的决策结果上形成价值共识,以达成主体间正义目标的充分实现。

(二) 正当法律程序的独立性价值

正当法律程序不仅可以促进实体正义的实现,而且也具有自身的独立性价值,即程序正义。分析正当程序的独立性价值需要考虑以下几点:(1) 程序的过程特征本身有助于实现程序的内在价值;(2) 法律程序参加者在其活动过程中就可以单独认识到程序的内在价值,而不必等到程序产生最终结果之后才认识到;(3) 不论程序是否对最终结果产生影响,也不论其产生的影响是好是坏,人们都不会否认程序的这些"令人称道"的品质。若法律程序的某一品质满足以上条件,它们就构成法律程序的"内在价值"。[①] 依据对以上构成条件的分析,我们至少可以得出正当法律程序具有如下独立性价值:

第一,尊重当事人的尊严。法律程序的公开、参与、对话、中立等构成性要素的终极价值在于实现对当事人尊严和主体性地位的尊重。听证、法庭辩论等正当程序的设置可使当事人自由、平等、实质性地参与到程序之中,可以保障法律决策者充分听取各方的陈述和主张,发挥当事人在法律活动中作为理性主体的地位和价值,从而维护当事人的主体尊严和合法权益。

第二,增强不利后果的可接受性。程序的公开和参与还有助于增强法律决定的正当性和可接受性,因为正当法律程序的展开过程能以一种"看得见的正义"的形式证成法律决定,以"过程真理论"的方式增强参与者对最终决定的信服。通常来说,程序正义是能够服务于实体真实这一基本追求的。除此之外,在一些无法获取实体真实或对实体结果好坏的判断存在争议和分歧的场合,正当法律程序自身所蕴含的形式理性、充分交涉、合理预期、公开中立等特质都能构

[①] 参见王锡锌:《论法律程序的内在价值》,载《政治与法律》2000年第3期,第18页。

成法律决定正当性的基本维度,说服参与者尤其是受不利法律决定影响的一方接受并执行该法律决定。

第三,构建程序法治。现代社会是一个价值多元与价值分歧遍布的异质社会,但是,社会的存续和有效治理要求包含一定程度的价值共识,使得人们能在统一的公共行动标准之下活动,以达成社会整合的目标。价值共识的获得需要借助商谈来完成,完整的商谈机制的核心要素是程序,即商谈中共识的获取必须经由理性程序达成。当异质社会中已经丧失了独立的实质价值判断标准来宣称某个结果是唯一正当之时,只有经过公共理性辩驳并致力于达成共识的程序本身才能做到。此时,正当法律程序就成为商谈结果中权威的合法来源,这就是程序作为"最低限度的法治概念"的程序法治的意蕴。① 程序法治理论将程序作为法治的构成性要素,也作为最终的社会整合的构成性要素,使得正当法律程序本身即可成为判断规则系统之正确性的标准,大大强化了程序正义自身的独一无二的价值。

一般来说,实体正义与程序正义是协调一致的关系,这也正是正当法律程序最常被人们认识到的工具性价值的体现,它有助于人们追求的某些美好的实体价值的实现。但是,二者在某些特殊情形下也可能产生紧张关系,甚至出现顾此失彼的剧烈冲突。例如,程序法中的无罪推定、疑罪从无规则可能让实际有罪的罪犯由于证据缺失而逃脱制裁。正当法律程序的独特价值在于形式化、规范性、稳定性,它能以普遍性的方式实现尊重人权、防止不当侵害的目标,而其代价则是可能在个案中牺牲包括实体正义在内的其他美好价值。所以,我们只有树立起对程序正义的普遍信仰,不断落实对正当程序持续性的严格遵守,方能维护法律程序本身的独立性价值。

 问题与思考

1. 在本章"引读案例"中,由于警方在讯问时违反了法律程序的规定,美国联邦最高法院否定了米兰达供词的证据效力,推翻了初审、上诉法院的有罪判决。请结合本章内容思考:如果法律程序不能保障实体正义,其价值何在?
2. 简述法律程序的概念和特征。
3. 法律程序调整法律行为的方式有哪些?
4. 法律程序有哪些类型?行政程序与司法程序的区别和联系有哪些?
5. 什么是正当法律程序?它有哪些判断标准?

---

① 参见雷磊:《法律程序为什么重要?反思现代社会中程序与法治的关系》,载《中外法学》2014年第2期,第329—338页。

6. 试论实体正义与程序正义的关系。

 参考文献

1. 季卫东:《法治秩序的建构(增补版)》,商务印书馆2019年版。
2. 孙笑侠:《程序的法理》,商务印书馆2005年版。
3. 江必新:《行政程序正当性的司法审查》,载《中国社会科学》2012年第7期。
4. 〔美〕约翰·V. 奥尔特:《正当法律程序简史》,杨明成、陈霜玲译,商务印书馆2006年版。
5. 王锡锌:《论法律程序的内在价值》,载《政治与法律》2000年第3期。
6. 雷磊:《法律程序为什么重要?反思现代社会中程序与法治的关系》,载《中外法学》2014年第2期。

第六编 方法论

第十八章 法律方法

 引读案例

据报道,1993年,20岁的陈某离开广西老家赴深圳打工,与来自海南的叶某相识并谈起恋爱,后来又租了房子同居。1998年年初,叶某回家奔丧期间,陈某又与同厂打工的湖南姑娘戴某同居在一起。叶某奔丧回来,陈某事情败露,但经陈某劝说,二女竟然同意三人共同生活在一起,后来陈某又在家乡与二女同时举行了婚礼。社会为之大哗,但当地司法机关却难以给他们定罪:三人同时举办婚礼,谁是"原配"?谁是"重婚"者?另外,报道中称重婚罪属自诉案,叶、戴两女都没有告陈某重婚,重婚罪无从谈起。《刑法》第258条规定的重婚的要件是"有配偶而重婚的,或者明知他人有配偶而与之结婚的"。那么,你认为该案情况是否构成重婚?运用法律方法是否可以将其涵摄到《刑法》第258条的规定之内?

第一节 法律方法的概念

随着法理学实践理性和实践取向的不断增强,法律方法逐渐进入法理学的研究视野,成为新时代法理学的重要议题。当下,法律方法已经成为提升法律人理性思维能力以及运用法律解决问题之能力的必要训练。

一、法律方法的概念

当代西方法学家都很重视法律方法,并对这个概念作过非常经典的阐释。例如,美国法学家庞德把法律方法视为法的要素,指出所谓法律方法,是指解释和适用法律的规定、概念的方法和在权威性法律资料中寻找审理案件的根据的方法。① 英国法学家沃克认为,法律方法是指"可用以发现特定法律制度或法的

---

① 参见〔美〕罗·庞德:《通过法律的社会控制:法律的任务》,沈宗灵、董世忠译,商务印书馆1984年版,第23页。

体系内,与具体问题或争议的解决有关的原则和规则的方法知识的总和"①。德国法学家诺伊曼认为,法律方法存在狭义和广义两种概念。狭义的法律方法是指,法律家在适用法律的过程中认识法律和解释法律的方法,而广义的法律方法同时包括法律解释和法律续造。② 拉伦茨认为,法律方法是法学上不能绕过的主题,"它所关心的不仅是明确性及法的安定性,同时也致力于:在具体细节上,以逐步进行的工作来实现'更多的正义'"③。阿列克西认为,法律方法不仅能够阐明法学作为规范学科的特性,而且也能够为从事法律实务活动的法律职业人提供(论证上的)支撑点。④

近二十年来,随着法治建设的发展和司法活动的专业化,法律方法在我国司法实践中逐渐受到重视。在我国法学研究中,法律方法一般是指法律人将现行有效的法律规范适用于个案纠纷获得一个正当法律决定的过程中所使用或遵循的方法。简言之,就是法律人为寻找法律问题的正确答案而使用的专门方法。法律方法是法律以自身的规则与程序来支撑法治、维护阶级统治、实现社会公平正义、达至社会秩序的思维技术。因此,法学界把法律方法称为"法律科学特有的方法",也有人称之为"法教义学方法论",它像教徒对待教义一样,认真对待条文,强调适用法律的真义。因此,法律方法是法律自身的运作方法。除此之外,法律方法还意指法律人在了解、认识并运用特定的国家现行有效的实在法的内容或意义的过程中所遵循的标准和规则。跟"法律方法"比较近似的一个概念是"法律思维",人们有时将这两个概念合在一起称为"法律思维方法"。事实上,法律思维偏重于指称人的主观思维活动,法律方法则强调外在的法律应用技术、技巧与步骤。

法律方法是法律规范、法律原则、法律概念、法律价值和案件情势的结合。一般而言,法律方法发生于个案法律适用之场合。法律方法的发生原因在于:规范与事实之间总是存在"不对称"。法律方法就是用来解决法律规则与个案事实之间"不对称",把抽象规则有说服力地适用到具体个案。法律方法具有根据对象不同而变化的特点,是规则、原则和手段的体系。可以说,法律方法要解决的是具体法律问题,它以法律适用为中心(案例场合),所要处理的是事实与规范之间对立与紧张的难题。凡是法律人用法律处理事案(案件或事务),对法律文本进行理解应用的方法都属于法律方法。相对于其他法学分支,法律方法与

---

① 〔英〕戴维·M. 沃克:《牛津法律大辞典》,李双元等译,法律出版社 2003 年版,第 761 页。
② 参见〔德〕乌尔弗里德·诺伊曼:《法律教义学在德国法文化中的意义》,郑永流译,载郑永流主编:《法哲学与法社会学论丛(第 5 辑)》,中国政法大学出版社 2002 年版,第 17 页。
③ 〔德〕卡尔·拉伦茨:《法学方法论》,陈爱娥译,商务印书馆 2003 年版,第 77 页。
④ 参见〔德〕罗伯特·阿列克西:《法律论证理论——作为法律证立理论的理性论辩理论》,舒国滢译,中国法制出版社 2002 年版,第 35 页。

法律实务的联系最为密切。无论是诉讼还是非诉讼法务,都需要应用法律方法。法律方法不仅用于司法,还运用于涉及法律判断的广泛领域。法律方法是公证员、仲裁员、公司内部的法务律师、党政法务人员甚至立法机关专门法律人员的基本业务。我们可以说,法律方法是所有法律人的职业技能,是法律人的基本功和看家本领,也是普遍运用的"业务"手段。① 只不过,法官的司法裁判最具代表性,因此也有人使用"司法方法"这样的名称来指称一般意义上的法律方法。

综上所述,法律方法大体上可以划分为三个层次:第一层次是法律思维,即从法律的角度思考、分析和解决法律问题的思维路径和基本原则。法律思维在法律方法体系中占有重要地位,是统率所有法律方法的总方法或总原则。第二层次是具体的法律方法,如法律发现、法律解释、法律推理、漏洞填补、利益衡量、法律论证等方法,这些法律方法是在法律思维方式包裹下的具体技术。第三层次是法律方法论,法律方法论是将前两者作为研究对象而形成的特定学问,法律方法论以一般科学陈述的方式描述法律工作者的工作方式,并检验其是否得到改进。

二、法律方法的特点

从不同的角度人们对于法律方法的特点可以作出不同的概括,但无论从哪个角度进行概括,其目的都是进一步解释什么是法律方法,以加深人们对法律方法的理解。我们认为,法律方法的特征可以从如下几个方面归纳:

(一)以法律适用为中心

法律方法以法律适用为对象,以服务司法裁判为目的。法律方法不同于部门法学的特点在于,它不仅对文本进行解释,而且更侧重于研究如何将法律规范更准确、公正地运用到个案。法律方法只有基于个案事实才能发挥作用,法律方法不会无视个案给定事实的具体情形,也不会无视个案的特殊性和社会效果。法律方法的运用主体主要是法律实践的主体,即从事立法、执法、审判、检察、法律服务等法律实务工作的法律职业者。法官、行政执法官员、律师、公证员等具体适用法律的法律职业者,均为应用法律方法的主体,但以司法定向的法官裁判活动,才是应用法律方法的最典型表现。法官是法律生活中占主导地位的形象,律师、检察官、当事人乃至法学家所提出的主张都以法官的法律适用为原型或参照。正因如此,有学者将法律方法概括为"以司法为中心"或"司法定向的法学理论"。不过,这种观点无法兼顾司法以外的其他法律适用活动,所以,还是将法律方法概括为"个案法律适用"比较恰当。为了切合法律方法这种以司法实践为问题导向的特点,法律方法往往采取微观的研究视角,着眼于实际问题并且

---

① 参见孙笑侠主编:《法律方法教程》,高等教育出版社2020年版,第11页。

力图解决实际问题,强调法律方法运用的具体场景。

(二) 具有明显的价值取向性

法学是一门充满实践理性的学科,其魅力主要不是坐而论道,而在于通过规范把价值运用于事实,作出外有约束力、内有说服力的判断。评价法学认为,法律适用者尤其是法官的行为,最终都具有评价的性质。在所谓的法律适用领域,假使涉及的不仅是单纯的涵摄,而是评价性的归类或具体化,那么价值导向的思考方式是不可或缺的。很多(而不仅是在若干临界)案件,法官的价值判断会取代立法者的价值判断,对之亦无从依客观标准作事后审查。法律必须被解释,而解释多少是任意性的,或者法律本身要求法官为价值判断,而对价值判断又不能作客观论证。除此之外,不管是法官进行案件涵摄、认定和填补法律漏洞、确认案件事实,还是选择可适用的规范、法律结果,尤其是究竟选择哪种法律解释方法,都要不可避免地进行价值判断。在大多数案件中,法官根本不能"严格地依法律"获致裁判结论,而只能在法秩序的意义上对适当的价值判断作合理的说明,即使有关的理由未必具有逻辑上的必然性。尽管以逻辑为基础的法律方法大致规划了法律思维的走向,但对法律判断的形成来说,更需要进行法律论证,而"证立的概念要比逻辑推演的概念来得宽泛。它不应只是要求判决正确地从某个特定的语句集中推导出来,而且它还要求,这些演绎推论出该判决的句子必须是真的、正确的或可以接受的"①。

(三) 是法律人的职业方法

法律人的技能以系统的法律学问和专门的思维方式为基础,并不间断地培训、学习和进取。法律人专职从事法律活动,具有相当大的自主性或自治性。② 法律人具有一种与其他职业者相区别的判断、解决问题的视角和方法,即法律角色参照系。法律思维能力的形成集中表现为法律角色参照系的形成。学习法律,并不是简单地了解法律是如何规定的,还要学会像一个法律职业者那样思考和解决问题,学会以法律人的职业角色看问题。法律方法是法律人安身立命的根本,是法律人要依凭的角色参照系和内在技艺。法律方法是一种职业思维方式,它原本就是从法律职业和执业经验中而来,而后又服务于法治事业。换言之,法律方法是法律人思考与适用法律的一套职业方法,法律人是否拥有独特的思维,取决于法律方法是否独特。如果法律方法是所有民众所拥有的,那么法律思维也就没有独立的地位,就和大众思维一样。反之,如果法律方法是独特的,那么法律思维也就具有独特性。法律方法是法律共同体的职业性思维与技术,具有"一切依法办事的卫道精神",具有明显的法教义学特性,坚守"依法裁判"

---

① 〔德〕罗伯特·阿列克西:《法 理性 商谈——法哲学研究》,朱光、雷磊译,中国法制出版社 2011 年版,第 7 页。

② 孙笑侠主编:《法律方法教程》,高等教育出版社 2020 年版,第 2 页。

和"规则至上",并具有不同于其他思维的特殊原则,如法无禁止即可为、法无授权不可为、法无规定不为罪、无罪推定、主张者举证,等等。

(四)法律方法也是法的一部分

法律方法是在既定的条件下寻找问题的解决方式,这个既定的条件就是法律的有关规定。同时,法律方法的教义学立场决定了法律方法的运用必须以法律规定为前提和基础。在西方法律传统中,法律与法学从来不是完全两分的。西方法学家将法律渊源分为主要渊源和次要渊源,次要渊源中的"权威理论"就包含法律方法。因此,法律与法律方法不是绝对两分的,如20世纪初的法国法学家就明确将法律方法作为法律的一部分。实际上,法律方法的法律属性也是法律作为实践理性的特质所决定的。作为实践理性的法律,离不开实践的方法,法律实践的方法与法本身是不可分离的。我国《立法法》中所含的法律解释条文就具有法律方法的意义。我国法律中原本没有关于解决法条冲突的条文,经过学者的努力,原本作为寻找法律的方法成为法律的一部分,如法律位阶原则、特别法优先原则、新法优先原则等。现代西方法律中的方法内容更多,大凡重要的法律文本中都有类似"本法的解释"的内容,以规范司法者的解释法律行为。此外,英国法律解释规则中的文义规则、黄金规则和除弊规则已经事实上成为许多国家法律的一部分。

三、法律方法的功能

法律方法的运用直接关系到法治的实现,因此法律方法的功能很多,但对法律方法我们既不能抱有太高的期望,也不能轻视它的作用。

(一)保障法律统一适用,确保平等原则实现

法律统一适用或者同案同判是司法公正的重要表现。法律方法是法律统一适用的内在约束力量,对法律的统一适用具有认知功能、监督功能、评价功能、补救功能和服务功能。法律方法对法律适用的制约力主要表现为思维导向、技术路径和知识共识等方面。在司法中,"如果出现类似案件,原则上法院有义务适用早先所采用的规则。方法论还进一步要求法官公开其法律适用的步骤。这一点是必要的,否则将完全不知道法官为什么对某一事实适用某一法律规范。只有这样才可能检验法官是否在事实上对同样的案件作出了相同的裁判"[①]。除了保障法律统一适用的功能,法律方法还有助于在个案中贯彻平等原则。近年来,我国最高人民法院开始注意发挥法律方法在法律统一适用中的价值,如2020年9月发布的《最高人民法院关于完善统一法律适用标准工作机制的意见》要求,各级人民法院应当强化与统一法律适用标准相关的法律解释、案例分

[①] 〔德〕伯恩·魏德士:《法理学》,丁小春、吴越译,法律出版社2003年版,第292页。

析、类案检索、科技应用等方面能力的培养,全面提高审判人员统一法律适用标准的意识和能力。这些法律方法方面的实际举措将能够推进我国法律统一适用。当然,对法律方法论的这一功能也不应过分夸大。方法的工具可能在适用结果上缓和法律规定的不法性,但不能阻止它。在许多与价值相关的法律适用的具体行为中,法院常常拥有显著的自由裁量空间。就此而言,人们对同案同判也不可进行机械的理解。

(二) 注重讲法说理,提升裁判可接受性

讲法说理是法律人的基本功,这一基本功主要来自对法律方法的把握。讲法说理所需要的概念、原理、规则以及思维走向,法律方法都作了抽象的总结。"由于法律主要是在操作层面上存在的,发达的法律方法不仅可以提高法律的公正性与安定性,而且能够促进普适性公正和个案公正的统一;由于法律方法本身所具有的中立性,发达的法律方法有助于提高法律的权威和公民对法律的认同。"①同时,法律方法还"有利于对法院裁决进行批评性讨论,它使议会关于适用于待决社会事实的相关规则的讨论在另外的层面上继续进行。格言道:'汇集了各种观点的裁决依据几乎无可挑剔'……公开判决理由和论据的义务能够检验被使用的前提与从中得出的结论是否令人信服"②。在这里,两个层面的因素促使法律方法这一功能的实现:一个是制度层面,诉讼程序上的判决理由制度、争点整理程序是实现法律方法说理功能的重要途经。法律方法能够帮助法官高效地建立起一个融贯的以问题解决为导向的裁判理由系统,从而有助于提升裁判的质与量。另一个是人的层面,对法律工作者而言,对法律方法的忠诚起着自我监督的作用。法律方法的说理论证功能更有赖于法律适用者个人对法律方法的自觉及忠诚。

(三) 维护法的安定性,适应社会发展需要

法律方法面临的主要挑战之一在于它可能破坏法的安定性,而后者是法治的核心之一。法律方法,无论是法律解释还是续造,并不会导致法的安定性过度丧失。法的安定性并不等于制定法的明确性,它不仅仅强调法律必须以书面文本的形式、用精确的词句加以表述。法律方法的要旨在于理性法律论证。即使司法裁判不得不面对制定法文本内涵不明确之弊,法官也能够运用各种理性可预见的论证方法、资源、规则和负担来尽可能清晰地界定制定法"规范上可能的适用范围",从而最大限度地确保获得法的安定性。因此,法律方法具有满足"法的最大化安定性"的可能,法治也有实现的可能。③ 但我们也要注意到,法律方法"所关心的不仅是明确性及法的安定性,同时也致意于:在具体的细节上,

---

① 周永坤:《法律方法的法本体意义》,载《甘肃社会科学》2010 年第 4 期。
② 〔德〕伯恩·魏德士:《法理学》,丁小春、吴越译,法律出版社 2003 年版,第 293 页。
③ 参见雷磊:《法律方法、法的安定性与法治》,载《法学家》2015 年第 4 期。

以逐步进行的工作来实现'更多的正义'"①。我们在继受法律方法学说的过程中,不能将其与其背后的价值论割裂开来。同时,法律方法也是法律顺应社会发展的重要工具,在当下所处的社会生活发生重大变化,导致法律难以调整新型法律关系时,法律方法能够填补二者之间的裂缝,从而维护法律的权威及其安定性。法律方法所要研究的就是如何通过个案法律适用,运用解释、推理、论证、漏洞补充等司法技术,在保持对既有制定法规则予以尊重的情况下,妥当解决个案,维护法的安定性价值。

（四）生成法律意义,实现法律理想

无论是价值衡量,还是法律论证等法律方法的运用,无不是为寻找个案的法律意义。当然,法律意义的生成,既可能是法律"射程"之内的固有意义,也可能溢出法律"射程"而产生的新意。法律方法可以使我们在纷繁复杂的法律体系中,用法律发现、法律检索等方法,找出当前要运用的法律。而法律解释、价值衡量和法律论辩等方法,实际上是在帮助我们把已经发现的法律重新整合,以构建恰当的、针对个案的法律。法律方法是站在司法立场解决问题的方法,各种形式的法律实际上只是构建法律的源泉,法律方法的运用就是在整合不同法律形式基础上确定具体的法律。虽然法律解释、法律推理等裁判活动无法排除价值判断,但法律方法主要服务于法律的内在价值。法律方法一般着眼于法的形式结构及司法技术,不太顾及抽象的价值正义问题。"与法哲学不同,法律方法论没有实质性的正义标准。因此,从其认识客体（法律适用方法）来说,它就不适宜于成为阻止形式上有效的法律规定在行政和司法中得以实现的有效栅栏。……作为实践着的法律适用理论,法律方法论是实现,而不是抵制法律共同体中非常重要的法律观和价值观。"②法律方法有一套精致的技术,从形式上决定着法律适用的质量,但对法律适用的具体内容,则往往无从决定。

第二节　法律方法的学科体系

作为实践哲学的法律方法论并不是法律人办案的行动方案,更主要的是一种理论形态。从法科人士研习法律方法的过程来看,作为方法论的法律哲学、法治所需要的法律逻辑学、法律修辞学、法律语言学和指引司法活动的法律解释学等学科,共同构成了法律方法的基本学科体系。在学科交叉的意义上,法律方法论的研究既可以拓宽专业领域,也可以积淀深厚而广泛的理论基础。

---

① 〔德〕卡尔·拉伦茨:《法学方法论》,陈爱娥译,商务印书馆2003年版,第77页。
② 〔德〕伯恩·魏德士:《法理学》,丁小春、吴越译,法律出版社2003年版,第420页。

一、法律哲学

哲学既是世界观,也是方法论。在国外的很多法律哲学中我们可以看到,其主要内容就是关于法律方法论的研究。这一点在德国法律哲学家研究中表现得尤为突出。法律方法学科意识的觉醒,既与哲学的实践转向趋势一致,又可以从中获取理论支撑。法律哲学的演化与其他学科一样,出现了越分越细的现象。在过去的三四十年间,法哲学中的一些特殊主题被分离出来,它们现被放在"法律理论"中讨论,如法律规范理论、法律认识论、法律论证理论、法律判决理论以及法律方法论、法律语义学、法律诠释学、法律修辞学等其他理论。从法哲学分出来的这些专题性研究,很多都与我们所说的法律方法论联系密切,其中部分如法律论证、规范分析、判决理论、法律解释本身就是法律方法。法律哲学虽然注重在体制之外以哲学的方式解答法律的问题,但主要是以一种"法律人哲学"的方式自行回答与法有关的哲学问题。法律哲学阐释法的基本概念,对法律语言、法律规范结构和法律制度建构进行研究。此外,法律哲学还努力理解法的作用方式以及法律人的思维方式。英美主流法理学分享着一种与德国法律哲学相似的思维方式。哈特认为,法哲学所关心的不是法律知识,而是法律思维,法哲学的基本问题包括定义和分析的问题、法律推理的问题、法律批评的问题。

法律人总是法律哲学家,因为法律哲学已是每个法律人在具体个案中宣告法律为何之时的一部分。我们并非在从事日常的法律推理之后才针对这些法律推理进行后续的法律哲学研究,事实上法律哲学本身就是推进并引导我们进行法律推理的枢纽。从总的目标上看,法律哲学不仅要在一般意义上认识和解释法律,还担负着从思维方式上改造世界、促成秩序的任务。法律哲学是为法治这个"人工"秩序服务的理论,这就意味着法律方法论是它要认真研究的问题。事实上,法哲学家提出的很多命题,如一般性优于个别性、法律的客观性、合理性以及合法性等,都对法治思维具有重要的启示意义,并且后来都转变成了法律方法论的原则。

二、法律逻辑学

法律逻辑是法律思维的形式基础,法律方法体系的基本构架也是由法律逻辑学搭建的。传统的法律逻辑学一直持有这样的观点,即法律逻辑并没有与形式逻辑不同的特殊对象,它的任务在于把形式逻辑一般原理应用于法学和法律工作的实际。然而,20世纪70年代以来,法律逻辑学出现了明显的"论证转向"。人们开始认识到,法律逻辑学不仅仅是思维规律的科学,也不仅仅是从形式方面去研究概念、判断和推理,而且也要研究其实质内容和思维过程。随着法律论证等理论渗透到法律方法中,逻辑已经不再专指三段论的形式逻辑,法律逻辑学的范围也不再像有些人想象的那样狭窄。法律逻辑作为一种真正的哲学逻辑,探讨的不是自我封闭的逻辑体系对于法律的可适用性问题,而是由法学自身提出来的逻辑问题与任务。① 法律方法既是一种实践性的司法裁判操作,也是一种复杂的逻辑思维活动,倡导什么样的法律逻辑思维,就会有什么样的法律方法。法律逻辑学本身即具有方法论的意义,它不仅规定了法律思维的必要条件和过程,而且还从根本上塑造了法律方法论的研究范式。

法律方法论不仅要充分地考虑法律逻辑学的帮助和借鉴,同时法律逻辑学也需要法律方法论的引导。在非形式逻辑、语用学、认知理论等新兴学科的帮助下,法律逻辑学几乎已经拓展到所有的法律方法领域。当代法律逻辑学不再将逻辑局限于单调的形式逻辑,而是转向更广阔的法律论证。新逻辑观视野下的法律论证研究,一方面可以理清法律论证中隐含的推理论证进路,探讨其中合理信念的产生与迁移问题;另一方面可以将法律论证纳入实践理性的分析框架,对法律论证进行更深入和细致的逻辑刻画。除此之外,在人工智能的协助下,法律逻辑学还能够分别从论证框架和论证语义两个层面探讨法律论证的形式模型,从而拉近抽象论证模型与自然论证的距离,为法律推理和法律论证建立一种广义模态框架,更为理性地掌握法律获取、法律解释、价值判断、利益衡量、法律证成等法律推理活动。当前,法律逻辑学和法律方法研究已经呈现出了交叉融合的趋势。不管是遵循规则的法律方法,还是超越法律的法律方法,法律逻辑学都可以找到参与的空间。

三、法律语言学

"之于法律者,语言不仅是理解不语的客体之当然实用工具,其本身也是法律者工作的核心对象——他要理解法律,描述事实行为,根据规范对案件进行推论。"② 包括法律解释在内的任何解释,都具有语言学的性质。法律语言学是在"法学的语言学转向"过程中孕育并产生的,语言哲学是法律语言学最直接的理论基础。哲学的语言学转向对法学的影响,表现为法学中的两次"语言学转向",第一次是在维特根斯坦前期的逻辑实证主义思想影响下发生的法学中的"语义学转向",以哈特创立、麦考密克和拉兹等人继承发展的新分析法学,以及以沟通理论、符号学、修辞学和论证理论等为背景的法学理论为代表。第二次是在 20 世纪 80 年代以后,随着语用学、篇章语言学和哈贝马斯的理性商谈理论及维特根斯坦后期的日常语言哲学的蓬勃兴起,法学的语言研究又发生了"语用

---

① 参见雷磊:《什么是法律逻辑——乌尔里希·克卢格〈法律逻辑〉介评》,载《政法论丛》2016 年第 1 期。

② 〔德〕阿图尔·考夫曼、温弗里德·哈斯默尔主编:《当代法哲学和法律理论导论》,郑永流译,法律出版社 2002 年版,第 291 页。

学转向"。法律语言学是以"法律语言"(包括动态过程中的法律言语行为和法律话语)为主要研究对象建立起来的学科。

法律语言学与法律方法论存在诸多契合之处,在一定意义上都是为追求特定情景下语义的确定和意义明确,从语言学的角度可以解释单纯的法学不能说明的问题。法律解释不仅需要语义学和语形学的逻辑保障,更需要语用学的意义和有效性保障。法律语言学的任务即在于描述和解释法律语义的变化与流动,使我们看清法律语言在什么地方存在着不确定性和确定性,说明不确定性和确定性各自的形成原因,理清其间的界限和比重。从广义上看,法律语言学是法律方法大家族的重要成员,其内容涉及法律和语言语境中的语言与法律的关系。作为法律方法论的法律语言学,看中的是语言哲学对法律问题的特殊解释力,试图用语言学的规则解决法律解释的客观性问题。在法律方法论体系中,法律语言学处于基础学科的地位,语言学所提供的知识是进行法律解释与修辞的基础。

四、法律修辞学

在论辩理论的维度上,修辞学可以理解为一种通过言说和相互言说的说服推理技术。① 修辞学与法学明通暗合,修辞学已经渗入法学和法律的各个领域。法律修辞学是一个实践学科,它关心的是,从法律适用时对创造性自由空间的理解中抽出结论。法律与修辞学走到一起,完全是因为新修辞学重视论证,而法治要求司法决断必须进行有礼有节的论证,以达到讲理说法、胜败皆服的情形。修辞学并不仅仅是表达的方式和手段,也是一种推理的方法。修辞学具有一种能够在任何一个问题上找出可能的说服方式的能力,注重的不是说服的结果,而是获得结论。在论证成为一种普遍性诉求的时代背景下,法律修辞学将修辞学的理论和方法应用到法律领域,为法律领域提供了一种新的论证方法和理论。它所关注的是在法律论辩中,通过言词和话语的力量在论辩双方对话和沟通之下,经过相互的说理和论证,寻求有说服性的、可接受的法律判断结论,以获得法律问题的解决。

新修辞学的核心观点是,"在任何地方都不可能中立地言说",在法律中更是如此。美国学者赫格特将修辞法学的特点概括为三个方面:一是情境思维,即关注于某个具体的法律问题;二是论题学观念;三是认为法律是个表达观点的问题。在外延上,法律修辞学不但包括争点论、法律论题学、法律决疑术、新法律修辞学,而且包括受其他学科的影响而产生的修辞符号学、分析修辞学、法的符号学以及社会理论的论证理论等。法律修辞学并非一种全新的法律方法,只是一种基于其他法律方法的论证技术。法律修辞学的很多论辩、论据和论证型式都

---

① 参见舒国滢:《西方古代修辞学:辞源、主旨与技术》,载《中国政法大学学报》2011年第4期。

来源于传统法律方法,每一种法律修辞技术都对应着相应的法律方法。法律修辞学的出现,从根本上改变了法律方法论的传统模式。未经法律修辞学洗礼的法律方法关注的只是法官的法律方法,遵循的是一种独白性的研究进路。法律修辞学的出现改变了法律判决的正确标准,从传统的客观性开始转向合理性和可接受性。

五、法律解释学

在法学史上,法律方法研究主要表现为法律解释学。法律解释学自近代以来才得到充分发展,其研究的领域和内容仍在不断拓展。随着哲学解释学在法学领域的应用,人们开始在两种意义上使用"法律解释学"这一概念,即方法论意义上的法律解释学和本体论意义上的法律解释学。哲学解释学的研究显示,解释者不可能价值无涉,法律的阅读和适用不是纯复制或复述,只有通过理解者与作者的对话,才能达到一个合理的、可接受的、合意的结论。在当代解释学看来,法律解释不再是一种特殊的司法实践中使用的技艺,而是一种一般性的理解法律的方法,它不仅适用于司法界的法官和律师,而且适用于立法者、法学家和一般大众。法律解释的结果不再是非此即彼,而是"不仅……而且……也是……"。法律解释的主体由此得以扩展和弥散,并随即出现了论证转向。在法律解释学和法律方法论的关系上,学界存在两种不同的观点。一种观点认为,法律解释学和法律方法论是同一问题的不同表达,所谓的法律方法论也就是法律解释、适用的方法论。另一种观点认为,法律解释学和法律方法论虽有一定联系,但是两个不同的概念。

法律解释学也可称为"法律解释方法论",它可以摆脱各种具体解释技术的束缚,进入思维领域。这已经超越了解释实践经验的范围,上升为抽象的法律解释理论系统。法律解释学不能仅仅局限于解释方法的技术性,而是要对这些技术方法进行理论抽象、概括与分析。法律解释学越富有体系性,也就越能体现解释学的科学性。不能简单地将法律解释学等同于法律解释方法,它是研究、探索和阐释各种法律解释方法,分析这些方法的性质、特点、一般规律、适用范围和程序,讨论各种法律解释方法之间的联系和区别,以及它们的适用顺序等的科学。法律解释学既要从实践的层面总结人类创造和运用各种方法的经验,探求关于方法的规律性知识,又要从哲学的高度对法律解释方法的本体论作出回答。[①]

[①] 王利明:《论法律解释学》,载《中国法学教育研究》2010年第1辑。

第三节 具体的法律方法

法律方法经历了古希腊、古罗马和古代中国的散乱粗放发展,到近代萨维尼构造了一个相对完整的体系,在当代被扩展为一个蔚为壮观的阵营。我们认为,法律方法的体系乃是以法理渊源为核心,包含法律解释、法律发现、法律论证、法律推理、利益衡量等方法的学科体系。

一、法律渊源

法律渊源不仅是法官寻求裁判依据和论证理由的场域,而且是法官适用法律、建构大前提的起点。传统上,学者大多是从与法的形式的关系来看待法源问题,认为法律渊源等同于法律形式。这是一种立法立场的法源概念。司法立场的法源理论认为,法律渊源是进行法律发现或法律获取的场域,它要解决的是法官去哪里寻找法律适用的大前提或规范性命题的问题。司法立场的法源预设了法律适用的特定视角。法律渊源并不是裁判依据或法律规范本身,而是它(它们)的来源。法源本身未必一定具有法的性质,而只是发现裁判依据的途径。法源的意义在于帮助法官确立依法裁判的基础,或者说确立依法裁判之"法"的范围。换句话说,只有建立在法源基础上的推理才是法律推理。在法律方法论的视角下,法律渊源所指的是法律适用过程中的裁判依据得以产生的根据,是裁判所要依循的权威理由。

从不同的角度可以对法源进行不同的分类。例如,依据产生法源之行为或事实的不同,可以将法源分为立法(制定法)、司法(判例法)、共同的规范性实践(习惯法)、共同的学术实践(教义学、法学家法)。根据法的渊源的载体形式不同,可将法的渊源分为成文法渊源与不成文法渊源。从法的渊源与法规范关系的角度,可将法的渊源分为直接渊源与间接渊源。根据是否存在相应的制度形式,可以将法源划分为制度化的法源与非制度化的法源。其中,非制度化的法源又分为事实性法源与说服性法源两类:事实性法源来自某个机关在司法系统中事实上所处的地位,而说服性法源来自法官对于某种理由来源的信任。根据法源是否存在独立的效力,可以将法源划分为效力渊源与认知渊源。在当代中国,法的效力渊源包括制定法、司法解释、国际条约和协定,法的认知渊源包括指导性案例、政策、习惯、外国法和法律行为。除此之外,我们还可以从静态和动态的不同意义上来理解法律渊源:静态层面的法源旨在处理法律渊源的表现形式和分类,它要解决的是什么规范可以作为法律裁判的论据和理由的问题;动态层面的法源要解决的是如何在个案中根据法律冲突规则发现所需要的裁判依据和论证理由。因此,在这个层面上,法律渊源还具有论题学的功能,需要和法律发现或法律适用结合在一起运用。

二、法律发现

法律发现既可用于指代立法者制定(或认可)行为规范的活动或方法,也可用于指代司法者寻找裁判依据的活动或方法。法律方法主要关注的是司法意义上的法律发现,也就是俗称的法官"找法"。司法层面的法律发现可以作广义和狭义两种解释,广义的法律发现包括"在法律当中发现法律"和"在法律之外发现法律";狭义的法律发现则专指"在法律之外发现法律",即当法官在现行法律中无法找到可适用于当下案件的具体规定时,将目光挪移于法律之外而进行的法律发现。法律规定的一般性、内容的庞杂性以及裁判个案所需法律规范的针对性、关联性,决定了每一个案件都需要进行法律发现。法律是一个庞杂的系统,法官必须按照一定的路径、方法,在法律丛林中穿行、逡巡、寻找、甄别、选择、确定、发现能够适用于特定案件的法律规范。法律发现不是随心所欲的自由发现,必须且只能在法律渊源内进行。法律渊源是法律发现的场所,约束和限制着法律发现的路径。法律渊源是一个庞大的系统,遵循法律渊源的内在结构寻找法律会有事半功倍之效。法官只有依据并维护"法律秩序的统一性",利用法律秩序的导向作用,才能发现裁判所要适用的法律。在法律秩序统一体内发现法律,要遵循一定的程序、步骤、路径、方式或者技巧,而且法律形式不同,法律发现的方法也不尽相同。

法律规范类型之间关系的规定性对法律发现具有双重意义:一是它决定了对法律规范选择的一般顺序,即在法律秩序正常状态下,法官在各种规范类型之间选择、发现法律的顺序规则;二是它决定了对法律规范选择的特殊顺序,即在法律规范发生冲突、法律秩序异常状态下,法官在各种规范类型之间选择、发现法律的特殊顺序规则。法律规范选择的一般顺序为:(1)规则先于原则;(2)程序法先于实体法;(3)下位法先于上位法;(4)特别法先于一般法。法律规范选择的特殊顺序包括:(1)原则优于规则;(2)上位法优于下位法;(3)新法优于旧法;(4)"上位法优于下位法"强于"新法优于旧法";(5)"特别法优于一般法"强于"新法优于旧法";(6)国际法优于国内法。[①] 同时,依照法治原则,法律发现应该首先从正式法源中去寻找,只有当正式法源中没有明确标准或虽有标准但该标准与个案正义严重背离时,才能在非正式法源中寻找可以接受的答案。除了这些法律发现规则,有学者指出,法官等法律人的"找法"还应当遵循"以案分类—区别查找""现行有效法体系内查找""穷尽制定法""相关—密切联系"

---

① 参见董淑萍:《法律发现的方法》,载陈金钊、谢晖主编《法律方法(第十卷)》,山东人民出版社2010年版,第217—275页。

等规则。①

三、法律解释

　　法律发现之后且与之密切相关的法律方法就是法律解释。法律解释是解释者、法律文本和法律事实之间的对话。解释者既不能完全客观地融入法律文本中，构造所谓法律文本作者的原意，也不能纯粹主观地去解释文本。毋宁说，法律解释是一个主观与客观相结合的过程。有学者认为，与一般解释相比，法律解释具有四个特征，即法律解释的对象是法律规定和它的随附情况，法律解释与具体案件密切相关，法律解释具有价值取向性，法律解释受解释学循环的制约。② 也有学者强调法律解释的独断性、探究性、循环性和融贯性。③ 从不同视角看，法律解释具有不同的特征。我们认为，相比之下，法律解释的对话性、创造性、循环性和价值取向性更为突出。目前来讲，存在着文义解释、体系解释、当然解释、反对解释、目的解释、限缩解释和扩张解释、历史解释、社会学解释及合宪性解释等数十种法律解释方法。有学者认为，除了狭义的法律解释方法，还存在着一种广义的法律解释方法。广义的法律解释方法包括狭义的法律解释方法、不确定概念和一般条款的类型化以及漏洞填补等。也有学者认为，法律发现方法、法律推理方法、法律论证方法、利益衡量方法以及最近兴起的法律修辞方法从广义上讲也是法律解释方法。

　　在法律解释方法的研究中始终存在着一个问题，即各种解释方法之间是否具有某种位阶关系。法律解释方法的位阶或者法律解释元规则问题，本身显示出法律人谋求一种确定性的法律职业技术的努力。但是，在此问题上给出令人普遍接受的位阶排序明显并不现实，德国法学家阿列克西也不否认这一点。不过，在不同的解释方法之间，还是可以提出某种优先规则，虽然这种规则并不完整，而且不会是一直清楚单义的。比如，最常见的一个规则就是，文理解释优先于论理解释，文理解释上无法为合理之说明时，始得用论理解释。而在肯定法律解释方法位阶存在的不同观点中，也有某种共同的规律。即除了首先要运用文义解释方法之外，往往需要综合运用各种法律解释方法，此时即存在一个先后顺序的问题。在英美国家，法律解释规则通常被分为除弊规则、黄金规则和字义规则。除此之外，"明示其一、排除其他"、上下文解释规则、同类规则、通常用法规则、词典定义规则、严格解释规则、语法和句法规则、专业含义优先规则、明晰性规则、不赘言规则、同词同义规则、宽容规则、整体解释规则等，也都是相当重要

---

① 参见赵玉增：《法律发现：法官"找法"的规则新解》，载《上海政法学院学报（法治论丛）》2019年第4期。
② 参见沈宗灵主编：《法理学（第二版）》，北京大学出版社2003年版，第377—378页。
③ 参见陈金钊主编：《法理学》，山东大学出版社2008年版，第460—467页。

的法律解释规则。

四、漏洞填补

法律漏洞的填补是法律方法论的传统议题,也是司法实践面临的常见难题。法律漏洞有广义和狭义之别,依照广义的法律漏洞,无论是法律解释还是别的司法活动,都属于法律漏洞填补。与此不同,狭义的法律漏洞指的是违反立法计划或立法目的的不圆满性,也就是关于某个法律问题,法律依其规范目的应有所规定,却未设规定。对于法律漏洞,可以从不同的角度进行不同分类。(1)根据法律对于某个事项是否完全没有规定,可以将法律漏洞分为全部漏洞与部分漏洞。(2)根据法律漏洞形成的时间,可以将法律漏洞分为自始漏洞与嗣后漏洞。其中,自始漏洞又可分为明知漏洞与不明知漏洞。(3)根据关于某个法律问题是不存在任何规定还是存在需被创设例外的过宽规定,可以将法律漏洞分为明显漏洞与隐藏漏洞。(4)根据法律漏洞是否可以填补,可以将法律漏洞分为可填补的漏洞和不可填补的漏洞。

在填补法律漏洞之前,法官必须先行判断漏洞是否存在。一般而言,法律漏洞的认定可分为三步。第一步是确认涉争的生活事实属于法律应予调整的范围,当判定生活事实属于法外空间时,法官可以直接拒绝裁判。第二步是对既有法律进行检验以判断它是否对案件事实作出了完整的规定。通常情况下,法官凭借上述两步即可完成法律漏洞的认定。但在某些情形下,法官仍需判断对特定法律规范是否存在反向推理的可能。所谓反向推理,是指从法律赋予特定案件类型以某种法律后果推出,这一法律后果不适用于法律未规定的其他情形。第三步是当法官认为法律存在漏洞时,即须对法律漏洞进行填补。当存在明显的漏洞时,运用类似规则进行漏洞填补的方法,被称为"类比"或"类推"。如果不存在类似规则供参考,那么法官必须诉诸法律体系中的法律原则或基本权利,结合个案事实创设一条新规则,然后适用于当下案件并得出结论。这通常表现为依据法律原则的裁判,或者依据司法政策的利益衡量裁判。当存在隐藏的法律漏洞时,法官一般会根据法律原则或政策考量创设一个例外,将个案排除在已有法律规则的涵摄范围之外,这种方法被称为"目的论限缩"。按照裁判文书释法说理的要求,法官在进行法律漏洞填补时要进行相应的说理论证。法律漏洞填补的司法论证包括认定论证和填补论证两个部分。

五、利益衡量

利益衡量是在自由法学和利益法学的基础上发展出来的一种法律方法。一般而言,只有在法律没有明文规定的情况下,法官才进行利益衡量。从思维进程看,利益衡量方法具有预决性、倒推性。所谓倒推,就是先得出裁判结论,再为结论寻找正当的法律依据。法官在运用利益衡量进行判决时,不是直接通过法律规定得出结论,而是首先通过利益衡量得出结论,然后再从法律条文中寻找根据,以便使结论正当化或合理化。利益衡量所要追求的并不限于单纯实证法内的合法性,而是裁判结论的正当性与合理性。可以说,利益衡量是对形式正义的某种修正,是一种实质正义或矫正正义。作为一种法律方法,利益衡量与法律解释具有比较密切的联系。有人甚至在法律解释的标题下谈论利益衡量,将其作为某种法律解释方法。我们认为,利益衡量固然与法律解释方法具有比较密切的联系,但是二者分属不同的方法。法律解释是对法律进行的意义阐明活动,而利益衡量往往是在欠缺明确法律规定情况下,基于个案中各方利益情势进行决断。跟法律解释、法律推理、法律论证等其他方法相比,利益衡量是一种主观性更强的裁判方法,法官需要对法律、正义、情理等因素有较为准确合理的直觉把握。可以说,裁判活动在此成为某种"艺术"。

利益衡量固然是一种主观性较强的裁判方法,但并不是随意妄为。正如德国法学家恩吉施所论:"以从权利人那里善意取得动产的规定为基础的利益权衡,不是任意的,它不是简单地将冲突利益中的一个置于另一个之前,而是呈交出这种优待的权利行为的'许多理由'。"[1]在利益衡量中给出理由,也就意味着利益衡量需要有相对客观的标准,由此才能避免这一方法被滥用。如何确定利益衡量的标准,对于利益衡量论作为一种独立的方法论十分关键。一般说来,具体化的利益衡量,应参酌社会上可探知、认识的客观伦理秩序和公平正义原则,以期能适应社会经济发展和道德价值观念的变迁。除了在方法上力求实现衡量标准的客观化外,还有必要确定利益衡量的界限,对利益衡量加以必要的节制。例如,运用利益衡量必须遵循有限适用原则,利益衡量一般不能背离制定法和最高司法机关的统一解释,利益衡量只能在法律的疆界内发挥其应有的作用。赫克曾将利益衡量适用的范围限定于两种情形:一是法律指示法官运用自己的判断;二是从现行法中找不到针对类似情形所作的利益评判,或者相关利益评判相互抵触。[2] 此外,法官要使利益衡量运用公开化,即既要依据法规赋予利益衡量结论以形式理由,也要公开利益衡量的具体过程,展示利益衡量的实质理由。

六、法律论证

法律论证理论代表着一种运用多种学科知识、方法和研究进路寻求解决法律实践问题的探索和努力。法律论证的含义寓于"论证"一语。简言之,论证乃是给出合理的理由,将某种主张正当化。因此,法律论证即是运用法律理由将某

---

[1] 〔德〕卡尔·恩吉施:《法律思维导论》,郑永流译,法律出版社2004年版,第237页。
[2] 参见〔德〕菲利普·赫克:《利益法学》,傅广宇译,载《比较法研究》2006年第6期。

种法律主张或者法律判断予以正当化。从此意义上说,法律论证是对法律命题或法律判断的证立过程,是一个说服听众、讲法说理的过程。从性质上讲,法律论证既是一种理性思维活动,也是一种职业技术与法律方法。我们在这里仅研究作为法律方法意义上的法律论证,或简单称之为"司法论证",亦即从司法为中心视角,研究法官裁判中的法律论证问题。在正当化或说理的过程中,法官往往可以采取多种不同的方法、进路或策略。目前,法律论证研究已经转移到两个非法哲学的研究领域:一个是(普遍)论证理论,从20世纪80年代以来逐渐形成。主要代表是荷兰的爱默伦与格鲁特德斯特的阿姆斯特丹学派的"语用—辩证进路"以及"非形式逻辑"和"批评性思维"学术流派。另一个是自大约相同时间发展出的,可被称为"人工智能与法律共同体",把信息论的、逻辑的和数学的技术与对法律论证的新兴趣联系在了一起。

在法律论证视域中,人们不仅区分法的发现过程与证成过程,而且将证成过程进一步区分为内部证成和外部证成。法律论证中的三段论推理一般是在内部证成环节进行的。内部证成的复杂模式显示,涵摄的过程往往不是简单的三段论形式,而是含有多个前提的推论。基于有待适用的规范,由此具体展开每个步骤的任一前提,均可推出另一个更为具体的规范。这一系列具体规范即可构成一个连贯的链条,由此在具体个案事实和所适用规范之间建立起严谨的法律论证过程。为了尽可能充分地展开逻辑推导步骤,一般需要通过法律解释等方式将法律论证的具体步骤予以详细展开。法律论证的优势即在于,具有比较清晰的规则和形式,能够使法律决定或判断正当化。这跟传统的涵摄推论模式有着根本的不同。内部证成固然构成整个论证过程不可或缺的一环,不过相比之下,外部证成更为重要,也更为棘手。在阿列克西看来,外部证成构成法律论证的焦点,因而也构成法律论辩理论的核心主题。外部证成的中心问题是:按照法律的标准,在内部证成中所运用的论证(论据)是否可以接受?对外部证成的关注显示,当代法学家开始超越传统的逻辑形式与逻辑推演,而将个案法律前提之价值判断及论证问题纳入研究的视域。随着各个前提在性质上的不同,其证成方式也有所不同。例如,阿列克西将外部证成的前提区分为:(1)实在法规则;(2)经验命题;(3)既非经验命题,亦非实在法规则的前提。

 问题与思考

1. 什么是法律方法?法律方法有哪些特征?
2. 法律方法存在哪些功能和意义?
3. 法律方法是一门交叉学科吗?具体体现在哪些方面?
4. 法律论证是一种独立的法律方法吗?

5. 简述法律渊源与法律发现的关系。
6. 简述法律解释与其他法律方法的关系。

 参考文献

1. 〔美〕E. 博登海默：《法理学：法哲学及其方法》，邓正来等译，中国政法大学出版社2017年版。
2. 〔德〕卡尔·拉伦茨：《法学方法论》，陈爱娥译，商务印书馆2003年版。
3. 〔德〕阿图尔·考夫曼、温弗里德·哈斯默尔主编：《当代法哲学和法律理论导论》，郑永流译，法律出版社2002年版。
4. 〔德〕齐佩利乌斯：《法学方法论》，金振豹译，法律出版社2009年版。
5. 〔德〕罗伯特·阿列克西：《法律论证理论——作为法律证立理论的理性论辩理论》，舒国滢译，中国法制出版社2002年版。
6. 参见陈金钊主编：《法律方法教程》，华中科技大学出版社2014年版。
7. 参见舒国滢、王夏昊、雷磊：《法学方法论前沿问题研究》，中国政法大学出版社2020年版。
8. 孙笑侠主编：《法律方法教程》，高等教育出版社2020年版。
9. 葛洪义：《法律方法讲义》，中国人民大学出版社2009年版。

第十九章 法律思维

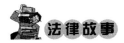

张老师（教授逻辑）问王律师："律师思维的一个很重要的特点就是指出他人的错误，对吗？"

王律师："是的。律师执业过程中满眼都是他人的错误，要么是对方律师错了，要么是法官错了或者是检察官错了。这确实是律师职业思维的重要特点之一。"

张老师："可是，律师凭什么说他人错了呢？"

王律师："凭法律。"

张老师："法律是什么？"

王律师："根据我国多数法理学教科书的通说：'法律是……行为规范的总和。'"

张老师："那请问对方律师受当事人之托参与庭审，是行为错了吗？法官从事审判、检察官代表国家公诉的行为，错在什么地方？"

实际上，当法律人等相互指责对方错误时，根本不是说他们的行为错了，而是说他们的思维出现了错误，是指诸如作为思维方法的法律推理、解释、论证、识别、发现等出现了错误。如果把法律仅仅视为行为规范，就不能将其作为衡量思维对错的标准。这是一个逻辑思维规则的问题。由此反推可以得出结论：整体性法律不仅包括行为规范，而且还包括法律思维规则。本章重点解决法律思维及对错评判的问题。

法律思维强调据法思考、依法办事，视法律规则为思维的前提，通过将争议事实归入构成要件的形式完成法律判断。法教义学思维即是此种思维方式的典范。法律思维在本质上是一种理论拟制，法律的独立性、自主性、体系性等属性，是法律思维得以成立的逻辑前提。正是以法律的独立性、自主性和体系性等为基础，人们才能根据法律阐释法义，思维决策才能据法展开。从法律实施的实践中，理论研究者总结出了法律思维的规则，使得法律人可以根据法律思维规则处理案件、解决纠纷。可以说，法律思维规则是法治能够实现的逻辑基础。我国当下的法学研究比较重视法律行为规范体系的构建,故立法工作被放置在极为重要的位置,但忽视了法律思维规则体系的建构。实际上,法律条文不仅是对行为的规范,还是对思维的指引。没有法律定义、法律规范等对主体思维的指引,便不可能有法律思维。法律方法论的主要关注对象就是法律思维规则,捍卫法治的思维模型正是建立在法律思维规则之上。

第一节　法律思维及其家族相近概念

中华人民共和国成立以来,我国法理学对法律思维家族的话语表达,经历了由法律意识(法律心理)、法律思想、法律理念、法治观念向法律思维、法治思维、法理思维的演化。与法律思维相近的概念很多,其中关联度较大的是法理思维和法治思维。法律思维、法治思维与法理思维三者有共同关注的对象,但也存在内部差异。在共性层面:第一,法律思维、法理思维都重视逻辑思维规则的运用,因而可以为法治逻辑所涵盖。法治逻辑(或者说法学思维)的主要内容则是由法律思维、法治思维、法理思维构成的。第二,法治思维和法理思维都讲究正义、平等、自由等法律价值对思维方式的渗透。第三,三者都是围绕着法律、法治而展开的思维活动。在差异层面:法律思维、法治思维和法理思维分别有不同的思维根据、方法、主体以及问题意识。法律思维主要是法律人根据法律规范的思考,探寻的是法律规范与事实之间的关系,解决的是具体案件纠纷。法治思维主要是政治人的思维方式,是运用法律解决社会矛盾,要求政治人应该像律师那样思考,在思维决策活动中进行去权力化努力。法理思维是综合决断性思维,不仅讲究法律规范、法学原理的重要性,而且重视法治秩序的建构,将法律拟制的主体以及政治、社会等因素也纳入决断思考的范围,进而对法律的"元问题"展开思辨。

一、法律思维

法律思维是指以法律为依据解决个案纠纷的思维。法律思维主要是根据法律进行思考,重点是对作为行为规范的法律进行研究。就对象而言,法律思维解决的是具体主体之间的纠纷。法律思维关注的重点不是行为的合法/违法评价,而是对法律人思维过程的约束,是评判思维对错的依据。

据法思考是法律思维的基本形式。"一切法律思维活动,既要符合人类思维的一般规律,例如符合推理的一般规则,又要符合法律规则、法律原则和法律的基本精神。"[①]维护法治、保证法治最大程度地实现是法律思维的目标。法律

---

① 葛洪义:《法律方法讲义》,中国人民大学出版社2009年版,第15—16页。

思维是法律职业者的专业性思维方式。法律思维是把法律规范、原则、精神等当成法律人思考问题的出发点和归宿,探寻待决事实的法律意义;是建立在逻辑基础上探寻法律意义的方法;是根据法治的需求和逻辑自身的规律为法律人思维创造的思维原则和规则。法律思维是捍卫法治的思维。维护法治既是界定法律思维所预设的立场,也是法律思维的本质所在。"法律思维指人们在建构规范并将规范应用于事实作出判断时的精神活动方式,建构规范需判断哪些事实当由法律来调整,应用规范需判断事实是否需要与规范相适应,均要穿行于事实与规范之间。"[①]

具体说来,法律思维有三个方面含义:(1)法律思维是职业、专业思维,法律解释共同体成员一般都在运用这种思维方式观察世界、解决纠纷。因而,有人形象地把法律思维表述为"像律师或像法官那样思考"。(2)法律思维是规范性思维,思维过程是紧扣着法律规范进行的。认真地对待规则和程序是法律思维的核心。法律思维是内在参与者视角的思维方式;是对规范、文本的理解与阐释。其中,阐释包括主观预设的规则和文本,其要义有三:一是前置立场,对法律阐释来说就是法治目标的预设。二是前置法律行为规范、程序、原则、概念或对行为规范的评判标准等,不能避免教义逻辑的自我建构和自我正当化。三是前置思维模式,如确定阐释法律的原则、方法。(3)法律思维的方法主要是运用逻辑的规则思考规范与事实之间的关系。"受人尊重的法律必须有其理由,而且只有符合逻辑思考规律的法律推理才能被接受。"[②]法律思维必须捍卫法律、尊重事实,利用方法、技巧和经验等智慧,在事实与法律之间建立恰当的逻辑判断。

二、法治思维

法治思维是社会治理过程中决策者用法律化解社会矛盾的思维。与法治思维比较,法律思维的困境在于就事论事。这一特征决定了法律思维难以化解社会矛盾。所以,在探寻了法律思维方式以后,还需要探究法治思维方式。当下中国法学引进的知识体系,基本是解决具体矛盾纠纷的法学原理,缺少化解社会矛盾的法学原理,因而不得不把这些规范法学知识原理用于分析社会矛盾。"现代法律对中国人的知识传统来说,基本是陌生的。在中国人赖以认识世界的深层语言结构中,确实没有足够的概念工具,用于把握认识现代法律。"[③]运用法律思维解决社会矛盾存在工具不对称的问题,所以就有必要理顺法律思维与法治

[①] 郑永流:《法律方法阶梯》,北京大学出版社2008年版,第32页。
[②] 〔美〕鲁格罗·亚狄瑟:《法律的逻辑——法官写给法律人的逻辑指引》,唐欣伟译,法律出版社2007年版,美国联邦大法官小威廉·J.布伦南所写的序,第2页。
[③] 泮伟江:《当代中国法治的分析与建构(修订版)》,中国法制出版社2017年版,修订版序言第8页。

思维的关系。法律思维解决的是个案,法治思维是化解社会矛盾的。因此,直接拿法律思维化解社会矛盾并不"顺手",但这不意味着法治思维与法律思维没有关联。从专业的角度看,法治思维是对法律思维的模仿,而法治思维是为了实现法治的关键少数——领导干部应该像律师那样思考。"法治思维是依据法治的要求和法治的理念来认识问题、分析问题、解决问题的思维方式。"① 法律思维与法治思维之间没有截然的界限,但是直接用法治思维化解具体矛盾也会出现一些问题。因为就事论事的法律思维要求,在案件处理过程中必须考虑个别正义的实现,不能介入过多的社会因素。

法治思维有很多特征,比如,法治思维兼具法律、政治双重属性,但其主导思维是政治思维,主要用于化解社会矛盾;法治思维是整体性思维,既要关注法律效果,也需要讲究社会效果、政治效果;法治思维是限权思维,实现社会公平正义是其基本目标等。法治思维追求法律的整体性、辩证性、实质性、变动性、原则性和灵活性的结合等,属于政治治理意义上的大格局思维。从思维方式的角度观察,可以发现法治思维的特点主要包括:第一,尊重法治的基本格调,主张用简约应对复杂,即用简约的法律调整复杂的社会关系。第二,尊重法律的稳定性,强调以不变的法律调整千变万化的社会。② 第三,适应社会的变化性,持法达变。③ 综上,法治思维在思维方式上认同辩证逻辑、历史逻辑、现实逻辑,在法律运用过程中可以情理法结合,其使用的方法包括目的解释、社会学解释、政治解释、外部证成、德法结合、政法结合、分配正义、持法达变、通法达理等。

三、法理思维

法理思维是基于法学的内在视角,着眼于良法善治的价值诉求,进而为法学判断提供正当性基础的思维范式。在思维视角层面,法理思维所依循的内在视角是指内在于法学的观察者视角,即将法律系统的体系性和自治性作为本体论和认识论预设,强调以法学为本位、从法学意义上追问法的目的和价值、探求法之于人的必然性和必要性。在价值导向层面,法理思维的核心取向是良法善治,倡导将正义、自由、平等、人权、秩序、民主等法理的基本价值范畴转化为法学思维的价值背景,继而通过生成良法促成善治的实现。在功能设定层面,尽管法理思维被认为同时兼具解释和分析、推理和思辨、论证和证成、沟通与凝聚、反思或批判等六大功能,但是,其核心的功能设定乃是为法学意义上的思维判断提供学

---

① 段秋关:《中国现代法治及其历史根基》,商务印书馆 2018 年版,第 98 页。
② 参见陈金钊:《法律如何调整变化的社会——对"以不变应万变"思维模式的诠释》,载《扬州大学学报(人文社会科学版)》2018 年第 5 期,第 23 页。
③ 参见陈金钊:《法律如何调整变化的社会——对"持法达变"思维模式的诠释》,载《清华法学》2018 年第 6 期,第 79 页。

科内的终极理由,故而法理思维反对法学判断的泛道德化和泛政治化,主张基于法价值论的基本立场,通过法学本位的思维姿态,使法学判断满足法学论证的可接受性要求。可以说,法理思维是沟通作为对象的"法理"与作为方法的"法理"的重要纽带,集范畴(概念)、理念、方法三者于一体,最终通过思维范式的形态推进法学思维的纵深化发展。

"任何以文字语言表达出来的法律规则或规范的背后都蕴含着丰富的法之精神、目的、原则、原理和机理,适用者不仅知其然,更需要知道其所以然,因此,执法者或司法者都应当将所适用的规则之背后的'法理'讲清楚,这就是'法理思维'。所以,法理思维是一种普遍性思维、一种理论思维、一种价值思维、一种理想思维、一种求真思维、一种辩证思维、一种综合思维,它无处不在,只要讲法之理的思维,皆属于法理思维。"[1]法理思维集法理、逻辑与经验为一体。法理与逻辑的结合,催生了法理思维理性表达的优良秉性;法理与经验的交融,培育了法理思维服务治理的实践智慧。法理、逻辑与经验的三位一体,充分张扬出法理思维的反思性、思辨性或批判性,既完美回应了法律逻辑的论证转向,又有效深化了法律解释的诠释学升级。在法理、逻辑与经验的合力之下,法理思维既可以构筑自身的整全体系,又能够保持对法律实践的认知开放性。故而,法理思维具有更强的提出问题和解决问题的能力,能够诉诸更广阔的、超出法律范围的政治道德原则或理想进行整全性的考量,坚守法律的自我理解,将规范性陈述作为操作的基本构成要素,追求"更广泛的体系视角"。法理思维以法理作为思维起点,强调形式逻辑和辩证逻辑对思维方式的指引,透过法理思维的认知、建构和批判功能,力求在规范和事实层面融贯关于法学问题的体系化思考。

四、法理思维、法治思维、法律思维的关系

虽然法学研究需要注意法理思维、法治思维、法律思维的区分,但三者之间并没有截然的界限。法律思维是根据法律进行思考,要表达对法律的忠诚;法治思维是像律师那样思考(因为律师不掌握公共权力),在思维过程中进行去权力化努力;法理思维则是像逻辑学家和伦理学家那样思考,表达对法治之理、公正、自由价值和逻辑思维规则的尊重。这三种思维方式有着很多交叉,我们只能在大的方面分辨出它们各自的特点。"所有法学思维类型的演变,都处在历史与体系的巨大脉络之中,这项脉络,将思维的演变安置进政治的各该情势之内。"[2]法律思维、法治思维、法理思维之间有很多交融之处,相互渗透也时常出现。区分三者的目的,仅仅在于进一步明晰法律、法治的相关概念,从而为理顺法治逻

---

[1] 范进学:《论中国特色法学思维体系的基本范式》,载《法学》2020年第1期。
[2] 〔德〕卡尔·施密特:《论法学思维的三种模式》,苏慧婕译,中国法制出版社2012年版,第112页。

辑做点滴贡献。现在的基本状况是,在人们心目中,无论是法律思维、法治思维还是法理思维,都没有扎根。从总体上,人们还没有意识到法治逻辑的研究传播对法治中国建设的重要意义。

由法理思维衍生出来的是法律、法治地位的提升,以及法治逻辑走向法学研究的前沿。法理学的方法论意义,重心并非法律现象之探究,而是澄清法律的概念,建构法律思维规则。有了清晰的法律概念以及法律思维规则,才能有根据法律思维规则开展的思维活动。法律思维、法治思维和法理思维之生成,其实是法学思维协同分化之产物。唯有保持理论上的谨慎姿态,才能恰当发挥不同思维类型的实践功用。例如,法理思维并不排斥法律价值,而是强调在普遍正义的基础上构建法治逻辑或者法律思维规则。法理思维的逻辑基础包括经典逻辑、非经典逻辑;强调法律可以变化,但万变不离其法。其他社会规范可以进入法治,改变法律的意义,但是,不能违背人性、人伦、理性、人权等价值。法理思维能重塑人们的日常思维,从而为社会的法治化转型提供法理依据。法理思维也不排斥政治思维,只是要求在政治决策中尊重法理思维。法理思维排斥的是政治对思维决断的垄断。

第二节　法律思维的特征、功能与规则

如果把法律思维置身于法治逻辑之中,可从如下几个方面认知法律思维:第一,法律思维的基本要求是据法思考。这里的"法",主要是指作为行为规范的法律。法律思维的结果就是根据法律断定的合法与违法。第二,法律思维是包含正义等的价值思维。法律思维所要解决的是具体案件纠纷,在一般法律与案件事实之间进行有效的法律推理,通过根据法律的思考赋予具体事实以法律意义,目的是在个案中实现法律及其所蕴涵的正义。第三,虽然法律思维据以思考的原理、方法、技术也是解决具体案件的依据,但对法律规定来说,法律思维主要起着辅助作用。第四,法律思维的主要方法是演绎推理和类比推理。第五,法律思维在解释方法上强调文义解释优先,以及内部证成的重要性;在思维方式上认为一般优于个别,尊重规则的稳定性,强调以不变的法律应对千变万化的案件。第六,在价值追求上,法律思维强调个人的权利必须被尊重,自由需要规则与程序的保护;法律思维重点解决的是具体主体间的权利冲突以及权力与权利之间的矛盾。第七,法律思维主要由职业法律人所使用,根据法律进行思考是用法学的知识获取话语权、开展职业和执业活动。可以说,法律思维的特征、功能与规则,皆源于依法办事这一法治逻辑的基本要求。

一、法律思维的特征

法律思维具有保守性。长期的法治启蒙和司法实践使我们看到,除了法典明确规定的一些法律规范以外,还形成了一些法律传统、原理与技术,如法律渊源理论与实践,法治原则、规则与程序等。这些法律元素合起来被称为"整体性的法律"或"活的法律"。这些活的法律是法律人长期思想积淀的结果,以法律文化或意识的方式影响着人们的思维。法律思维不是纯而又纯的形式主义思维,会不可避免地带有价值和历史取向。这一点在判例法国家更加明显,遵循先例是英美法系法官最基本的思维要求。即使在大陆法系,法典所表达的规范性法律也只是对以往经验的总结。在法治原则下,突破法律规定来解决案件纠纷在一般情况下都是不允许的。法治是用经验所提供的规则和程序调整未来的事情,一般不鼓励创新。保守传统价值和社会秩序是法律思维的基本特征。这一点还表现在,典型法治国度支持法治的主要思想派别是保守主义,而不是激进主义。保守主义主张维护传统的自由、民主、人权和现有的秩序。① 也正是从这个角度,人们普遍认为,司法克制主义或谦抑主义应该是法官的意识形态。法律思维的保守性意味着法律规范对思维的约束。虽然从哲学上看,能动司法是司法过程的本质,即所有的司法都必须程度不同地存在着法律人的能动与创造性思维,但这并不能成为法律思维的特征。我国法治建设中存在的问题之一,就是对法治理念、规范定义等没有给予足够的尊重。在西方,"即使在革命时期,要更改法律人们也要从根本上否弃传统概念、观念和法律技术。在解决法律问题时,法律人总是设法寻找先例,并将其作为论证的权衡理由——即使这些先例没有法律上的约束力"②。这是法治形成的内在驱动力。这种思维历史趋向性在很大程度上就是法律思维的保守性,法律思维就是要捍卫传统的法律价值。

法律思维具有决断性。从法律职业的角度看,法律思维是一种以解决问题为主要目标的思维方式。法律思维方式是与法治的实现联系在一起的,它的目标在于通过根据法律的思考来对行为和事实进行决断。法律思维的重心在于合法性分析,即围绕着合法与非法来思考和判断一切有争议的行为主张、行为、利益和关系。对法治实现来说,法律思维是先决条件。③ "法律思维是具有决策性的,特别是在法院裁决中的证据判断的情形下,证人要做真实性声明——似乎该声明比寻找出全部事实还要重要。事实得到证明,因而被视为已经发生或未发生,不存在可能性的空间。如果有必要,法律虚构或其他技术(例如改变举证责

---

① 参见陈金钊:《法律人思维的保守性——和谐社会建设中的法官意识形态》,载《学习与探索》2008年第1期。
② 〔比〕马克·范·胡克:《法律的沟通之维》,孙国东译,法律出版社2008年版,第171页。
③ 参见杨春福主编:《法理学》,清华大学出版社2009年版,第345页。

任的技术）可以用来简化现实，将某一事实视为已经发生——即使他从未发生。"① 法律思维的主要作用场域是化解纠纷。但是，由于法律条文的机械和案件本身的复杂性，因此免不了创造与妥协。法治的要义之一是它的妥协精神，但在运用法律思维进行决断的问题上，不能进行无原则的变通和妥协。为维护法治尊严，法律的权威不能随便动摇。法官应该尽力在正式法源中寻找解决纠纷的依据，只有在特殊情况下才可以在非正式法源中寻找判决依据。也就是说，只有在严格司法与社会的基本正义发生冲突的情况下，才允许灵活地运用法律，即为了正义、公平的法律价值目标才可以对法律进行所谓的修正和补充。为维护法律的权威，能够对案件依法裁断的就应该作出判决，而不是进行无原则的调解。调解、妥协与能动不能作为法律思维的根本。

法律思维具有沟通性。法律思维主要思考法律与事实之间的法律关系，这种联系是使用逻辑思维规则沟通的。运用逻辑规则建构法律关系涉及多个要素，如法律规范、案件事实、参与主体等，故需要运用逻辑把它们连接起来。同时，建构法律关系还会涉及法律与社会、现行的法律与历史上的法律、法律与公众、法律与政治等要素，在这些要素间建立关系都需要逻辑的运用。法律思维的这种沟通性，也可用融贯性思维来表述。"法律思维具有沟通性：它建基于并落实于法律领域中不同行动者（即辩护人、法官、立法者、行政人员、法律学者等）之间的持续沟通之中。"② 法律思维有三个关键领域：法律概念和体系的建构、法律的获取、判决的证成，③ 而典型的法律思维就是要在这三者之间进行循环式的逻辑沟通。法律思维所要沟通的关系涉及法律与待决案件、解释者与法律、法律与社会、解释者与权力系统等。虽然法律思维具有沟通性的特点，但是真正的法律思维必须考虑思维过程的法律性，不能为了事实（案件）的个性而牺牲法律的一般性。由于案件都是历史与社会中的人和事，因此，法律思维必须考虑法律的过去与现在、立法者与司法者、法律文本与法律事实等。法律思维要求我们，既不能忘记法律，坚守一般正义，也不能忘记案件中的个别正义。综上，法律思维是一种综合社会各要素的沟通性思维。

二、法律思维的功能

讲述法律思维的重要性在一定程度上是在强调法律逻辑的功能，因为法律思维就是根据法律和逻辑规则思考事实的法律意义。同时，对法律思维中的逻辑作用也应该公正地评价。德国法学家齐佩利乌斯指出："形式逻辑对于法律

---

① 〔比〕马克·范·胡克：《法律的沟通之维》，孙国东译，法律出版社 2008 年版，第 172 页。
② 同上。
③ 参见王洪：《逻辑的训诫——立法与司法的准则》，北京大学出版社 2008 年版，第 1 页。

思维的重要性不可被过高估计。对于法官来说,发现以及准确地界定法或者明确法律适用的各项前提,也即一方面是应适用的法律规范以及另一方面是需要对其作出裁判的事实,是更为困难的任务。"① 而这一困难的任务是由法律方法论来完成的。虽然对法律思维中的逻辑作用不能过高地估计,但也不能漠视法律逻辑的作用,而应该对其有一个客观的评价。法律思维有三个方面的作用:

第一,法律思维是职业法律人从事执业活动的基础。成熟的法律宣布了法律专业化和职业化的到来,于是出现了像律师、法官那样思考法律的职业思维方式。但是,法律思维不是自然生成的,需要靠长期的学习、训练才能领悟和掌握。虽然法律思维以法律知识为基础或作为思维的前见,但是法律思维可能比法律知识更为重要。因为法律知识可以随时习得,但法律思维却不一定因为掌握一些法律知识而形成。② 例如,律师在案件中取胜的关键,在一定程度上取决于谁能更好地运用法律。也就是说,要看谁的法律思维水平高。只有那些在法律思维方式上训练有素、不断创新的律师才能适应日益变化的法律服务市场。③ 在法律思维中少出差错就需要借助逻辑规则。如前所述,逻辑在保证法律解释的客观性、合法性和合理性方面发挥着重要作用,逻辑规则是形成法律智慧的基点。

第二,法律思维是法治、法律价值、法律理念和社会控制等实现的思想基础。根据法律的思维,由于先在的规则与程序约束着人们的思维,因而在一定程度上能够排除个人情感因素以及价值偏好,也能够在一定程度上克服情绪化的倾向。从功能的角度看,法律提供给人们的不是认识世界的工具,而是调整行为的准则。法律是具有约束力的一般性规范,维护法律意义的安全性是法治的要义,无论是司法还是行政,原则上都要按照一定的解释规则来发现和解释法律规范的一般含义。"但同时也应看到,法律的基本任务是引致对问题合乎正义的解决。为此,法律解释必须要努力在语言和逻辑的可能框架内找到对问题合乎正义的解决办法。"④ 当实现正义的考虑比严格按照法律的字面解释更为急迫时,则必须用法律价值对制定法进行补充和纠正。但由于对个体来说,法律思维是一种利益性思维,是在权利义务对等关系中寻求权利或利益的保障,因此法律的一般价值对利益的极端追求也是一种限制。法律在很大程度上是理性的体现,因而法律思维可以使判断的理性程度得以提高。

第三,法律思维对法律刚性规定的松动能彰显实质正义。"法律思维的逻辑,以法律规定为大前提,以相应的法律事实为小前提,经过逻辑论证,得出裁判

---

① 〔德〕齐佩利乌斯:《法学方法论》,金振豹译,法律出版社2009年版,第125页。
② 参见吴庆宝主编:《法律判断与裁判方法》,中国民主法制出版社2009年版,第8页。
③ 参见秦甫编著:《律师全能思维方略(修订版)》,中国检察出版社2010年版,第2页。
④ 〔德〕齐佩利乌斯:《法学方法论》,金振豹译,法律出版社2009年版,序言第1页。

结果。"① 然而,这只是关于法律思维定义性的表述。虽然法律思维是据法思考,但并不完全是根据法条的思维,这里的"法律",既包括法律规定,还包括法律价值、理念和精神。这里的"逻辑"包括形式逻辑和非形式逻辑,其中形式逻辑起着重要的作用。很多学者强调形式(合理性、合法性)优于实质(合理性、合法性),程序优于实体,一般优于个别,理由优于结论,合法性优于客观性;更有人强调法律思维是一种"一刀两断"的形式逻辑的思维方法等,都是对司法三段论推理的进一步论证。但近年来,法律思维的形式逻辑基础遭遇到一些质疑。有学者强调,在法律论证方法的运用中一般与个别具有同等重要的地位,因此,反映实质合法性的法律论证、利益衡量等方法也开始影响或冲击传统的法律思维。建立在实质正义基础上的法律思维,优点在于能够照顾案件的个别正义,能够使纠纷得到解决或者说彰显更充分的社会效果,但不讲逻辑的过度使用也会危及法治的健康发展。

三、法律思维的规则

法网体系包括法律行为规范和法律思维规则。其中,法律行为规范体系主要用于对行为的指引以及对合法、违法的衡量;而法律思维规则主要用于对思维的指引和思维对错的评判。这两种思维都属于内在法律体系。因为法律思维规则体系主要是针对内在体系的运用而设计的,讲述的主要是法律发现、法律解释、法律推理和法律论证等的思维规则。与行为规则体系主要是由立法者创设不一样,法律思维规则体系则是对法律实践经验的理论总结。它本身并不具有立法者所宣布的法律效力,更像是法律人职业、专业"道德伦理"。同时,法律思维规则也比较注意行为规范体系与政治、社会等因素的关联。法律思维规则体系由两部分构成:一是由法律方法体系建构所衍生的法律思维规则体系,包括法律发现的规则、法律解释的规则、法律推理的规则等所构成的法律思维规则体系。二是以法学原理为主要内容的法律思维构成体系。这其中虽然包括观察者或解释者主观思维因素的介入,但并不意味着可以"任意"选择运用法律。因为有法官等法律人接受法律的约束,需要接受法学原理及法律方法的指引。典型的法学原理有契约精神、法治理论、法律关系原理、犯罪构成理论等,在思维方式之中,如果没有遵循这些基本原理,就会出现错误思维。

法律发现、法律解释、法律推理、法律论证等都不是随便进行的,都有相应的思维规则的存在。司法、执法等活动都需要遵守法律思维规则。尽管有些人对法律思维规则及其体系进行多角度的批评,但是,构成性体系及法律思维规则对法治来说具有非常重要的意义。中国目前法治所遇到的障碍,很多与不承认法

---

① 吴庆宝主编:《法律判断与裁判方法》,中国民主法制出版社2009年版,第14页。

律思维规则有关。这就需要加强法律方法研究与训练。法律方法论是研究法律思维规律的学科,主要内容是法律思维规则及其体系。无论是体系思维还是体系解释方法,都有其规律性。没有体系思维以及体系解释方法的运用,法治统一的目标就很难实现。体系解释的必要性来自法律秩序的统一性,而法律秩序包含着宪法最高以及规范选择的法律至上。

根据体系思维的逻辑要求,体系解释规则以下面四个要求作为出发点:(1)无矛盾要求:法律不能自相矛盾。诸如"特别法排斥一般法"、上位法优于下位法等思维规则就是自相矛盾的。(2)不赘言要求:法律不说多余的话。"如果一个规范的调整范围都被包含在另一个定有相同法律效果的规范中,这个规范就成为多余,法律中不应该有这样的规范。"[1] 每一个规范都有自己的适用范围。(3)完整性要求:法律不允许存在漏洞。"不仅在部门法中要注意我们法秩序的'网络化',也要关注跨部门法的考量。"[2] 例如,公法、私法好像各自独立,关联度不大,但实际上,如果出现一个关联点,就会出现运用上的关联。(4)体系秩序要求:法律规定的编排都是有意义的。虽然单个规定在法秩序中非常重要,但法律的实施都需要语境,法律秩序是系统秩序,因而需要运用体系思维和体系解释规则。内在体系不能自动作用于社会,法律的实施离不开对法律的理解、解释和运用,而理解、解释和运用就需要法律思维规则体系。所以,体系思维包括法律思维规则或法律方法的运用;法律的准确运用,需要行为规范体系和思维规范体系的结合。

第三节 法律思维的模式

尽管对于法律思维模式从不同角度存在不同的认识,但思维模式在本质上属于逻辑问题,因而只有从逻辑角度进行考察,才能准确把握法律思维的类型。以逻辑方法为分类基础,我们认为,法律思维实际上可以分为如下三种模式:

一、据法阐释模式

据法阐释带有更多的保守性、封闭性等,尊重法律权威,追求法律自主,捍卫法律的稳定性、安全性等,内含有法治的基本原则。与解释的开放性不同,当阐释与法律联用时,法律的封闭性会有所显现,思维至少有目标与规范两个方面的约束:一是在目标追求上需要满足法治的原则;二是把法律作为思考依据,会显

---

[1] 〔德〕英格博格·普珀:《法学思维小学堂——法律人的6堂思维训练课》,蔡圣伟译,北京大学出版社2011年版,第61页。

[2] 〔奥〕恩斯特·A.克莱默:《法律方法论》,周万里译,法律出版社2019年版,第57页。

现法律的规范指引。据法阐释是释放法律文义、体系等固有的意义,思考的主体是被法律所抑制的对象,对法律文本(法律规范)的理解和诠释受法律节制。这其中,虽然强调法律、法治的精神,但法律的精神主要用于对文本的理解,而非直接用法律的精神等裁决案件。可以说,案件适用语境中的据法阐释,是对法律有所理解基础上再次定义法律。在法治目标下的据法阐释主要是对:(1)明确法律的文义及法律体系意义的认定;(2)法治精神、法律原则意义的阐明;(3)法律教义的尊重和立法目的与意图的认同;(4)事实法律意义的覆盖说明。由于存在不能与时俱进以及思维方式机械僵化等缺陷,据法阐释的绝对性早已被自由法学、现实主义法学等批判,特别是被后现代法学进行全方位的理论与实践角度的瓦解。但是,据法阐释对中国法治建设具有非常重要的意义。根据上述论证,我们认为:法律思维模式由解释向阐释转向符合中国法治建设的需要;在思辨盛行的中国,是塑造法治思维方式、推进法治建设的现实路径。

涵摄思维模式也称"演绎推理模式",法律三段论又是法律演绎推理的主要形式。"广义的'涵摄'是将案件的特定事实,置于法律规范之构成要件之下,以获取特定结论的一种思维过程,几乎等同于三段论的称呼。'狭义的涵摄则是把规范命题与个案事实作连接。'"①法律思维就是根据法律规范推断事实的法律意义,其大前提是法律规范,小前提是适应规范条件的事实。涵摄模式主要是在个案中释放法律规范的意义。涵摄理论是建立在"法律是一种精确的语言表述"基础上的,需要两个方面的条件:一是存在精确的语义学,借助它可以精确地确定各个法律语词的含义;二是法律命题(就其逻辑结构而言)可以在形式上体系化。然而,这两个条件经常是无法满足的。② 因而,涵摄模式的法律思维会遇到很多难以涵摄的地方和问题,这主要是因为法律规范在面对事实时存在着漏洞和语词的模糊,这样就难免会出现一部分难以涵摄之处,使据法思维显现出局限性。面对这种局限性,法律方法论者又找出了价值填充、目的解释以及非正式法律渊源等方法作为辅助,以解决涵摄思维的不足。

"在法律思维当中,'涵摄'的意义是把通过法律用语所指称的一般概念等同于具体情境要素……也就是说,是从当前案情的角度对法律的意义范围的衡量和精确化,即对法律进行解释。"③涵摄是解释的一种方式,但涵摄与解释还是有一些区别的。对一些模糊用语,由于界限不清,很难用涵摄理论加以解决。美国法哲学家德沃金指出,法律是一种诠释性概念,解释法律不仅应根据规则,还应包括原则。在他看来,原则不是我们法理学里常说的由法律作出的一些抽象性规定,而是把一些关于法律的政策、道德原则和法律价值等都包含在其中了。

---

① 吴从周:《民事法学与法学方法》,一品文化出版社 2007 年版,第 35 页。
② 参见〔德〕齐佩利乌斯:《法学方法论》,金振豹译,法律出版社 2009 年版,第 157 页。
③ 同上书,第 141 页。

对于德沃金的规则—原则模式,有一些学者从法律方法论的角度表达了不同意见,认为"法律方法只需要两种规范类型:正确的道德原则和实定化的法律规则"①;司法过程无须德沃金式的法律原则。德沃金的法律原则像他的"隐含的法律"命题一样,扩大了"法律"的范围,从而使法律思维的涵摄范围具有更大的不确定性。法律涵摄之"法律"主要指的是制定法。涵摄理论的两种形式为:一是用明确的制定法作为前提涵摄事实与行为;二是用建构的法律涵摄事实与行为,从而将整个司法活动纳入法治的范畴。

遵循逻辑是法律思维的必要条件。离开逻辑规则的指引,法律意义的安全性就可能出现危险。学习并熟练掌握逻辑规则的人,能更好地或正确地进行法律推理。"逻辑思考乃是以事实之间的逻辑关系为依据的思考进程。"②逻辑思考是一种反省性思考,借由权衡一组给定的事实以觉知其间的关联,从而解决问题。我们可以把反省性思考理解为某种操作过程,其中可以从现有的事实推断出其他事实。我们必须为自己的判断陈述理由,要看到已知到未知的客观联系;我们要听到所信之物及其理由、保证或证据之间的真实关联。"反省性思考就是经由某个客观的逻辑联系,从已知推到未知的过程。这种反省思考的能力,有赖于能否看出那些逻辑联系。学习法律的能力也是依赖能否看出案件间的逻辑联系,并识别出相似性与相异性而定。"③反省性思考是法律逻辑的核心,这种逻辑的思考模式就是决定各陈述之间的关系。一些新的法律哲学家得出了一个似乎是定论的判断:在法律问题上,只有不同答案,没有正确答案。这源自"在法律问题上只有不同的解释,而没有正确答案"的理论。然而,他们忽视了逻辑规则对正确判断的标准作用。尽管这一标准经不起哲学的无穷追问,但是它起码在人类已知的常识范围内可以检验人们的判断是不是正确的命题。"逻辑推理可以由客观标准去检验。我们将提出这些标准,让你来检验自己的推理。这些标准也能帮助你品评其他人的推理。逻辑的目的就在于发现这些标准,并使之得以用来检测论证的正确性。"④在三段论推理中,假如前提为真,那么推论就是正确的。当然,这种正确只是形式上的正确,不过恰好符合法治的形式特点,即在法律思维中形式性优于实质性。

二、类型思维模式

涵摄思维是运用演绎推理,而类型思维则是运用类比推理。类型思维"需

---

① 〔美〕拉里·亚历山大、肯尼思·克雷斯:《反对法律原则:法哲学论文集》,载〔美〕安德雷·马默主编:《法律与解释》,张卓明、徐宗立等译,法律出版社 2006 年版,第 409 页。
② 〔美〕鲁格罗·亚狄瑟:《法律的逻辑——法官写给法律人的逻辑指引》,唐欣伟译,法律出版社 2007 年版,第 29 页。
③ 同上书,第 29—30 页。
④ 同上书,第 30 页。

要将(处于该法律规范语义范围之内的)待处理案件类型与它们相比较。然后要发现这些可以作为比较基准类型和指导性类型并非总是轻而易举的事。尤其是对那些评价性的概念,常常必须通过烦琐的司法实践活动才能够发现和发展出相关的基准案例类型。有时候法律本身可以通过提出指导性的案例类型来减轻(发现基准类型所需的)考量工作"①。类型化的思考是一种更加贴近司法现实生活的思维方法。其功能和涵摄思维一样,是把一般的法律具体化,或者说把具体事实法律化,通过对类型的比较得出法律化的结论。类型思维是在法律解释和续造过程中,在逻辑可能的范围内进行的基本思维工具。英美法系与大陆法系的类型思维有所不同:在英美法系,类型思维包括前例与当下案件的类比,强调相同类型案件同等对待;而在大陆法系,则是作为概念的类型与具体事实的类比,具有共同性的类型案件同样处理。

"在被限定的语义空间内,解释常常还会面临这样一个问题,即对当前待处理的案件,从相应法律规范的目的来看,是否应与那些毫无疑问应适用该规范的案件做同样的评价。"②为了解决这一问题,一部分学者认为,法学研究最基本的方式是对法律进行分类研究。法律思维就是拿法律中的类和现实生活中人们已经作了类型化处理的案件事实进行比照,然后赋予事实以法律意义。这与涵摄思维赋予法律意义并没有质的区别,只是运用了不同的逻辑方法。它的实际意义是增大了法律思维方式的解释力。类型思维是服务于法律解释的思维活动。与涵摄思维不同的是,类型思维是对事实根据已有的概念进行分类处理,然后将事实纳入法律规范之下。这一过程的实质是通过将事实抽象化而将一般的法律具体化和精确化。以法律解释为例,我们可以看到"法律解释也是结果导向的。然而由于在这里所寻求的是可以一般化的解释,这是一种类型化的结果导向。它超越个案的具体情境(而具有一般适用性)"③。

在法学上,类型思维与逻辑上的类比思维接近,是建立在类比推理基础上的思维方式。这种思维方式强调法律用语中的概念,实际上都是事物或行为的类。德国法学家齐佩利乌斯说:"我们也把由直接经验一般化而来的,关于人、物和过程的'概念'称为类型。因此我们并不依从人们通常对于概念和类型所做的区分。"④这两个概念概括的都是通过感知所得到的一般性或共性。一般性法律规定是对同类事实的抽象,因而,法律也是一种事实,是类型化了的事实或制度性事实。法律人眼中的事实,也不是纯粹的事实,而是需要类型化处理的事实。法律事实表达了法律对思维者的影响和对事实意义的覆盖。如果说涵摄思维还

---

① 〔德〕齐佩利乌斯:《法学方法论》,金振豹译,法律出版社2009年版,第107页。
② 同上书,第111页。
③ 同上书,第87页。
④ 同上书,第29页。

不足以使法律精确化的话,那么类型思维则可能使法律精确化。特别是在两种相似案件的对比中,前例为后例留下的创造空间不大,这样就可以保证类似案件同样处理。

三、持法达变模式

持法达变属于辩证思维,其重要性是强调了法律的权威地位以及法律自身的变化对社会调整的意义。这种思维模式与中国传统的文化中轴政治有很大区别。中国历来是一种文化中轴的政治文化,与西方制度中轴的政治文化有很大区别。文化中轴指的是政治文化本身与家庭生活、社会生活、道德生活、伦理生活有着千丝万缕的关系,政治文化弥散在更为宏大的社会文化之中。文化中轴的政治文化的思维特点是重视辩证思维,然而在很多场景中,为了政治目的会把法律制度搁置一边;作为政治目的的社会变化需求会超过法律制度的重要性。近代以来,中国开始了从文化中轴的政治文化向制度中轴的政治文化过渡的漫长过程,现在还处在转变之中。而持法达变就是这一转变过程的关节点之一。持法达变是对权力者的要求,是要让权力者也形成维护法治、尊重制度的思维定势,从而最终实现把权力圈在制度的笼子里面。从这个角度看,持法达变的思维方式既是对传统辩证思维的运用,也是在传统的中轴政治文化之中添加了认真对待法律制度的内容。要认真对待法律制度,就需要运用法律逻辑思维方法,如法律推理、法律论证、法律解释方法(尤其是体系解释)来解决法律与人、法律与社会、法律规范与其他社会规范之间的关系,以便在情、理、法之间建构既符合法治要求,也能够为中国人所接受的法律思维方式。

用持法达变遏制玄思所导致的法律不确定。持法达变思维模式的第一种情形是,语境的变化导致法律意义的改变,但这种改变并不是语境决定论,而是语境与法律之间的关系互动。在互动中法律的意义虽有所改变,但这种改变以法律整体意义的不变为前提。即法律意义虽然有所改变,但是法治的精神、理念、原则以及整体意义不变。法律的改变只是在语境之中变得更加符合社会的现实,但不会丢失法治的基本精神。持法达变要表达的是,法律与其他社会规范的交融关系中法律意义的变化。这种变化不是通过立法方式改变法律的意义,而是在具体的法律运用过程中,通过使用法律解释等方法,使法律的意义发生更加适合社会关系的变化,进而对社会关系进行更融洽的调整。虽然持法达变之法的变化是在具体案件语境中实现情、理、法的结合,但结合方式不是以情、理等直接改变法律的意义,而是通过法律解释、法律论证等方法改变法律的意义,使法律规范与社会之间的关系更加融洽。法律的改变并不是说法律不发挥作用,而是以变化的法律继续调整社会。在执法、司法过程中,法律发生变化的原因有多种。比如,法律因不完善需要以情、理的方式加以改变;法律因没有体现法律价值的要求而需要改变;法律根据情势而需要变更;法律因道德、政治、大局等需要软化其刚性等情形。法律在特定情况下意义发生变化是正常的,但不能是随机、任意的变化。如果随便改变法律的意义,法律就失去了权威性,但法律不改变又会出现不合情理,在这种情况下就需要持法达变。

持法达变的第二种情形是以改变法律的方式调整不断变化的社会关系。持法达变的思维模式的总体特征是变,但在变化过程中尊重整体法律的权威,从而克服死抠字眼、机械执法司法的弊端。这其中,既有法律的变化,也有变化的法律对社会的调整。当然,这里的法律是开放法律体系的思维方式。在调整社会的过程中,法律多少总会发生变化。大的变化是立法意义上的修法,修法其实是改革的另一种表达方式。小的变化则是通过法律拟制或者对隐含法律意义的揭示,诸如解释、论证来完善法律,从而满足改革"于法有据"的要求。于法有据之"法",不单指制定法,而是指整体意义上的法。① 持法达变实质上是要正确处理法治与改革的关系。不改革难以化解社会矛盾,难以解决政治、经济、社会等的发展问题,然而,改革就会与法治思维产生冲突。法治要求维护现有秩序,而改革则要打破现有的秩序。② 从逻辑的角度观察,法治所追求的法律秩序是建立在现有法律基础上的,法典的出现就意味着一个静止的世界。③ 人们行为的所有活力都来自法律确定权利、义务的范围,要改革就需改变法律。因而,法治与改革的思维方式是矛盾的。对这一矛盾的解决方式,立法手段是修改法律,但修法不仅需要长时间的准备,至少要进行充分的论证,并不能赶上社会关系的变化。因此,在一般情况下不能轻言法律修改。对大部分具体案件的处理需要在司法、执法过程中作小的改变,即运用法律方法持法达变。

问题与思考

1. 简述法律思维的特征。法律思维与法治思维有什么区分?
2. 什么是法律思维规则?它有什么功能?
3. 简论法律思维模式。
4. 法治中国建设需要什么样的法律思维模式?

---

① 参见陈金钊:《对"重大改革都要于法有据"之"法"的理解》,载《中共浙江省委党校学报》2015年第3期。
② 参见陈金钊:《在深化改革中拓展法治——统合意义上的"法治改革"论》,载《法律科学(西北政法大学学报)》2017年第5期。
③ 参见〔英〕梅因:《古代法》,沈景一译,商务印书馆1959年版,第1页。

参考文献

1. 陈金钊、吕玉赞:《聚焦思维规则的法律方法研究》,北京大学出版社2020年版。
2. 郑成良等:《司法推理与法官思维》,法律出版社2010年版。
3. 陈金钊:《法理思维及其与逻辑的关联》,载《法制与社会发展》2019年第3期。
4. 陈金钊:《法律如何调整变化的社会——对"持法达变"思维模式的诠释》,载《清华法学》2018年第6期。
5. 陈金钊:《体系思维及体系解释的四重境界》,载《国家检察官学院学报》2020年第4期。

第七编 法治论

第二十章　法治基本理论

 引读案例

柏林墙是冷战期间修建的隔离墙,将柏林由德意志民主共和国(东德)管理的区域与由德意志联邦共和国(西德)管理的区域分割开来。柏林墙是冷战对立的产物,修建时颇为仓促,将很多可以相互走动交往的家庭、朋友等忽然隔离在两个不同的区域中,因此自柏林墙建立伊始,便存在不断的越界行动。随着德意志民主共和国所在的苏东阵营的社会经济体制逐渐僵化,经济增长逐渐放缓,更多的人尝试翻越柏林墙,寻求更好的生活。

1984年12月1日,20岁的东德青年迈克尔试图跨过柏林墙,从东德逃往西德。在用梯子翻越柏林墙时,两名边防守卫士兵发现了他。士兵首先用广播对其加以警告,要求其立即停止翻越行动。在广播劝阻无效之后,守卫士兵向天鸣枪示警,但这依旧没能让迈克尔停下。最后,士兵向其开枪射击,迈克尔被击中了膝盖和背部,从柏林墙上摔下,之后被送往医院,但在第二天上午抢救无效死亡。1990年德国统一之后,两名守卫士兵1992年在柏林地方法院被提起公诉。

被告的抗辩理由主要是1982年的《德意志民主共和国边防法》(以下简称《边防法》)及其相关的惯例。其中,《边防法》第27条第2款第1项规定:"如果刑事违法行为即将实施或正在持续中,而且在当时情形看构成重罪,就可以使用枪支予以阻止。"《边防法》第27条第3款规定:"使用枪支时应当尽可能不要危及人命。"在本案中,迈克尔的越界行动按照当时东德法律的确构成刑事违法行为,且会被认定为重罪。同时,士兵开枪时,也并未向其致命部位射击。按照当时的法律惯例,当士兵以本案中的方式行动时,会被认定为满足《边防法》的要求,开枪应为合法行动,根本不会被起诉。

不过,在1992年进行的诉讼中,德国法院都拒绝了被告提出的上述抗辩理由。1994年,德国联邦司法法院在判决中明确提到"拉德布鲁赫公式",指出:"实在法同正义的冲突已经达到了这样一种不能容忍的程度,以至于作为'非正当法'的法必须让位于正义。在纳粹专制政权覆灭之后,这些公式试图概括最为严重的不法行为的特征。要把这一观点适用于本案是不太容易的,因为东德内部边界的杀人行为不能等同于纳粹犯下的大规模屠杀罪行。但是不管怎样,

这一过去的观点仍然有效,也就是说,在评价政府名义实施的行为时,必须要问的是,这个政府是否已经逾越了每一个国家作为一般性定罪原则所允许的最大限度。"1996年,德国联邦宪法法院维持了联邦司法法院的裁判,认为"在这个非比寻常的情形下,客观正义准则的要求本身,以及这种要求所包含的对国际共同体所认识到的人权的尊重,都使得法院不可能接受这样的辩护理由"。

第一节 法治的基本概念

对生活在现代社会中的人们而言,法治是一个"熟悉的陌生人"。美国法学家塔玛纳哈指出,随着冷战的结束,绝大多数的人都承认,并不存在一种能够在全球推广的单一政治模式,但无心插柳柳成荫,法治这种政治理想,却在后冷战时代的公共生活中获得了几乎所有国家的认同。不仅包括中国、美国等在内的世俗国家承认法治的重要性,甚至在一些有宗教背景的神权国家也承认法治的重要性。不过,相对于对法治理想的普遍接受,人们对于法治究竟意味着什么却存在深刻而广泛的分歧,甚至可以说除了在"法治是一种重要政治理想"这一点上能达成共识之外,似乎再也没有任何实质的共识可言。为此,我们需要先对法治作初步的分析。

一、两种极端观点

尽管围绕法治存在诸多分歧,但对严肃对待法治的人来说,至少存在一个非常稀薄的概念共识,即法治是一种有价值的政治理想。承认并尊重法治的政治共同体被视为是良好的共同体,反之被认为存在严重的缺陷。亚里士多德关于法治的名言被广泛视为较为准确地表达了法治的理想,即"已成立的法律获得普遍的服从,而大家所服从的法律又应该是良好的法律"。在国内近些年的讨论中,法治的这种理想性往往被表述为一种"良法善治"。尽管这种表述存在含混之处,但在现实法治的理想性上依旧是可取的。而从这个关于法治稀薄但基本的概念共识出发,我们就能首先排除两种相对较为极端的概念混淆。

第一,"法治"不同于"法制"。不同于具有理想色彩的法治,"法制"一般就是法律制度的简称。只要一个国家拥有一套大致有实效的法律制度,就可以说这个国家拥有法制。问题是,这个国家的法律制度很有可能是内部含糊不清、前后矛盾、朝令夕改的,同时在内容上可能也只是为一小部分特权阶层的利益服务。这些与主张该国拥有法制并不矛盾,却很难说该国实现了法治。在将法律视为工具这个意义上,法制实际上是一种可与人治相兼容的治理模式。统治者如果认为相较于其他统治手段,通过法律制度的治理能够更好地实现自己的统治目的,他就会着手推动并维持一套法制。从历史上看,通过法律实现人治的最典型代表就是我国春秋战国时代的法家。其思想学说最终的目标是加强君主专制,增强国家在经济军事方面的实力,而且法家思想同时认为,法律是实现这一目标最佳的工具。

法治与这种观念显然存在本质的不同。法治的要点就是法律对全体政治共同体成员都有权威性,特别是对最高统治者。正因如此,"法治"才往往和"人治"成为对立的概念,在法治理想实现的国家,最主要的特征也就在于它会有效地削弱和限制权力可能的专断。显然,也正是法治对专断权利的削弱和限制,才是我们建设社会主义法治国家的重要理由。1997年,党的十五大提出"依法治国,建设社会主义法治国家"的目标,1999年《宪法修正案》在《宪法》第5条增加1款作为第1款:"中华人民共和国实行依法治国,建设社会主义法治国家。"2018年《宪法修正案》将"社会主义法制"修改为"社会主义法治",虽然只是一字之差的变化,但却体现了观念和认识上的深刻改变。进入新时期,无论是强调"将权力关进制度的笼子里",还是强调在建设社会主义法治国家中"抓住领导干部这个'关键少数'",都显示出法治在主张自己的普遍约束力、限制权力专断上的实践意义。

第二,法治不同于理想公共生活的整体蓝图。相对于将法治等同于法制,从而将法治的理想性完全忽视的错误认识,另一个极端的错误认识则是将法治的理想性过分夸大,主张法治是政治生活的根本理想,实现了法治就等同于实现了理想的公共生活。这种极端主张的一个典型代表就是国际法学家委员会在1959年召开的关于法治的主题大会中对法治的界定:"在《德里宣言》的表述中法治变成了一种'能动概念',它保证并促进个人在自由社会中的公民与政治权利;但是它也关心国家所确立的个人正当愿望与尊严可能得以实现的社会、经济、教育和文化条件。"①

显然,"个人正当愿望与尊严可能得以实现的社会、经济、教育和文化条件"是多样的,包括诸如分配正义、平等、民主、权利等诸多政治价值和理想,法治只是其中之一。如果将"法治"宽泛地界定为上述全部政治理想的总称,那么法治本身就成了一个没有独立意义的"箩筐"。如果是这样,激进的怀疑主义反而是对的,我们的确应该抛弃这种大而无当的法治概念,专注于诸如分配正义、民主等真正值得关注的议题。当然,法治不应该被理解为这样无原则的总括概念,相反它本身表达了法律具有的独特的善好或价值。它不应该被抛弃,相反应该从这些含混的主张中被拯救出来。

---

① 转引自〔美〕布雷恩·Z.塔玛纳哈:《论法治——历史、政治和理论》,李桂林译,武汉大学出版社2010年版,第145页。

二、法治的普遍性

即便在排除了两种极端主张之后,围绕法治的争论依旧存在。法治作为一种理想,究竟对法律提出了哪些规范性要求,存在大量不同的看法。这些不同的看法之多,甚至可以在上述两种极端观点之间构成一个连贯的系谱。从最低限度的只要求法律满足前后一贯、明确清晰等条件就能算实现法治,到比较厚实地要求法律尊重特定权利或其他道德主张才算实现法治。鉴于人们在被普遍接受的法治旗号下有太多的分歧,一些关于法治的怀疑主义就滋长起来。美国政治学者施克拉主张,"尊重法治"已经成了"真理必胜"之类的陈词滥调,围绕法治的含混不清的讨论更多是在遮蔽,而不是解决那些真正值得关注的问题,因此我们应该放弃"法治"这个空洞的概念,转而关注那些有真实重要性的公共议题。尽管施克拉放弃"法治"的主张有些极端,但这也显示出我们对"法治"的正面理解依旧很不充分。

面对这种尴尬局面,一些学者尝试在承认围绕法治存在种种争议的前提下,保存一个有意义的法治概念。英国哲学家加利提出所谓"本质可争议概念"来说明法治。加利认为,包括民主、艺术或正义这类概念,它们在本质上是可争议的(essentially contested)。根据加利的看法,本质可争议概念有五个构成条件:

(1) 这个概念本身必须是"评价性"的,表达了某种有价值的成就(valued achievement);

(2) 这个成就必须是内在复杂的;

(3) 任何对该成就价值的说明,都必然涉及其不同部分或特征的重要性;

(4) 这个价值成就允许根据环境的变化而加以修正;

(5) 这个概念的各种不同用法同时兼具攻击性和防守性,只有在相互竞争中,各自才能获得发展。[①]

以"绘画艺术"为例:(1) 主张某幅画作是一件绘画艺术,本身就包含了评价性,意味着该对象包含了绘画审美价值,是一项重要的价值成就。(2) 绘画艺术的内在构成必然是复杂的,可能涉及构图、色彩、明暗对比等方面。(3) 在说明一件画作之为绘画艺术时,必然要涉及对其构图、色彩、明暗对比等方面的说明。(4) 在说明该绘画的艺术成就时,这种说明会随着人们的艺术审美变化而变化,如很长一段时间印象派的画作不被人看好,但随着环境变化,印象派的画作逐渐被视为具有高度的艺术价值。(5) 对绘画艺术的理解需要和不同的竞争观念相互对话,从中坚持某些重要的看法,吸收对方合理的看法。只有在这种相

---

① See W. B. Gallie, Essentially Contested Concepts, *Proceedings of the Aristotelian Society*, Vol. 56, No. 1, 1956, pp. 171-172.

互对话和竞争中,绘画艺术才会不断发展。反之,如果艺术受到外在的干扰,被套上了统一的模子,千人一面,千篇一律,那么这个时期的艺术必然陷入低谷,即使那种依靠外力试图强行推广的艺术形式也不可能得到发展。

美国学者沃尔德伦主张,法治与艺术一样,同样是一种本质可争议概念。法治同样是一种高度重要的价值成就,并不是有法律就等于有法治。同时,法治具有内在的复杂性、多种解释的可能性、敏感于环境的变化性以及观念之间的竞争性。而如果法治是一种本质可争议概念,那么,我们一方面能保留法治这个概念,拒绝施克拉那种激进的怀疑论,另一方面又能允许甚至鼓励围绕法治的争论,毕竟对本质可争议概念而言,竞争和争论的存在才是推动这种价值成就获得发展的理由。事实上,沃尔德伦的这种观点在国内学界也有不少支持者。国内的一些学者尽管没有明确将"法治"视为一种本质可争议概念,但他们往往会主张"法治在不同环境下有不同的内涵";"中国有中国的法治,外国有外国的法治";"法治不存在普遍的原则要求,都需要因地制宜";等等。这些主张显示,相关学者认同"法治"是一种本质可争议概念,对"法治"的理解需要在一个特定的环境和框架下才能完成。①

然而,将"法治"视为本质可争议概念,这可能与法治的一些基本性质存在直接冲突。概言之,在区分法治和法制时已经看到,法治并不等于建立并运转一套有实效的法律制度。法治要求这套法律制度本身具有权威性,包括最高统治者在内的社会成员都要受其约束,任何人不能将法律仅仅视作达成某些外在目标的工具。进一步来说,之所以在公共生活中已经有正义原则的前提下,人们依旧需要通过法治来约束彼此,特别是拥有公权力的政府官员,是因为正义仅仅是一组较为抽象的原则,有较大的争议性。这些争议地带就会给予政府官员个人专断的空间:在情形 A 下,康德式的正义观能够为自己的私利背书,他们就会选择支持康德的观念;在情形 B 下,功利主义式的观念能够为自己背书,他们就会转换立场成为功利主义者。但是,无论是康德的观念还是功利主义的观念,依旧属于大致合理的正义观念的范畴,因此人们很难用正义的名义批评官员的这种擅断和专权。这也是我们需要法治的理由。而如果"法治"本身依旧是一种本质可争议概念,不具有任何稳定的公共属性,那么法治就会遭遇类似正义所面对的上述困难,也就不可能起到限制和削弱官员个人专断的目标,法治和法制之间的区别也就会同时崩溃。在这个意义上说,法治的基本目标就在于限制政府权力可能的专断。

从这个角度看,我们便能理解,为何在很多讨论法治的严肃场合,"法治"会

---

① See Jeremy Waldron, Is the Rule of Law an Essentially Contested Concept (In Florida)?, *Law and Philosophy*, Vol. 21, No. 2, 2002, pp. 153-159.

被定义为"规则之治"而有别于正义的"原则之治"。这是因为，规则相对于原则而言更具明确性和具体性，这就会对官员的行动构成相对更具体的约束。这样就能构成讨论法治的一个非常重要的逻辑起点。从某种意义上说，法治所表达的政治共同体的治理模式，就是一种"间接治理模式"，即官员不能直接对特定事项做出决定，而总是要在既定的规则约束下做决定。即使面对新的情况，也需要先制定、修改、废止既定的一般性规则，然后再对特定的事项做出决定。这个通过规则建立的看上去复杂烦琐的机制，正是法治限制权力专断的基本原理。而对法治理想具体内容的讨论，主要是围绕为了让上述"规则之治"的机制运转，究竟需要哪些具体的规范性条件和约束展开。这些条件和约束就构成了法治原则。关于法治原则的具体讨论，我们将在本章第三节进行。而在下一节中，我们将首先对"规则之治"这个思考法治重要的逻辑起点进行一些思想史的考察，从而了解这个起点是如何出现在公共生活之中的，这将为第三节的讨论奠定一个基础。

第二节 简要的法治发展史

一、古典法治观念

今天很多人在论述法治时，大多会上溯到柏拉图或亚里士多德的某些观点，这同古希腊人们的生活环境和文化习俗有很大的关系。今天人们所说的"古希腊"并非一个现代国家的观念，而是一种可被称为"城邦国家"的政治社群。它的规模非常小，结构也较为单一。例如，即使将妇女、儿童、外邦人和奴隶都算进来，雅典城邦也大约只有30万人口，其中拥有政治权利并能够参加集会的人大约只有3.5万人，他们都是出生在市区内的成年男子。

尽管城邦国家规模不大，但相较于中国古代的国家，城邦国家中氏族制度已经逐渐瓦解。由于希腊地区靠海的独特地理优势，商业贸易发达，且土地作为私有财产可以相互交换和买卖，因此家族亲属关系弱化，形成陌生人社会。值得注意的是，这种社会结构恰恰是日后东西方文明走上不同道路的重要因素。在后文探索中国法制史的章节中，我们将会看到，中国古代的国家和氏族关系相当紧密，其独立性远不如古希腊的城邦国家。

如何让不存在血缘关系的陌生人共同和平生活在一起呢？古希腊人的生活中逐渐发展出一种公共文化。古希腊早期的公共文化，是一种和公共社会实践、市民节日和公共庆典有关的市民宗教。只要一个人以众人所期待的方式参与礼仪并认可它们，那么他信仰什么就不再重要——重要的是，去做已经被人做过的事；成为一个值得信任的社会成员；当需要之时，乐于承担一个好市民应该承担的职责。这种"市民宗教"显然和基督教那种拯救性的宗教有所不同,并不承诺"永生"或"彼岸世界"之类的观念。

然而,苏格拉底并不认为这种市民宗教是一件好事。例如,一只狗和一个人的朋友,都会做出某种我们称为"忠诚"的行动,但狗只是机械地做出主人训练的行为,只有理性的人才能真正理解"忠诚"的意义,也只有人的行动可被视为真正的忠诚。面对既有的习俗和自身的各种欲望,我们总能追问自己:是否真的有理由这么做?因此,真正重要的是我们行动的理由或原则,而不是照搬既定的做法。

苏格拉底的学生柏拉图在其代表作《理想国》中,试图完全依赖经过理性审查的正义原则,建立起一种理想的城邦生活。其中,最具特色也最受争议的是"哲人王"这个角色。从字面理解,"哲人王"首先是一个哲人,是掌握正确理性之人,而"王"则意味着他被委以统治整个城邦的重任。从广义上说,这的确可被视为一种"人治"的观念,毕竟它公开主张一些人应当服从于另一些人的意志。不过,既然"哲人王"是一个总能作出正确决定的人,服从他的意志也就意味着去做正确的事。这与基于血缘、家族等因素为统治基础的"人治"观念不同。同时,通过"哲人王"的统治建立城邦生活固然理想,但这个方案的困难是,究竟谁能满足"哲人王"的要求呢?人有理性,但同时也有激情和欲望,一个人要在任何情形下都不受后两者的干扰行事是不可能的。尽管柏拉图设计了一套较为详细的培养"哲人王"的方案,但既然激情和欲望是人的属性,不能完全消灭,那就不可能用任何教化或技术手段把这两者排除在外。因此,古希腊的哲人必须寻找新的治理模式——一种能有效排除人的激情和欲望对治理决策影响的治理模式。

此处,法治就被视为一种满足上述要求的理想治理模式而受到人们的注意。柏拉图在后期撰写的《法律篇》中明确指出:"凡法律从属于某种其他权威、自己一文不值的地方,以我之见,国家的溃败就不远了;但是,如果法律是政府的主人,政府是法律的奴仆,那么,形势就充满了希望,人们沐浴着神赐予国家的一切福分。"在柏拉图之后的学者亚里士多德,更明确地指出法治是一种能有效抵御激情和欲望的理想治理模式。亚里士多德认为,法律之治是一种规则之治,官员只能依规则作决定。这极大地限制了官员个人的激情和欲望对决策的影响。对一个讲道理的统治者来说,他会有很强的动机将自己置于普遍规则的约束之下,确保自己的决定总能更接近理性的要求。

一些读者可能提出,对最高统治者来说,法治对他的约束可能微乎其微。因为他可以将自己的观念和好恶规定到法律规则之中,而当法律规则与自己的观念相冲突时,又能直接修正或废止这些"碍手碍脚"的规则。在这个意义上说,法治对专断权力的限制和削弱就是极为有限的。但是,这个如此显明的问题,似乎在柏拉图和亚里士多德的思考中都没有出现。这是为什么呢？这涉及对"法律"概念的不同理解。当我们认为最高统治者能够对法律作出任意修正时，这预设了一种相当现代的接近法律实证主义的"法律"概念，即"法律"被视为纯粹人为制定、修改、废止的一套规则体系。但是在古希腊时代，"法律"的概念中包含了人们长期交往形成的善良风俗，这些规则同样被赋予法律效力，而它们是统治者无法任意修改或废止的。不仅如此，统治者在对自己有权决定的实在法进行立改废时，反而要受到这些惯例性规则的约束。这就限制了最高统治者根据自己的好恶，专断地调整法律规则的可能性。

古希腊时代的法治观念依赖于他们对"法律"的理解，而这种理解在古罗马时代变得很难维持。这主要是因为，古罗马时代由于商品经济的发展，社会中血亲、氏族的作用进一步削弱。同时，随着古罗马的扩张，它逐渐从一个小城邦扩展为一个横跨欧亚的庞大帝国。在这个帝国中生活着来自五湖四海的人，他们的风俗习惯都不相同。如果依旧依赖于惯例性规则来约束最高统治者可能的专断，那么此时这种法治显然变得不现实。但古罗马人依旧尊重法治。在罗马共和国时代，马库斯·图留斯·西塞罗是倡导法治的旗帜性人物。他在《论共和国》这本著作中明确指出，不遵守法律的国王是"能想象得到的最可恶、最可憎的动物"；"任何人，如果他否认一切法律约束，放弃他与他自己的公民，以及整个人类的文明伙伴关系，他怎样能被适当地称为一个人呢？"那么，罗马人是如何在自己的法治观念中解决这个问题的呢？

古罗马人依赖某种合意和契约的观念。尽管罗马帝国的扩张依赖其武装力量，但是对古罗马人而言，结束战争的总是达成合意、签订契约。这意味着，古罗马人不需要等待本邦人和被征服地区的人们之间"生长"出风俗和惯例，而是通过主动的方式建立起一些基础性的规则。这些基础性的规则依赖于双方的合意，因此不是任何一方能够单方面改变的，它们承担了古希腊时代风俗惯例的功能，成为约束统治者可能专断的规则。德国学者汉娜·阿伦特在其《论革命》一书中肯定了古罗马人的这种做法，指出正是古罗马人将法律的基础奠定在可主动达成的合意与契约之上，法治才变得有可能脱离特定地域的风俗惯例的限制，有机会成为一种普遍的法律权威运作模式。

除了合意与契约的观念，古罗马人对法治的第二个重要贡献是自然法的观念。随着罗马帝国统治的不断深入，古罗马法学家开始系统性地整理其法律制度。在这个过程中，古罗马法学家注意到，罗马帝国与外邦达成的合意与契约中包含了某些一致性的内容，它们是古罗马人和外邦人都愿意接受的规范性要求，这些内容在过去的罗马法中往往被称为"万民法"。万民法中体现了法律生活中某些普遍性的要求，这些要求反而比过去被认为具有优先性的"市民法"更根本。此时，自然法的观念逐渐萌生出来，这些由万民法所体现的要求，被视为是法律本性的要求,也就是所谓的"自然法"。前文提到的西塞罗也明确表达过类似观念:"真正的法律,乃是与大自然相符合的正确理性;它是普遍适用的,不变而永存的;它以它的命令召唤人们负责尽职,以它的禁令防止人们为非作歹。……在罗马和雅典不会有不同的两套法律,在现在与未来亦复如此,一种永恒不变的法律将适用于一切民族与一切时代……"①

无独有偶,古罗马几位重要的法学家,如乌尔比安、盖尤斯和保罗,都明确主张"法律"的概念中包含了自然法。而自然法是客观上理性的规则,这些规则为人们所普遍接受。总之可以说,自然法的观念使得法律获得了远比善良风俗更具普遍性的规则,从而能够对哪怕最高统治者的权力加以约束和指引。

中世纪时期的西方世界,基督教占据支配地位,世俗生活的重要性显著下降,因此人们更关注对宗教教义学的考察,而非对法治的考虑。在这个时期,人们对法治的考虑基本延续了古希腊、古罗马时代的框架,只是将古罗马时代所主张的自然法替换成了基督教的教义。对中世纪的人们而言,上帝是万事万物的缔造者,自然法同样来自上帝的意志;而对中世纪的世俗统治者而言,没有人会公开反对甚至质疑基督教教义所必然具有的法律属性。从整体上来说,人们对公共生活的讨论都是披着基督教神学的外衣进行的。一个典型的例子是,中世纪最重要的自然法学家托马斯·阿奎纳,他的主要著作都是神学著作,而具体涉及世俗法律及其治理的内容则处在其理论相当下游的位置。一个旁证是,阿奎纳的代表作《神学大全》的中译本共计五册,而他关于政治和法律的主要观点被编纂为《阿奎纳政治著作选》出版,仅仅164页。由此可见这之间的差距。不过,随着近代人文主义和自然科学的逐渐兴起,对基督教的普遍信仰逐渐退去,这种以特定宗教观念为基石的自然法观念也随之崩溃。此时,围绕法治的讨论也重新回到公共讨论的视野之中。

二、现代法治观念

现代法治观念出现的逻辑起点就是以基督教为基础的宗教自然法的崩溃。宗教自然法的崩溃要求法治寻找新的支点,以限制包括最高统治者在内的官员可能出现的权力专断。此时,一个重要的概念——个人权利出现在讨论中。这里需要注意的是,"权利"概念并非现代社会完全崭新的发明,它在之前的公共讨论中也出现过,只是在此之前它都处在一个附属性的地位,并无独立的意义。概言之,在现代社会之前,"权利"被用来指基于正义人们应得的东西。在拉丁语中,*ius*(权利)这个词首先被用来指正当的事物本身(*ipsa res iusta*)。而自然法则被视为确定何谓正当事物本身的基本判断标准。在这个意义上,权利仅仅是

---

① 转引自〔意〕登特列夫:《自然法:法律哲学导论》,李日章等译,新星出版社2008年版,第18页。

自然法的一个附属物。而现代社会对权利真正地创建,在于将权利和正当的公共秩序之间的关系颠倒了顺序,我们不是从正当的公共秩序(自然法)中推导出权利,而是以个人权利为基础,思考何谓正当的公共秩序。总之,对现代社会的成员而言,权利本身成了思考的起点。

有趣的是,思想史上第一部以权利为基础思考政治和法律的著作,却导向了一种绝对的专制主义政府,而非一个法治政府。这主要是因为霍布斯在《利维坦》中对"权利"的特定理解。在他看来,首先,人们所享有的最根本的权利在于自我保存,而拥有这种权利的人是一种基于自利动机行动的人。对这类人来说,最重要的是使得自己的利益最大化。这无疑会使人们直接处于对立状态,毕竟某些利益具有排他性,当 A 占据时 B 就不可能占据。其次,自我保存的权利要求人们在尚且具有优势的情形下先发制人。但是,这就会使得所有人都陷入"一切人反对一切人"的自然状态。在这种状态下,"人们不断处于暴力死亡的恐惧和危险中,人的生活孤独、贫困、卑污、残忍而短寿",自我保存的权利反而无法实现。最后,在这种情况下人们即使基于自利的计算也能意识到,有效实现自我保存权利的方式不是先发制人,而是建立一个主权者,这个主权者将拥有压制一切、先发制人尝试的力量,使得所有人都处在一种公共秩序下。为此,主权者需要具有绝对优势的力量应对一切突发情况。这样,我们就得到了一个专制政府。

洛克批评了霍布斯的看法。其一,这个负责压制所有人的主权者拥有无限的专断权力,这和之前处在自然状态中的所有人并无二致。那么,为什么自然状态下人们会担忧被他人消灭,而不会担忧自己在政治社会中被这个不受限制的主权者消灭呢?这显然无法解释。其二,之所以会导致这个结果,是因为霍布斯对人性有过于悲观的看法,认为人只会基于自利动机行动。事实上,这种人性论显然是错误的,毕竟如果真是如此,那么人类社会无非会陷入自然状态或建立专制政府两种结局,但现存稳固的文明社会显然并不属于这两种结局中的任何一个。

相应地,洛克提出了自己的权利观念以及对拥有权利的人的理解。洛克认为,权利赋予了每个人平等而自由的根本地位。自然状态下的每个人都有权追求自己的人生,也有动机彼此尊重相互平等且自由的地位,互不侵犯,并不会陷入霍布斯所描述的自然状态下那种恐怖内战之中。同时,每个人也拥有对侵犯自身权利行为加以惩罚的权利。但是,这种相对和平的自然状态也存在缺陷。当侵犯权利的行为发生时,由于缺乏中立的裁判者,一方认为合适的惩罚,可能在另一方认为显然过分,构成对自己权利的侵犯。这就会导致冲突恶化,并可能使得自然状态滑向某种战争状态。为此,人们会决定联合起来,组成一个政府,来确保每个人人身与财产的安全。

一方面，洛克指出："于是每一个别成员的一切私人裁判都被排除，社会成了仲裁人，用明确不变的法规来公正地和同等地对待一切当事人；通过那些由社会授权来执行这些法规的人，来判断该社会成员之间可能发生的关于任何权利问题的一切争执，并以法律规定的刑罚来处罚任何成员对社会的犯罪。"①

另一方面，洛克在另一段话中明确提到了对专断权力的警惕："使用绝对的专断权力，或不以确定的、通常有效的法律来进行统治，两者都是与社会和政府的目的不相符合。如果不是为了保护他们的生命、权利和财产起见，如果没有关于权利和财产的经常有效的规定来保障他们的和平与安宁，人们就不会舍弃自然状态的自由而加入社会和愿意接受它的约束……因为，既然政府所有的一切权力，只是为社会谋幸福，因为不应该是专断的和凭一时高兴的，而是应该根据既定的和公布的法律来行使；这样，一方面使人民可以知道他们的责任，并在法律范围内得到安全和保障，另一方面也使统治者限制在他们适当的范围内。"②

总之，洛克基于权利的概念，初步勾勒了一个与现代观念相契合的可能的法治政府框架。这个基本框架也构成了现代观念下思考法治的重要理论资源。

然而，权利的观念并不像中世纪的基督教观念那样获得普遍认可，相反存在相当多重要的批评声音。英国学者边沁就对权利的观念提出了经典的批评。按照哈特的总结，边沁主要从两方面批评权利的观念。其一，对权利究竟要求什么缺乏一致性的检验标准。边沁说，当人们希望为所欲为又无须为它大费口舌时，他们就会谈及权利。其二，建立在第一个问题的基础上，边沁指出权利的概念不可能与任何政府权力的行使相协调，从而存在导致无政府主义的危险。概言之，既然不存在确定权利的客观标准，那么人们就可能专断地将自己喜好的东西规定为权利，并主张它具有否定实在法效力的能力和资格。这就会导致人们选择性地服从法律，此时法律作为公共行动的标准也就不复存在了。从某种意义上说，我们可以将这个批评理解为，权利反而给予了民众某种专断的权利，可以任意选择对法律的服从。这种专断权力同样会使得社会生活陷入混乱。③

在这种情况下，现代社会对法治的讨论就陷入了分化。一些学者主张，法治应被理解为一个形式化的理想。它并不限制法律"说什么"，而只是限制法律"怎么说"。这就是说，法治并不直接规定法律必须包含哪些实质内容，否则就会面临将这些围绕实质内容的争论引入法治之内的可能，而这将进一步导致人们——特别是拥有权力的官员利用争论的空间行使专断权力的风险。法治只要

---

① 转引自〔美〕布雷恩·Z. 塔玛纳哈：《论法治——历史、政治和理论》，李桂林译，武汉大学出版社 2010 年版，第 62 页。
② 同上书，第 62—63 页。
③ 参见〔英〕H. L. A. 哈特：《法理学与哲学论文集》，支振锋、叶子豪译，商务印书馆 2021 年版，第 226—228 页。

求法律在宣布自己决定时必须采取的形式或方式,如法律的决定必须清晰、稳定、不溯及既往等,这些形式性的规定不涉及实质内容,因此能够避免可能出现的合理争议,也能对官员的权力行使构成一定的限制。但另一些学者坚持认为,法治不仅应该包含上述形式性的要求,还必须包含诸如权利等基础性的实质内容。显然,如果没有这些超越最高统治者意志的客观理想或价值,那么法治将很难限制最高统治者可能的专断,整个法治可能就会沦为最高权力精致、高效的传声筒。这个争论构成当代法治领域的基本争论,我们将在下节展开介绍。

第三节 两种法治观念

上一节最后提到的对法治的两种不同理解,建立在英国学者保罗·克雷格提出的对法治的著名分类之上。他将法治明确区分为形式法治和实质法治两种观念:形式法治只关心法律的妥当形式和来源,并不关注法律的实质内容;而实质法治不仅关心形式法治所提出的形式性要求,同时还要求法律在内容上符合某些实质性要求。形式法治和实质法治之间的争论,成为支配法治争论的核心争议。以下我们将分别简要介绍这两种观念。

一、形式法治

在围绕法治的现代讨论中,形式法治观念的代表人物无疑是美国法学家朗·富勒教授。富勒在《法律的道德性》中提出了一组法治原则,非常典型地反映了形式法治的要求。这组法治原则包涵以下八项要求:

(1) 法律具有一般性;
(2) 法律必须公布;
(3) 法律不得溯及既往;
(4) 法律具有清晰性;
(5) 法律不得自相矛盾;
(6) 法律不得要求不可能之事;
(7) 法律必须在时间之流中保持稳定;
(8) 官方行动与公布的规则之间保持一致。[①]

一种观点认为,上述八项要求同样关涉内容,如清晰性、稳定性、不得自相矛盾等要求,这些都必然指向法律的内容。因此,如果富勒的八项法治原则被视为形式法治的代表,那么只能证明形式/实质法治之间的划分是武断的。这种观点失之草率。从宽泛的意义上说,上述八项原则的确部分涉及法律的内容,但这些

---

① 参见〔美〕富勒:《法律的道德性》,郑戈译,商务印书馆2005年版,第40—107页。

关于内容的规定的出发点,是确保立法者制定的规则本身有能力指引人们的行动;很难想象当人们面对一个含混不清、前后矛盾的规则时,会知道自己应该如何行动,更遑论用这种规则明确指引和约束官员的行动,限制可能的专断。确保制定出来的规则具有指引行动的能力,这是形式法治最深的关切。相对来说,实质法治对法律内容的规定并非从确保法律规则本身具有指引功能出发,而是从某些实质的道德观念或价值出发,要求法律和这些观念保持一致。

在形式法治内部存在一个争议,涉及形式法治本身是否具有内在价值。如果事物 X 具有内在价值,则意味着 X 本身就是人们值得去做的事;与内在价值概念相对的是工具价值,如果 X 仅具有工具价值,则意味着只有当 X 作为有效工具促进另一个有内在价值的目标 Y 时,X 才是有价值的,就 X 自身而言并无价值。富勒主张,上述八项原则具有内在价值,这主要体现在第八项原则上。富勒认为,掌握公权力的官方按照第八项原则行动,意味着将自己制定的法律视为一种公共的承诺;官方在本可以任意使用权力达到自己目标时,放弃这种更"便捷"的手段,而主动接受既定规则的约束,这本身就表达了一种对人的尊重。这种尊重意味着将人视为能够主动适用规则约束自身行动,并对自己的行动负责的动物。这也是富勒理论最根本的伦理学基础。如果这个基础是稳固的,那么形式法治本身就表达了对人的尊重,因此具有内在价值。这个内在价值就会给予人们理由,在一个政府做到八项法治原则的要求时,去主动尊重和接受政府在法治约束下作出的决定。[1]

然而,一些学者认为富勒对形式法治具有内在价值的论证并不充分。哈特主张,上述形式法治原则充其量只能确保最高立法者所制定的法律会被尽可能有效地贯彻实施,但是最高立法者完全可以在满足形式法治要求的前提下,将某些实质上不道德的内容放入法律规则之中并严格遵循。[2] 例如,对一个种族主义的政权来说,它可以制定大量充斥着种族主义荒谬观念的法律,而且拥护种族主义的官员们也很乐于主动接受这些规则的约束。那些有正义感的官员则会想方设法避开这些邪恶法律,而这种拒绝将这些法律加以适用的行为才是对民众真正的尊重。拉兹也持有类似的观点。他主张形式法治原则仅仅是一种法律的"消极德性"。这意味着,形式法治只能消极地防止法律在自身运作中可能出现的权力专断问题,毕竟在有明确规则的前提下,执行规则的官员的权力会受到明显的约束,但法治并不能限制最高立法者可能的专断,因为即便是最根本的规则也始终是由人制定的。因此,规则的内容是好是坏,取决于最高立法者的道德品

---

[1] 参见〔美〕富勒:《法律的道德性》,郑戈译,商务印书馆2005年版,第188—193页。
[2] 参见〔英〕H. L. A. 哈特:《法理学与哲学论文集》,支振锋、叶子豪译,商务印书馆2021年版,第427—428页。

质,形式法治对此无能为力。①

二、实质法治

实质法治观承认,法治会在形式上对法律提出要求,但单纯的形式性要求是不充分的,还需要包含一些实质的理想或价值。从既有的讨论看,这种实质的理想或价值主要是"权利"。其中,美国学者罗纳德·德沃金和德国学者罗伯特·阿列克西的论证是比较有代表性的。

德沃金注意到,对法治的充分说明不能停留在形式法治,而必须将权利加入法治之中。概言之,法治作为一种能与正义相提并论的重要政治理想,其重要性来自对官员专断权力的有效限制。形式法治并不能有效做到这一点,它对最高立法者可能的专断无能为力。对最高立法者的限制,不可能单凭人为制定的规则,而需要诉诸某些不依赖立法者意志的个人权利。需要注意的是,德沃金所说的"权利"并不是某些具体的权利,如财产权,而主要是指每个人作为理性的人都有权利要求获得法律的"平等关切"。这种关切要求法律的具体决定必须有贯穿始终的合理性原则辩护,从而让所有人都能理解具体决定的合理性,这就尊重了每个人作为理性之人的权利,就对即便是最高立法者也提出了规范性约束。如果最高立法者制定的规则相互冲突,或者明显不合理,不可能存在一以贯之的合理性原则为之辩护,那么这些决定都将是违反法治的。②

阿列克西提出了一种类似的以权利为基础的实质法治观念。这种观念同样在实质上承认,法律的决定不能是官员专断行使权力的结果,而必须是主张自己是正确的决定。这种正确性意味着受众能够诉诸自己的理性,主动理解和尊重法律的决定。要做到这一点,官员在作出决定时就势必要考虑民众所持有的观念和理由,而不能单方面作出决定。这就需要在法律内部进行辩论和商谈,这两者也是日常法律实践中最常见的法律现象。同时,要确保这种辩论和商谈有效,使得官员能够充分尊重和倾听民众持有的观念和理由,就要求法律承认民众拥有基础性的权利。这些权利指向人们有资格要求法律倾听自己的看法,并对自己的合理主张作出回应。这些权利的存在能够确保即使最高立法者也不能单方面作出决定,从而限制了他可能的专断。③

结合上述两位学者的看法可以看到,即便是主张实质法治观念的学者,也会尽可能避免随意地将自己认为重要的实质价值塞进法治。他们所加入的权利,

---

① 参见〔英〕约瑟夫·拉兹:《法律的权威:关于法律与道德论文集(第二版)》,朱峰译,法律出版社2021年版,第267页。
② 参见〔美〕罗纳德·德沃金:《法律帝国》,李冠宜译,时英出版社2002年版,第185—227页。
③ 参见〔德〕罗伯特·阿列克西:《法:作为理性的制度化》,雷磊编译,中国法制出版社2012年版,第31—76页。

仅限于解决如何限制最高立法者可能的专断权力。这些权利的内容是很稀薄的,也因此大大降低了可能的争议性。相对来说,如前文提到的1959年国际法学家委员会对法治的界定,将太多实质内容塞入法治之中,反而使得法治变得臃肿不堪,不具有任何独立的重要性,成了一个失败的实质法治观念。

除了理论上的讨论外,这种以权利为核心的实质法治观念也出现在越来越多的法治实践之中。一个典型的例子是德国。德国在二战后制定《德国基本法》时,深刻反省了纳粹的邪恶统治所带来的教训,重视和强调权利在法律运作中的基础性地位,这成为《德国基本法》的重要特征之一。同时,这部法律在规定了形式法治诸多要求的同时,也明确超出了形式法治的范畴,将实质上作为概括性权利的"尊严"明确规定在法律之中。"尊严"被视为《德国基本法》所确立的法律秩序中最基本的价值,其中第1条第2款明确规定了不可侵犯、不可剥夺的人权是每个共同体的基础,而确定尊重和保护人的尊严是一切国家行为的指导原则。德国甚至为此创设了特殊的宪法法院,以保护法律运作中的个人权利。

问题与思考

1. 法治的基本含义是什么?为什么法治总被理解为"规则之治"?
2. 从法治观念流变的历史中,你能得出什么结论?
3. 什么是形式法治?什么是实质法治?你认为何种观念更合理?

参考文献

1. 〔美〕布雷恩·Z.塔玛纳哈:《论法治——历史、政治和理论》,李桂林译,武汉大学出版社2010年版。
2. 〔美〕富勒:《法律的道德性》,郑戈译,商务印书馆2005年版。
3. 〔英〕H. L. A.哈特:《法理学与哲学论文集》,支振锋、叶子豪译,商务印书馆2021年版。
4. 〔英〕约瑟夫·拉兹:《法律的权威:关于法律与道德论文集(第二版)》,朱峰译,法律出版社2021年版。
5. 〔美〕罗纳德·德沃金:《法律帝国》,李冠宜译,时英出版社2002年版。
6. 〔德〕罗伯特·阿列克西:《法:作为理性的制度化》,雷磊编译,中国法制出版社2012年版。
7. 陈景辉:《实践理由与法律推理》,北京大学出版社2012年版。
8. 雷磊:《法律体系、法律方法与法治》,中国政法大学出版社2016年版。

第二十一章　数字社会与法治发展

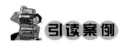 引读案例

2019年10月17日,杭州野生动物世界向年卡用户发送了一条信息:园区年卡系统已经升级为人脸识别入园,原指纹识别已取消。年卡用户郭某认为野生动物世界此举侵害其合法权益,遂提起诉讼。2020年11月20日,杭州市富阳区人民法院一审判决,野生动物世界赔偿郭某合同利益损失及交通费共计1038元,删除郭某办理指纹年卡时提交的包括照片在内的面部特征信息;驳回郭某提出的确认野生动物世界店堂告示、短信通知中相关内容无效等其他诉讼请求。①郭某不服,提起上诉。2021年4月9日,杭州市中级人民法院二审增判,野生动物世界删除郭兵办理指纹年卡时提交的指纹识别信息。② 随后,郭某提起再审申请,希望法院明确认定野生动物世界处理生物识别信息的违法性。2021年10月11日,浙江省高级人民法院裁定驳回该案的再审申请。③

第一节　数字社会概述

诚如狄更斯在《双城记》中所言:"那是最好的年月,那是最坏的年月;那是智慧的时代,那是愚蠢的时代;那是信仰的新纪元,那是怀疑的新纪元;那是光明的季节,那是黑暗的季节;那是希望的春天,那是绝望的冬天;我们将拥有一切,我们将一无所有;我们直接上天堂,我们直接下地狱。"不论喜欢与否,数字社会已经到来。随着大数据、云计算、人工智能、元宇宙、区块链等新技术的应用,新一轮的信息革命引发了比农业革命和工业革命更为深刻的社会变革,法治发展也面临着机遇与挑战。④

---

① 参见杭州市富阳区人民法院(2019)浙0111民初6971号民事判决书。
② 参见浙江省杭州市中级人民法院(2020)浙01民终10940号民事判决书。
③ 参见浙江省高级人民法院(2021)浙民申2672号民事裁定书。
④ 参见马长山:《面向智慧社会的法学转型》,载《中国大学教学》2018年第9期。

一、数字社会的缘起

党的十八大以来,习近平总书记即多次强调要"加快建设数字中国"。2017年12月8日,习近平总书记在中共中央政治局第二次集体学习中强调,"要运用大数据提升国家治理现代化水平"。2018年10月31日,习近平总书记在中共中央政治局第九次集体学习中表示,"人工智能是新一轮科技革命和产业变革的重要驱动力量,加快发展新一代人工智能是事关我国能否抓住新一轮科技革命和产业变革机遇的战略问题"。2021年9月26日,习近平总书记向世界互联网大会乌镇峰会致贺信时强调,"让数字文明造福各国人民,推动构建人类命运共同体"。2021年10月18日,习近平总书记在中共中央政治局第三十四次集体学习时强调,"把握数字经济发展趋势和规律,推动我国数字经济健康发展"。近年来,党和国家更是不断加强数字中国建设的顶层设计,提出了网络强国战略、大数据战略、中国制造2025等一系列决策部署。2021年,《中华人民共和国国民经济和社会发展第十四个五年规划和2035年远景目标纲要》第五篇"加快数字化发展 建设数字中国"明确提出了"迎接数字时代,激活数据要素潜能,推进网络强国建设,加快建设数字经济、数字社会、数字政府,以数字化转型整体驱动生产方式、生活方式和治理方式变革"的目标和要求。

在数字社会中,信息、数据和算法成为重要的生产要素,形成了以信息为资源、以网络为基础平台的全新数字经济形态,以及"从摇篮到坟墓"的数字化覆盖。人脸识别、指纹识别、虹膜识别等生物识别装置和智能音箱、智能手表、智能安防等智能设备遍布在我们的生活环境之中。[①] 数字政府、数字社会、数字生活、数字法院、数字公民、数字正义、数字权利等词汇也越来越为人们所熟悉。人们已经越来越难以离开数字化的生活方式。试想一下,若一个人决定不使用任何数字化的技术设备,他将难以收到学习、工作的通知/安排,难以预约政府服务、医院就诊,难以出示"健康码"以符合疫情期间出行要求,会真真切切地感受到"寸步难移"。在数字化转型迅速推进的当下,数字社会的议题具有极为重要的现实意义。

二、数字社会的特征

数字社会具有"双层空间—虚实同构、人机共处—智慧互动、算法主导—数字生态"的时代特征。首先,"双层空间—虚实同构"是指,信息革命不仅大大拓展了人类在物理空间中的活动能力和范围,而且创造出一个"无限延展、异常丰

[①] 参见郑戈:《数据法治与未来交通——自动驾驶汽车数据治理刍议》,载《中国法律评论》2022年第1期。

富、能量无限"的虚拟空间。近年流行的智能服务、物联网、元宇宙等技术更是实现了物理空间与虚拟空间进一步融合,并由此形成了"物理世界—数字世界、现实生活—虚拟生活、物理空间—电子空间"的双重构架。其次,"人机共处—智慧互动"是指,随着人工智能技术发展,人机关系发生改变。通过机器学习算法,算法能自主作出决策,与人类进行互动。从技术哲学的角度,完全自动化的技术属于三阶技术,已不再是简单的改造世界的工具,可能因其自主性而形成技术闭环。① 随着大量智能算法或智能机器人的涌现,人机共处将成为生产生活的常态。最后,"算法主导—数字生态"是指,数字社会中信息、数据的重要性被激活,形成了基于数据利用的"数字经济"。"用户成为数字社会的宇宙中心"②。基于智能算法,可以在计算机数据库中形成分析个人的全部特征,据此又可将相关分析结果用作定向营销,最终实现数据要素向利润的转化。③ 由此,形成了以数据和算法为基础的新型法权关系。④

此外,值得注意的是,数字社会虽然具有去中心化的特征,但同时也有再中心化的面向。互联网的架构就是去中心的,"端对端"传输的重要设计目标便是排除中心化的监管与控制。"网络无政府主义思潮"的代表作《网络空间独立宣言》即表示,网络世界与物理世界截然不同,"正在达成自己的社会契约"。虽然该种思潮最终宣告破产,世界各国均将互联网纳入监管,但互联网的去中心架构仍然"掀起了一场扁平化、多元化、自由化的自我赋权和规制革命",多元参与、分散治理成了一种时代潮流。然而,去中心的背后却有中心化的态势。掌握网络话语权、流量、算力、数据与信息的人或机构获得了强大的权力,可以控制资源、形成论断甚至篡改数据。与此同时,政府也不断加强对数字社会的监管,并利用数字技术强化其权力。由此,将可能形成一定的极化结构,给社会治理秩序带来挑战。

三、数字社会的风险

技术从来不是中立的,数字社会中的技术应用将带来实际风险和损害。有学者更是提出了"机器越来越智能,人类越来越愚蠢"的警告。⑤ 首先,数字化伴随着数据主义的风险。数据主义表现为"数据的资源化、权力化和意识形态

---

① See Luciano. Floridi, *The Fourth Revolution*: *How the Infosphere is Reshaping Human Reality*, Oxford University Press, 2014, p. 25.
② 郑戈:《数字社会的法治构型》,载《浙江社会科学》2022 年第 1 期。
③ 有学者将这一过程称为"监控资本主义"。See Shoshana Zuboff, *The Age of Surveillance Capitalism*: *The Fight for a Human Future at the New Frontier of Power*, PublicAffairs, 2019, p. 97.
④ 参见马长山:《智能互联网时代的法律变革》,载《法学研究》2018 年第 4 期。
⑤ 参见郑戈:《数字社会的法治构型》,载《浙江社会科学》2022 年第 1 期。

化"①。人们往往更信任自动系统采集的数据,而忽视其他信息源,从而形成"自动化偏见"。迷信数据"全能"的数据利用可能忽视现实存在的"数据鸿沟"与"数据孤岛"。一方面,由于人们获取计算机和互联网的能力、技能和信息素养的差异,利用信息满足社会提升的经济机会差异,以及利用网络提高改治参与度的民主机会差异,"数据鸿沟"客观存在。另一方面,众多数据未能实现互联互通,数据分散割裂,从而形成"数据孤岛"。而大数据的价值又依赖于"全样本"分析,单一、片面的数据价值有限,更不必然代表客观现实。

其次,数字化还伴随着算法错误风险。没有一个系统是 100% 安全的。目前的计算机软件中,一千行代码平均可能出现 25 个错误。② 对算法的不当设计也可能导致结果出错。算法的很大一部分不当结论便源于对数据的不当理解和分析。如二战期间,盟军空军曾统计飞机上的弹孔,在弹孔最多的地方进行加固,结果发现并未能提高飞行员的存活率。后来发现,需要加固的地方恰恰是没有弹孔的位置,因为被射中这些位置的飞机均已坠毁,无法返回被统计。无独有偶,在为美国社会福利系统开发的人工智能系统中,由于算法设计者未能理解"无家可归者"与"乞讨者"在美国法律意义上的区分,曾出现将大批"无家可归者"标记为"乞讨者",从而导致相关人员无法获得社会救助的事件。此外,人工智能的相关应用还出现了将普通人错误标注为犯罪嫌疑人、将旅客错误标注为恐怖分子、将黑人识别成大猩猩、将华人身份照片识别为"未睁开双眼"等严重的甚至是带有歧视性的错误。③

可怕的是,算法还可能固化已有的错误与偏见。以社交媒体中的智能算法为例,通过机器学习,算法能逐渐"读懂"用户的心理与需求,从而只向用户推荐其希望看到的内容。由此,依赖于人工智能推送,用户看到的世界将越来越单一,相关错误与偏见也会被不断强化,越来越难以看到多元的观点,这种现象也被称为"信息茧房""滤泡效应"或"回音室效应"。不仅如此,由于人工智能算法具有自主学习的属性,算法设计者、运用者难以完全洞察算法运行的机理,这种算法的"不可解释性"也被称为"算法黑箱"。与此同时,由于商业秘密、言论自由的法律要求,打开"算法黑箱"对算法错误进行风险控制存在一定的障碍和难度。

最后,数据主义与算法错误直接导致了数字社会的新型致害风险。如在美国的一些智能应用中,黑人不仅被识别成大猩猩,还在犯罪风险评估中被预测为

---

① 李伦、黄关:《数据主义与人本主义数据伦理》,载《伦理学研究》2019 年第 2 期。
② See Kelvin F. K. Low and Eliza Mik, *Pause the Blockchain Legal Revolution*, Cambridge University Press, 2019, pp. 1-41.
③ 参见〔美〕卢克·多梅尔:《算法时代:新经济的新引擎》,胡小锐、钟毅译,中信出版社 2016 年版,第 136—140 页。

高犯罪风险,在检索结果中被与逮捕相关联,这些会直接导致黑人群体的不利待遇。对此,有学者直接将智能算法称为"数字杀伤性武器"。① 在我国,这种新型致害风险突出表现为侵害个人信息权益与破坏市场竞争秩序。近年来,侵害个人信息权益、"大数据杀熟""算法歧视""算法合谋"等系列问题日益引发关注。此外,数字社会还可能催生出"数字霸权"。数据企业在掌握了海量数据控制权的同时,也掌握了前所未有的权力。历史学家赫拉利即担忧,数据的大量汇集将导致"监控社会"与"数字独裁"的形成。②

诚如贝克所言,"法律制度的价值和意义就在于规范和追寻技术上的可以管理的哪怕是可能性很小或影响范围很小的风险和灾难的每一个细节。"③针对数字社会的风险,应塑造风险社会的法律理念,坚持政府干预的合法性,确立风险控制的成本效益分析和预防原则,厘定对风险的容忍度,设置风险控制的决策程序。在此基础上,确立法律规制、伦理规制、自律规制多元互动的风险规制体系;并从外在的针对物理空间的规制转向内外并重的双层空间的规制,确立"过程—结果"的双重规制策略。④ 更为重要的是,必须从数字社会的法治变革的高度,深入把握数字社会的机遇,回应数字社会的挑战。

第二节 数字社会的法治变革

或许有人怀疑,数字社会是否真正会导致法治发生变革,通过个案式的回应能否解决数字社会的问题。网络法在兴起之时,便曾遭遇"马法之议"的质疑。1996年,美国法官伊斯特布鲁克受邀参加芝加哥大学法学院举办的一场网络法研讨会时作"踢馆式"发言表示,网络法好比关于马的法律,只是将关于网络的各类规则拼凑起来而已。⑤ 然而,历史的发展已经证明,互联网成为人们日常生活的重要组成部分。电子商务、网络平台、数据处理、信用评分等法律问题的重要性日益显著,修修补补的应对已无法回应数字社会的挑战。这是因为,现代法治是基于物理空间的生产生活规律、社会组织形式、社会治理体系、法律制度规范等而形成的,它必将面临着数字时代"双层空间"的挑战和重塑。在数字社会中,现实与虚拟交融互嵌,传统、现代与后现代的要素激烈碰撞,法律价值、法律

---

① 参见〔美〕凯西·奥尼尔:《算法霸权:数学杀伤性武器的威胁》,马青玲译,中信出版社2018年版,第5页。
② See Yuval Noah Harari, Why Technology Favors Tyranny, The Atlantic, Oct. 2018, p.64.
③ 〔德〕乌尔里希·贝克:《从工业社会到风险社会(上篇)——关于人类生存、社会结构和生态启蒙等问题的思考》,王武龙编译,载《马克思主义与现实》2003年第3期。
④ 参见马长山:《人工智能的社会风险及其法律规制》,载《法律科学(西北政法大学学报)》2018年第6期。
⑤ 参见戴昕:《超越"马法"?——网络法研究的理论推进》,载《地方立法研究》2019年第4期。

关系、法律行为均发生了重大变革。

一、法律价值的变革

在数字社会中,传统的分配正义已无法回应数字社会的需求。以数据正义、代码正义、算法正义为核心的数字正义观,塑造了全新的法律价值理念。

第一,数据正义观。大数据之下,"一切都被记录,一切都被分析"[①]。一方面,"世间万物皆可数据化",数据成了关键资源和生产力要素[②]。另一方面,数据处理者获得一种人类历史上前所未有的能力,可以大规模、持续性地获取数据、分析数据[③]。对此,首先必须强调数据的公平占有与合理使用。实践中,商家和政府运用数据挖掘技术实施对原始数据的抓取、整理、分类、匹配和赋值,并据此为客户设计和提供相应的产品与服务,或者建立起规范新技术的社会管理模式。此时,必须在数据主体、数据处理者、交易者等角色之间合理分配数据权利义务,以实现公平占有数据、合理使用数据、捍卫数据权利。其次,应正视数字社会发展不均衡的现状,保护"数字弱势群体"的权利。"数字弱势群体"是指"基于主体的经济状况、学习能力等差异,以及数字化、智能化社会引发的社会结构和社会关系变革等原因,在获取、理解和运用相应信息并享有数字红利时处于劣势的社会群体"[④]。必须从人权保障的高度,维护其数字权利。最后,数据阐释的价值判断需要数据正义观的指引。"数据阐释永远是主观的,是依赖直觉的,而且也与周边环境紧密相关。同样的数据在不同的环境内容中可以有截然不同的意义,这些意义并非数据所固有,而是人们在特定环境中分析数据并将意义赋予了数据。"[⑤]数据阐释内含价值判断,潜藏着不同的利益诉求和权利主张,需要数据正义观的指引。

第二,代码正义观。莱斯格提出了"法律—社群规范—市场—架构"的经典网络规制框架。在这四个规制要素之中,他尤其指出代码是架构的相似物,且重申"代码即法律"[⑥]。在赛博空间中,代码具有直接的控制力。"程序员是一个宇宙的创造者,他自身也是其中唯一的立法者。无论是多么有权势的剧作家、舞台剧导演或皇帝,也不曾行使过如此绝对的权力来安排一个舞台或战场,并指挥如

[①] 周涛:《为数据而生:大数据创新实践》,北京联合出版公司2016年版,第45页。
[②] 参见相丽玲、张云芝:《基于集合论的不同社会形态下信息、知识与数据关系新解》,载《情报科学》2018年第9期。
[③] 参见涂子沛:《数文明》,中信出版集团2018年版,第119页。
[④] 宋保振:《"数字弱势群体"权利及其法治化保障》,载《法律科学(西北政法大学学报)》2020年第6期。
[⑤] 〔德〕罗纳德·巴赫曼、吉多·肯珀、托马斯·格尔策:《大数据时代下半场:数据治理、驱动与变现》,刘志则、刘源译,北京联合出版公司2017年版,第205页。
[⑥] 参见〔美〕劳伦斯·莱斯格:《代码2.0:网络空间中的法律(修订版)》,李旭、沈伟伟译,清华大学出版社2018年版,第135—136页。

此坚定不移尽职尽责的演员或军队。"① 首先,代码规制具有正当性与合理性。"网络不是法外之地",制定标准和编写代码已经成为新型的规制形式和控制力量。其次,代码编写具有价值偏好。程序员(或雇主)的思想理念必定会融入代码之中。"代码编写的背后,是代码所圈定的商业利益和政府管理模式,而广大客户或服务对象则处于话语权缺失状态和弱势地位。"② 对此,需要以代码正义进行回应。最后,必须加强对"恶意代码"的控制,开发新的恶意代码分析、控制技术,维护代码正义和网络秩序。在代码正义观的指引下,应积极探索新型的代码规制方式。一方面,法律规范应根据智能代码的实际情况而调整,实现"法律代码化";另一方面,法律规制与伦理规范均应深入代码之中,实现"代码法律化"。

第三,算法正义观。当前,数字社会的算法危机主要表现为以下三个方面:首先,算法决策适用过程中个人主体性的不断丧失。不仅算法运行依赖的数据超越了数据主体的可控范围,算法应用边界在公私领域的嵌入式扩展亦使得个体的行动空间、控制能力、影响范围和救济渠道不断消解,与之伴随的知情权、参与权、异议权和救济权纷纷失效,甚至个人的自由和尊严都会在不同程度上受到挑战和侵犯。其次,在算法建模和系统训练的过程中,人类的固有偏见或者不正当歧视会被结构化,一旦包含人类歧视的算法被广泛应用,随之而来的是个体或者群体系统性歧视的反复发生,进而导致个体不公的结构性锁定效应。最后,算法的运行虽然具有高度专业性和客观程序性,但工具化和技术化的算法决策却难以保证决策结果公正无偏以及完全符合实质层面的价值理性。面对高效运转、架构复杂的算法决策,长久以来为确保人类决策的理性、避免人类决策的武断、恣意和不当,以正当程序为内核而设置的制衡机制频繁失效。在规制效能上,对传统行政决策有效的规制路径对于算法决策显得力不从心。因此,"控制算法决策的霸权、抑制代码规制的偏好,就成为维护数字社会公平、促进技术向善的重要方面"③。从算法正义观出发,必须重新审视算法的性质,以正当程序的基本要求介入算法规制之中,④ 应进一步发展和完善已初见格局的多元共治体系,构建具有中国特色的算法治理体系。⑤

---

① 〔德〕托马斯·威施迈耶、蒂莫·拉德马赫编:《人工智能与法律的对话 2》,韩旭至、李辉译,上海人民出版社 2020 年版,第 195—196 页。
② 马长山:《智能互联网时代的法律变革》,载《法学研究》2018 年第 4 期。
③ 马长山:《数字社会的治理逻辑及其法治化展开》,载《法律科学(西北政法大学学报)》2020 年第 5 期。
④ 参见陈景辉:《算法的法律性质:言论、商业秘密还是正当程序?》,载《比较法研究》2020 年第 2 期。
⑤ 参见张吉豫:《构建多元共治的算法治理体系》,载《法律科学(西北政法大学学报)》2022 年第 1 期。

二、法律关系的变革

在数字社会中,法律关系的主体、客体、内容均产生了深度变革。首当其冲的是,新型法律关系主体和客体日益涌现。互联网平台、数据公司等新兴商业组织塑造着全新的经济业态、商业模式和交易规则,成为日益重要的新型法律关系主体。随着人工智能技术的发展,更是产生了"人工智能是主体还是客体"的争论。2010年,日本富山县南渡市让陪伴机器人帕罗登记户籍,帕罗成为首个获得户籍的机器人。① 2017年,沙特阿拉伯向人形机器人索菲亚发放了护照,索菲亚成为首个获得公民身份的机器人。② 以"智能代理人""强人工智能人""电子人"为代表的多种理论与"人工智能只是工具"的经典认识针锋相对。法律主客体之间的分野受到了一定冲击。即便是作为传统法律关系主体的自然人,也展现出全新的样态。对个人的数据采集、用户画像极易描绘出一个人的数字人格,数字身份逐渐成为人际关系的中心,这将可能带来身份危机,③"这使人作为主体(法律主体)在数字世界逐渐消失",取而代之的是关于个人的数字化镜像。④ 此外,以数据、信息为代表的新型法律客体更是不断涌现。传统法律关系主体、客体范畴的定义、内涵、外延、法律属性等均遭受着重大的冲击和挑战。

其次,权利与义务关系正面临着根本性的重塑。新型权利信息权、数据权、访问权、被遗忘权、可携带权、免受自动化决策权、虚拟财产权、智能体的作品权利等新型权利大量出现,"突破了既有的权利义务范畴所能界定与证明的范围"。区块链、比特币、自动驾驶等的数字化应用,"难以在既有理论和制度的框架内得到证明和实践"。传统权利义务关系因嵌入数字化、智能化要素而发生了根本性改变。技术成了隐性的权力,掌握了数据、算法、技术的一方,权利将被扩大;面对算法的后果,人们往往只能被动接受和承担。无论是在"人的尊严"还是"人性尊严"的意义上,数字化的生存方式均对人格保护形成挑战。⑤ 此外,权利义务分配及其实现方式也在不断被解构和重构。"强调占有、控制与积累的传统法权观念受到重大冲击,而注重信息财产的虚拟性、衍生性和未来性,强调分享、利用与流通的全新法权观念则悄然兴起。"⑥以意志论、利益论为代表的

---

① See Jennifer Robertson, Human Rights Vs. Robot Rights: Forecasts from Japan, *Critical Asian Studies*, Vol. 46, No. 4, 2014, p. 571.
② 参见谢玮:《网红机器人索菲亚何许"人"也?》,载《中国经济周刊》2018年第5期。
③ 参见陆青:《数字时代的身份构建及其法律保障:以个人信息保护为中心的思考》,载《法学研究》2021年第5期。
④ 参见虞青松:《算法行政:社会信用体系治理范式及其法治化》,载《法学论坛》2020年第2期。
⑤ 参见陈景辉:《人工智能的法律挑战:应该从哪里开始?》,载《比较法研究》2018年第5期。
⑥ 马长山:《智能互联网时代的法律变革》,载《法学研究》2018年第4期。

传统权利理论,已无法解释和界定新型权利的问题。而通过软件代码,更能实现对既有权利义务关系的确认与改写。例如,区块链智能合约,可通过完全自动化的方式实现权利义务,实现信任关系中"人的信任—组织信任—制度信任—机器信任"的转变。①

最后,权力与权利的关系发生了结构性转向。通过"数字赋能",国家、企业、个人的能力均得到不同程度的提升,由此引起了三方关系结构的变化。一是私权利与公权力的同步增长,个人可以更为便捷、更为迅速地利用数字技术行使权利,国家也借助技术手段强化和提升了强制能力、汲取能力、濡化能力、认证能力、规管能力、统领能力、再分配能力、吸纳和整合能力等国家能力。② 二是私权利扁平化与私权力崛起相交织。一方面,消费大众及其权利日益碎片化、扁平化;另一方面,随着信息技术的进一步发展和资本积累的完成,平台企业已实现了对中立地位的超越。平台已经不仅仅是交易的撮合者以及服务的提供者,更是管理者和利益相关者。商业平台基于自身利益和运营需要,制定了各种交易程序、交易规则和纠纷解决机制,但这些呈现在消费者面前的程序和规则,主要是概括性同意与否而不是菜单式选择。同时,平台制定的这些规则实际上又发挥着网络"软法"的作用,对赛博空间治理意义重大。此外,由于政府将一些公法审查义务交给了网络服务提供者,平台就具有了自身运营的管理权和政府转加的公法审查权,形成了日益庞大的、具有某种公权特征的私权力。由此,传统的国家权力与社会权利二元对立的框架已被打破,形成了"公权力—私权力—私权利"的三元博弈格局。

三、法律行为的变革

一方面,人的行为跨越双重空间,导致法律行为发生深刻变化。首先,在法律行为后果上,其社会影响就会被无限量放大,甚至会发生实质性改变。例如,虚假信息一经网络传播极易扩散,产生较大的社会危害。其次,在法律行为的动机、目的和因果关系上,呈现出快速流变性、深度隐蔽性和边界模糊性的特征,难以用传统理论予以应对。例如,"大小不等、分布海量的 QQ 群、微信群、微博粉丝群等,很难界定哪个属于'公共场所'、哪个属于私聊空间;虚拟空间的'线上'行为产生现实空间的'线下'危害后果,'线上'扰乱'线下'或者'线下'扰乱'线上'秩序,其因果关系也要经历虚实两个空间的立体穿越和复杂转换"③。最后,

---

① 社会学研究认为,人类社会的信任可分为基于血缘/身份的信任、基于历史/了解的信任、基于制度的信任。在乡土社会中,对亲属、熟人的信任占据主导地位;在功能分化的近现代社会中,人的信任又逐渐被组织信任与制度信任取代;而区块链则被认为确立了"无信之信"。

② 参见郭春镇:《"权力—权利"视野中的数字赋能双螺旋结构》,载《浙江社会科学》2022 年第 1 期。

③ 马长山:《智能互联网时代的法律变革》,载《法学研究》2018 年第 4 期。

在社会行动方式上,虽然数字技术的发展使直接民主成为可欲的目标,但也带来了新的危险。"剑桥分析"事件即表明,通过数字技术可以操纵民主甚至扭曲民主的精神实质。①

另一方面,人机混合新样态在意思衔接、行为协同、后果混同上都对法律行为构成挑战。法律行为是行为人基于其意识表示作出的,能够发生法律效力或产生一定法律效果的行为。具有自主学习能力的智能算法的"行为"应如何评判,人机协同所产生的后果应由何者负责等问题都需要相应的理论创新和制度重构。此外,在人机混合的深化应用中,法律思维与法律方法也会发生相关性替代因果性、信息专业化解释、司法执法智能化等方面的深度变革。

第三节　数字化的法治秩序

《法治中国建设规划(2020—2025)》明确提出了"加强信息技术领域立法,及时跟进研究数字经济、互联网金融、人工智能、大数据、云计算等相关法律制度,抓紧补齐短板"的要求。数字社会的制度变革本质上是一种极具特色的"众创"式变革,自我赋权的民间秩序与国家法秩序存在良性互动,呈现出双向构建、互动共享的结构。② 其制度逻辑也发生了从和谐秩序到共享秩序、从层级治理到场景治理、从国家构建到多元塑造的转型。具体而言,数字社会的法律变革涉及立法、执法、司法的全方位变革,可分别从数据权利的法律保障、数字化的社会治理、数字化的纠纷解决三个方面考察数字化的法治秩序。

一、数据权利的法律保障

在数字社会中,数据被称为"新石油",已经成了一种重要资源。数据与信息的抓取、处理、存储、识别分析将可能塑造个人的"数字人格",对个人权利造成重要影响。在相关数据的利用上,企业可能获取巨大的财产性利益。2020年《中共中央、国务院关于构建更加完善的要素市场化配置体制机制的意见》将数

---

① 2018年《纽约时报》和《卫报》报道披露,英国数据分析公司"剑桥分析"(Cambridge Analytica)从2014年就开始收集"脸书"(Facebook)用户的数据,合计8700用户的数据被不当泄露。2016年美国总统大选中,当选总统特朗普的团队也使用了相关数据分析产品。此外,该公司还涉嫌暗中参与、影响多国的选举。该事件一经披露即舆论哗然,被称为"剑桥分析丑闻"。丑闻爆发后,"脸书"与"剑桥分析"的相关负责人分别应美国国会与英国议会的要求参加了相关听证。随之而来的大量法律纠纷迫使"剑桥分析"于2018年5月宣告破产。美国联邦贸易委员会(FTC)随即亦开展了相关调查。调查结论认定,一方面"剑桥分析"通过欺骗性的方式获取大量个人信息,另一方面"脸书"亦未能实现用户数据安全的保护。2019年7月,美国联邦贸易委员会与"脸书"达成和解协议。在和解协议中,"脸书"承诺建立更多的数据保护措施,并向美国联邦贸易委员会支付和解金50亿美元。2020年4月,美国联邦法院最终批准了这一和解协议。

② 参见马长山:《智慧社会建设中的"众创"式制度变革——基于"网约车"合法化进程的法理学分析》,载《中国社会科学》2019年第4期。

据与土地、劳动力、资本、技术并列为生产要素。在这一背景下,数据权利的法律保障体系逐渐形成。

在个人信息权益的保护上,自 2012 年《全国人大常委会关于加强网络信息保护的决定》对个人信息保护提出了原则性的要求后,《刑法》《消费者权益保护法》《中华人民共和国未成年人保护法》等法律修订时均增加了个人信息保护的相关内容,《中华人民共和国网络安全法》《民法典》等法律制定时就包含了相关个人信息保护规范。2021 年《个人信息保护法》正式通过,对个人信息处理规则、个人信息跨境提供的规则、个人在个人信息处理活动中的权利、个人信息处理者的义务、履行个人信息保护职责的部门、法律责任等内容作了全面规定。该法具有显著的公私法交融的特征,是典型的领域法。然而,我国法律并未明确个人信息的权利属性。关于个人信息的法律属性存在一般人格权说、法益说、隐私权说、财产权说、数据信托说、独立人格权说等多种学说。从现行法规定可知,个人信息保护属于人格权保护的重要组成部分。《民法典》中的"个人信息保护"条款位于人格权编,采取了绝对权保护模式。《个人信息保护法》第四章对知情权、决定权、拒绝权、查阅权、复制权、可携带权、更正权、删除权、解释权等请求权进行了明确规定,而且直接规定了个人的诉权,进一步完善了个人信息权益保护体系。值得注意的是,个人信息权益亦必然受到公共利益、第三方利益的限制。个人信息保护与利用的平衡贯穿于《个人信息保护法》的立法目的、基本原则、基本制度之中。

在数据权益的保护上,党和国家已多次提出数据财产权保护的要求。十三届全国人大会议期间,全国人大财经委提出完善"数据权属、权利、交易等规则"。十九大期间,习近平总书记更是明确提出"制定数据资源确权、开放、流通、交易相关制度,完善数据产权保护制度"的要求。事实上,随着贵阳、上海、武汉、盐城、北京等地一批数据交易平台的逐步设立,数据产品作为交易客体也已得到普遍的承认。《中华人民共和国数据安全法》第 19 条即明确规定:"国家建立健全数据交易管理制度,规范数据交易行为,培育数据交易市场。"当前,数据权益保护存在数据新型权利、数据公有、数据信托、数据合同等多种理论,并可置于物权法、合同法、知识产权法、竞争法、个人信息保护法之中考察。然而,这些理论均未深入研究数据权利的生产机制,无法充分解答数据权属、保护与利用的问题。① 诚如哈贝马斯所言:"权利毕竟既不是一支枪,也不是一台独角戏。它是一种关系、一种社会惯例。"②数据财产权必须回到新型权利的社会关系中进行考察。通过对数据价值生成与数据财产权生产的分析可知,算法是其中最为核心的因素,同时也是网络时代重要的规制对象。因此,可依算法规制模式反

---

① 参见韩旭至:《数据确权的困境及破解之道》,载《东方法学》2020 年第 1 期。
② 〔德〕哈贝马斯:《在事实与规范之间:关于法律和民主法治国的商谈理论(修订译本)》,童世骏译,生活·读书·新知三联书店 2014 年版,第 111 页。

向实现数据确权。简单来说,就是数据处理者对合法处理的数据具有数据财产权。①

在数字人权的保障上,2017年6月27日,联合国人权理事会通过《互联网上人权的促进、保护与享有》的决议,数字社会的人权议题已受到一定关注。数字人权对科技提出了以人为本的要求,以人权尺度作为评判科技的根本标准。数字人权要求"在价值上申言数字科技必须以人为本,必须把人的权利及尊严作为其最高目的,并以人权作为其根本的划界尺度和评价标准";"在制度上强调科技企业尊重和保障人权的责任,以及政府尊重、保障和实现'数字人权'的义务"。② 数字人权的积极面向是指,国家应提供数字人权保障的公共服务;数字人权的消极面向则指,个人有不被打扰、不被侵犯的权利。③ 从人权的代际发展来看,与前三代人权不同,数字人权立足数字加持、认同数字人格,以数字社会的生产生活规律重塑人权价值观,被认为属于"第四代人权"。④ 具体而言,应通过在公共政策中注入数字人权价值,强化数字人权的权益平衡,确立公法/私法的双重保护机制,推动人权保护从"场域化"迈向"场景化",促进空间上的国际合作多个方面,构建数字人权的保护框架。

二、数字化的社会治理

从党的十八届三中全会开始,党和国家就把全面深化改革的总目标确定为"完善和发展中国特色社会主义制度,推进国家治理体系和治理能力现代化"。党的十九届四中全会又作出了《中共中央关于坚持和完善中国特色社会主义制度推进国家治理体系和治理能力现代化若干重大问题的决定》,提出到21世纪中叶要"全面实现国家治理体系和治理能力现代化"的目标。围绕这一目标,社会治理发生从科层治理到智慧治理的转型。传统的科层治理以行政级别和地域关系为基础,以物理空间为治理场域。在数字时代,传统的行业边界、地理边界均被打破,基层结构扁平化和破碎化使得行政能力应对乏力。对此,十九大报告明确要求"提高社会治理社会化、法治化、智能化、专业化水平"。然而,数字治理尚存在"既未能充分借助技术的能量,实现对治理的有效优化,还可能带来预期之外的副作用,影响人的体验和感受,抑制人的自主性和参与度,损害人的权益和尊严"的现实问题。⑤ 对此,应明确以人为中心的数字治理目标,从政府主导转向共建共治共享,在重塑国家在数字社会治理中的权威的同时承认其他三

---

① 参见韩旭至:《算法维度下非个人数据确权的反向实现》,载《探索与争鸣》2019年第11期。
② 参见张文显:《无数字 不人权》,载《北京日报》2019年9月2日第15版。
③ 参见郭春镇:《数字人权时代人脸识别技术应用的治理》,载《现代法学》2020年第4期。
④ 参见马长山:《确认和保护"数字人权"》,载《北京日报》2020年1月6日第14版。
⑤ 参见郑磊:《数字治理的效度、温度和尺度》,载《治理研究》2021年第2期。

体在数字社会治理中的地位,打造共建共治共享的社会治理格局。① 其中,数字化的基层治理是数字化社会治理的典型例证,主要表现为以下四个方面:

一是平台化的系统治理。系统治理强调社会治理的动态性、关联性、协同性,通过平台化充分实现系统间的协调联动。例如,浙江省诸暨市整合涉法涉诉、执行征信、情报信息系统等信息平台,建成了汇集基础信息、综治办公、应急处置指挥功能的现代化"综治信息平台系统",不仅使得基层治理的运行机制高度清晰化、流程化,而且能够结合"数据中台""城市大脑"建设,充分实现数据的互联互通与高效利用,在第一时间排除社会隐患。此外,平台化也有利于实现社会治理系统与其他系统的协调运转,能有效打通和聚焦各方需求、引导公众参与、提升治理效能。

二是网格化的依法治理。党的十九届四中全会明确指出,推行网格化管理和服务是构建基层社会治理新格局的重要方面。然而,当前基层网格化治理存在物理中心主义、政府中心主义、地域中心主义、技术中心主义等局限。② 网格化治理必须树立"以人民为中心"的理念,处理好公开与保护、管控与自由、共享与专有之间的关系,寻求兼顾各方利益的最优解决方案。必须防范"行政化—再行政化"的闭环,抛弃那些降低居民参与度、加剧原子化状态的不当技术应用,将管控的网格化治理扭转为服务的网格化治理。

三是"三治融合"的数字化综合治理。数字综合治理能有效融合自治、法治、德治的要求,实现精细化的治理目标。部分地区已采取标准化、智能化手段,对乡村自治予以规范。需要注意的是,与 0 和 1 组成的数字代码不同,自治、德治是柔性的,数字化、标准化有其局限性。因此,数字治理必须遵循法治的基本原则,避免治理机制的异化。

四是"网上枫桥经验"的源头治理。20 世纪 60 年代,"发动和依靠群众,矛盾不上交,服务不缺位"的"枫桥经验"成为了基层社会治理典范。枫桥经验的重要内容之一是"捕人少,治安好",20 世纪 70 年代末更是率先落实政策,给"四类分子"摘帽。"网上枫桥经验"的推广也必须秉承人本精神的价值源流,总结提炼那些在基层实践探索中行之有效的好做法、好经验,积极促进从"总体—支配型"传统管控思维向"技术—治理型"共建共治的行动逻辑转变,③通过数字赋能和技术赋权,从源头上防范风险、化解矛盾。

---

① 参见王勇:《论数字社会的治权结构失衡及其补正》,载《学术交流》2021 年第 6 期。
② 参见马长山:《智慧社会的基层网格治理法治化》,载《清华法学》2019 年第 3 期。
③ 参见黄毅、文军:《从"总体—支配型"到"技术—治理型":地方政府社会治理创新的逻辑》,载《新疆师范大学学报(哲学社会科学版)》2014 年第 2 期。

三、数字化的纠纷解决

数字化纠纷解决是运用数字科技解决社会纠纷的新模式。与传统纠纷解决模式不同,这种新模式具有跨时空、全流程、全场景、一体化、集约化、智能化等特点,不仅可以实现纠纷解决资源的集约化、数字化利用,还可以增强多元解纷与诉讼服务的精准性、协同性和实效性,为人民群众提供丰富快捷的纠纷解决渠道和一站式高品质的诉讼服务,全方位提升人民群众的获得感、幸福感、安全感。数字化纠纷解决展现出可视化趋向,使物理意义上的"接近正义"迈向数字意义上的"可视正义"。通过平台化的分享可视、超时空的场景可视、全要素的数据可视,"打破了'正义之门'的威严壁垒,使纠纷解决成为一种多元互动、可视分享的过程"①。由此,又能有效排除人为干预,推动标准一致、客观公正和"同案同判";最终凭借数字技术和数字逻辑,实现"数字正义"。

具体而言,数字化纠纷解决包括私人部门的在线纠纷解决机制(ODR)与智慧司法两个面向。其中,在线纠纷解决机制的概念与理念内核均来自替代性纠纷解决机制(ADR),因此 ODR 也被称为"Online ADR"。② 例如,淘宝网 2012 年即推出"大众评审"项目,由用户以多数决的方式对纠纷进行裁决。不过,类似的在线纠纷解决机制不能替代司法。2013 年《欧盟消费者替代性纠纷解决指令》(Directive 2013/11/EU)与《欧盟消费者在线纠纷解决条例》(EU No. 524/2013)均明确规定,ODR 不可替代正式的司法程序,更不得剥夺消费者的诉权。

就智慧司法而言,虽然"自动售货机式"的法律人工智能模型早已有之,然而,直至数字社会下人工智能技术的"第三次勃兴","莱布尼茨之梦"才慢慢转变为现实。近年来,域外众多国家和地区大量建设与运用相关司法人工智能系统,如美国的犯罪风险评估算法 COMPAS、阿根廷的预测性司法人工智能系统 PROMETEA、阿联酋的全数字化法庭 e-Courts。与域外的探索不同,我国司法人工智能拥有"官方+市场"的双重动力,对推动制度改进具有显著意义。③ 2015年《国家信息化发展战略纲要》即将智慧法院建设上升至国家战略层面。最高人民法院已经明确提出要从智慧审判、智慧执行、智慧服务、智慧管理等多个方面建设智慧司法生态。智慧司法以实现司法公正和高效为目标,以数据开放共享和安全可信为基础,运用大数据和云计算等信息技术,促进司法审执的公正化和法院管理的高效化。例如,上海"206 系统"已经实现智能阅卷、智能归纳、智能辅助、庭审评议等多项智能应用。在智慧审判领域,不仅三大互联网法院已经

---

① 马长山:《数字社会的治理逻辑及其法治化展开》,载《法律科学(西北政法大学学报)》2020 年第 5 期。
② 参见郑世保:《在线解决纠纷机制(ODR)研究》,法律出版社 2012 年版,第 24 页。
③ 参见刘品新:《智慧司法的中国创新》,载《国家检察官学院学报》2021 年第 3 期。

实现"网上案件网上审理",而且国内部分法院已经采用庭审语音识别、案件信息自动回填、文书智能辅助生成和智能纠错、要素式智能审判、"法信"、类案智能推送、裁判偏离度风险预警等人工智能辅助技术。通过对上述实践经验的总结,2021—2022 年期间,最高人民法院先后发布了《人民法院在线诉讼规则》《人民法院在线调解规则》《人民法院在线运行规则》,较为全面地规范了数字法院建设。

当前,智慧司法在司法过程场景化、司法规则代码化、司法决策建模化、司法服务管理智慧化四个方面对司法运行产生了重塑效应。在司法效果上,实现了司法权在物理空间中的去中心化和扁平化、在电子空间中的能动延展和扩张,并可能进一步实现数字司法界面下的"再中心化"。在司法逻辑上,建立在逻辑推理基础上的"公理思维"开始转向立足计算和相关性分析的"数据思维"。在司法机制上,智能辅助系统的平台化趋势增强了公检法司系统的高效一体化运行。在司法裁决上,出现了正义的程式化、产品化供给方式,算法开始发挥"社会重塑"的功能。① 值得注意的是,域外智慧司法的应用已经出现一些争议与案例。例如,在 2016 年美国"威斯康星州诉卢米斯案"中,法院结合 COMPAS 的测算结论对卢米斯的偷盗和拒捕犯罪进行量刑,卢米斯不服提起上诉。威斯康星州最高法院支持了下级法院的裁判,最终认定 COMPAS 系统的算法具有中立性和客观性。② 即便如此,我们也必须认识到数字化纠纷解决不是万能的"灵丹妙药",智慧司法应坚持人工智能的辅助地位,保持司法的被动中立,正视智慧司法在客观性、正义判断、政治考量、精确性上存在的障碍与困境。

综上所述,数字社会的到来推动着法治的发展,工商业时代的法治秩序正在瓦解与重构。当前,以数字权利保障、数字化社会治理、数字化纠纷解决为代表的新型法治秩序已见雏形。诚如马克思所言:"手推磨产生的是封建主的社会,蒸汽磨产生的是工业资本家的社会。"③在数字社会中,法治秩序正在且必然向数字化的形态转型,数字法治已成为法治的核心命题。

问题与思考

1. 从本章"引读案例"出发,回答以下问题:
   (1) 结合数字社会的特征,谈谈人脸识别为何引起热议?
   (2) 郭某对其个人信息享有何种权利?应从何种理念出发捍卫这些权利?
2. 如何理解"平台权力",这种权力与传统的权力有何差异?

---

① 参见马长山:《司法人工智能的重塑效应及其限度》,载《法学研究》2020 年第 4 期。
② See State of Wisconsin v. Eric Loomis, 881 N.W. 2d 749 (Wis. 2016).
③ 《马克思恩格斯选集(第 1 卷)》,人民出版社 2012 年版,第 222 页。

3. "代码即法律"意味着什么?
4. 数字正义与物理空间的正义相比有何差异?

参考文献

1. 马长山:《迈向数字社会的法律》,法律出版社2021年版。
2. 张凌寒:《权力之治:人工智能时代的算法规制》,上海人民出版社2021年版。
3. 韩旭至:《人工智能的法律回应:从权利法理到致害责任》,法律出版社2021年版。
4. 〔英〕理查德·萨斯坎德:《线上法院与未来司法》,何广越译,北京大学出版社2021年版。
5. 〔美〕弗吉尼亚·尤班克斯:《自动不平等:高科技如何锁定、管制和惩罚穷人》,李明倩译,商务印书馆2021年版。
6. 〔英〕凯伦·杨、马丁·洛奇编:《驯服算法:数字歧视与算法规制》,林少伟、唐林垚译,上海人民出版社2020年版。
7. 〔美〕凯文·D.阿什利:《人工智能与法律解析:数字时代法律实践的新工具》,邱昭继译,商务印书馆2020年版。
8. 〔美〕伊森·凯什、〔以色列〕奥娜·拉比诺维奇·艾尼:《数字正义:当纠纷解决遇见互联网科技》,赵蕾等译,法律出版社2019年版。
9. 〔美〕劳伦斯·莱斯格:《代码2.0:网络空间中的法律(修订版)》,李旭、沈伟伟译,清华大学出版社2018年版。
10. 〔美〕凯西·奥尼尔:《算法霸权:数字杀伤性武器的威胁》,马青玲译,中信出版社2018年版。
11. 〔英〕卢恰诺·弗洛里迪:《信息伦理学》,薛平译,上海译文出版社2018年版。
12. 〔日〕弥永真生、宍户常寿编:《人工智能与法律的对话3》,郭美蓉等译,上海人民出版社2021年版。
13. 〔德〕托马斯·威施迈耶、蒂莫·拉德马赫编:《人工智能与法律的对话2》,韩旭至、李辉译,上海人民出版社2020年版。
14. 〔美〕瑞恩·卡洛、〔美〕迈克尔·弗鲁姆金、〔加〕伊恩·克尔:《人工智能与法律的对话》,陈吉栋等译,上海人民出版社2018年版。